복 있는 사람

오직 여호와의 율법을 즐거워하여 그 율법을 주야로 묵상하는 자로다.
저는 시냇가에 심은 나무가 시절을 좇아 과실을 맺으며 그 잎사귀가 마르지 아니함 같으니
그 행사가 다 형통하리로다. (시편 1:2-3)

쇠퇴하고 있는 한국 교회를 다시 일으킬 수 없을까? 초기 기독교는 이교 철학자와 권력자들에게 박해를 받을수록 겸손하게 자기를 변증하면서 힘차게 뻗어 나갔다. 본서는 이러한 투쟁 속에서 초기 기독교가 그리스도의 십자가와 성경을 통하여 깨달은 삼위일체 하나님, 믿음의 합리성, 사랑과 선한 욕심, 신격화의 삶과 종말의 대망 등을 주로 오리게네스, 니사의 그레고리우스, 아우구스티누스, 고백자 막시무스의 입을 빌어 서술한다. 저자는 신앙의 선배들이 그들에게 적대적인 세상을 변화시킨 역동적인 신학과 삶을 열정적으로 묘사하고 변호한다. 동시에 생소한 초기 기독교와 친숙해지도록 도와준다. 한국 교회의 떠들썩한 시절은 지났다 하여도, 우리 신앙을 합리적으로 변증하고 삶으로 승화시키면서 교회를 다시 일으키기를 원하는 신자라면 이 책 곳곳에서 번쩍이는 통찰력을 얻을 것이다.

유해무 고려신학대학원 교의학 교수

초대교회를 사랑하는 한 탁월한 저자의 책이, 역시 초대교회를 사랑하는 한 역자에 의해 한국 교회에 소개되어 기쁘다. 윌켄은 한때 교부학 연구 과정에서 있었던 "기독교의 그리스화" 관점의 역사 구성에서 "헬레니즘의 기독교화"라는 구성으로 역사 기술 관점의 변화를 가져와 흥미를 끈다. 많은 교부들을 다루면서도 각 시대를 대표했던 자들로 선정된 오리게네스, 니사의 그레고리우스, 아우구스티누스, 고백자 막시무스를 집중하여 다룬 것도 바람직하다. 초기 기독교 사상의 탐구를 위한 주제를 예배, 성경, 삼위일체, 그리스도의 인성의 비밀, 문학, 미술, 윤리 등으로 나눠 그 내용을 같은 비중으로 다룬 것 역시 관심을 갖게 한다. 무엇보다 교부들의 글을 중심으로 역사를 기술한 점은 이 책의 가치를 입증한다.

조병하 백석대학교 기독교학부 역사신학 교수

교부학 전문가 윌켄의 역작이 한국에 소개되어 기쁘고 감사하다. 비록 로마가톨릭의 신학적 흔적도 있지만 일독의 가치는 결코 훼손되지 않는다. 저자가 밝히듯이 이 책의 특징은 첫째, 무엇보다 교회사의 초창기에 이루어진 기독교 사상의 유형을 주제별로 서술한다. 둘째, 신학적 이념에의 집착이 초대교회 연구의 문제라고 밝히면서, 교리의 시간적인 변천만이 아니라 사람들의 마음과 생각을 얻고 그들의 삶에 변화를 일으키는 기독교의 지성사적 전통을 기술한다. 셋째, 그리스 사상에 대한 기독교의 현저한 독립성에 근거하여 하르낙의 "기독교의 그리스화" 테제를 거절하고 "그리스 사상의 기독교화" 역테제가 책 전체를 관통하게 했다. 나아가 그의 탁월한 학자성과 대중과의 원활한 소통력의 균형 또한 이 책의 중요한 장점이다.

한병수 전주대학교 선교신학대학원 교의학 교수

그리스도인이든 비그리스도인이든, 이 책을 주의 깊게 읽는 독자들은 기독교 지성의 삶을 연구한 이 명 저에 감동을 받을 것이다.

「워싱턴 포스트」

눈부시도록 매력적인 책.

「퍼블리셔스 위클리」

일반 독자들을 지향한 놀라운 성취, 학문성과 통찰 면에서 풍요로운 이 책은 지금까지 읽은 기독교 서적들 중에서 최고이자 가장 의미 있는 것이다.

「리빙 처치」

중세 이전의 기독교가 사람들의 삶과 마음에서 어떻게 확장되었고, 기독교 지성과 예배에서 교부들의 역할이 무엇이었는지에 대한 세심한 안내서다. 우리를 풍부한 지적 유산으로 인도하는 훌륭한 책이다.

「내셔널 리뷰」

초기 기독교 연구에서 저명한 학자에게 또 한 번 빚을 졌다. 모든 대학교, 신학교, 교회 도서관에 비치되어야 한다.

「성 블라디미르」

로버트 윌켄이 권위 있는 역사 연구를 통해 걸작을 내놓았다. 그의 제안은 학문적이고 철저할 뿐 아니라, 초기 기독교 사상의 다양한 측면을 쉽게 이해하게 해준다.

마크 A. 놀 노트르담 대학교 역사학 교수

학문적이고 사색적인, 그리고 논쟁적인 하나의 해설서로서, 이 책을 통해 초기 기독교 사상가들이 오늘날 우리에게 말하는 목소리를 직접 들을 수 있다.

야로슬라브 펠리칸 예일 대학교 명예교수

열정적이고 광범위하며, 풍부하고 생생한 이야기가 매력적인 한 권의 책으로 탄생하여 기쁘다. 윌켄의 연구는 세계사적 조망을 아우르는 인상 깊은 결과물이다.

필립 젠킨스 펜실베니아 주립대학교 명예교수

이것은 단순한 학술서가 아니라 모든 독자들을 위한 책이다. 윌켄은 우리 새로운 세대에게 초대교회의 놀라운 교사들을 발견하게 해준다.

루크 티모시 존슨 에모리 대학교 신약학 교수

이 책을 반드시 읽어 보라. 윌켄이 이끄는 탁월한 길을 따라 천천히 읽어 보라.

리처드 존 뉴하우스 「퍼스트 띵스」 발행인

놀랍고도 독특한 연구서이자 학문적이며 권위 있는 책이다. 무엇보다 초기 기독교 역사에 대한 완벽한 소개서다. 로버트 윌켄은 정교한 솜씨로 기독교 사상의 경계를 변경하고 확장하며, 요약하고 분석한다. 이 아름다운 책은 새로운 표준이며, 오랫동안 인용될 것이다.

카를로스 에이어 예일 대학교 역사종교학 교수

초기 기독교 사상의 정신

Robert Louis Wilken

The Spirit of Early Christian Thought

: Seeking the Face of God

로버트 루이스 윌켄 지음 · 배덕만 옮김

초기 기독교 사상의 정신

복 있는 사람

초기 기독교 사상의 정신

2014년 10월 30일 초판 1쇄 발행
2014년 12월 15일 초판 2쇄 발행
2023년 8월 24일 무선판 1쇄 인쇄
2023년 8월 31일 무선판 1쇄 발행

지은이 로버트 루이스 윌켄
옮긴이 배덕만
펴낸이 박종현

(주) 복 있는 사람
주소 서울특별시 마포구 연남동 246-21(성미산로23길 26-6)
전화 02-723-7183, 7734(영업·마케팅) 팩스 02-723-7184
이메일 hismessage@naver.com
등록 1998년 1월 19일 제1-2280호

ISBN 979-11-7083-015-3 03230

The Spirit of Early Christian Thought
by Robert Louis Wilken

Copyright © 2003 by Yale University
Originally published in English as *The Spirit of Early Christian Thought*
by Yale University Press
47 Bedford Square, London, WC1B 3DP, United Kingdom.
All rights reserved.

This Korean translation edition © 2014 by The Blessed People Publishing Inc., Seoul, Republic of Korea.
This Korean edition is published by arrangement of Yale University Press
through rMaeng2, Seoul, Republic of Korea.

이 한국어판의 저작권은 알맹2 에이전시를 통하여 Yale University Press와 독점 계약한
(주) 복 있는 사람에 있습니다. 신저작권법에 의하여 한국 내에서 보호받는 저작물이므로
무단 전재와 무단 복제를 금합니다.

그리스도 안에서 사랑하는 신실한 벗
리처드에게

차례

013 옮긴이의 글

018 **0.** 서문
028 **1.** 기독교 사상의 토대 그리스도의 십자가 위에 세워진
054 **2.** 기독교의 예배 놀랍고 피 없는 희생제물
078 **3.** 성경 현재를 위한 하나님의 얼굴
106 **4.** 삼위일체 항상 그의 얼굴을 구하라
136 **5.** 그리스도 인성의 비밀 내 원대로 마시옵고 아버지의 원대로
162 **6.** 천지창조 이야기 처음에 주어진 끝
188 **7.** 인식의 길 믿음의 합리성
212 **8.** 지상과 천상의 나라 하나님이 주님인 백성은 복이 있도다
238 **9.** 초기 기독교 문학 그리스도의 영광스러운 행동
264 **10.** 초기 기독교 미술 이것을 다르게 만들다
292 **11.** 윤리의 삶 하나님 닮기
322 **12.** 영의 삶 감각적 지성의 지식

344 에필로그
355 감사의 글
357 추천도서
366 주
382 찾아보기

옮긴이의 글

이 책의 번역을 결정했던 것은 개인적인 욕심 때문이었다. 구체적으로 두 가지 욕심이 있었다. 첫째, 교회사를 가르치지만 미국 교회사를 전공한 나에게 고대 교회사는 항상 아킬레스건이었다. 학문적 관심이 현대사에 집중되다 보니, 자연적으로 현재로부터 멀리 떨어진 역사에까지 집중할 여력이 상대적으로 부족했다. 그래서 오래전부터 기회가 되면 고대 교회사를 집중적으로 공부하고 싶었다. 그런 문제로 고민할 때, 이 책을 만났다. 개인적 역량의 한계와 시간적 제약이 있었지만, 하늘이 준 기회라고 생각하며 번역을 결심했다. 둘째, 20대에 교회사를 전공하기로 결심했던 근원적 동기 때문이었다. 나는 고등학교 3학년 때부터 신앙에 대한 지적 홍역을 심하게 앓기 시작했다. 성경에 대한 이성적 독서를 시작하면서, 수많은 신학적 질문들이 내 안에서 터져 나왔다. 그러한 고민의 터널을 지나면서 다른 사람들은 어떻게 이런 갈등을 극복했는지 궁금했다. 특히, 헬레니즘이 지배적이던 고대 사회에서 어떻게 이교도들이 복음을 받아들일 수 있었는지 알고 싶었다. 그래서 당시에는 아우구스티누스를 중심으로 한 고대 교회사를 전공하고 싶다는 생각을 했다. 비록 복잡한 이유와 과정을 거치면서 전공이 미국 교회사로 귀결되었지만, 교회사를 공부하기로 결심했을 때 가졌던 원초적 문제의식은 지금까지 그대로 남아 있다. 이것이 이 책의 번역을 결심했던 보다 근원적인 이유다.

이 책의 저자 로버트 루이스 윌켄은 이러한 나의 개인적인 문제의식과 많은 부분을 공유하는 교회사가다. 그는 이 책보다 먼저 『로마인의 눈에 비친 그리스도인』*The Christians as the Romans Saw Them*을 썼다. 책 제목처럼 그는 당시 로마인들의 눈에 비친 그리스도인들에 대해 흥미로운 연구를 수행했다. 반면 이 책은 같은 문제를 기독교적 관점에서 접근한 것이다. 결국 그는 초대교회의 실체를 기독교 안팎에서 차례로 관찰·분석함으로써, 독자들에게 기독교의 초기 역사를 포괄적이고 설득력 있게 들려주고 있다. 특히 헬레니즘의 영향력이 막강했던 시절에, 제국의 변방 팔레스타인에서 발생했던 신흥종교가 어떻게 당대의 지배적 사상 및 문화와 접촉하면서 자신의 사상과 구조를 형성했는지, 그리고 그것이 어떻게 가혹한 박해와 치열한 경쟁 속에서 생존할 수 있었는지에 대해서 매우 흥미로운 설명과 분석을 제공해 준다. 따라서 나와 같이 고대 유럽에서 기독교의 생존과 확산의 역사적·지적 배경에 관심이 많은 독자들은 이 책에서 매우 귀중한 정보와 감동을 얻게 될 것이다.

이와 같은 기본적 가치 외에, 이 책은 몇 가지 주목할 만한 특징을 지닌다. 먼저, 윌켄은 초대교회와 헬레니즘의 관계에 대해서 매우 새로운 관점을 제시한다. 저자가 서문에서 밝히고 있듯이 대다수의 교회사가들은, 독일의 저명한 교회사가 아돌프 폰 하르낙의 영향하에 초기 기독교의 사상적 발전을 "기독교의 그리스화"라고 해석해 왔다. 따라서 학계 안에서는 바울과 예수의 단절을 강조하는 흐름이 존재하고, 교회사를 복음의 변질 과정으로 해석하는 목소리도 만만치 않다. 하지만 고전문학과 교부들에 대한 광범위하고 치밀한 연구를 토대로, 윌켄은 그러한 기존의 해석을 뒤집는다. 즉, 그는 "헬레니즘의 기독교화"가 보다 적절한 표현이라고 주장하는 것이다. 그는 이 책에서 교부들의 글을 치밀하게 분석하면서, 이들이 비록 헬레니즘의 용어와 사상을 차용하지만 성경에 근거하여 그것들을 결정적으로 변형 혹은 재구성했다는 사실을 지속적으로 강조한다. 이 과정을 통해 교부들은 매우 독창적인 기독교 사상을 형성하기 시작했으며, 교회의 제도적·지리적 확장과 함께 그 새로운 사상이 헬레니즘을 변형·대체하면서 유럽의 교회를 형성했다고 주장한다. 매우 흥미로운 주장임에 틀림없다.

둘째, 윌켄은 이 책에서 상당수의 교부들을 폭넓게 인용하지만, 특히 네 사람, 곧 오리게네스, 니사의 그레고리우스, 아우구스티누스, 고백자 막시무스를 집중적으로 다룬다. 이러한 인물들의 선택과 집중은 일반 독자들뿐 아니라 초대교회사를 전공하는 사람들에게도 매우 흥미롭고 유익할 것이다. 사실, 한국의 교회사 연구에서 아우구스티누스는 오랫동안 주된 관심의 대상이었다. 따라서 아우구스티누스의 저작과 그에 대한 연구서들은 상대적으로 풍성하지만, 오리게네스, 그레고리우스, 막시무스에 대한 연구는 대단히 미진하며, 일반 독자들에게 알려진 바가 거의 없다. 하지만 이 책에서 윌켄은 한국의 독자들에게 상대적으로 덜 알려졌지만 기독교 사상 형성에 결정적으로 기여했던 다른 교부들의 생애와 일차문헌도 폭넓게 인용한다. 동시에 그것들에 대해 치밀한 분석과 평가를 시도함으로써, 초기 교부들의 실체를 매우 흥미롭고 상세하게 알려준다. 이로써 독자들은 교부들에 대한 이해를 한층 확장시킬 수 있게 될 것이다.

셋째, 윌켄은 이 책에서 성경, 삼위일체, 예배, 믿음, 이성, 감정, 시, 성상 같은 매우 다양한 주제를 다룬다. 이러한 주제의 선택과 구성은 기존의 초대교회사와 분명한 차별을 보여준다. 기존의 교회사 서적들은 연대기적 서술 방식을 택함으로써 주요 사건과 인물들에 대한 개략적 서술에 집중했고, 그 결과 교회 생활의 실제 모습과 다양한 현실적 주제들에 대해서는 소홀할 수밖에 없었다. 하지만 이 책은 시종일관 성경의 언어와 표현, 세계관이 서유럽의 철학과 종교와 어떻게 충돌했는지, 그리고 그것들을 어떻게 창조적으로 변화시켰는지에 대해서 매우 세심한 정보를 제공해 준다. 뿐만 아니라 기독교 신앙과 교리의 형성에서 예배가 얼마나 중요한 영향을 끼쳤는지, 이성과 믿음과 감정에 대해서는 기존의 그리스-로마 철학과 어떤 차별성을 가져왔는지, 그리고 성상으로 대표되는 기독교 문화와 물질에 대한 세계관은 어떤 논쟁을 통해 자신의 모습을 형성했는지에 대해서도 매우 흥미로운 설명을 들려준다. 특히 프루덴티우스의 시를 통해 기독교 문학의 새로운 경향과 발전을 설명하는 대목은 이 책만이 제공해 주는 또 하나의 보물이다.

끝으로, 윌켄은 이 책에서 초기 기독교 사상의 형성 과정을 전문가의 탁월한 지식과 통찰로 서술했지만, 동시에 비전문가들도 큰 어려움 없이 읽을 수 있도록 매우 평이하게 표현했다. 비록 윌켄은 교부들의 일차문헌을 직접 인용하면서 당대의 문화적·역사적 상황을 배경으로 책을 구성했지만, 독자들은 끊임없이 자신들이 서 있는 자리에서 실존적으로 그 내용을 반추할 수밖에 없다. 물론, 그는 그런 식의 독서를 노골적 혹은 직접적으로 강요하지 않지만, 나는 이 책을 읽으면서 그러한 자극을 피할 수 없었다. "종교

다원주의와 세속적 인본주의의 강력한 영향 아래 있는 포스트모던 사회에서, 기독교가 자신의 신앙적 정체성을 유지하면서 당대의 사상적·문화적 흐름에 영향을 끼칠 수 있는 방법은 무엇일까?", "이런 정체성을 성경, 예배, 공동체 속에서 어떻게 지속적으로 강화하고, 복음의 영향력을 이 시대의 지배적 문학, 철학, 예술 영역에서 구체적으로 확장시킬 수 있을까?" 하는 질문과 씨름하며 글을 읽을 수밖에 없었던 것이다. 독자들도 같은 고민을 피할 수 없을 것이다.

번역을 진행하면서 교부들에 대한 선행 지식의 부족과 언어적 한계 때문에 적지 않은 고통을 겪었다. 하지만 시대를 초월한 교부들의 통찰과 역사가로서의 윌켄의 탁월한 분석을 접하면서 누린 지적 희열은 그런 수고를 상쇄하기에 충분했다. 다시는 번역을 하지 않겠다고 다짐하면서도 또다시 번역에 손을 대는 이 무모함은 바로 이런 지적 희열의 중독성 때문일 것이다. 최선을 다했지만 역량의 한계를 피할 순 없었다. 거친 문장, 혹은 오역은 개인적 한계에서 비롯된 것이므로, 모든 책임은 순전히 역자인 나에게 있다. 다만 역자의 한계가 저자의 탁월함에 결정적 누가 되지 않기를, 또한 부족한 사람을 믿고 번역을 의뢰해 준 출판사의 결정에 해가 되지 않기를 간절히 바란다. 이제 모든 번역을 마치고 나니, 그저 모든 것이 감사하고 부끄러울 뿐이다.

배덕만

0.

서문

모든 생각을 사로잡아 그리스도에게 복종하게 하니

고린도후서 10:5

하나님의 아름다움보다 더 장엄한 것은 무엇인가?

카이사레아의 바실리우스, 『세칙』

감각의 도움을 받을 때조차, 이성의 팔은 짧다.

단테, 『신곡』 '천국편' 2.56-57

마음이 가장 긴 역할을 맡아야 한다.

조지 헐버트, "교송"

기독교는 불가피하게 예전적(물로 장엄하게 씻음으로써 사람들이 교회에 받아들여진다)이고, 비타협적으로 도덕적(마태복음 5:48에서 "하늘에 계신 너희 아버지의 온전하심과 같이 너희도 온전하라"고 예수께서 말씀하셨다)이며, 변증할 수 없을 정도로 지적(베드로전서 3:15의 말씀처럼 "너희 속에 있는 소망에 관한 이유를 묻는 자에게는 대답할 것을 항상 준비"하라)이다. 세계의 모든 주요 종교들과 달리, 기독교는 일군의 경건한 실천들과 도덕법전 그 이상이다. 즉 기독교는 하나님에 대한, 인간에 대한, 세계와 역사에 대한 하나의 사유방식이다. 그리스도인들에게, 생각하는 것은 믿는 것의 일부다. 아우구스티누스^{Augustinus}가 썼듯이 "사람은 먼저 믿을 만하다고 생각하지 않으면 어떤 것도 믿지 않는다.……믿어지는 모든 것은 생각이 먼저 진행된 후에 믿어지는 것이다.……생각하는 모든 사람이 믿는 것은 아니다. 많은 사람들이 믿지 않으려고 생각하기 때문이다. 하지만 믿는 사람은 누구나 생각한다. 믿음 안에서 생각하고, 생각 안에서 믿는다."[1] 처음부터 교회는 생기 있는 지적 생활에 양분을 공급했다.

이 책의 목적은 교회사 형성기에, 곧 교회가 모양을 갖추어 갈 때에, 기독교 사상의 유형을 서술하는 것이다. 나는 이 주제를 전체적으로 파악하여, 특정한 역사적 기간에 뿌리를 두고 있지만 시간에 얽매이지 않은 공통된 전통의 일부로서 개인과 사상을 제시하려고 노력한다. 교부들은 세상을 떠난 지 오래되었지만, 교부들의 토대는 유지되고 있다. 이것은 초기 기독교 사상사만이 아니다. 삼위일체와 그리스도에 대한 장(章)이 있지만, 기독교 시(詩)에 대한 장과 도덕적 삶에 대한 장도 하나씩 포함되었다. 나의 목적은 특정한 가르침들이 어떻게 출현하고 발전했는지를 기술하기보다는, 어떻게 기독교의 지성적 전통이 존재하게 되었고 그리스도인들이 자신들이 믿는 것에 대해 생각했는지를 보여주는 것이다.

비록 내가 사상과 논쟁을 다루지만, 나는 초기 기독교 사상에 대한 연구가 이념에 너무 집착해 왔다고 확신한다. 초대교회의 지성적 노력은 기독교 신앙에 개념적 틀을 제공하는 것보다 훨씬 더 고귀한 목적에 기여했다. 그것의 사명은 사람들의 마음과 생각을 얻어 그들의 삶을 변화시키는 것이었다. 기독교 사상가들은 사회의 종교 제도나 철학자들의 교리보다 훨씬 더 깊은 수준의 인간 경험에 호소했다. 이러한 노력에서, 성경이 주연 배우였다. 성경은 심지어 태초까지 거슬러 올라가는 역사를 말해 주고, 신화적 인물들이 아니라 실제로 역사 속에 존재했던 잊을 수 없는 사람들(모두가 존경할 만한 것은 아니지만)의 이야기로 가득하다. 또한 성경은 새로운 종교언어를 창조했던 말의 보물들과 신학 사상뿐 아니라, 문학적·예술적 상상력까지 자극했던 풍경과 이미지의 보화들을 쏟아 놓았다. 하나님, 자아, 인간 공동체, 사물의 처음과 끝은 성경의 역사, 성경의 언어, 성경의 이미지로 서로 엮어졌다.

교회는 사람들에게 그들의 행동을 자극하고 그들의 감정을 사로잡은 새로운 사랑, 곧 예수 그리스도를 주었다. 이것은 다른 것들과는 전혀 다른 사랑이었다. 예수는 지혜로운 교사였고, 가난하고 불쌍한 사람들에게 다가갔으며, 심지어 학대와 중상을 받고 비참한 죽음을 당한 자애로운 인간일 뿐 아니라, 그의 죽음 이후 하나님께서 죽은 자들 가운데서 다시 살려 내신 존재였다. 그는 한때 죽었으나, 지금은 살아 있다. 예수의 부활은 기독교 경건의 중심적 사실이며 모든 기독교 사상의 토대다. 부활은 고립된 사건이나 유별난 기적이 아니라, 유대 역사의 틀 안에서 발생한 사건이다. 또한 그것은 새로운 공동체인 교회를 탄생시켰다. 기독교는 하나의 메시지일 뿐 아니라, 공동체 생활, 사회 혹은 도시로서 역사 속에 들어온다. 공동체 생활의 내적 훈련과 실천, 제의와 신조, 그리고 제도와 전통은 기독교 사상의 토대를 형성했다.

기독교가 최초로 대중적 관심을 받기 시작했던 때부터 그리스와 로마의 작가들은 이 새로운 종교에 대해 기록을 남겼고, 학문적이고 정보에 근거한 비판서들을 집필했다. 내가 전에 썼던 책 『로마인의 눈에 비친 그리스도인』에서 나는, 켈수스와 포르피리오스 같은 철학자들, 그리고 질투하는 황제 율리아누스 같은 고대 기독교 비평가들의 사상을 소개했다. 그 책은 고대 사상의 맥락에서 기독교 비평가들을 그들의 입장에서 이해하려는 의식적 노력이었다. 비록 그들이 자주 적대적이고 오만했지만, 기독교에 대해 그들로부터 배울 것이 많다. 하지만 그 연구를 수행했던 이유는 궁극적으로 그런 비평가들에 대한 그리스도인들의 반응을 확인하고 싶었기 때문이었다. 내가 다시 이 작업으로 돌아오기까지 생각했던 것보다 훨씬 더 오래 걸렸고, 고대 문헌들과 초기 기독교 문서들을 더 넓고 깊이 읽으면서 내 생각이 변했다. 물론 지금 이 책이 그러한 프로젝트의 완성이지만, 이 계획은 내가 수년 전에 생각했던 것과 많이 달라졌다.

나는 기독교 변증학의 역사를 쓰고 싶었다. 즉, 기독교 사상가들이 예수 그리스도에 대해 거의 알지 못했던 세상에게 기독교 신앙을 변호하고 설명할 때, 비평가들의 주장에 어떻게 답변했는지에 대해 쓰고 싶었던 것이다. 여전히 그 작업은 대단히 매력적인 것으로 남아 있지만, 나는 기독교 사상이 너무 독립적이어서 주로 그리스-로마 사상과의 관계 속에서 다루어질 수 없다는 사실을 발견했다. 기독교에 대한 비평가들의 소리를 듣는 것은 유익하다. 하지만 기독교 사상의 에너지, 활력, 상상력은 그 내부에서, 곧 그리스도의 인격, 성경, 예배, 교회 생활에서 나온다. 예를 들어, 가장 소중한 자원들 가운데 일부는 설교다. 이 책의 의제는 그리스도인들의 관심이 가장 많았던 것에 의해 설정되었다.

초기 기독교 사상의 발전이 '기독교의 그리스화'라는 개념은 더 이상 쓸모가 없다. 19세기 교리사가(敎理史家) 아돌프 폰 하르낙$^{\text{Adolf von Harnack}}$의 사상과 작별을 고할 때가 되었다. 그의 생각이 1세기 이상 동안 초기 기독교 사상에 대한 해석에 영향을 끼쳐 왔던 것이다. 이제 이 책을 읽어 가면서, '헬레니즘의 기독교화'가 더 적절한 표현이라는 사실이 명백해질 것이다. 물론 그러한 표현이 기독교 사상의 독창성이나 유대인의 사고방식과 유대인 성경에 진 빚을 온전히 포착하지는 못하지만 말이다. 또한 그것은 그리스도인들이 가치 있다고 생각했던 그리스 사상의 좋고 훌륭한 특성들, 예를 들어 덕성의 관점에서 이해된 도덕 생활을 충분히 인정하지 못한다. 동시에 우리는 기독교 사상이 그리스-로마 문화에 뿌리를 둔 사상과 개념의 틀 속에서 작동하지만, 그것들에 엄청난 변화를 가져와서 결국에는 완전히 새로운 것이 탄생했다는 사실을 거듭 발견한다.

이와 같은 변형을 설명할 수 있는 방법은 많다. 예를 들어 그리스도, 그분과 연관된 사건들, 기독교 예배의 성례전적 특징, 교회의 공동체 생활 등 그 각각은 내가 말하는 이야기 속에 자리하고 있다. 하지만 나에게 가장 큰 인상을 준 것은 초기 기독교 저술들 안에서 성경이 도처에 등장하는 것이다. 초기 기독교 사상은 성경적이었으며, 교부시대의 지속되는 업적 중 하나는 언어와 영감 면에서 성경적으로 사고방식을 형성한 것이다. 그리고 그것은 교회와 서양 문명에게 성경에 대한 통일되고 일관된 해석을 제공했다. 말할 필요도 없이 이것은 성경의 최초 독자들을 무시하는 해석은 교회의 책도 아니고, 서양 문학, 미술, 음악의 상상력이 풍부한 원천도 아닌, 단지 파편들의 덩어리가 될 수밖에 없다는 뜻이다. 그들에게 양분을 제공하는 이 토양에서 뽑힌다면, 그들은 줄기가 잘려 색깔이 변한 꽃과 같을 것이다.

초기 기독교 사상의 독특한 특징은 몇 개의 문장으로 정리될 수 있다.

그리스도인들은 이스라엘과 예수 그리스도의 역사를 토대로, 기독교 예배의 경험으로부터, 그리고 성경(또한 성경에 대한 초기 해석들)으로부터, 곧 역사, 제의, 문헌으로부터 사고한다. 기독교 사상은 교회 생활에 기반을 두고 있으며, 시편 암송 같은 경건 활동으로 유지되고 예배, 특히 정기적인 성찬식 참여로 양분을 얻는다. 이론은 그 자체가 목적이 아니었다. 개념과 관념은 그것들이 가리키는 대상물 자체인 그리스도의 신비, 그리고 기독교적 삶의 실천에 더 깊이 침잠하도록 도움을 주었다. 목적은 이해뿐 아니라 사랑이었다. 그리고 이 책의 곳곳에서 하나님, 삼위일체, 덕에 대한 지식을 토론할 때, 특히 수난에 대한 마지막 장에서, 나는 기독교 사상에서 사랑의 필수불가결성을 보여주려고 노력했다.

한스 우르스 폰 발타자르^{Hans Urs von Balthasar}는 교부들에 대한 글에서 이렇게 쓴 적이 있다. "위대함, 깊이, 담대함, 유연성, 확실성, 그리고 불타는 사랑(청춘의 미덕)은 교부신학의 징표들이다. 아마도 교회는 이레나이우스부터 아타나시우스, 바실리우스, 키릴로스, 크리소스토무스, 암브로시우스와 아우구스티누스에 이르는 일군의 거인들(이들보다 덜 위대한 사람들은 말할 것도 없이)을 결코 다시 만나지 못하리라. 삶과 교리는 하나다. 그 모든 것들 중에서, 키르케고르가 크리소스토무스에 대해 했던 말은 사실이다. '그는 자신의 존재 전체로 표현했다.'"[2]

초기 기독교 사상은, 이러한 단어들이 암시하는 바와 같이, 일군의 타의 추종을 불허하는 재능 있는 사상가들의 작품이다. 그들의 삶은 사상과 긴밀히 얽혀 있었다. 어떤 토론도 구체적인 것을 다루지 않는다면 가치가 없다. 그래서 나는 특별한 사람들과 이슈들을 언급하면서 초대교회의 사상을 제시해 왔다. 나는 포괄적인 작업을 시도하지 않았다. 예를 들면, 은총에 대한 펠라기우스 논쟁은 간단하게 언급하고 지나갈 것이다. 나는 그리스도의 인격에 대한 논쟁의 한 측면만을 다룬다. 가능한 한 각 장은 이 책의 주제들 중 한 가지에 대해 설명해 줄 한두 사람만을 집중적으로 다룬다. 그리고 나는 특정한 문헌들과 관련되지 않는 것에 대해서는 거의 말하지 않았다. 하지만 초기 기독교 사상의 유형을 풍요롭게 만들기 위해 나는 7세기 이상에 걸쳐 있는 작가들의 작품을 자유롭게 사용한다.

나는 초기 기독교 역사와 사상의 해석에 대한 근대의 학문적 논쟁들을 피하면서, 일반 독자들을 염두에 두고 이 책을 쓰려고 노력했다. 그런 논쟁들은 학술지와 논문에서 가장 잘 다룰 수 있을 것이다. 보다 깊은 독서를 위해, 내 생각을 형성했거나 각 장에서 다룬 주제들을 보다 정교하게 다룬 책과 논문 몇 가지를 소개했다.

비록 순교자 유스티누스, 이레나이우스, 알렉산드리아의 클레멘스, 락탄티우스, 아타나시우스, 카이사레아의 바실리우스, 요하네스 크리소스토무스, 밀라노의 암브로시우스, 알렉산드리아의 키릴로스 등을 포함한 많은 작가들을 인용했지만, 나는 계속 네 사람을 반복해서 다루었다. 즉, 3세기의 오리게네스, 4세기의 니사의 그레고리우스, 5세기의 아우구스티누스, 그리고 7세기의 고백자 막시무스다. 초기 기독교에서 이 네 사람은 가장 보람 있고, 가장 심오하며, 가장 영속적인 인물들로 우뚝 서 있다. 그들은 단지 역사적 자원이 아니라 살아 있는 해석자로 읽힐 수 있다. 하지만 아우구스티누스가 그 정상에 서 있다는 전통적 지혜에 반대할 사람은 없을 것이다. 그는 가장 뛰어난 분별력을 지녔고 그의 사상은 가장 깊은 수준에서 흐르며, 그의 관심 영역이 가장 넓었고 보다 고상한 문체로 글을 썼다. 그리고 그는 적어도 서양에서 가장 영향력이 컸다. 하지만 그 사람만 있었던 것은 아니며 다른 사람들, 특히 니사의 그레고리우스와 고백자 막시무스와 많은 공통점을, 오리게네스와는 곳곳에서 공통점을 지닌다. 모든 위대한 기독교 사상가들처럼, 그도 자신이 만들지 않은 전통 속에서 의식적으로 행동했다. 그는 신앙 공동체 한복판에 서 있는 한 교회에서 자기 앞에 펼쳐져 있던 성경 한

페이지에서 가장 편안함을 느꼈다. 교부들은 "학자들 같이"$^{사50:4}$ 글을 썼다.

이 책의 구성에 대해 몇 마디만 덧붙이겠다. 첫 세 장은 하나님은 어떻게 알려졌는지, 그리고 예배와 성례전, 성경 같은 토대들을 다룬다. 처음부터 기독교 사상가들은 기독교 사상에서 성경적 역사의 중심성을 인식했다. 하나님은 이스라엘의 역사와 그리스도의 생애에서 벌어진 사건들을 통해서 알려졌다. 그리고 기독교 사상은 이러한 사건들로 시작하며 그것들에 의해 유지된다. 기독교 예배에 대한 2장은 초기 기독교 사상가들이 기도의 사람들이었음을 보여준다. 그들은 인간으로서 그리스도를 단지 하나의 역사적 기억뿐 아니라 예배 속에서 경험되는 사실로 알았다. 복음서에 기록된 사건들, 특히 그리스도의 죽음과 부활은 예배 안에서 "현재가 되었다." 3장에서 나는 고대 문학을 공부했던 사상가들에게 성경이 얼마나 신선하고 심지어 놀랍게 보였는지를 알려주려고 노력했다. 성경은 그들이 이전에 알고 있던 것과 전혀 다른 세상을 보여주었다. 그리고 성경을 읽고 해석하는 일은 그들의 어휘와 사상 유형에 지속적인 흔적을 남겼다.

그 다음에는 기독교적 가르침에 대한 세 개의 장이 이어진다. 즉, 삼위일체, 그리스도의 사역, 그리고 세상과 인류의 창조 이야기다. 4장은 어떻게 역사(그리스도의 부활), 기독교 예배의 삼위일체적 공식, 그리고 성경이 삼위일체 교리를 형성하는 데 협력했는지를 설명하기 위해서 처음 세 장의 요점을 요약한다. 5장은 복음서에 나오는 한 사건, 곧 예수께서 "내 원대로 마시옵고 아버지의 원대로 되기를 원하나이다"$^{눅22:42}$라고 말했을 때, 그리스도의 "고뇌"와 관련해서 그리스도의 사역을 토론한다. 여기서 주요 인물은 고백자 막시무스다. 이 사건에 대해 깊이 사색함으로써 막시무스는 그 이전의 사상가들과 달리 명료하고 깊이 있게 인간으로서의 그리스도의 신비를 표현할 수 있는 언어와 개념을 찾았다. 기독교 사상은 복음주의(복음전도)의 역사에 지속적으로 침잠함으로써 양분을 공급받았다. 6장은 창세기 1장의 창조 설명에 집중한다. "태초에 하나님이 천지를 창조하시니라"[1:1]는 첫 구절과 "우리의 형상을 따라 우리의 모양대로 우리가 사람을 만들고"[1:26]라는 구절 말이다. 여기서 나는 주로 카이사레아의 바실리우스와 니사의 그레고리우스의 저작들에서 이 본문의 해석에 도움을 받는다. 그들의 목적은 창조와 인간에 대해 성경적이지만 모든 합리적인 사람들이 이해할 수 있는 일관된 견해를 형성하는 것이었다.

그 후에 신자들을 다루는 두 장이 이어진다. 7장은 사고방식의 하나로서 신앙을 다루며, 8장은 신자들의 친교, 곧 사회와 관련된 교회에 대한 것이다. 이러한 장들에서 나는 아우구스티누스에게 의존한다. 신앙에 대한 장은 1장에서 소개된 주제, 곧 하나님에 대한 지식은 참여적이며 따라서 하나님은 오직 신앙과 사랑 속에서 인지될 수 있다고 말하는 것이 합리적이라는 주제에 대해 부연한다. 이 책의 곳곳에서 나는 기독교 사상의 맥락으로서 교회의 중요성에 주의를 환기시킨다. 그리고 8장에서, 정의로운 사회에 대한 아우구스티누스의 이해 속에서 교회의 역할을 논한다.

9장과 10장은 형식들, 곧 기독교 문화의 재료들을 다룬다. 9장은 단어들, 곧 기독교 시(詩)에 대한 것이며, 10장은 나무와 물감, 곧 성상에 대한 것이다. 일부 그리스도인들은 신앙의 핵심적인 신비, 예를 들어 삼위일체와 그리스도의 인격을 말과 개념들 속에서 이해하려 했으며, 다른 이들은 문학과 미술에서 기독교 진리에 표현을 제공하려 했다. 9장의 주제인 기독교 시인 프루덴티우스는 "그리스도의 영광스러운 행동"을 시로 기념했고, 시를 통해 독자들이 자신들의 마음속에 삼위일체의 자리를 마련하도록 초청했다. 물론 성상은 존경veneration의 대상이며, 기독교 예배와 경건과의 관계 속에서 가장 훌륭하게 논의된다. 하지만 10장의 주제인 성상에 대한 옹호는 기독교 사상 안에서 영적인 것과 물질적인 것 사이의 밀접한 관계를 검토하고, 기독교 사상에서 성육신의 우선성primacy에 대한 1장의 관찰들을 강조할 수 있는 기회를 제공한다.

아우구스티누스는 철학을 하는 유일한 목적이 행복을 성취하는 것이라고 썼다.[3] 초대교회의 탁월한 지적 노력은 사람들을 성결한 삶으로 인도하는 것이 목적이었다. 따라서 이 책의 마지막 두 장은 기독교적 삶을 다룬다. 11장은 도덕적 삶을, 12장은 영적 삶을 각각 다룬다. 비록 기독교 사상가들이 그들 이전의 그리스와 로마 전통에 속한 도덕철학 안에서 활동했지만, 그들은 자신들이 물려받은 것을 변형시켰다. 삶의 목적은 그리스도를 닮는 것으로 이해되었으며, 핵심적 덕성은 사랑의 모습으로 재해석되었고, 덕의 목록은 독특하게 성경적인 덕, 예를 들어 인내(혹은 오래 참음)와 겸손까지 확장되었다. 끝으로 나는 감정(혹은 애정)과 사랑으로 되돌아간다. 교부들의 사상에서, 사람이 선을 행하도록 움직이는 에너지인 욕망^{desire}은 사람과 하나님을 묶어 주는 복된 감정인 사랑에게 길을 내준다. 단테의 『신곡』 '천국편'에서 베아트리체의 말에 따르면, 하나님에 대한 지식은 "사랑의 불꽃 가운데 지성이 온전히 성숙하지 못한 모든 사람의 눈에는 가려져 있다."[4]

이 책의 원 부제 "하나님의 얼굴을 구하며"$^{Quaerite\ faciem\ eius\ semper}$는 시편 105:4의 라틴어 번역에 근거한 것이다. 아우구스티누스는 이 구절을 그의 책 『삼위일체론』$^{De\ Trinitate}$에서 네 번이나 인용했다. 성경에서 이 구절보다 초기 기독교 사상의 정신을 제대로 표현하는 것은 없다.

I.

기독교 사상의 토대

그리스도의 십자가 위에 세워진

"그의 경건한 자들의 죽음은 여호와께서 보시기에 귀중한 것이로다"(시 116:15).
어떤 종류의 비인간성도 그리스도 십자가의 신비 위에 세워진 종교를 파괴할 수 없다.

대 레오

그 시작부터, 그리스도인들은 다른 사람들을 의식하고 있었다. 최초의 그리스도인들은 동료 유대인들에게 왜 자신들이 로마인에게 처형된 한 남자를 존경하는지에 대해 설명해야 했다. 예수의 죽음 이후 수십 년 내에 일부 그리스도인들이 유대인의 율법을 더 이상 준수하지 않게 되면서, 기독교 지도자들은 자신들이 유대인의 고대 전통을 버렸다는 비난에 대답해야 했다. 후에 그리스에서 바울이 유대인의 영역을 넘어 이방인들과 만나기 시작했을 때, 아테네 시민들은 유명한 아크로폴리스 서쪽의 언덕 아레오바고로 바울을 데려와 그의 새로운 가르침에 대해 말할 기회를 주었다. "네가 어떤 이상한 것을 우리 귀에 들려 주니 그 무슨 뜻인지 알고자 하노라"[행17:20].

물론 사람들이 믿는 바를 설명하거나 정당화하려는 모든 노력은 다른 사람들뿐 아니라 자신들을 위해 수행된다. 그 질문들이 정당하다면, 곧 논쟁에서 상대를 제압하려는 말장난이 아니라 문제의 핵심을 건드린다면, 시간이 지나고 심지어 다른 사람이 없어도 그 질문들은 제기될 것이다. 대화는 불가피하게 보다 고독하고 한결같은 탐구로 이어진다. 그럼에도, 심지어 대화의 철학적 필요성이 더 이상 존재하지 않더라도, 다른 사람이 그 질문을 던지도록 유도하는 것은 결코 쓸데없는 일이 아니다. 특히 그 탐구자가 다른 답변을 가지고 살아가는 주변 공동체에 속한다면 말이다.

비록 기독교가 팔레스타인 유대인들 사이에서 하나의 운동으로 시작했지만, 이어 로마 제국의 다른 지역으로, 곧 시리아와 이집트, 소아시아와 그리스, 로마와 지중해를 지나 아프리카 북부로 빠르게 확산되었다. 처음에는 회심자들 중 많은 수가 유대인들이었다. 하지만 몇십 년이 지나지 않아서 새로운 사람들이 그 새로운 운동에 가담하기 시작했다. 유대교와도 거의 접촉한 적이 없었던 이 사람들에게 그리스도인이 된다는 것은 수세대 동안, 심지어 수세기 동안 실천해 온 삶의 방식을 포기하고 가족과 이웃을 묶어 주었던 사회적 끈을 끊어 버린다는 뜻이었다. 기독교는 새롭고 낯선 삶의 방식이었다. 그것은 전통과 관습을 무시하고, 최근까지 생존했던 한 남자에 대해 지나친 주장을 하는 것처럼 보였다. 기독교는 과거의 지혜를 버린 것 같았다.

초기의 한 가혹한 비판자는 기독교가 "매우 지혜로운 사람들, 도시들, 현인들"이 가르쳤던 "고대의 교리"를 포기했다고 꾸짖었다.[1] 처음 몇 세기 동안, 이런 비난은 모든 그리스와 로마 관찰자들에 의해 다른 모습으로 기독교를 향해 제기되었다. 기독교 사상가들은 비판자들과 마찬가지로 고대 세계의 문학과 철학을 공부했기 때문에 그들의 비난에 깊은 상처를 받았다. 더욱이 그들은 그러한 과거를 소중하게 생각했다. 그것은 비평가들의 유산일 뿐 아니라 자신들의 유산이기도 했다. 그리스도인들은 그것이 사회적 사실이든 지적 도전이든, 타인들의 주장을 피할 수 없었다. 그리고 기독교 사상은 자신의 형성기에 고전적인 지적 전통과 지속적으로 대화를 나누었다.

하지만 초기 기독교 사상은 비판자들의 비난에 답변하거나 외부인들에게 신앙을 설명하는 것만큼, 그리스도의 신비 속으로 깊이 침투하고 교회 안에서 믿고 전수된 것을 알고 이해하려는 시도이기도 했다. 기독교 사상가들은 무엇인가를 확립하려고 시도했던 것이 아니었다. 그들의 과제는 무엇인가를 이해하고 설명하는 것이었다. 이해하고 싶은 욕망은 믿는 것을 실천하고 싶은 욕구일 뿐 아니라, 그 자체가 믿음의 일부였다. 이 책의 페이지가 넘어가면서 기독교 사상이 계시의 사실들에 반응하면서 어떻게 발생했는지, 그것의 특징이 성경의 언어와 이미지에 의해 어떻게 형성되었는지, 그리고 기독교 공동체의 삶과 예배가 기독교 사상에게 고대 철학에 없는 사회적 차원을 어떻게 부여했는지에 대해 살펴볼 기회들이 있을 것이다. 하지만 외부인들이 제기한 질문들에서 먼저 시작해야겠다. 왜냐하면 기독교를 비판했던 바로 그 사람들이 이 새로운 종교를 독특하게 만든 것이 무엇인지를 날카롭게 인식하고 있었으며, 그들의 반응 속에서 초기 기독교 사상가들도 기독교에 독특한 특성을 부여했던 것이 무엇인지를 대단히 날카롭게 파악했기 때문이다.

영혼 속의 불길

최초의 기독교 문헌들은 그리스도인들이 그리스도인들을 위해 작성한 것이다. 이것에는 복음서, 사도 바울이 지중해 전역에 흩어져 있는 기독교 회중들에게 보낸 서신, 1세기의 전환기에 안디옥의 이그나티우스와 로마의 클레멘스 같은 감독들이 쓴 서신, 설교문과 초기 기독교 공동체의 삶을 규제하기 위한 지침서, 연로한 감독의 순교에 관한 설명 등이 포함된다. 일부 문헌들, 예를 들어 사도행전은 보다 넓은 청중을 염두에 두었을지도 모른다. 하지만 2세기 중반에 이르러 그리스도인들은 의식적으로 외부인들을 염두에 두고 글을 쓰기 시작했다.

이와 같은 책을 쓴 사람들은 변증가들apologists로 불렸고, 이러한 맥락에서 변증apology이라는 단어는 사람들의 삶과 신앙 방식에 대한 방어와 설명을 의미한다. 초기 변증가들은 처음으로 기독교에 대해 아무것도 모르는 사회에게 기독교를 소개해야 하는 힘겨운 과제에 직면했다. 기독교는 서기 40년경에 로마 제국의 동쪽 변경인 예루살렘에서 시작되었고, 100년이 지난 후에도 제국의 전역에서 이 새로운 운동에 대해 제대로 알고 있던 사람들이 거의 없었다. 그들이 알고 있던 것은 떠돌던 이야기에 근거했을 뿐이다. 2세기 초반이 되어서야 비그리스도인 작가가 기독교에 대해 최초로 언급한 글이 나왔다. 소아시아(오늘날의 터키)의 로마 총독이었던 플리니우스^{Plinius}가 이 새로운 운동을 "지나치게 오랫동안 진행되는 외국의 타락한 신흥종교"라고 폄하했다.² 플리니우스 같은 사람들의 시각을 고려할 때, 이 새로운 종교는 방어자가 필요했다.

최초의 변증가들 중에서 가장 명석한 사람은 2세기 초에 팔레스타인에서 태어난 순교자 유스티누스$^{Justinus\ Martyr}$였다. 그는 로마가 지배하던 팔레스타인의 네아폴리스(오늘날의 나블루스)에서 태어났기 때문에 자신을 사마리아인이라고 불렀다. 하지만 그의 가족은 그리스인이었으며, 그도 성인이 되어 그리스도인이 되기 전까지는 모세와 선지자들에 대해 들어본 적이 없었던 것 같다. 그는 그리스도인이 되기 전에 철학을 공부했고, 회심 후에도 철학자로 생활했으며, 계속 철학자 복장을 했다. 유스티누스는 열정적인 기독교 공동체가 있었던 로마에 정착했다. 그는 한 고대 역사가가 주장하듯이 그곳에서 "하나님의 말씀"을 가르쳤고, 그 도시에 있는 다른 철학자들에게 자신의 새로운 신앙을 방어하기 위해 자신의 펜을 사용했다.³

유스티누스는 기독교를 방어하기 위해 로마 사람들을 대상으로 몇 권의 책을 썼다. 하지만 그는 유대인들을 위해서도 방대한 책을 한 권 남겼다. 기독교 사상가들은 두 종류의 비판자들을 동시에 다루어야 했다. 하나는 그리스와 로마의 문화적 전통을 대표하는 사람들이고, 다른 하나는 기독교가 기원했던 사람들이다. 특히 후자의 성경(그리스도인들이 "구약"이라고 부른 것)을 그리스도인들도 자신들의 성경으로 삼았다. 유대교를 다룬 자신의 책 『트리포와의 대화』$^{Dialogue\ with\ Trypho}$에서 유스티누스는 『70인역』(구약의 그리스어 역본)에서 발췌한 구절들에 대해 상세한 주석을 제공했다. 그의 목적은 이 책들(구약)에 기독교적 해석이 주어져야 한다는 사실을 보여주는 것이었다. 하지만 그는 이 책의 서문에서 자신이 어떻게 기독교를 받아들이게 되었는지에 대해 멋진 문체로 설명했다. 그의 회심에 대한 연대기적 서술이 의식적으로 문학적이며, 철학으로의 회심에 대한 전통적 서술을 모델로 삼은 것이었기 때문에 어떤 사람들은 그의 설명이 전적으로 전기적인 것이 아니라고 주장했다. 하지만 그 책의 문학적 배경이 무엇이든, 그의 시각에 진실이 담겨 있다는 것은 의심의 여지가 없으며, 유스티누스가 자신의 기독교 수용을 철학으로의 회심이라고 소개했던 것도 결코 무의미한 것이 아니다. 그의 시대에 철학을 가리키는 말의 뜻은 삶^{life}이었다. 그리고 유스티누스는 자신이 기독교로 돌아섰을 때 새로운 삶의 방식을 수용했다는 사실을 자신의 독자들에게 알려주고 싶었다.

『트리포와의 대화』에 따르면, 처음에 유스티누스는 한 스토아학파 철학자에게 공부하러 갔다. 하지만 그의 강의를 들은 후, 그는 하나님에 대해 아무것도 배우지 못했다. 정말이지 그의 스승은 그 주제에 아무런 관심이 없는 것 같았다. 그 다음에 유스티누스는 소요학파, 곧 아리스토텔레스의 추종자를 찾아갔다. 하지만 이 철학자는 오직 수업료에 대해서만 떠드는 것 같았다. 그 후에 그는 한 피타고라스 학자를 찾아갔다. 그는 주로 수학적 정리^{theorems}에만 관심이 있었다. 마지막으로 그는 한 플라톤주의자를 찾아갔고, 그곳에서 처음으로 자신이 발전하고 있다는 생각을 했다. 그의 정신에 날개가 주어졌고 머지않아 "하나님을 만나게 되길" 소망했다.[4]

하지만 어느 날 해변을 걷고 있을 때, 그는 한 노인과 플라톤에 대해 깊은 대화를 나누게 되었다. 그들의 대화가 이어지면서 그 현인은 서서히 대화의 주제를 바꾸기 시작했다. 영혼은 불멸하며 그 자체로 생명을 지닌다고 가르쳤던 플라톤과 달리, 그 노인은 영혼의 생명이 모든 생명의 원천이신 하나님의 위대한 선물이라고 말했다. 유스티누스는 자신이 전에 들어본 적이 없는 것을 이 노인이 말하고 있다는 사실을 깨닫고, 만일 그런 삶의 방식을 따르려면 선생이 필요하냐고 그에게 물었다. 그의 연로한 동료는 오래전에, 그리스 철학자들보다 훨씬 전에 "사물의 시작과 끝"에 대해 썼던, 선지자라고 불린 철학자들이 살았다고 답변했다. 주로 표현에 의존했던 철학자들과 달리, 선지자들은 자신들이 보고 들은 것에 대해 말했고 "진리에 대한 증인들"이었다.[5] 하나님의 말씀은 논쟁이 아니라 일어난 일에 대해 사람들이 증거함으로써 인정을 받는다.

대화를 마치면서 그 노인은 놀랍게도 자신이 제시했던 가르침에 대해 유스티누스에게 확신시키려 하지 않았고, 그 대화를 통해 "빛의 문들"이 열릴 것이며 유스티누스는 자기가 들은 것을 받아들이게 될 것이라고 기도하며 끝냈다. 그렇게 기도한 후 노인은 떠났다. 하지만 그의 말은 마른 불쏘시개에 떨어진 뜨거운 불꽃 같았다. "내 영혼 속에 불길이 타올랐고, 나는 선지자들과 그리스도의 친구들에 대한 사랑에 사로잡혔다. 그의 말을 곰곰이 생각하는 동안, 나는 이러한 삶의 방식만이 확실하고 만족스럽다는 사실을 깨달았다."[6]

자신의 영적 여정에 관한 유스티누스의 설명 배후에 어떤 역사적 핵심이 존재하든, 그가 자신의 독자들에게 전달하고 싶었던 것은 대단히 우아하고 명료하게 서술되었다. 그가 이 현자에게서 배웠듯이 하나님은 일차적으로 역사 속에서 벌어진 사건들을 통해 알려진다. 어떻게 하나님이 알려지는가에 대해 말할 때, 성경은 통찰이나 깨달음, 혹은 증명에 대해 좀처럼 말하지 않는다. 오히려 성경은 하나님이 나타났고 무언가를 행하셨으며, 자신을 보이셨고 호세아서의 서두("호세아에게 여호와의 말씀이 임했다")처럼 누군가에게 말씀하셨다고 말한다. 따라서 하나님을 향한 길은 논쟁이나 증명이 아니라 분별과 신앙, 곧 사건들 속에 드러난 것을 볼 수 있는 능력과 그것들에 대해 증언하는 사람들의 말을 신뢰할 준비로 시작한다.

자신의 기독교 수용을 "확실하고 만족스러운" 삶의 방식으로의 회심이라고 표현함으로써, 유스티누스는 기독교의 진리가 우리의 지적 존재뿐 아니라 도덕적 존재를 통해 영혼 속에 침투했다는 사실을 독자들에게 알려주었다. 하나님에 대한 지식은 단지 전제들이 아니라, 우리의 삶의 방식, 곧 다른 사람들로부터 배웠고 경험으로 입증된 확신에 근거한 행위와 관계가 있다.

또한 유스티누스의 설명은 애정의 중요성을 강조한다. 예수는 처음이자 가장 위대한 계명이 "너는 마음과 영혼과 힘을 다해 주 너의 하나님을 사랑하라"는 것이라고 가르쳤다. 사랑의 언어가 신약성경 전체에 퍼져 있다. 그것은 특히 기독교 지적 전통의 초창기에, 유스티누스가 그 노인의 말에 대한 반응을 서술할 때 자신이 하늘에서 내린 불로 가슴에 불이 타올랐으며 "사랑에 사로잡혔다"고 말한 것은 언급할 가치가 있다. 오직 사랑에 상처 받았을 때, 사람들은 성경의 하나님을 알 수 있다. 몇 세기 후에 아우구스티누스가 글로 썼듯이, "우리에게 불을 지르고", "우리를 하나님께로 들어 올리는 것"은 사랑이다.[7] 하나님을 사랑하는 것은 이미 이해의 길에 들어서는 것이다.

하나님 보기

예전부터 로마에서 살고 있었던 유스티누스는 서기 165년에 로마의 신에게 경배하기를 거절했다는 이유로 죽임을 당했다. 그는 동료들과 함께 목이 잘려 죽었다. 그래서 그에게 순교자 유스티누스, 증인 유스티누스란 이름이 붙게 된 것이다. 죽음으로 그리스도의 진리를 증거했기 때문이다. 그가 생존해 있을 때, 일부 그리스 사상가들이 이 새로운 운동에 대해 기록을 남기고 기독교 문헌들을 읽기 시작했다. 유스티누스보다 약간 어렸던 의사이자 철학자인 갈레노스[Galenos]는 창세기의 창조 이야기에 대해 알고 있었다. 그는 하나님이 자연법을 고려하지 않고 의지로 세상을 창조했다는 것은 불합리하다고 생각하여, 하나님과 함께 모든 것이 가능하다는 성경의 개념을 조롱했다. 유스티누스가 죽고 몇 년이 지나서, 켈수스^{Celsus}라는 이름의 또 다른 그리스 철학자가 『참된 교리』$^{True\ Doctrine}$라는 제목으로 기독교에 대한 책을 한 권 썼다. 켈수스는 기독교의 가르침과 관행에 정통하는 것을 자신의 일로 삼았으며, 당시의 기독교 사상가들의 책뿐 아니라 신약성경의 여러 부분을 읽었다. 그것들 중에는 기독교를 변호하는 유스티누스의 변증서도 포함되었다. 켈수스를 통해 우리는 사려 깊은 외부인들이 이 새로운 종교에 대해 무엇을 알고 있었는지, 그리고 그들이 보기에 로마 세계의 종교적 신앙과 관행들로부터 기독교의 영적 비전을 구분시켰던 것이 무엇이었는지에 대해 정보를 갖게 되었다.

고대 철학자들 사이에서 신에 대한 지식은 감각을 통해 수용된 인상들이 제거된 순수한 정신 활동을 통해 도래한다는 것이 자명했다. 오직 만질 수 있는 사물들에 대한 지각으로부터 자유롭게 되었을 때, 정신이 하나님을 향해 상승할 수 있다. 이런 관점에서 하나님에 대한 지식은 오직 소수에 의해 성취되었고, 예언자들도 하나님에 대해 많은 것을 예언할 수 없었다. 이 시기 동안 철학자들에 의해 가장 많이 인용된 문헌 중 하나가 우주론에 대한 플라톤의 논문 『티마이오스』^{Timaeus}의 한 구절이다. "지금, 이 우주의 창조주요 아버지를 찾는 것은 어렵다. 그리고 그를 찾은 후에, 그를 모든 사람에게 선포하는 것은 불가능하다." 이 본문에 익숙했던 켈수스는 그의 책 『참된 교리』에서, 하나님이 한 역사적 인물 속에 계시되었다고 주장하는 그리스도인들을 조롱하기 위해 플라톤의 권위를 빌려 온다. 그는 오직 정신의 눈을 통해 하나님을 알 수 있다고 말했다. "당신이 감각의 세상에 눈을 감고 정신으로 위를 바라본다면, 당신이 육신에서 눈을 돌려 영혼을 올려 본다면, 오직 그때 당신은 하나님을 볼 것이다."[8]

켈수스와 동시대인이자 또 다른 철학자인 알키누스^{Alcinous}도 이런 식으로 전통적 견해를 서술했다. "최초의 신"은 이 세상의 사물들과 다르다. 그는 "영원하며, 형언할 수 없고, 자급자족하며, 필요가 없고······모든 면에서 완전하다." 하나님에 대한 지식을 획득하기 위해 사람들은 감각적인 것들로부터 돌아서고, 보다 높은 영적 실재에 도달하기 위해 정신을 훈련해야 한다. "먼저 사람들은 몸에서 발견되는 아름다움에 대해 숙고하고 그 이후에는 영혼의 아름다움으로 옮겨 가며, 그 다음에는 관습과 법속에 있는 아름다움으로, 그 후에는 아름다움의 광대한 바다로 이어진다. 이제야 사람들은 선 자체에 대해 생각한다. 그것은 빛으로 나타나서, 그것이 상승하면서 영혼에게 빛을 비춘다. 그리하여 사람들은 하나님의 탁월한 명예 때문에 하나님 관념에 도달한다."9

그의 책 『참된 교리』에서 켈수스는 그리스도인들에 반대하는 자신의 입장을 납득시키기 위해 이런 철학적 상투어에 호소한다. 그는 그리스도인들이 감각적인 것들과 몸과 피를 가진 인간에게 너무 사로잡혀서, 하나님에 대한 참된 지식을 발견할 수 있는 순수한 지적 공기를 호흡할 수 없다고 말한다. 하나님이 인간에게 나타났으며 하나님에 대한 지식이 한 역사적 인물 속에 나타난 계시의 문제라는 생각은 하나님의 본성과 모순된 것이었다. 켈수스는 신랄하게 조롱하고 비웃는다. "하나님의 입장에서 그렇게 비천해진 목적은 무엇이었나? 인간들 안에서 무슨 일이 벌어지는지를 알아보기 위해서? 하나님이 모든 것을 알지 못한단 말인가?" 이런 식으로 그리스도인들에게 도전하면서 켈수스는 새로운 운동의 뿌리에 도끼를 내려놓고 싶었다.

켈수스가 신약성경을 읽음으로써 깨달았듯이, 기독교의 독특한 특징은 "하나님, 혹은 하나님의 아들이 나사렛 예수의 몸을 통해 이 땅에 내려왔고 인간들이 눈으로 볼 수 있었다"는 것이었다. 만일 하나님이 시간과 공간 속으로 들어왔다면, 세상의 근본적인 질서와 구조는 돌이킬 수 없이 방해를 받을 것이라고 켈수스는 말했다. W. H. 오든^{Auden}의 기억할 만한 시구(詩句)는 이렇게 말한다. "어떻게 영원한 존재가 일시적인 행동을 할 수 있다는 말인가? 무한한 존재가 유한한 행동을 할 수 있다는 말인가?" 우주를 지배하는 법칙은 고정되고 불변한다. 영적 실재는 지상의 삶을 지배하는 강제력에 종속될 수 없다. 켈수스는 이렇게 썼다. "만일 당신이 지상에서 대단히 의미 없는 어떤 것을 바꾼다면, 당신은 모든 것을 뒤집고 파괴할 것이다."¹⁰

복음에 대한 적절한 증거

켈수스는 서기 170년경 기독교에 반대해서 책을 썼고, 몇 세대 동안 아무런 반응도 불러오지 못했다. 하지만 다음 세기 중반에, 교회사에서 가장 용감하고 독창적인 사상가 중 한 명인 알렉산드리아의 오리게네스$^{Origenes\ of\ Alexandria}$가 켈수스의 『참된 교리』에 대한 상세한 반박서를 저술했다. 『켈수스에 대항하여』$^{Contra\ Celsum}$라는 제목이 붙은 오리게네스의 논문은 켈수스의 비판들에 능숙하게 대응하고 그가 오해한 부분이 무엇인지를 차분하게 설명하며 여러 논점에 대해 치밀하게 논쟁을 전개한다. 그것은 학문적이고 섬세한 책이다. 그리고 신앙을 방어하기 위해 집필된 초기 기독교 문헌들 가운데, 심오함 면에서는 오직 아우구스티누스의 『하나님의 도성』$^{De\ Civitate\ Dei}$만이 이것에 필적할 수 있을 뿐이다. 더 놀랍게도, 오리게네스는 그의 반대자의 견해를 독자들에게 소개할 때 대단히 세심한 주의를 기울인다. 아마도 이런 이유로 미국 대통령 토머스 제퍼슨이 『켈수스에 대항하여』의 그리스어판과 프랑스어 번역판을 함께 소장했던 것 같다. 그 안에서 기독교에 대한 비판이 켈수스에 의해 탁월한 지성의 필체로 서술된다. 오리게네스가 켈수스의 『참된 교리』를 대단히 광범위하게 인용함으로써, 사람들은 그의 주장뿐 아니라 켈수스가 자신의 논문에서 실제로 사용했던 많은 용어들을 재구성할 수 있게 되었다.

오리게네스는 지중해 동부에 위치한 이집트의 대도시 알렉산드리아에서 서기 185년경에 태어났다. 그의 부모는 그리스도인이었고 그는 소년 시절에 그리스도인으로 훈련받았다. 그 덕택에 그는 성경에 친숙해질 수 있었고, 청년 시절에는 철학 공부에도 심취했다. 오리게네스는 교회에서 편안함을 느꼈던 것만큼 초기 로마 제국의 문화적 지성계에도 친근감을 느낄 수 있었다. 그의 비판자 중 한 명인 철학자 포르피리오스^{Porphyrios}는 오리게네스가 사상적 측면에서 기독교적이기보다 오히려 그리스적이라고 생각했다. 오늘날에도 그런 생각을 공유하는 사람들이 있다. 하지만 오리게네스는 일차적으로 교회의 사람이었고, 그의 저서들 대부분은 성경에 대한 주석이었다. 심지어 철학 문제를 다루는 저서들조차 성경 인용문으로 가득하고 성경 역사에 호소한다. 켈수스에게 대응하면서 오리게네스는 철학적 논증뿐 아니라 구약성경에 기록된 유대인들에 대한 성경의 설명에도 의존한다. 오리게네스는 성년 시절을 팔레스타인에 있는 카이사레아(이곳은 커다란 유대인 공동체의 거주지였다)에서 보냈으며, 『켈수스에 대항하여』도 그곳에서 서기 248년에 집필되었다. 당시에 그는 60대 초반이었다. 2년 후에 그는 데시우스 황제의 박해 기간 동안 로마 당국에 체포되어 수감되었고, 오랜 고문 끝에 254년 순교했다.

켈수스는 정신의 고양을 통해 하나님께 나아갈 수 있다고 주장했다. 사람은 감각으로 수용될 수 있는 것에서 돌이켜, 일련의 정신적 단계를 거쳐 하나님을 향해 상승해야 한다. 또 다른 기독교 비판자의 주장처럼 "지적인 문제는 지적으로 알 수 있고 감각적인 것은 감각을 통해 알 수 있다." 그런 주장에 대해 오리게네스는 하나님에 대한 지식은 정신의 고양으로 시작하는 것이 아니라, 하나님이 역사적 인물 속에서 인간들을 향해 내려오심으로 시작한다고 특이한 주장을 한다. "나는 켈수스가 인용한 플라톤의 주장이 고귀하고 인상적이라는 사실을 인정한다. 하지만 태초에 하나님과 함께 계시던 말씀(로고스)이 모든 인간과 접촉하기 위해 육신을 입었다고 성경이 주장할 때, 성경이 인류를 위해 더 많은 애정을 보여주는지 어떤지에 대해 생각해 보라."[11]

오리게네스는 과거의 예언자들이 하나님에 대해 약간의 지식을 가지고 있었다는 점을 인정한다. 하지만 그들의 지식은 부분적이고 불완전했다. 이 사실에 대한 가장 탁월한 증거는 하나님을 안다고 주장하는 철학자들이 마치 하나님을 알지 못한 듯이 계속 살고 있다는 것이다. 단 한 분의 하나님을 예배하는 대신 여러 신들을 숭배하면서 말이다. "만일 하나님이 정말 플라톤이나 그리스인들 중 누군가에 의해 발견되었다면 그들은 결코 다른 어떤 것도 숭배하지 않았을 것이며, 그것을 하나님이라고 부르지도 예배하지도 않았을 것이다. 참된 하나님을 저버리고, 하나님의 위엄과 결코 양립할 수 없는 것들을 그분과 연계시키면서 말이다."[12] 오리게네스는 오직 정신의 활동으로 획득된 하나님에 대한 지식이 불완전하다(그것은 예배에 어떠한 변화도 가져오지 못했다)고 확신했으며, 바로 이 문제 때문에 켈수스와 논쟁을 벌인다.

모든 시대의 변증가들처럼 초기의 변증가들은 당대의 사상가들과 많은 것을 공유했고, 기독교 가르침 중에서 당시에 그들이 살고 있던 문화적 환경에서 쉽게 이해될 수 있는 측면들을 강조했다. 그의 첫 번째 변증서에서 유스티누스는 예수를 도덕 생활의 교사로 제시하고, 동시대 그리스 철학자들의 도덕적 글들과 비슷한 복음서 말씀을 통해 자신의 가르침을 설명한다. 기독교 사상가들도 고전적 도덕철학의 산물인 기본 덕목(신중·정의·용기·절제)cardinal virtues을 이용하여 기독교 윤리의 독특한 특징을 소개한다. 다른 이들은 하나님의 초월성을 지칭하는 성경적 용어들과 하나님에 대한 그리스 철학 용어들 간의 일치점, 곧 "영원한, 비가시적인, 불변하는" 같은 용어들을 언급했다. 『켈수스에 대항하여』의 한 대목에서 오리게네스는 심지어 "우리 신앙의 교리들이" 철학자들과 사려 깊은 사람들이 공유하는 "일반개

념들과 완벽히 일치한다"고 말한다.[13]

하지만 초기 변증가들의 글을 좀 더 세심하게 들여다보면, 기독교 사상가들이 전통적인 철학적 주장들에 쉽게 굴복할 수 없는 어떤 것을 그리스도 안에서 발견했다는 사실이 분명해진다. 켈수스는 그리스도인들에게 그들 가르침의 원천이 "태생적으로 야만적이다"라고 비난을 퍼부었다. 그것은 기독교가 그리스의 것이 아니라 유대인들 안에서 시작되었다는 뜻이다. 오리게네스는 기꺼이 켈수스의 주장을 인정했고, 심지어 그가 복음이 비(非)그리스인들 사이에서 발생했다고 해서 기독교를 쉽게 무시해 버리지 않은 것에 대해 켈수스를 칭찬하기도 했다. 하지만 켈수스는 기독교가 자기 같은 사상가들에 의해 대접받길 원한다면 그리스도인들이 자신들의 가르침을 그리스적 증거에 종속시켜야 한다고, 곧 합리적인 것에 대한 당시의 철학적 기준에 따라 그것을 평가해야 한다고 덧붙인다. "그리스인들은 야만인들이 발견한 것의 가치를 더 잘 판단할 수 있고, 그들의 가르침을 확증하여 덕스러운 삶에도 훌륭하게 적용할 수 있다"고 켈수스는 주장한다. 오리게네스는 그런 주장이 대단히 주제넘은 짓이라고 말한다. 복음이 그것 밖의 기준에 의해 판단되어야 하는가? 오리게네스는 답변한다. "복음은 자기 자신에게 적절하고, 그리스인들의 변증법적 주장보다 더 거룩한 증거를 갖고 있다." 이렇게 더 거룩한 증거는 사도 바울이 "성령의 나타나심과 능력"[고전 2:4]으로 명명한 것이라고 그는 덧붙인다.[14]

복음이 "자신에게 적절한 증거"를 지닌다고 주장함으로써, 오리게네스는 기독교가 인간적 지혜가 아닌 하나님의 계시 안에서 기원했다고 말하고 싶었다. 하지만 이러한 진리로부터 그는 기독교 사상가들이 철학자들의 주장을 무시하거나 논리학, 역사, 혹은 경험에서 비롯된 질문들을 일축해야 한다고 결론을 내리지 않았다. "단지 신앙만으로 보다는, 이성과 지혜로 가르침을 받아들이는 것이 훨씬 더 좋다"고 오리게네스는 기록했다. 알렉산드리아에서 그의 전임자인 클레멘스가 알고 있었듯이, 사람은 자신의 비판자들이 무슨 말을 하는지 제대로 이해하지 못하면 결코 그들에게 답변할 수 없다. 먼저 사람은 그들이 가르치는 것을 "면밀히 살펴보아야" 하며, 오직 그리스도인들의 견해와 철학자들의 것을 나란히 비교한 후에야 진리에 도달했다고 주장할 수 있다.[15] 일부 비판자, 특히 갈레노스는 그리스도인들의 가르침이 단지 신앙에 기초한 것처럼 보였기 때문에 그들에게 신앙주의자fideists란 낙인을 찍으려 했다. 하지만 이렇게 교양 있는 조롱자들은 기독교 사상가들이 자신들만큼 철학 전통에 정통하고 이성에 근거한 주장들을 존중했다는 사실을 곧 알게 되었다. 자신들이 쓴 기독교 변증서에서 변증가들은 그리스와 로마의 사상가들과 논쟁을 벌였다. 그러한 대화는 3세기 동안 방해 없이 지속되었고, 중세 전성기에 재개되었다. 심지어 성경도 단지 논쟁이 실패했을 때 휘두를 수 있는 권위가 아니라 논쟁의 대상이 될 수 있는 책이었다. 복음은 자기 자신에게 적절한 증거가 있다는 오리게네스의 주장은 신앙고백이 아니라 논쟁의 시작이었다.

기독교 사상가들과 그들의 비판자들 사이의 논쟁에서 핵심 쟁점은 하나님에 대한 탐구에서 "이성이 어디서 시작해야 하는가" 하는 것이었다. 그리스도인들은 그리스도가 무언가 새로운 것을 가져왔다고 주장했다. 비록 인간이었지만, 그가 살았던 삶은 그보다 앞서 살았던 그 누구의 삶과도 같지 않았다. "하나님께서 예수 그리스도의 얼굴에 있는 하나님의 영광을 아는 빛"을 비추셨다고 바울은 썼다 고후 4:6. 일단 사람이 그 영광을 보았다면 "영광되었던 것이 더 큰 영광으로 말미암아 이에 영광될 것이 없다"고후 3:10. 2세기 초기에 안디옥의 이그나티우스Ignatius of Antioch가 이렇게 썼다. "복음에는 언급할 만한 무언가가 있다. 즉, 구주이신 우리 주 예수 그리스도의 도래, 그의 수난과 부활이다." 그리고 수세기가 흘러 기독교 역사의 형성기가 끝나던 7세기에, 고백자 막시무스Maximus the Confessor가 그리스도의 삶은 "낯설고 대단했다"고 말했다. 그 삶이 "새로운 방식으로 살았던 한 사람의 새로운 권능으로 각인되었기" 때문이다. 그리스도의 강림 이후 인간 이성은 역사에서 새로운 것, 곧 예수 그리스도라는 인물에 주목했다. 그리스인들에게 하나님은 논쟁의 종결이었고, 궁극적 설명에 대한 탐구의 끝이었으며, 우주의 구조로부터 제1원인에 이르는 추론이었다. 기독교 사상가들에게 하나님은 출발점이었고, 그리스도는 하나님의 얼굴을 보여주는 성상^{icon}이었다. "이성이 인간이 되어 예수 그리스도라고 불렸다"라고 유스티누스가 썼다. 이제 사람들은 다른 것들로부터 그리스도가 아니라 그리스도로부터 다른 것들을 추론했다. 당신이 원한다면 모든 것 안에 내재해 있는 이성, 로고스, 논리가 그분 안에서 발견될 수 있었다.[16]

기독교의 복음서는 사상이 아니라 특정한 종류의 이야기, 곧 실제로 시공간 속에서 발생했던 한 인물과 일들에 관한 서사^{narrative}였다. 그것은 "역사에 기록된 한 사건"이었다고 오리게네스는 말한다. 오리게네스가 요한복음에 대한 자신의 주석에서 설명했듯이, **복음서**^{gospel}라는 말은 적절한 의미에서 "예수의 행동, 수난, 언행에 대한 서사"를 포함한 책들을 일컫는다. 하지만 이러한 서사는 실제로 발생했던 것에 관한 사실적 보고가 아니었다. 복음서는 "청중이 보고된 것을 받아들일 때 기뻐하게 만드는 이야기다"라고 그는 쓴다. 그것은 나사렛의 예수라는 특정한 인물을 중심으로 한다. 하지만 켈수스가 깨달았듯이 하나님이 주인공이다.[17]

하나님이 그리스도 안에서 자신을 온전히 드러냈다고 변증가들이 확신했던 것만큼, 철학자들은 하나님이 창조를 통해서도 인지될 수 있다고 인정했다. 유스티누스와 동시대인이었던 아테네의 아테나고라스$^{Athenagoras\ of\ Athens}$는 "하늘과 땅이 하나님의 아름다움으로 충만하며" 창조된 것으로부터 인간은 "하나님이 한 분임에 틀림없다"는 사실을 알 수 있다고 썼다.[18] 하지만 초기 기독교 사상가들은 하나님의 존재에 대해 자연세계에 근거한 철학적 논증을 제공하지 않는다. 창조에서 하나님의 계시에 대해 이야기할 때 그들은 성경, 보통은 로마서 1:20("그의 보이지 아니하는 것들이······그가 만드신 만물에 분명히 보여 알려졌나니"), 가끔은 시편 19:1("하늘이 하나님의 영광을 선포하고")을 인용한다. 그들은 질서가 존재하기 때문에 하나님은 한 분이라고 주장하지 않았다. 오히려 그들은 한 하나님을 알고 있었기 때문에 우주 안에서 설계를 발견했다. 하나님은 설명의 원리가 아니었다. 하나님을 구할 때 그들은 자신들이 이미 알고 있던 하나님을 이해하고자 분투했다.

하나님의 선택된 백성

오리게네스가 그리스인들과 로마인들을 상대로 기독교를 변호할 때, 유대인들이 그의 주장에서 중요한 역할을 담당한다. 그는 하나님과 유대인 간의 관계에 대해 먼저 말하지 않은 채 그리스도의 독특성을 제시할 수는 없다는 사실을 잘 알았다. 하나님이 그리스도라는 인물을 통해 역사 속으로 "내려오신 것"은 외롭고 소외된 사건이 아니었다. 그것은 이전부터 하나님이 이스라엘 백성에게 나타나셨던 오랜 전통에 속한 것이다. 이와 같은 역사를 모른다면 그리스도의 강림에 담긴 의미를 제대로 알 수 없다. "유대교를 세우셨던 바로 그 하나님이 후에 기독교를 세우셨다"고 오리게네스가 말한다.[19] 그리스도 안에 나타나셨던 하나님은 아브라함, 이삭, 야곱, 사라, 리브가, 라헬, 임금들, 예언자들 그리고 현자들에게 나타나셨던 바로 그 하나님이셨다. 기독교의 복음은 진공 속에서 출현한 것이 아니라, 이스라엘을 향한 하나님의 계시의 한 조각이다.

오리게네스가 모세에게 호소한 것은 우연이나 형식적인 것이 아니다. 켈수스는 유대인들이 "마치 자신들이 더 깊은 지혜를 갖고 있는 것처럼" 자신들만의 율법에 너무 집착한다고 비판했다. 이 무지 속에서(자신들의 교리가 독특하다고 생각하면서) 그들은 다른 민족에 등을 돌렸다. 오리게네스는 켈수스의 이런 주장과 논쟁을 벌이지 않았다. 오히려 그것을 강조한다. 유대인들은 다른 사람들과 다르다. 그들은 정말 자신들을 "다른 어떤 민족보다 먼저 하나님이 사랑하셨던 선택된 민족"으로 간주한다. "선택된"elect은 켈수스가 아니라 오리게네스의 단어이며, 물론 성경에서 가져온 것이다. 유대인을 구별시키는 것은 그들이 모세에게 주신 하나님의 율법에 기초하여 자신들의 삶의 질서를 형성했다는 것이다. 만일 사람들이 "율법이 그들에게 주어졌던 초기 시절의 그들 사회를 연구한다면, 그들은 천상의 삶의 그림자를 지상에 나타냈던 백성이었다는 사실을 발견하게 될 것이다." 그들은 한 분 하나님을 섬겼고, "우상을 만드는 사람들에게 시민권을 부여하지 않으려 했다. 율법이 이런 종류의 사람들을 사회에서 추방했기 때문에 그들 사회에는 우상을 그리거나 제작하는 사람들이 없었다. 이렇게 그들은 소박한 사람들을 현혹해서 그들의 영혼의 눈길이 하나님이 아니라 땅에 집중하도록 만들 수 있는 우상이 존재하지 못하도록 했다."20

오리게네스와 켈수스 간의 이런 논쟁은 그리스도인들과 그들의 비판자들 간에 벌어진 핵심적 논쟁의 일부였다. 즉, 오직 한 분 하나님만 예배해야 하는가? 혹은 하나님이 여러 신들 중 하나로(분명 가장 높으신 분으로) 예배되어야 하는가? 그 시대의 다른 철학자들처럼 켈수스는 포용적 유일신론을 신봉했다. 그것은 위계질서가 있는 신들의 세계에서 다른 열등한 신들 위에 군림하는 하나의 높은 신이 존재한다는 견해다. 모든 신을 숭배함으로써 하나님에 대한 예배가 보다 완벽해졌다. 오리게네스는 이것에 동의하지 않았다. 그의 견해로는, 그런 포괄적 신앙은 하나님에게 무례한 것이었다. 하지만 켈수스에게 답변할 때 오리게네스가 하나의 높은 신의 독특성에 대한 철학적 주장을 사용하지 않은 것은 흥미롭다. 대신 그는 수세기 동안 한 분 하나님만 예배하고 섬겼던 백성, 곧 유대인들의 역사를 가로지르는 우회적인 방식을 취한다. 그의 주장은 역사와 공동체적 경험에서 가져온 것이다. 한 분 하나님에게 헌신된 삶의 경험을 통해 유대인들은 다른 이들을 하나님에 대한 예배로 인도했다.

하지만 유대인은 단일한 민족이었고, "모든 곳의 사람들에게 적합하도록 유대적 삶의 방식이 수정되어야 할 때가 도래했다"고 오리게네스는 말한다. 이러한 변화가 예수의 시대에 발생했다. 그의 "고귀한 종교"가 한 지역과 한 백성들 사이에서뿐 아니라 "모든 곳에서" 믿는 사람들에게 주어졌다. "그는 이 땅에서 유향과 피, 그리고 번제에서 나는 이상한 냄새를 좋아하고 사람들이 하나님에 대한 참된 개념을 갖지 못하도록 만드는 악령들에 대한 가르침을 뒤집으셨다."[21] 예수를 통해, 한 분 하나님에 대한 예배가 세상의 모든 백성 안에서 적절한 자리를 찾았다.

계시의 은총

이 논의를 시작했던 『켈수스에 대항하여』에서 오리게네스는, 하나님이 그리스도의 인격 안에서 육체가 되었을 때 인간적 본성이 "하나님을 발견할 수 있었다"고 말한다. 하지만 그 후에 그는 다음과 같이 덧붙인다. "우리의 인간적 본성이 어떤 식으로도 하나님을 찾기에 불충분하며, 만일 그러한 탐구의 대상이 된 분의 도움을 받지 못한다면 하나님을 순결하게 찾을 수도 없다." 사도 바울은 그리스인들이 "하나님을 알았다"고 주장했을 때, "하나님의 도움이 없었다면 이런 일을 성취할 수 없었다"고 말했다. "하나님께서 그것을 그들에게 보여주었던" 것이다.[롬 1:19] 다른 형태의 지식과 달리 하나님에 대한 지식은 인간을 향한 하나님의 운동과 함께 시작한다. 그것은 기독교 신학의 언어로 "은총"grace이라고 불린다. 일찍부터 이런 성경적 가르침은 기독교 사상 속에 깊숙이 가라앉았다. 2세기 말에 프랑스 리옹의 감독(주교)

이었던 이레나이우스$^{\text{Irenaeus of Lyons}}$가 이렇게 썼다. "하나님이 우리에게 가르쳐 주지 않는다면 그 누구도 하나님을 알 수 없다고 주께서 가르쳐 주셨다. 하나님의 도움이 없다면 하나님은 알려질 수 없다."[22]

어떻게 기독교 사상가들이 이와 같은 결론에 도달했는지를 알기 위해, 우리는 그들처럼 성경으로부터 시작해야 한다. 누가복음에 대한 한 설교에서 오리게네스는 어떻게 인간이 "하나님을 볼 수 있는지"에 대해 설명한다. 그가 주석을 하던 본문은 누가복음 1:11이었다. "주의 사자가 그에게 나타나 향단 우편에 선지라." 오리게네스는 두 종류의 보는 방법을 구별한다. 인간이 물리적 대상을 감지하는 일반적 방법과 하나님을 보는, 곧 아는 영적 방법이다. "육체적인 것을 보기 위해선 그들이 무언가를 할 필요가 없다." 우리에게는 오직 "사물에 집중하는 눈"만 필요하다. 어떤 사람이 그의 시선을 유도한다면, 그 대상이 보이길 원하든 그렇지 않든 그는 그것을 본다. 하지만 "신적인 문제"에 대해서는 다른 무엇이 요구된다. 즉, "어떤 것이 존재할 때 그것이 보이려고 의도하지 않는다면, 그것은 보이지 않을 것이기 때문이다." 하나님이 아브라함이나 다른 성도들에게 나타났을 때 이 두 가지가 필요했다. 즉, 아브라함은 하나님을 볼 수 있는 순수한 영혼을 가지고 있어야 했고 하나님은 "자신을 아브라함에게 제시해야" 했다. "하나님이 아브라함과 다른 예언자들에게 나타난 것은 바로 은총의 행위에 의한 것이다. 아브라함의 마음의 눈은 그가 하나님을 보는 원인일 뿐 아니라 의로운 사람에게 자유롭게 제공된 하나님의 은총이었기 때문에, 그가 볼 수 있었던 것이다."[23] 하나님에 대한 지식은 하나님과 함께 시작한다.

이 구절이 제안하듯이, 어떻게 하나님이 알려지는가에 대해 말할 때 초기 기독교 사상가들은 "듣다"가 아니라 "보다"라는 비유를 선호했다. 켈수스에게 반박하면서 오리게네스는 보는 것과 관련된 일련의 성경 본문들을 인용한다. "마음이 청결한 자는 복이 있나니 그들이 하나님을 볼 것임이요"

마 5:8. "나를 본 자는 아버지를 보았거늘"요 14:9. "그는 보이지 아니하는 하나님의 형상이시요"골 1:15. 이것들을 통해 그는 "사람들이 보이지 않는 하나님의 형상을 바라봄으로써 하나님과 이 우주의 창조자를 알게 되었다"고 결론을 내린다.[24]

아름다움은 보는 것의 논리적 결론이다. 성경에서 하나님의 자기노출에 대해 사용된 많은 주요 용어들, 예를 들면 **영광**, **광채**, **빛**, **형상**, **얼굴** 같은 단어들은 눈의 기쁨과 관련이 있다. 우리가 눈으로 보는 것 안에서 누리는 쾌락에 대해 말할 때 우리 마음에 떠오르는 단어가 **아름다움**[beauty]이다. 시편 기자는 이렇게 썼다. "내가 여호와께 바라는 한 가지 일……여호와의 아름다움을 바라보며"시 27:4. 2세기의 변증가인 아테나고라스는 하나님을 묘사하는 단어 목록 속에 아름다움이란 단어를 포함시켰다. "우리가 여러분 앞에 제시하는 하나님은 빛, 아름다움, 영, 서술할 수 없는 힘으로 둘러싸여 있다." 그의 아가서 주석에서 오리게네스는 "영혼이 하나님 말씀의 아름다움과 어여쁨을 바라볼 때, 천상의 사랑과 열망에 감동을 받는다"라고 기록했다. 하나님의 계시는 그것의 진리와 선함뿐 아니라, 형언할 수 없는 아름다움의 관점에서 발견될 수 있다.[25]

초기 기독교 사상에서 보는 것이 얼마나 중요했는지는 누가복음에 대한 오리게네스의 주석에서 발견할 수 있다. 시내 산의 율법 수여 장면을 설명하며 오리게네스는 사람들이 "하나님의 음성을 보았다"출 20:18, 『70인역』라는 성경의 기록에 주목했다. 분명히 목소리는 눈으로 볼 수 없다. 하지만 성경은 그렇게 말하고 있다. 그러한 성경의 표현은 주님의 음성이 "볼 수 있도록 허락된 사람들에게는 보인다"라는 뜻이라고 오리게네스는 말한다. 즉, 그것은 노출된 것을 파악할 수 있는 능력을 가진 사람들이 들을 수 있다. 따라서 누가복음 서두에 나오는 **목격자**[eyewitnesses]란 단어는 단지 그리스도를 눈으로 본다는 뜻이 아니다. 누가가 제자들이 말씀의 목격자들이었다고 말할 때 그는 "그들이 단지 육신을 입은 예수를 보았을 뿐 아니라, **하나님의 말씀**의 목격자들이었다"는 뜻이라고 주장한다. 즉, 그들은 하나님의 신적 아들 그리스도를 알았다. 만일 육체 속에 있는 예수를 본다는 것이 목격자의 의미라면, 빌라도나 가룟 유다, 혹은 "그를 십자가에 못 박으라, 그를 십자가에 못 박으라"고 울부짖던 사람들도 목격자였을 것이다. 하지만 그것은 완전히 틀린 것이라고 오리게네스가 말한다. "하나님을 본다"는 표현은 요한복음의 단어들에 담긴 의미에서 이해되어야 한다. "나를 본 자는 아버지를 본 것이다."[26]

오리게네스는 그 문제를 과장한다. 만일 로고스가 진실로 육체가 되었다면 예수를 보는 사람마다 로고스를 보는 것이라는 말이 된다. 마음이 순결하든 강퍅하든, 신앙이 있든 없든 상관없이 말이다. 하지만 오리게네스의 의도는 분명하다. 성경에서 보는 것은 단지 퍼레이드처럼 눈앞에 지나가는 어떤 것을 바라보는 것이 아니다. 그것은 알려진 것에 대한 일종의 분별과 확인이다. 사람이 보는 것은 그것을 보는 사람에게 역으로 반사되어 그들을 변화시킨다. 그레고리우스 1세[Gregorius I the Great]가 수세기 후에 썼듯이 "우리는 우리가 보는 것으로 변화된다." 인식자와 하나님 사이에 관계가 없다면, 하나님에 대한 지식은 존재할 수 없다. 빛을 보면 빛을 공유하고 계몽된다. 이레나이우스의 말처럼 "빛을 보는 사람이 그 빛으로 밝게 되고 그 빛의 탁월함을 공유하듯이, 하나님을 보는 사람은 그분 안에서 그분의 광채를 공유한다." 오리게네스에 따르면 성경에서 안다[know]라는 말은 "어떤 것에 참여한다" 혹은 "어떤 것에 합류한다"는 뜻이다. 바로 그런 이유로 바울은 갈라디아서에서 신자들이 "이제는 너희가 하나님을 알 뿐 아니라"고 말한 직후, "더욱이 하나님이 아신 바 되었거늘"이라고 덧붙인다[갈 4:9]. 주님은 자기를 아는 자들을 아신다. "그가 그들과 하나가 되셨고 그들과 자신의 신적 삶을 공유하셨기 때문이다." 『켈수스에 대항하여』의 중요한 부분, 곧 "왜 하나님께서 인간의 몸으로 내려오셨는가?"라는 켈수스의 조롱하는 질문에 대답하면서 오리게네스는 그것을 "그분을 앎으로써 도래하는 행복을 우리 안에 심어 주기 위해서"였다고 말한다.[27]

그리스인들에 대한 오리게네스의 기독교 변증이 성경에 대한 그의 설교들과 함께 읽힐 때, 기독교 사상가들이 일종의 신학적 인식론, 곧 하나님을 아는 방법을 구축했던 기둥들이 분명해진다. 그리스-로마 세계에는 하나님을 알 수 있는 방법에 대해 생각하는 발달된 전통이 존재했지만, 기독교 사상가들은 다른 길을 개척했다. 그들은 성경에 기록된 것처럼 이스라엘의 역사와 그리스도 안의 계시로 시작했다. 성경에서 하나님은 배우이며, 계시revelation는 하나님이 연기하고 그것에 인간이 반응하는 한 편의 드라마다. 오리게네스는 하나님에 대한 지식을 "상호적"이라고 불렀다. 그것은 사랑 없이는 하나님에 대한 지식이 있을 수 없다는 뜻이다. 하지만 그는 심지어 하나님에 대한 반응도 그 자체로 하나님의 일이라고 주장했고, 그것을 역설로 생각하지 않았다. "우리의 의지는 우리 자신에게 온전히 순결한 마음을 줄 수 있을 만큼 충분하지 않다. 그런 마음을 창조하기 위해서는 우리에게 하나님이 필요하다. 바로 그것이 생각하며 기도하는 사람들이 '오 하나님, 내 안에 정결한 마음을 창조하소서'라고 말했던 이유다."[28] 하나님을 알고 사랑하는 것은 하나님이 주신 선물이다.

초대교회에서 가장 사랑받은 성경 본문은 요한복음 1:18이었다. "본래 하나님을 본 사람이 없으되 아버지 품 속에 있는 독생하신 하나님이 나타내셨느니라." 이 진리는 너무 확실해서 모든 것을 바꾸었다. 1931-1932년에 걸쳐 이루어진 기포드 강연Gifford Lectures에서 에티엔 질송Etienne Gilson은 이렇게 주장했다. "우리 자신과 그리스인들 사이에 기독교 계시가 끼어들었으며 이성의 작동을 위한 상황들을 근본적으로 수정했다는 것이 이제는 분명한 사실이다." 사람들 생각에, 1세기 팔레스타인에서 발생했던 일련의 사건에 근거해서 검토해야 할 것은 무엇인가? 더 이상 이성은 그리스도 안에서 일어났고 그리스도 때문에 존재하게 된 것과 별도로 작동할 수 없다. 『켈수스에 대항하여』의 마지막 문단에서 오리게네스는 독자들에게 교회를 가리킨다. 교회의 "거룩한 말씀"과 "예배 행위"는 한 분 하나님에 대한 예배에서 다른 것을 가르쳐 준다.[29]

기독교는 신경(nerve)의 상실과 이성에 대한 혐오를 부추겼다는 소리를 들었다. 하지만 우리는 기독교 계시가 회의주의를 종식시켰고 사람들에게 이성에 대한 새로운 확신을 심어 주었다고 주장할 수 있다. "감각을 결코 믿을 수 없다고 생각하는 사람은 완전히 틀린 것이다"라고 말했던 아우구스티누스를 읽든 안 읽든, 혹은 육적인 것을 무시하기로 작심한 정신은 약화되고 좌절할 뿐이라고 말했던 다마스쿠스의 요한네스(Johannes of Damascus)를 읽든 안 읽든, 역사적 계시의 지도하에 이성은 자신의 출발점을 더 많이 확신하고, 더 큰 자신감을 가지며, 덜 추상적이고, 목적의식이 더욱 깊어진다. 자신의 한계를 존중하지만, 이성의 범위도 팽창되고 확장된다. 역사 속에서와 인간의 삶에서 하나님이 인식된다는 사실은 경험의 가치를 승인했다. 그것은 기독교 사상가들이 거룩한 사람들, 특히 순교자와 성인들의 삶, 그리고 하나님의 진리에 대한 간증으로서 교회 경험에 호소하도록 허용했다.[30]

사도 바울이 아테네 사람들 앞에서 그들에게 "예수와 부활에 대한 기쁜 소식"을 이야기했을 때 그들은 이렇게 말했다. "그 말이 우리에게는 낯설게 들리니, 우리는 그 의미를 알고 싶다." 교인들 앞에서 행한 설교뿐 아니라 외부인들에게 쓴 글에서, 가장 초창기의 기독교 사상가들은 "그 의미"를 설명하기 시작했다. 교회의 예배와 관행, 기도와 교리 교육, 성경의 말씀과 이미지와 이야기 속에서 전해진 것이 확고한 지적 토대 위에 자리를 잡았다. 하지만 이것이 요점이다. 즉, 기독교의 이야기는 일군의 사상이나 원리로 축소되지 않았던 것이다. 그래서 어떤 개념체계도 복음주의 역사를 대체

하도록 허용되지 않았다. 5세기 로마의 감독이었던 대 레오$^{\text{Leo the Great}}$가 썼듯이, 기독교는 "그리스도 십자가의 신비 위에 세워진 종교"다.³¹ 기독교 사상은 어떤 독창적 사상에서 발원한 것이 아니며, 어떤 중요한 영적 통찰력에 의해 양분을 공급받은 것도 아니다. 그것은 이스라엘의 역사와 나사렛 예수라는 이름의 한 인간의 삶에서 비롯되었다. 그는 마리아에게서 태어났고, 유대에서 살았으며, 예루살렘에서 고난당하고 죽었다. 그리고 하나님에 의해 죽음에서 새 생명을 얻었다. 이 역사가 하나님의 자기계시의 역사라는 사실이 이것을 덜 역사적인 것으로 만들지 않는다. 오히려 그것은 눈으로 본 것이 보아야 할 것의 전부가 아니라는 뜻이다. 우리가 다음 장에서 보겠지만, 교회가 기도하러 모였을 때 본 것이 앞으로 보게 될 것의 전부는 아니었다.

2.

기독교의 예배

놀랍고 피 없는 희생제물

그의 생명을 포기하는 희생,
구원하는 십자가와 죽음,
매장과 삼일 후에 죽은 자들 가운데서의 부활,
하나님 아버지의 우편에 계심,
그리고 그가 살아 있는 자와 죽은 자를 심판할 때 그의 영광스럽고 두려운 재림을 기억하면서……
우리의 죄가 아니라 당신의 위대한 자비와 사랑에 따라 우리를 다루시도록 당신께 간청하면서
오 주님, 우리는 당신께 이 놀랍고 피 없는 제물을 드립니다.

성 야고보 예전(禮典)의 아나포라

이 책에서 묘사되는 모든 인물들은 정기적으로 기도했고, 그들의 사상은 교회 예배에서 결코 제거되지 않았다. 그들이 당장 처리해야 할 과제가 기독교 신앙을 외부인으로부터 방어하는 것이든 이단적 견해를 반박하는 것이든 혹은 성경의 특정한 구절을 주해하는 것이든, 그들의 지적 작업은 항상 한 분 하나님에 대한 찬양과 경배에 기여했다. 한 고대의 신조는 "우리가 삼위 속의 한 하나님과 일치 속의 삼위를 예배하는 것이 바로 가톨릭[보편] 신앙이다"로 시작한다. 아우구스티누스의 『영과 문자에 관하여』$^{De\ Spiritu\ et\ littera}$에서처럼, 그들의 연구 논문은 자주 하나님에 대한 찬미로 끝난다. "그분께 영원토록 영광이 있을지어다. 아멘."[1] 그들은 그리스도 안에서 자신들이 보았던 놀라운 진리를 이해하고 표현하고 싶었을 뿐 아니라, 사색과 저술을 통해 하나님을 보다 친밀하게 알고 그분을 더욱 열정적으로 사랑하고자 했다. 그러한 지적 과제는 영적 작업이었다. 자주 인용되는 사막의 교부 에바그리우스^{Evagrius}의 말 중에 이런 글이 있다. "신학자는 기도하는 사람이며, 기도하는 사람은 신학자다."

요점은 분명하다. 하지만 그것은 자주 망각된다. 보통 교부들은 고독한 지성인들로 해석되어 왔다. 마치 고대 철학 길드의 비밀 회원처럼, 그들은 각각 사상과 주장의 세계에서 은혜 입은 자신만의 체계를 운영했다. 확실히 초대교회의 최고 지성인들 중 많은 이들이 철학적으로 명민했고, 고대 세계의 지성적 전통 내에서 편안하게 행동했다. 그들은 철학의 전문용어들을 알고 있었으며, 그들의 책과 사상은 그리스와 로마 지성인들에 의해 진지하게 취급되었다. 하지만 우리가 오리게네스나 카이사레아의 바실리우스$^{Basilius\ of}$

Caesarea의 논문을 한 편 집어 들고, 그것을 알키누스나 신플라톤주의자 플로티노스^{Plotinos}의 저서들과 비교해 보면, 무엇인가 다른 것이 작동하고 있다는 사실이 즉시 명백해진다.

첫째, 우리가 다음 장과 이 책 전체에서 살펴보겠지만, 그들은 항상 자신들 사상의 원천으로서 성경을 참조한다. 그들의 사상이 아무리 엄격하고 난해해도(예를 들어, 삼위일체 각 위격의 독특한 정체성을 다룰 때), 기독교 사상가들은 항상 특별한 성경 본문으로 시작했다. 나는 내 앞에 성경을 펼쳐 놓지 않고는 교부들을 읽을 수 없다는 사실을 깨달았다. 성경 말씀이 그들의 책과 논문에 가득하고, 그들의 주장은 흔히 성경에서 가져온 특별한 용어나 구절에 집중한다.

하지만 우리는 그들의 저서에서 무언가 다른 것을 감지한다. 그것은 경험에 가깝지만 훨씬 더 파악하기 어렵다. 독자들은 페이지마다, 그들이 믿는 것은 교회 예배에의 정기적·습관적 참여와 깊이 관련이 있고, 그들이 가르치는 것은 그들의 기도를 통해 확증된다는 것을 알 수 있다. 영지주의자들에 대한 반박서에서 이레나이우스는 그들이 "축사하는 빵은 주님의 몸이고, 잔은 그분의 피다"라고 말하지만, 그들은 그리스도를 하나님의 아들로 예배하지 않는다고 지적했다. 그들은 그리스도에 대한 자신들의 견해를 수정하거나 성찬식을 거행하지 말아야 한다. 그는 다음과 같은 주장을 덧붙인다. "우리의 가르침은 우리가 성찬식에서 행하는 것과 일치하며, 성찬식을 기념하는 것은 우리가 가르치는 것을 확립한다."²

기독교 사상이 그렇게 철저히 삼위일체적인 이유 가운데 하나는 처음부터 기독교 예배의 언어가 명백히 삼중적이었다는 것이다. 온갖 종류의 사상가들, 심지어 시인들도 아카데미의 산물이었던 시절에, 이 책에서 검토되는 작가들 대부분이 성찬식, 공동체의 봉헌, 그리고 매년 부활절에 세례식을 통해 초심자를 받아들이는 의식을 정기적으로 주재했던 주교(감독)였다는 사실을 기억하는 것이 좋다. 주교들은 한 주일에 몇 차례씩 설교했고, 일요일뿐 아니라 수요일이나 금요일 혹은 토요일에 기독교 공동체 앞에 앉아서 성경을 설명하는 모습을 볼 수 있었다. 초기 기독교 사상을 위한 가장 소중한 자원들 중 일부는 고대 예배당^{basilica}에서 설교들이 행해질 때 속기로 기록된 것들이다. 설교를 통해 주교는 사도들의 계승자로서 자신을 교사와 안내자로 바라보는 공동체에게 말한다. 이런 종류의 지성인들에게, 심지어 그들이 홀로 공부하면서 학문적 저서를 집필할 때도, 그들의 눈앞에는 살아 있는 공동체가 있었다. 독창성이 아니라 신실함이 훌륭한 교사의 징표였다. 초기 기독교 사상가들 중 어떤 이들은 매일 여러 시간 동안 기도했던 수도사였다. 특히 그들은 매일 시편을 암송했고 성경을 묵상했다. 심지어 알렉산드리아의 클레멘스$^{Clemens of Alexandria}$ 같은 평신도들도 서재와 예배당 사이를 왕복했다.

만일 우리가 당시 기독교 사상의 정신 속으로 들어가고 싶다면, 우리는 초기 기독교 사상가들이 생각했던 것뿐 아니라 그들이 자신들의 정신과 마음을 들어 올려 성부, 성자, 성령 하나님을 경배했을 때 했던 것도 검토해야 한다. 시작하기에 좋은 장소는 순교자 유스티누스의 첫 번째 변증서의 한 독특하고 주목할 만한 구절이다.

기도와 감사

비그리스도인들과의 대화에서 오리게네스는 그리스도의 이름을 소개하기 전에 공통점을 확립하기 위해 먼저 노력했다. 또 다른 변증가인 아테네의 아테나고라스는 그의 책에서 예수의 이름도 언급하지 않는다. 그가 복음서에서 예수의 말씀들을 인용할 때, 그는 그것들을 단지 "내 성장의 토대가 된 가르침들"이라고 밝힌다.³ 하지만 순교자 유스티누스는 자신의 변증서 서두에서 예수 그리스도의 이름을 언급하고 그를 "우리의 스승"이라고 밝힌다. 보다 놀라운 것은, 그 책의 끝 부분에서 유스티누스는 자신의 독자들에게 기독교 예배에 대해 상세히 묘사한다. 먼저 세례에 대해서, 이어 성찬식에 대해서 말이다. 여기에 그의 시대, 곧 2세기 중반의 성찬식에 대한 그의 이야기가 있다.

> 주일이라고 불리는 날에 도시와 시골에 사는 모든 사람이 한자리에 모여, 사도들의 회고록이나 선지자들의 저서들이 시간이 허락하는 동안 읽힌다. 강독자가 강독을 마친 후 인도자가 우리에게 간략히 가르침을 전하고 이렇게 고귀한 일을 본받으라고 훈계한다. 그리고 우리 모두는 일어서서 기도를 드린다.…… 기도를 마쳤을 때 빵, 포도주, 물을 가져온다. 그리고 예배를 인도하는 목회자가 최선을 다해 기도와 감사를 드리고 사람들이 아멘으로 동의한다. 이후에 축성된 성찬 음식이 모든 사람에게 분배된다. 그 후에, 한 집사가 참석하지 못한 사람들에게 그것들을 가져다준다. 잘사는 사람들과 또 그렇게 되길 소망하는 사람들이 적당하다고 생각되는 것을 기부한다. 모아진 돈은 주재하는 성직자에게 맡겨지고, 그는 고아와 과부, 질병이나 다른 이유로 궁핍한 사람들, 그리고 우리 가운데 있는 이방인과 떠돌이들을 돌본다.[4]

유스티누스가 묘사하는 간단한 제의는 기독교 세계 전역에서 행해졌고, 다른 자료들을 통해 우리는 그것의 기본 형태가 지역마다 거의 차이가 없었음을 알고 있다. 기도문의 문구는 다양했지만, 중심적 특징은 그리스도인들이 발견되는 곳마다 항상 동일했다. 기독교 예배의 이러한 초기 형태가 종교개혁까지 거의 변하지 않았으며, 오늘날까지도 대부분의 교회 안에서 발견된다.

유스티누스의 글에서 명백히 드러나듯이, 성찬식은 두 개의 주된 부분으로 구성되었다. 하나는 성경에 집중되었고, 일련의 성경 봉독이 기도 및 시편 찬송과 섞여 있었다. 그것은 회당의 경우와 매우 비슷했다. 비록 유대교 예배에서 핵심적인 강독은 토라, 곧 모세의 다섯 책을 중심으로 했지만 말이다. 반면 교회에서의 봉독은 복음서에서 선택한 것이며, 유스티누스는 그것을 "사도들의 회고록"이라고 부른다. 성경 봉독 후에는 설교나 강론 같은 본문 설명이 있었다. 그것은 성경에서 읽은 내용을 회중들의 삶에 적용한 것이다. 유스티누스의 말에 따르면, 예배를 주재하던 목회자는 "모인 사람들에게 이렇게 고귀한 일들을 본받으라"고 훈계했다. 설교 후에 그 지도자는 "우리들 자신……그리고 다른 사람들을 위한" 회중기도를 이끌었고, 모두는 "아멘"이라고 화답함으로써 기도에 동참했다.[5]

이러한 기도를 마친 후, 교인들은 서로 성도의 입맞춤을 나누었다. 이 시점에 성서대(聖書臺)에서 성찬대로 예배의 중심이 이동했다. 빵과 포도주와 물을 가져와서 성찬대 위에 올려놓는다. 그리고 예배를 인도하는 목회자는 "성자와 성령의 이름으로 우주의 아버지께 찬양과 영광을 올리고 길게 감사thanksgiving[6]를 드린다." 기도가 끝나면 회중은 "아멘"이라고 말하며, "축성된" 빵과 포도주, 곧 감사의 기도가 드려진 빵과 포도주가 신자들에게 분배된다.

유스티누스는 기독교 예배의 주된 구성요소들에 대해 설명할 뿐 아니라, 독자들에게(그 변증서는 로마 황제를 대상으로 쓰였다) 벌어지는 일의 의미를 설명한다. "이 음식을 우리는 성찬이라고 부른다. 그것은 우리가 가르치는 것들이 사실임을 믿고 죄의 용서를 받았으며 그리스도께서 우리에게 가르치신 대로 사는 사람들을 제외하고는, 그 누구도 먹어선 안 된다. 우리는 이것을 일반적인 빵과 포도주로 받지 않고, 하나님의 말씀으로 육신이 되고 우리의 구원을 위해 몸과 피를 취한 우리 구주 **예수 그리스도**로 받기 때문이다. 그래서 우리는 기도를 통해 축성된 음식은 성육하신 예수의 살과 피라고 배웠다. 또한 그 음식을 통해 우리는 새롭게 되어, 우리의 몸과 피가 양분을 공급받는다."

주목할 만하게 유스티누스는 기독교 예배의 언어를 외부인들에게 보다 친숙한 용어들로 재해석하지 않는다. 이것은 그가 변증서를 쓸 때 독자들로 삼았던 사람들이 예수가 100여 년 전에 부끄러운 죽음을 당했다고 생각했다는 사실을 기억할 때 더욱 언급할 가치가 있다. 그럼에도 유스티누스는 성찬식에서 교인들이 살아 있는 존재인 예수 그리스도를 받는 것이라고, 그들이 먹는 음식은 그리스도의 몸과 피라고 말한다. 성찬식에서 벌어지는 일에 대한 유스티누스의 설명은 독특한 것이 아니다. 비록 외부인을 대상으로 쓴 글에서 그런 표현이 일반적인 것은 아니지만 말이다. 그가 말하는 것은 같은 세기에 조금 먼저 시리아 안디옥의 이그나티우스에 의해 확정되었다. 그는 "성찬식은 우리를 위해 고난을 당하신 우리 구주 예수 그리스도의 육신이다"라고 말했다. 그리고 그 세기 말엽에 남부 골(고대 켈트 사람의 땅으로 오늘날의 북이탈리아·프랑스·벨기에 등을 포함)Gaul에서 글을 썼던 이레나이우스는 이렇게 말했다. "감사의 대상이 되는 빵은 주님의 몸이며 잔은 그분의 피다." 유스티누스와 다른 사람들이 2세기에 믿었던 것은 약간 뒤에 나온 예배 문헌들 속의 실제 기도문에 기록되어 있다. 예를 들어 예루살렘 교회의 "감사"에서 감독은 성령께서 "이 빵을 그리스도의 성체로, 그리고 이 잔을 그리스도의 보혈로 성별하기 위해", "이 거룩한 제물" 위에 임하시도록 기도했다.[7]

그렇다면 첫 번째 요점은 기독교 예배가 살아 계신 그리스도의 현존에 대한 축하라는 것이었다. 그것은 과거에 일어났던 어떤 일을 함께 기억하는 기념 식사가 아니었다. 아우구스티누스가 시편 22편 설교에서 말했듯이 예배는 "과거에 벌어졌던 일을 현재의 것으로 만들며, 이런 식으로 그것은 우리를 감동시킨다. 마치 우리 주님이 십자가에 달리시는 모습을 우리가 실제로 보는 것처럼 말이다." 두 번째 요점은 그 예배가 명백히 삼위일체적이라는 것이다. 삼위일체의 교리가 존재하기 전에도, 기독교 기도들은 성삼위일체를 초청했다. 유스티누스는 예배를 인도하는 목회자가 "우주의 아버지께 성자와 성령의 이름으로 찬양과 영광의 기도를 올려 드린다"고 말한다. 유스티누스가 말하는 것은 초기 예배에서 빵과 포도주에 대한 기도 속에 메아리친다. 2세기 말 로마의 관행을 보여주는 성찬식, 세례식, 성직서임(敍任), 그리고 다른 예식들을 위한 기도문을 담고 있는 히폴리투스Hippolytus의 소책자 『사도적 전승』Apostolic Tradition에서, 기도는 성부 하나님을 향한 언급으로 시작되고 곧이어 그리스도에 대한 언급이 이어진다.

> 당신은 그분을 통해 만물을 지으셨습니다. 그리고 그분 안에서 당신은 매우 기뻐셨습니다. 당신은 그분을 하늘에서 마리아의 태 안으로 보내셨고, 그분은 그녀 안에서 잉태되어 육체를 입었으며, 성령과 동정녀로부터 태어나 당신의 아들로 나타나셨습니다.……그분은 기꺼이 자기를 포기하고 고난을 당했으며, 죽음을 파괴하고……자신의 부활을 나타내셨습니다. 그분은 떡을 들고 축사한 후에 이렇게 말씀하셨습니다. "받아먹으라. 이것은 너희를 위해 깨뜨리는 내 몸이다." 그리고 비슷한 방식으로 잔을 들고 말씀하셨습니다. "이것은 너희를 위해 흘리는 내 피다. 너희가 이것을 행할 때마다 나를 기억하라."

그 기도는 성령을 부르면서 끝난다. "우리는 당신께서 거룩한 교회의 예물들 위에 성령을 보내주시기를 기원합니다."[8]

삼위일체적 형식 외에도 감사나 봉헌anaphora 기도에는 다른 두 가지 고귀한 특징이 있다. 비록 그것은 숭배, 감사, 탄원의 기도이지만 독특한 서사 구조를 지닌다. 이런 식으로 그것은 성경적 선례를 따른다. 예를 들어, 시편의 마지막 장인 150편은 이렇게 시작한다. "그의 성소에서 하나님을 찬양하며 그의 권능의 궁창에서 그를 찬양할지어다." 하지만 그 후에 시편 기자는 이렇게 덧붙인다. "그의 능하신 행동을 찬양하며." 다른 시편에서, 예를 들면 136편에서 그러한 행동들이 열거된다. "지혜로 하늘을 지으신 이에게 감사하라.……이스라엘을 그들[애굽] 중에서 인도하여 내신 이에게 감사하라.……그의 백성을 인도하여 광야를 통과하게 하신 이에게 감사하라.……그 종 이스라엘에게 기업으로 주신 이에게 감사하라." 시편 기자들은 하나님의 위엄, 선함, 권능을 찬미할 뿐 아니라, 그분의 "능하신 행동"으로 하나님을 확인한다. 하나님을 찬미하는 것은 하나님이 행하신 일을 말하는 것이다.

동일한 방식으로, 예배에서 감사의 기도는 하나님에 대한 찬미와 숭배로 시작한다. 하지만 그 다음에는 요약된 형태로, 곧 창조로부터 이스라엘 백성의 율법 수여를 거쳐 주의 도래와 죽음과 부활, 그리고 그의 재림에 대한 기대까지 성경 이야기를 다시 들려준다. "당신은 만물의 거룩한 통치자입니다.……당신은 당신의 형상에 따라 흙으로 인간을 지으셨고, 인간이 당신의 명령을 어겼을 때 버리지 않으셨으며……율법으로 인간을 불러 예언자들을 통해 가르치셨고, 마지막 때에 당신의 독생자 예수 그리스도를 세상에 보내셨습니다. 그를 통해 인간이 당신의 형상을 회복하고 새롭게 하도록 말입니다.……그분이 배반을 당하던 날 밤……그는 떡을 들고……말씀하셨습니다. '이것을 받아먹어라. 이것은 너희를 위해 준 내 몸이다.'"9 그 예배는 성경 이야기를 흠 없이 보존했으며, 제의적 형태 속에서 이스라엘과 그리스도의 이야기를 반복함으로써 하나님의 가장 온전한 계시가 역사적 사건을 통해 도래했다는 기독교 신앙을 확증했다.

하지만 고대 역사를 회상하는 것 이상의 일이 여기에서 벌어지고 있다는 사실이 그 기도문의 어휘들을 통해 분명히 드러난다. "그분이 배반을 당하던 날 밤"까지 이어지는 구원의 역사를 암송한 후, 기도는 다음과 같이 이어진다. "그리고 우리 죄인들은 그의 생명을 주시는 고난, 죽음, 그리고 삼일 만에 죽은 자들 가운데서 부활하여 당신, 하나님 아버지 우편으로 승천하신 것, 그리고 그의 영광스럽고 두려운 두 번째 도래를 **기억**합니다." 여기서 핵심 단어는 보통 "기억"으로 번역되는 그리스어 *anamnesis*다. 여기서 그것은 "현존을 통해 회상한다"는 뜻이다.

이러한 의미의 기억과 출애굽이 유대인의 유월절에서 기억되는 방식 사이에는 유사점이 존재한다. 3세기 초부터 유대 율법 모음집 『미드라쉬 *Midrash*』에는 랍비 가말리엘이 했다는 다음과 같은 말이 기록되어 있다. "유월절에 다음 세 가지에 대해 말하지 않는 사람은 자신의 의무를 완수하지 못한 것이다. 그 세 가지는 유월절, 무교병, 쓴 나물이다. '유월절'은 하나님이 애굽에서 우리 조상들의 집을 넘어가셨기 때문이다. '무교병'은 우리 조상들이 애굽에서 구원을 받았기 때문이다. '쓴 나물'은 애굽 사람들이 애굽에서 우리 조상들의 삶을 쓴 맛이 나게 만들었기 때문이다." 그 후에 가말리엘이 말한다. "모든 세대의 사람은 마치 자신들이 애굽에서 나온 것처럼 생각해야 한다. 왜냐하면 '너희는 그날에 너희 아들에게 "그것은 내가 애굽에서 나왔을 때, 주께서 나를 위해 하신 일이기 때문이다"라고 말해 주어야 한다'라고 기록되었기 때문이다." 유월절을 기념하는 사람들은 구경꾼들이 아니다. 그들은 참여자들이다. "애굽에서 나온 사람은 바로 나다"라고 랍비 가말리엘은 말한다. 기억은 정신적 기억 그 이상이다. 그리고 성찬식에서 그리스도의 죽음과 부활이라는 생명을 주는 사건은 시간의 제약을 벗어나서, 초대교회가 신비라고 부른 것, 곧 그리스도의 구속의 역사가 축성된 빵과 포도주의 베일 아래서 제시되는 제의적 행위가 된다. 기독교적 유월절 기념에 대해 다루면서 오리게네스는 이렇게 말했다. "유월절은 오늘날에도 일어나고 있으며", "그리스도를 기념하는 사람들은 애굽에서 나오고 홍해를 건너 바로가 물에 삼켜지는 것을 본다." 옛날에 팔레스타인에서 성취되었던 일이 지금 예배 행위 속에서 재현된다. 그 기도문들의 다음과 같은 지적처럼 말이다. "오 주님, 우리는 당신께서 우리 죄와 상관없이 우리를 대해 주시도록 당신께 간청하면서 이 경이롭고 피가 흐르지 않는 제물을 바칩니다."¹⁰ 예배는 언제나 현재 시제로 진행된다. 과거는 새로운 미래를 여는 현재의 선물이 된다.

신약성경에서 그리스도의 죽음과 부활은 단지 과거의 사건이 아니라, 현재에 하나님께 드려지는 살아 있는 제물로 제시되었다. "그리스도께서는 손으로 만든 성소에 들어가지 아니하시고 바로 그 하늘에 들어가사 **이제** 우리를 위하여 하나님 앞에 나타나시고"⁽히 9:24⁾. 과거의 사건과 현재의 현실 사이의 관계는 현대인들만큼 고대인들에게도 신비였다. 5세기 초의 콘스탄티노플에서 어떤 이들은 어떻게 하나의 제물이 다른 장소에서 반복적으로 다시 드려질 수 있었는지 알고 싶어 했다. 히브리서의 이 본문에 대한 한 설교에서, 초대교회에서 가장 인기 있던 설교자인 요하네스 크리소스토무스_{Johannes Chrysostomus}가 그 문제를 이런 식으로 설명했다.

> 우리는 매일 제물을 드리지 않는가? 정말로 우리는 주님의 죽음을 재현하면서 매일 제물을 드린다. 그렇다면 어떻게 그것이 여러 제물이 아니라 하나의 제물인가?……우리는 같은 사람을 드린다. 하루는 한 마리 양을, 다음 날에는 또 다른 양을 드리는 것이 아니라, 항상 같은 제물을 드린다.……하나의 제물과 한 명의 대제사장이 있다. 그는 우리를 깨끗하게 하는 제물을 드렸다. 오늘날 우리는 옛날에 드려진 제물을 드린다. 그 제물은 결코 소멸되지 않는다. 이것은 그때 행해진 것에 대한 기억으로서 행해진다. "나를 기념하여 이것을 행하라"고 그가 말씀하셨기 때문이다. 우리는 옛날에 제사장이 드린 것과 다른 제물을 드리지 않는다. 우리는 항상 동일한 제물을 드린다. 우리는 그 제물을 반복해서 드린다.¹¹

예배에서 반복적으로 기념하는 것이 초기 기독교 사상가들의 상상력에 강력한 영향을 미쳤다. 그것은 그들을 그리스도의 신비와 친밀한 관계로 이끌었다. 역사적 기억이 아니라 경험의 명백한 사실로서 말이다. 5세기 로마의 주교였던 대 레오가 그것을 이렇게 표현했다. "하나님의 아들이 세상의 화해를 위해 행하고 가르친 모든 것을 우리는 단지 과거에 대한 역사적 설명으로 알 뿐 아니라 현존하는 사역의 권능 안에서 경험한다."[12] 삼위일체에 대한 논문이 집필되기 전, 성경에 대한 학문적 주석이 나오기 전, 은총의 가르침에 대한 논쟁이나 도덕 생활에 대한 저술이 출현하기 전, 교회의 성찬식에 살아서 현존하는 존귀하신 하나님의 아들 앞에 바치는 경외와 숭배가 존재했다. 이와 같은 진리는 이해하려는 모든 노력에 선행했고, 그리스도인들이 믿는 것을 말과 개념으로 표현하려는 일체의 노력에 양분을 공급했다.

물과 함께하는 그리스도

성찬식은 기독교 예배의 중심적 행위다. 그리고 그것을 공동체가 매주 기념하는 것이 기독교적 생활 리듬을 결정했다. 초대교회에서, 제단 없는 기독교는 없었다. 또한 세례 욕조(浴槽) 없는, 세례의 물을 통과하지 않는 기독교도 존재할 수 없었다. 황제를 대상으로 쓴 변증서에서 순교자 유스티누스는 그 예식을 간단히 언급한다. 그것을 통해 사람들이 교회에 입교하며, "그것은 우리가 그리스도를 통해 새롭게 될 때 우리 자신을 하나님께 헌신하는 방법이다." 계속해서 그는 "우리가 가르치고 말하는 것들이 사실이라고 설득되고 또한 그것들에 일치하여 살고자 노력하는 사람들은 기도하고 금식하는 동안 자신이 과거에 지은 죄들을 용서해 달라고 하나님께 기도하고 간구하라는 가르침을 받는다. 그런 후에 그들은 우리의 인도하에 물이 있는 곳으로 가서, 우리가 예전에 거듭났던 것과 똑같은 방식으로 거듭난다. 이어서 그들이 만유의 주요 성부이신, 그리고 우리의 구주 예수 그리스도와 성령이신 하나님의 이름으로 물로 씻김을 받는다"라고 말한다.[13]

가장 이른 기독교 세례는 강이나 샘, 심지어 바다 같이 자연적인 물의 원천에서 거행되었다. 2세기 말에, 라틴어로 신학적 저술을 남긴 최초의 그리스도인인 아프리카 카르타고의 테르툴리아누스^{Tertullianus}는 사람이 "바다나 연못에서, 강이나 샘에서, 호수나 저수지에서 세례를 받든" 아무런 차이가 없다고 말했다. 사도행전의 첫 세대에서는 세례가 그리스도를 영접하면 바로 거행되었다. 하지만 2세기 말에 이르면, 세례 전에 일정 기간 정교하고 집중적인 준비가 있었다. 세례는 유아가 아니라 성인들을 위한 의례였다. 모범과 실천, 그리고 신조에 대한 학습을 통해 기독교 생활에 적합하도록 교육하는 시간이 수개월, 심지어 수년씩 걸렸다. 세례는 영적·도덕적 경험이었다.[14]

한 사람이 그리스도인의 최초 훈련 기간을 마치고 세례를 지원할 준비가 되면, 그는 교회에 등록하고 싶다는 뜻을 밝혔다. 이것에는 형식적인 심사가 포함되었고, 그 다음에 악한 영을 쫓아내는 의식으로서 이마에 십자가를 그었다. 그 후에 주교가 안수했고, 약간의 소금을 먹었다. 4세기에 예루살렘을 방문했던 스페인의 에게리아^{Egeria}는 그 장면을 다음과 같이 묘사했다.

> 여기서는 8주 동안 지속되는 사순절 시작 전날에 세례 후보자가 확정되어야 한다.……사제가 그 모든 이름을 적고 주교의 의자가 대성당 중앙에 놓인다. 사제들이 그의 양편에 있는 의자에 앉고, 다른 성직자들은 근처에 선다. 한 명씩 세례 후보자들이 앞으로 인도된다. 남자들이 그들의 대부들과 함께 오고 여자들은 대모들과 함께 온다. 그들이 한 명씩 오면, 주교는 그들의 이웃들에게

그들에 대해 질문을 한다. "이 사람이 훌륭한 삶을 살고 있습니까? 그는 자신의 부모님을 존경합니까? 그는 술주정뱅이나 허풍쟁이입니까?"……이 후보가 그런 문제들에서 흠이 없다는 사실이 입증되면 주교는 그의 이름을 기록한다. 하지만 누군가가 어떤 일로 비난을 받는다면 그는 그 자리를 떠나야 하며, 다음과 같은 권면을 듣게 된다. "당신의 삶을 개선하십시오. 그 일이 완료되면, 그때 세례반 앞으로 다시 나오십시오."[15]

부활절로 이어지는 여러 주(후에 사순절이 되었다) 동안, 세례 후보자들은 금식을 했고 공적 오락이나 (결혼한 경우) 성행위를 삼갔으며 공예배(公禮拜)에 성실하게 참석했다. 이런 주들이 끝날 무렵, 감독은 자신의 설교에서 신조의 각 항목을 낭송하고 그 의미를 설명했다. 세례 예비자들^{competentes}은 감독을 따라 그 구절들을 반복했다. 후에 그는 세례 후보자가 신조를 암기하도록 도왔다. 8일 후, 그 공동체는 기도, 시편, 설교로 구성된 철야 예배를 위해 저녁에 모였다. 이 경우에 보다 온전한 형태의 축귀의식이 있었다. 그 의식에서 사제가 세례 예비자들에게 안수하고 성삼위일체를 청했으며 마귀를 꾸짖었다.

마침내 세례일이 도래했다. 초대교회에서 부활절의 절기 대예배는 현재 동방교회에서 행해지는 것처럼 토요일 늦은 밤에 시작되어 아침까지 계속되었다. 성경 봉독을 들은 후, 세례 후보자들은 "신조를 돌려준다." 즉, 몇 주 전부터 감독에게 배운 것을 암송하는 것이다. 새벽이 밝아 오면서, 시편 42편의 "하나님이여, 사슴이 시냇물을 찾기에 갈급함 같이 내 영혼이 주를 찾기에 갈급하니이다"를 불렀고, 세례 후보자들은 세례 욕조를 향해 행진했다. 세례 욕조는 작은 물웅덩이로서 보통 길이가 1.8-3미터, 넓이가 약 0.9-1.8미터, 그리고 깊이는 대략 0.9미터였다. 한쪽 끝에 세례 욕조로 내려가는 계단이 있었고, 그 장소는 커튼으로 가려져 있었다. 세례 후보자들은 옷을 벗고 세례 욕조 속으로 내려갔다. 그리고 감독이 각 사람의 이름을 호명하고 "내가 성부, 성자, 성령의 이름으로 너에게 세례를 베푸노라"는 세례 공식을 발언하면, 세례 후보자들이 물속에 잠겼다. 그들이 물에서 나왔을 때, 그들에게 기름이 부어지고 백색 아마포로 만든 옷을 입혔다. 세례식이 끝난 후, 세례 후보자들은 부활절 성찬식에 참석하기 위해 본당으로 돌아갔다. 그들의 첫 번째 성찬식에서 그들은 우유와 꿀이 든 잔을 받았으며, 부활절 주간 동안 백색 옷을 입고 예배에 참석했다.

    이렇게 간략한 묘사를 통해 확인할 수 있듯이, 초대교회에서 세례는 사적인 일이 아니라 공동체 전체의 집단적 행사였다. 감독과 다른 성직자들, 이웃과 친구들, 가족 등 모든 사람이 맡은 역할이 있었다. 매년 늦겨울과 봄에 반복될 때마다 엄격한 심사, 혹독한 금식, 낭랑한 신조 낭독, 축귀의식, 침례는 그 경험을 더욱 고양시켰다. 세례식은 장엄한 기독교 행사였다. 그리고 이웃과 친구들이 한 사람씩 수면 아래로 내려가는 모습을 지켜보면서, 기독교 공동체에 대한 관심이 고조되었다. 로마에서 유명한 철학자 마리우스 빅토리누스Marius Victorinus가 세례 받기 전 자신의 신앙을 고백하기 위해 교회 계단을 오를 때, 회중들은 충격으로 수군거리기 시작했다. 사람들이 빅토리누스를 알아보고 서로 그의 이름을 속삭였던 것이다. "빅토리누스야, 빅토리누스라고!"[16]

    세례식은 물로 씻는 의식이었다. 초기 그리스도인들은 물을 뿌리거나 붓지 않았다. 그들은 물속에 잠겼다. 기독교는 빵과 포도주, 물, 기름처럼 사물과 관계가 깊다. 그리고 기독교 신앙은 사물들과 그것들을 사용하는 행위 속에 담겨 있다. 예배에서 벌어진 일은 흔히 사상가들이 신조 문구와 성경 이야기에 대해 훨씬 더 깊이 숙고하는 계기가 되었다. 200년경에 집필된 세례에 대한 한 아름다운 글에서, 테르툴리아누스는 물이 태초에 창조되었으며 창세기에 "하나님의 영은 수면 위에 운행하시니라"고 기록되었다는 사실에 주목했다. 물은 "생명체를 양산하는" 첫 번째 요소라고 그는 말한다. 세례식에서 사용되는 평범한 물이 "생명을 부여하는 방법을 이미 알고 있다"는 것은 결코 놀랄 일이 아니다. 성령의 현존을 통해, 그 자체로 고귀한 물은 "거룩하게 하는 능력을 가지고" 있다.[17]

세례식의 물에 대한 테르툴리아누스의 논의에서, 하나님은 보고 만질 수 있는 한 인간을 통해 알려진다는 기독교의 핵심적 확신이 이제 물과 기름, 빵과 포도주, 우유와 꿀, 소금과 (우리가 후에 살펴볼) 성인들의 뼈, 그리스도의 몸이 닿았던 성지(聖地), 그리고 성상처럼 만질 수 있는 다른 물건들로 확장된다. 하나님의 이름을 부를 때 "물은 거룩함을 전달하는 신비로운 능력을 요구한다"고 테르툴리아누스는 주장한다. 그렇게 물은 하나님이 인간에게 말을 거시는 방법의 일부다. 그는 이렇게 쓰고 있다.

> 물이 없었다면 그리스도도 없었다. 그 자신이 물로 세례를 받으셨다. 결혼식에 초대되었을 때, 그는 물로 자신의 권능을 보이셨다. 말씀하실 때, 목마른 자들에게 자신의 영원한 물을 마시라고 초대하셨다. 사랑에 대해 가르치실 때, 그는 사랑의 행동 중에서 이웃에게 물 한 잔 주는 것을 칭찬하셨다. 그는 우물가에서 원기를 회복하신다. 그는 물 위를 걸으시고, 배로 호수를 건너신다. 그는 제자들을 섬기기 위해 물을 사용하신다. 세족식에 대한 이러한 증언은 수난까지 지속된다. 그가 십자가에 넘겨졌을 때, 물이 일정한 역할을 한다(빌라도의 손에 대해 증언한다). 그리고 그가 창에 찔렸을 때, 물이 그의 옆구리에서 쏟아져 나왔다(군인의 창에 대해 증언한다).[18]

성찬식의 경우처럼, 세례식 동안 낭독되고 노래로 불린 예배 본문은 삼위일체적이었다. 물론 그것은 세례식 문구 the formula of baptism 로 시작되었다. 하지만 삼위일체적인 것은 단지 문구만이 아니었다. 세례식에서 기념되는 성경적 사건도 삼위일체적 형태를 지니고 있었다. 초대교회에서, 기독교 세례의 모델은 요단 강에서 행해진 예수의 세례였다. 2세기 초에 안디옥의 이그나티우스가 이런 글을 남겼다. "그리스도는 자신의 수난을 통해 물을 성스럽게 만들기 위해 세례에 복종했다." 니사의 그레고리우스^{Gregorius of Nyssa}는 요단 강으로부터 "세례의 은총이 전 세계로 확산되었다"고 말했다. 성육신, 죽음, 부활과 함께 예수의 세례는 세례 전의 교육 기간 동안 세례 후보자들에게 소개된 신비 중 하나였다. 예수의 세례는 신적 계시의 독특한 순간이었다. 그 안에서 거룩한 삼위일체가 처음으로 알려졌기 때문이다. 예수의 세례에 대한 성경의 설명에서는 성부께서 성자에게 말씀하신다. "너는 내 사랑하는 아들이요, 내가 기뻐하는 자라." 이어서 성령께서 그 위에 비둘기의 모습으로 내려오신다. 시리아의 작가인 사룩의 야곱^{Jacob of Sarug}은 그것을 이런 식으로 표현했다. "그리스도가 세례를 받으실 때, 삼위일체 하나님께서 요단 강에 나타나셨다."[19]

장엄한 세례 예식은 주교가 집례했으며, 준비 기간 동안 세례 받을 사람들을 지도했다. 그 주교의 역할은 영적, 도덕적, 교리문답적이었다. 그리고 고대의 "교리문답 강의", 곧 세례 후보자들에게 주어진 교훈은 초기 기독교 사상가들이 그들의 교리적·논쟁적 저술 속에서 분명하게 나타나지 않는 역할을 수행하도록 한다. 하지만 그것은 여러 면에서 비슷한 특성을 보여주었는데, 신조 속에서 고백된 것처럼 교회의 가르침들을 설명하고, 세례 후보자들에게 성경의 독특한 표현을 소개하며, 초심자들을 새로운 삶의 엄격한 요구들에 대처할 수 있도록 준비시키고, 악의 세력과 싸우도록 격려했다. 여기서 기독교 교사들은 가르쳤을 뿐 아니라 배우기도 했다. 자신의 사제서품 기념식에서 행한 설교 중에 아우구스티누스는 이렇게 말했다. "나는 나를 양육하는 것으로 여러분을 양육합니다. 나는 내가 먹는 음식을 여러분에게 제공합니다."[20] 교회 내부의 삶을 스스로 익힘으로써 주교들은 교회 언어를 사용할 수 있는 기술을 습득했고, 단지 의견만 말하는 것이 아니라, 보고 만질 수 있는 사물의 세계에 살면서 성경적 이미지들의 숨은 의미들을 새롭게 발견했다. 무엇보다 그들이 가르쳤던 것이 말씀과 사상뿐 아니라, 만질 수 있는 현실과 관계가 있다는 사실을 배웠다.

현존하는 은총

아우구스티누스의 전기 작가이자 수년 동안 그와 식탁을 함께 나누었던 포시디우스Possidius가 말했다. "병들어 죽기 전까지 그는 교회에서 하나님의 말씀을 열정적이고 용감하게, 그리고 온전한 정신과 판단력으로 중단 없이 설교했다."[21] 내가 이미 살펴보았듯이, 이 책에서 다루는 (모든 사람은 아니지만) 대부분의 사람들은 교회에서 정기적으로 설교했다. 성찬식에서 강독자가 "사도들의 회고록"이나 "예언자들의 책"을 읽은 후, 예배 인도자는 "그렇게 고귀한 것들을 본받으라고 우리에게 훈계한다"고 유스티누스가 말했다.

초대교회에서 설교는 성경적이었다. 전통적으로 설교는 성경에서 선택한 한 본문을 주해하는 형태를 취했다. 시간이 지나면서, 주일 예배에서 읽기 위한 성경 본문이 성구집으로 편집되었다. 이것은 성경 봉독을 위해 체계적으로 선택된 성경 모음집이다. 주일에 구약성경에서 한 구절, 4복음서에서 한 부분을 선택하여 그날의 주된 본문으로 읽는 것이 관습이었다. 교회력이 발전하면서 성탄절, 부활절, 오순절 같은 한 해의 주요 절기들을 위해 읽을 성경 본문이 정해졌다. 예배 자체처럼 교회력도 기독교 계시의 서사적 특징을 강화시켰다.

성경 말씀은 초기 기독교 설교자들의 설교를 들었던 사람들의 깊은 곳에 하나의 성전(聖殿)을 만들었다. 설교뿐 아니라, 신학서적들, 서신들, 영적 저서들에서 교부들은 성경의 대부분을 경탄할 정도로 암기해 자유롭게 사용한다. 근대 신학서적들(여기서는 신학 사상을 지지하기 위해 성경이 인용되고, 흔히 각주로 처리된다)과 달리, 초대교회에서 성경 말씀은 사상의 주해를 위한 언어학적 뼈대였다. 심지어 가장 철학적인 초기 기독교 사상가들의 저서에도 그들의 사상은 성경의 언어로 표현되었고, 그것에서 벗어나는 경우가 거의 없었다. 예배는 일종의 기독교 연설의 문법을 제공했다. 즉, 어떻게 성경 말씀이 사용되어야 하는지에 대한 열쇠를 제공한 것이다.

하지만 예배에서 설교는 단지 말씀에 대한 것이 아니었다. 성찬식은 빵과 포도주를 드릴 때 현존하시는 살아 계신 그리스도를 기념하는 것이었다. 설교에서 설교자는 말씀을 설명할 뿐 아니라, 말씀을 사용하여 회중들을 그 실재 자체, 곧 그리스도의 신비 속으로 들어가도록 초청했다. 기독교 사상이 성경 속에 기록된 사건들과 실제로 발생했던 일들에 근거했던 것처럼, 그것은 예배와 예배에서 실행되는 행위들에 의해 양분을 얻는다. 이것은 성탄절, 부활절, 오순절 같은 큰 절기들에 대한 설교 속에서 생생히 드러난다. 그리고 초대교회의 어떤 설교자도 레오만큼 이것을 충분하게 파악하지는 못했다. 그리스도의 탄생에 대한 한 설교에서 그는 이렇게 말했다. "오늘의 이 절기는 우리를 위해 동정녀 마리아에게 나신 예수의 거룩한 어린 시절을 우리를 위해 갱신한다. 그리고 우리 주님의 탄생을 경배하면서 우리는 우리 자신의 삶의 새로운 출발을 기념하고 있음을 깨닫는다. 그리스도의 탄생이 그리스도인들에게는 생명의 원천이며, 머리의 생일이 몸의 생일이기 때문이다."[22]

레오는 독특한 것이 아니었다. 비슷한 말을 요하네스 크리소스토무스와 아우구스티누스, 그리고 암브로시우스Ambrosius와 그레고리우스 안에서 발견할 수 있다. 부활절 전야에 행한 설교에서 니사의 그레고리우스는 반복해서 "현존하는 은총"이라는 구절을 사용한다. 그 말은 단지 그리스도의 부활에서 흘러나온 은총을 언급할 뿐만이 아니라, 부활에 대한 실제의 예전적 기념을 언급하는 것이다. 밤마다 태양 빛이 어둠에 길을 내주기 때문에, 부활절의 밤은 눈부시게 빛났다고 그는 선포한다. 하지만 부활절에 햇불들이 석양에 타올랐고, 부활절 행진의 찬란함이 지는 해의 마지막 빛과 만났다. 밤은 햇불들에 의해 끝나고 낮이 연장되는 것처럼 보였다. 비록 "시계(時計)에 의하면 밤이지만, 빛에 의하면 낮이다"라고 그레고리우스는 말했다. 아침에 햇불의 빛은 떠오르는 태양 빛을 맞이했다. 부활절은 어둠의 간섭 없이 하루를 시작했다. 성경에서 읽은 것이 성찬식에서, 그리고 부활절 예배의 "현존하는 밝음" 속에서 충족된다. 그리스도의 부활과 함께 "또 다른 탄생, 또 다른 생명, 또 다른 형태의 삶, 우리 본성의 변형이 존재한다."[23]

    마음속의 어떠한 것도 보고 만질 수 있는 것의 견고함과 신비를 소유할 수는 없다. 예배 속에 지속적으로 침잠함으로써 초기 기독교 사상가들은 살아 있는 그리스도를 대면했고, 사도 도마와 함께 "나의 주, 나의 하나님"이라고 말할 수 있었다. 여기에, 너무나 명백하고 지속적이며 강력해서 모든 종교 사상을 능가했던 진리가 있다. 멀리 뒤로 물러서서 사물을 바라봄으로 이해는 성취되지 않았다. 오히려 계시된 대상 자체 안으로 들어감으로써 얻었던 것이다. 우리가 뒤에서 살펴보겠지만, 오직 기독교 사상가들은 그리스도의 삶에서 한 특별한 사건, 곧 겟세마네 동산에서 "아버지여, 만일 아버지의 뜻이거든 이 잔을 내게서 옮기시옵소서"[눅 22:42]라고 말했던 순간으로 더욱 깊이 들어가면서, 그들은 그리스도가 "진실로 인간"이었다는 믿음을 표현할 수 있었다. 사물 자체와의 이러한 교류가 예배의 선물이었다.

천사와 천사장

고대의 모든 예배에는 "세상을 떠난 신자들"을 기념하는 기도가 있었다. 아우구스티누스가 자신의 한 설교에서 언급했듯이 교회는 "단지 우리 자신들만 포함하지 않는다." 교회는 그리스도를 머리로 둔 위대한 도시이며, 그 회원들 속에는 예전에 살았던 사람들, 아직 태어나지 않은 사람들, 그리고 "우리의 동료 시민인" 천사들도 포함된다. 어떤 예배에서는 이렇게 세상을 떠난 신자들을 위한 기도가 "우리보다 먼저 잠이 든 사람들"에 대한 간략한 기억의 형태를 취한다. 하지만 대부분의 기도들은 보다 정교하다. 그러한 예는 4세기의 예배 자료 모음집인 『사도헌장』$^{Apostolic\ Constitution}$에서 확인할 수 있다. "우리는 태초부터 당신을 기쁘게 해드렸던 모든 성도들, 곧 족장들, 선지자들, 의인들, 사도들, 순교자들, 고백자들, 주교들, 사제들, 부제(副祭)들, 부부제들, 강독자들, 선창자들, 처녀들, 과부들, 평신도들, 그리고 당신이 그 이름을 알고 있는 모든 사람을 위해 당신께 예물을 드립니다."[24] 때때로 순교자와 성인, 그 도시의 전임 감독, 지역교회에서 존경을 받았던 거룩한 여인의 실명이 거론되기도 했다.

　기독교는 부활하신 그리스도를 알았던 사람들의 간증으로 시작되었다. 사도 바울이 고린도전서 1장에서 언급했듯이 그들의 증거가 다른 이들에게 "전해졌고", 시간이 흐르면서 이런 전달이 "전통"으로 불리게 되었다. 전통은 관행, 가르침, 제도와 관계가 있지만, 그것을 전달하는 일은 인간들의 몫이다. 처음부터 그리스도인들은 자신들이 전수받은 것에 대해 증언했던 사람들, 특히 순교자들과 거룩한 남녀들을 깊이 존경했다. 기독교 신앙은 실제로 있었던 사람들의 삶, 말과 긴밀히 연결되어 있다. 전수받은 진리는 그것을 넘겨준 사람들^{traditores}의 신실함에 의존했기 때문이다.

　교회사 초기에, 그리스도인들은 순교자들의 무덤에 모여서 기도하고 성찬식을 진행했다. 1세대 신자들은 사상이나 가르침이 아니라 그들의 이름을 기억하는 공동체에 의해 그 이전의 신자들과 연합되어 있었다. 이전 세대들과의 이와 같은 연결, 그리고 이 세대들을 통한 사도들과의 연결 때문에 기독교 사상가들은 담대하게 말하고 용감하게 행동할 수 있는 확신을 가졌다. 그들은 다른 이들의 삶을 따라 자신들의 사상을 형성했다. 제단 없이 기독교가 존재할 수 없었고 세례식 없이 신앙도 없었듯이, 교회 없이는 기독교 사상도 없었다. 성도들의 교제는 모든 성찬식 현장에 생생히 현존했다.

세상을 떠난 신자들은 단지 기억만 된 것이 아니라, 예배 참여자로 환영받았다. 여기서도 요하네스 크리소스토무스는 청중들의 한계를 깊이 유념하면서, 왜 예배에 그런 기도들이 포함되었는지에 대해 자신의 회중에게 설명할 필요를 깨달았다. "성물들(성찬식에 사용하는 빵과 포도주)을 통해서 우리가 세상을 떠난 자들에 대해 헛되이 언급하는 것이 아니라, 우리는 그들을 위해 하나님께 나아가서 우리 안에 계신 하나님의 어린 양께 탄원을 드립니다. 그분은 세상의 죄를 제거하시고……그들은 약간의 위로를 받습니다." "성물들을 기념할 때", 사제들은 그 제물이 "그리스도 안에서 잠든 모든 사람뿐 아니라, 그들을 위해 성찬식에 참여하는 모든 사람을 위해" 봉헌된다고 말한다. 추가로 그는 그것들이 아무런 효과도 없다면, 우리는 이런 일을 하지 않을 것이라고 덧붙인다. "우리 예배는 단지 무대공연이 아닙니다."[25]

예배에서 교회의 모든 회원들이 족장과 선지자들, 성모 마리아와 사도들, 순교자와 성인들, 그리고 하나님이 그 이름을 알고 있는 모든 사람을 포함한 단일한 공동체 속으로 융합되었다. 라틴어 찬송가 테데움$^{Te\ Deum}$의 가사 중에 이러한 내용이 있다. "사도들의 영광스러운 무리, 선지자들의 고귀한 교제, 수많은 흰 옷 입은 순교자들이 당신을 찬양하나이다." 예배에 참석하는 무리는 이 세상에 한정되지 않았다. "우리는 하늘의 주인들과 함께 그들의 찬양에 참여하리라"는 세라핌^{seraphim}의 찬송이 우리에게 주어졌다고 예루살렘의 키릴루스$^{Cyrilus\ of\ Jerusalem}$가 말한다. 하나님의 백성들이 삼위일체 하나님을 경배하기 위해 목소리를 높일 때, 그들은 하늘의 주인들이 부르는 찬송에 동참했다. 이것은 떡과 포도주를 축성하는 기도 직전에, "거룩, 거룩, 거룩"의 찬양으로 이어지는 기도 속에서 분명히 드러난다. "수많은 사람들, 무수한 천사와 천사장들, 왕과 지배자들, 정사와 권세들이 당신을 예배하나이다. 당신 곁에 위대한 두 세라핌이 서 있습니다. 그들에게는 여섯 개의 날개가 있으며, 두 개로 얼굴을 가리고, 두 개로 발을 덮고, 두 개로 날아다닙니다. 그들은 당신의 성결을 찬양합니다. 그들의 찬양과 함께, 당신의 성결에 대한 우리의 찬미도 받아 주옵소서. 만군의 주님은 거룩하도다, 거룩하도다, 거룩하도다! 천지가 당신의 영광으로 충만하나이다. 천지가 당신의 놀라운 영광으로 가득하나이다!"[26]

시편 138편의 고대본에서 첫 구절은 다음과 같다. "천사들 앞에서 나는 당신을 찬양할 것입니다." 자신의 한 작품 속에 나오는 감탄을 통해, 그레고리우스 1세는 "예수 그리스도의 성찬식 시간에 천사들의 성가대가 현존하고, 가장 높은 곳이 가장 낮은 곳과 결합되며, 땅과 하늘이 연결되고, 보이는 것들과 보이지 않는 것들이 하나가 된다는 사실을 신자들 중에 누가 의심할 수 있겠는가?"라고 물었다. 그레고리우스만 그러한 말을 한 것이 아니었다. 수세기 전에 오리게네스는 "우리 모임 속에 천사들이 함께한다는 사실을 나는 결코 의심하지 않는다"라고 말한 적이 있었다. "이중적 교회, 곧 하나는 사람들의 교회, 다른 하나는 천사들의 교회"가 존재한다.[27]

말과 행동으로, 예배는 성도들의 교제를 기독교 사상가들의 마음과 생각 속에 각인시켰다. 그들은 타인들 앞에서 하나님을 찬양했고, 그들이 자신들의 연구실로 돌아왔을 때도 이 무리는 계속 그들과 함께 있었다. 교부들 안에는 일체의 지성적 엘리트주의가 없었다. 그들의 사상은 교회의 공동체적 경험으로 양분을 공급받았고, 시간적 측면에서 과거로 거슬러 올라갔으며, 미래에도 "어린 양을 찬양"[계 22:3]하는 도시로 존재할 공동체에게 신세를 졌다. 그들은 자신들의 책과 논문에 썼던 것을 그대로 회중들에게 자주 설교했다. 예배는 감독과 신자들을 공유된 공적 생활로 이끌었는데, 그것의 주된 활동은 삼위일체 하나님을 예배하는 것이었다. 기독교 사상은 교회 생활, 성례전과 관행들, 성경과 신조들, 순교자와 성인들, 그리고 천국의 모든 주인들과의 친밀한 관계 속에서 발전한 것이다.

3.

성경

현재를 위한 하나님의 얼굴

이제, 하나님의 말씀을 하나님의 얼굴처럼 대하라.
그 말씀의 현존 속에 녹아들며.

아우구스티누스

성경이 있기 전에는 어떤 모습으로 살았을까? 교육받은 로마인의 책장에서 사람들은 아이들이 학교에서 배웠던 그리스어 작가들 중 호메로스의 『일리아드』와 『오디세이』, 신들의 족보가 담긴 헤시오도스의 『신통기』^{Theogony}, 소포클레스와 유리피데스의 비극들, 그리고 메난드로스의 희극들을 발견할 수 있을 것이다. 라틴어를 사용했던 유식한 로마인들의 가정에는 도시를 건설하기 위해 이탈리아를 향해 떠난 아이네이아스^{Aeneias}의 여행을 다룬 베르길리우스의 서사시 『아이네이스』^{Aeneid}, 혼돈에서 질서의 출현과 함께 시작한 우주적·역사적 변형에 대한 이야기 모음집인 오비디우스의 『변신 이야기』^{Metamorphoses}, 그리고 리비우스의 로마사, 특히 로마의 건국에 대한 첫 번째 책이 있다. 탈레스와 피타고라스 같은 존경받는 현자들의 어록, 플라톤의 『티마이오스』 같은 대화록, 아리스토텔레스의 『니코마코스 윤리학』, 스토아학파 제논의 저서들, 투키디데스와 헤로도토스의 역사서들이 있을 것이다. 로마인들은 키케로의 연설문과 『국가론』$^{De\ Republica}$ 사본들, 그리고 세네카의 도덕적 논문들을 소장했을 것이다.

이런저런 책들에서 사람들은 델포이를 지키고 있던 거대한 용 파이톤을 죽인 아폴로에 대해, 트로이에서 돌아오는 오디세우스의 모험에 대해, 헤라클레스의 수고에 대해, 아이네이아스가 카르타고를 떠남으로 인한 여왕 디도의 슬픔에 대해, 플라톤의 『국가』에서 동굴과 에르^{Er}의 신화에 대해 읽을 수 있었다. 사람들은 아리스토텔레스의 우정론, 키케로가 들려주는 스키피오의 미래에 대한 꿈, 세네카의 행복론, 클레안테스의 제우스 찬가, 페리클레스의 장례식 연설, 루크레티아의 정절과 안티고네의 충성 이야기 등도 읽을 수 있었다. 이런 신화, 역사, 동화, 어록, 연설, 이야기들이 고대 그리스와 로마의 지혜를 구성했다. 부족함이 없어 보였다.

하지만 그리스도를 따르는 사람들에게, 이 세상의 지혜는 성경을 포함하지 않았기 때문에, 이 세상은 동떨어지고 비현실적으로 보였다. 성경에는 창세기에서 무로부터 세상의 창조에 대한 설명, 아담과 하와의 유혹과 타락 이야기, 자신의 독자 이삭을 제물로 바친 아브라함, 이집트에서 이스라엘 백성의 구원, 시내 산에서 율법을 받는 모세, 밧세바에 대한 다윗의 탐욕, 욥의 고통, 유대인들이 바벨론의 포로였던 시절에 선지자들의 신탁, 이사야의 종의 노래, (외경의) 유디트와 수산나 이야기, 그리스도의 동정녀 탄생 이야기, 광야에서 그리스도의 시험, 선한 사마리아인과 탕자의 비유, 부자와 거지 나사로 이야기, 유다의 그리스도 배반, 십자가에서 그의 죽음과 3일 후 부활, 사도행전의 초대교회 이야기, 그리고 사도 바울의 회심이 기록되어 있다.

고대 그리스인들과 로마인들은 천상의 예루살렘이나 하나님의 도성, 제2의 아담이나 그리스도의 몸, 아가서의 시나 누가복음의 마리아 찬가, "보이지 않는 하나님의 형상"이나 "만물의 장자"와 같은 사도 바울의 생생한 신학적 어법, 빌립보서에서 그리스도의 "자기 비움"에 대한 찬송, 요한복음의 프롤로그와 자신의 첫 서신에서 표현된 사랑에 대한 사도 요한의 묵상 같은 성경적 이미지에 익숙하지 않았다. 그들의 기도서는 시편 기자들이 하나님을 표현하기 위해 사용했던 강렬한 개인적 언어에 대해 몰랐다. "내가 주께만 범죄하여 주의 목전에 악을 행하였사오니"[시 51:4], "여호와여, 주께서 나를 살펴보셨으므로 나를 아시나이다. 주께서 내가 앉고 일어섬을 아시고 멀리서도 나의 생각을 밝히 아시오며 나의 모든 길과 내가 눕는 것을 살펴보셨으므로 나의 모든 행위를 익히 아시오니……내가 주의 앞에서 어디로 피하리이까"[시 139:1-3, 7]. 고대 저자들이 성경에서 발견되는 많은 용어들을 사용했지만, 은혜, 믿음, 순종, 사랑, 진리, 인내, 소망, 하나님의 형상, 입양, 종, 창조, 하나님의 뜻, 예정, 율법, 성부 하나님, 하나님의 말씀, 성령 같은 용어들의 함의는 이해할 수 없었다. 그들은 유대인의 역사를 자신들의 역사로 이해하려고 하지 않았다. 하지만 성경은 그리스도인들을 하나의 백성으로 형성했고, 그들에게 하나의 언어를 주었다.

고전 전통에 의해 형성된 지성인들로서 최초의 기독교 사상가들은 유식하고 중요한 계층에 속했으며, 알아야 할 것은 알고 있다고 확신했다. 학교에서 그들은 호메로스나 베르길리우스의 글에서 긴 문장들을 암송했고, 이소크라테스나 키케로의 고상한 문장들을 모방함으로써 우아한 산문을 쓰고 세련되게 말하는 법을 배웠다. 그들은 창세기를 읽기 전에 플라톤을 읽었으며, 선지자들을 읽기 전에 에우리피데스를 읽었고, 사무엘서와 열왕기서를 읽기 전에 헤로도토스와 투키디데스를 읽었다. 그리고 복음서를 읽기 전에 플루타르코스의 『영웅전』^{Lives}을 읽었다. 자신들의 옛 문화에 대해 대단히 자랑스러워하며 그들은 자신들 언어의 아름다움, 문학의 정교함, 그리고 현자들의 섬세함에 기쁨을 누렸다.

하지만 성경을 손에 들었을 때, 그들은 압도되었다. 그 일은 마치 산에 폭우가 쏟아지듯이 그들에게 일어났다. 일단 그들이 평범한 문학 유형을 넘어서자, 그들이 전에 알았던 것보다 더 매력적인, 새롭고 신비로운 세계 속으로 들어갔다. 시리아의 한 그리스도인이 창세기에 대해 말했듯이 말이다.

> 나는 이 책의 첫 장을 읽고
> 기쁨으로 충만했다.
> 그 문장들이 손을 뻗어 나를 환영하기 때문이다.
> 첫 장이 달려와 내게 입을 맞추었고
> 나를 자신의 벗들에게 인도했다.
> 그래서 내가 그 구절을 만났을 때,

낙원의 이야기가 적혀 있는 곳에서

그것은 나를 들어 올려서,

그 책의 중심에서

낙원의 중심으로 데려갔다.¹

우리의 지혜

성경이 기독교 사상에 미친 영향은 순교자 유스티누스, 사르디스의 멜리토 Melito of Sardis, 리옹의 이레나이우스, 카르타고의 테르툴리아누스, 그리고 알렉산드리아의 오리게네스 같은 초기의 모든 기독교 사상가들 속에서 명백히 나타난다. 이것이 가능해 보이지 않겠지만, 어떻게 성경의 신선한 물이 초대교회의 지성인들 속으로 한 방울씩 스며들었는지는 알렉산드리아의 클레멘스의 저서들 속에서 가장 잘 관찰될 수 있다. 초기 기독교 작가들 중에서 클레멘스는 가장 그리스적이고 가장 교양 있으며 헬레니즘 세계의 고등 문화 속에 깊이 물든 석학이었기 때문에, 그는 시인, 철학자, 극작가, 역사가의 문장들을 자신의 저서 안에서 아무런 어려움 없이 매우 빈번하게 인용한다. 오늘날까지 그는, 소크라테스 이전 철학자들의 작품에서 인용한 많은 소중한 본문들을 포함하여, 잃어버린 저작들의 비할 데 없는 인용의 원천이다. 그는 단지 이단들과 싸울 도구가 아니라 교회 자체 내에서 평화로운 수고의 도구로 문학을 이용했던 최초의 기독교 저자다. 그는 감독이 아니라 평신도였으며, 교회 생활을 감독하거나 설교할 책임이 없었다. 이런 이유로, 어떻게 성경이 그의 지적 견해를 형성했는지를 살펴보는 것은 매우 유익하다.

클레멘스의 출생지를 아는 사람은 없지만, 2세기 중반인 160년경에 아테네에서 태어난 것으로 보인다. 그는 그곳에서 초기 교육을 받았고, 젊은 시절에 철학자들과 공부하기 위해 지중해 세계의 여러 곳을 여행했다. 그런 와중에 그는 기독교를 받아들이고 그리스, 시리아, 팔레스타인 등지에서 기독교 교사들을 찾아다니기 시작했다. 그러다가 마침내 이집트에서 그가 찾던 사람을 만났다. 이 교사는 "선지자들과 사도들의 꽃에서 꿀을 모아온 진정한 시칠리아의 벌이었다"고 클레멘스는 말한다. 그의 이름은 판타에누스 Pantaenus였으며, 알렉산드리아에 있는 한 기독교 학교의 교장이었던 것 같다. 하지만 우리가 그에 대해 아는 것은 클레멘스가 그와 함께 공부했고 그를 "최초의 권위자"로 간주했다는 것뿐이다.²

『그리스인들에 대한 훈화』*Exhortation to the Greeks*라는 제목이 붙은 클레멘스의 첫 번째 저서는 이렇게 시작한다. "테베의 암피온과 메팀나의 아리온은 모두 가수였고, 전설적인 명성을 얻었다. 그리고 오늘까지 그들은 그리스인들이 부르는 합창에서 기념되고 있다. 하나는 돌고래를 매료시켰다는 노래이고 다른 것은 테베에 벽을 쌓았다는 것이다. 예술에 재능이 있었던, 그리고 그리스 전설 속에 기억되고 있는 어떤 트라키아인은 노래만으로 짐승을 길들였고 음악으로 오크 나무를 옮겨 심었다. 나는 여러분께 이들의 형제요 가수였던 로크리아인 에우노모스와 메뚜기 피틱의 또 다른 신화를 들려줄 수 있다."³

클레멘스는 독자들 앞에서 거드름을 피우며 구경꾼들에게 그리스 문학에 대한 자신의 지식을 마음껏 뽐내고 있다. 하지만 그는 오래지 않아서 자신의 요점을 드러낸다. 그리스인들이 새로운 노래를 들을 시간이 된 것이다. "이제 장엄한 하늘의 지혜로운 진리와 예언자들의 성스러운 합창을 하나님의 성산으로 가져갑시다!"라고 그는 쓴다. "헬리콘 산과 키타이론 산(신들에게 제사하던 고대 신전들이 있던 그리스의 두 산)을 버리고, 시온 산에 거처를 정합시다! '시온에서 율법이 나오고, 예루살렘에서 주의 말씀이 나오기 때문'입니다."⁴

클레멘스에게 예루살렘에서 나오는 말씀인 "하늘의 말씀"은 그리스도 안에서 육체가 되었고, 이 땅에서 살았던 거룩한 로고스^{Logos}였다. 이 노래를 통해 인간들이 생명을 회복했으며, 시각장애인들의 눈이 뜨였고, 청각장애인들이 듣게 되었으며, 하반신장애인들이 걷는 법을 배웠다. 반항하던 자들이 하나님과 화해했으며, 그리스도를 통해 우리가 "하나님을 볼 수 있게" 되었다. 오랜 세월 동안 하나님의 말씀, 거룩한 로고스는 모세의 말, 선지자들의 신탁, 잠언의 교훈, 그리고 최종적으로 사도들의 글, 특히 복음서에서 하나님의 백성들에게 전해졌다. 클레멘스는 이 문헌들을 "성경"$^{holy\ or\ divine\ scriptures}$이라고 부르고, 그것을 거룩한 삶의 안내서와 진리의 원천으로 간주한다. "문체와 고상한 어법, 불필요하고 기만적인 용어들에 매이지 않고, 성경은 악에 사로잡혔던 사람들을 바로 세우며 기만적인 삶의 한복판에서 확실한 길을 제공한다."[5]

클레멘스의 저서에서 성경이 기독교 문화의 토대로서 최초로 등장한다. 그의 저서들은 성경의 언어, 표현 형식, 이미지와 비유, 이야기 등으로 가득하다. 성경의 영웅들이 그의 영웅들이 되고, 성경의 역사가 그의 역사가 된다. 이것은 그에게 성경이 낯선 책이란 사실을 고려할 때 훨씬 더 놀랍다. 성경은 멋지고 세련된 그리스 문학작품들과 달리 평범하고 소박한 문체로 쓰였으며 유대 문화의 산물이었다. 그는 그리스 문학을 공부한 후에 성인이 되어 성경을 접했다. 때때로 클레멘스는 그의 독자들에게 익숙한 산문처럼, 성경 구절들을 조심스럽게 고쳐 썼다. 그가 성경을 받아들였을 때 클레멘스는 여전히 그리스인이었고, 그의 작품을 읽었던 무지한 독자들은 호메로스와 플라톤에게서 인용한 글들과 예언자의 글들, 그리고 바울의 저서에서 인용한 글들이 병치된 곳에서 혼란스러웠을 것이다.

하지만 클레멘스의 지적인 저서들은 성경이 없었다면 상상도 할 수 없다. 몇 가지 통계만 생각해 보라. 대충 계산해 봐도 그의 저서들은 페이지마다 평균 7-8차례 성경을 인용하고 있다. 구약성경만 1,500회 이상 언급하고 있으며, 신약성경을 언급한 횟수는 거의 3,000회에 육박한다. 마태복음은 500번 이상 인용되었고, 요한복음은 200번 이상, 시편은 300번 이상, 이사야와 잠언은 200번 이상 인용되었다.

물론 사람들은 성경을 많이 인용한다는 것이 저자가 성경을 이해하거나 성경이 그의 사상을 형성했다는 증거는 아니라고 주장할지 모르겠다. 클레멘스는 성경보다 호메로스, 플라톤, 아리스토텔레스, 에우리피데스, 크리시포스, 플루타르코스, 그리고 다른 그리스 작가들을 더 많이 인용했다. 하지만 차이가 있다. 클레멘스는 요점을 설명하고 멋지게 주장을 표현하며 독자들을 즐겁고 기쁘게 해주기 위해 그리스 문학을 인용한다. 그가 성경을 인용할 때는 무언가를 발견했다는 감동이 있다. 즉, 그 페이지에는 배워야 할 특이한 것이 있고, 그 책은 다른 책들과 다르다는 느낌 말이다. 클레멘스에게 성경은 계시와 교훈, 곧 그가 어디선가 말했듯이 "우리 지혜"의 원천이었다. 한번은 클레멘스가 그리스 문화의 한 유산을 인용할 때, 그것을 성경에서 가져온 지혜라고 제시했다. 예를 들어, 그는 핵심적 덕행들이 그리스 도덕론자들 안에서 발견될 수 있다는 것을 알고 있었다. 하지만 그가 그것을 독자들에게 전할 때, 그는 성경[외경]인 솔로몬의 지혜서에서 한 구절을 자기 교훈의 원천으로 인용한다. "지혜는 절제와 신중함, 정의와 용기를 가르친다. 삶의 어떤 것도 이것들보다 인간에게 이로운 것은 없다."⁶

그리스도에 대한 책

성경이 클레멘스의 사상에서 어떤 역할을 했는지는 한 페이지만 상세히 살펴봐도 알 수 있다. 클레멘스의 대표작인 『잡록』*Stromateis*은 기독교적 삶과 관련된 신학적·철학적 주제들에 대한 산만하고 난해한 담론집이다. 어느 부분에서 그는 플라톤의 『법률』 한 구절을 인용하며 시작한다. "고대 전통에 따르면, 하나님은 존재하는 모든 것의 시작이며 끝이며 중심이다.……하나님과 함께 정의가 발견되고……행복하고자 하는 모든 사람은 정의를 지향한다."

플라톤의 『법률』에서 이 격언은 플라톤 자신이 옛 전통에서 물려받은 것인데, 도시 생활에서 법의 역할, 법의 신적 권위, 하나님에 대한 인간의 의무, 그리고 인간 상호 간의 의무와 관계가 있었다. 하지만 플라톤이 죽고 수 세기가 지나서 그 구절은 이런 맥락에서 분리되어, 아마도 인용문을 담은 소책자들을 통해, 도덕 격언으로 회자되었다. 2세기의 철학자 알키누스는 그 구절을 택하여 인생의 목적에 대해 말했다. 그는 플라톤을 따라서 인생의 목적을 "하나님 닮기"로 정의했다. "우리에게 적절한 본성이 부여되면, 우리의 습관, 교육, 삶의 방식이 법과 일치하면, (그리고 가장 중요하게) 우리가 이성을 사용하고 철학 전통의 가르침을 공부하면, 우리도 하나님을 닮을 수 있다."7

클레멘스는 알키누스의 플라톤 해석에 익숙했지만, 플라톤의 구절을 도입하기 전에 그의 표현을 따르자면 "우리 작가 중 한 사람"으로부터 한 구절을 인용한다. 그것은 창세기 1장에 있는 인간의 창조에 대한 유명한 구절이다. "우리의 형상을 따라 우리의 모양^{likeness}대로 우리가 사람을 만들고"에는 알키누스와 플라톤이 사용했던 "모양·유사함"^{likeness}이라는 단어가 포함되어 있다. 자신의 토론을 시작하면서 클레멘스는 독자들에게 하나님과 인간의 유사성에 대한 논의는 현재 알려진 모습의 인간이 아니라 하나님에 의해 창조된, 곧 하나님의 "형상으로" 지음 받은 인간에서 시작되어야 한다고 알려줌으로써, 예기치 못한 주장을 시작한다. 그는 플라톤의 유사함이 형상이라는 성경적 개념의 관점에서 해석되어야 한다고 제안한다. 그가 읽은 창세기에서 "형상"은 하나님에 의해 창조될 때 인간이 받은 것을 가리키며, "모양·유사함"은 인간의 삶이 열망하는 목적을 가리킨다. 인간의 운명은 하나님 안에서 그것의 기원과 연결되어 있으며, 우리가 하나님의 형상으로 지음 받았기 때문에 하나님과 유사함(모양)이 가능하다.

유사함(모양)이라는 주제를 도입함으로써 클레멘스는 자신이 철저히 그리스인임을 보여주고, 최고의 철학자 플라톤에 대한 당대의 철학적 해석에 의존하고 있음도 보여준다. 하지만 창세기의 구절을 인용함으로써 클레멘스는 논의를 성경의 하나님께로 전환한다. 다음에 클레멘스는 "하나님과 유사함"의 의미를 설명하기 위해, 다른 성경 본문들을 몇 개 인용한다. 그는 이렇게 썼다. "하나님과 유사함(모양)은 대제사장인 성자에 의한 완벽한 입양을 의미하며, 성자는 우리가 형제 및 후사로 불릴 가치가 있다고 생각했다"[히 4:14, 2:11]. 이것에 그는 다음과 같이 덧붙인다. "그리고 그 **목적**을 간결하게 묘사하는 사도는 로마서에서 '그러나 이제는 너희가 죄로부터 해방되고 하나님께 종이 되어 거룩함에 이르는 열매를 맺었으니 그 **마지막**은 영생이라'[롬 6:22]고 쓴다."

여기서 목적, 텔로스^{telos}라는 단어는 플라톤의 『법률』에서 사용된 것과 같은 단어다. 알키누스처럼 클레멘스도 인간 삶의 목적, 성결, 혹은 하나님과 더불어 사는 삶, 바울이 "영생"이라고 부르는 것을 의미하기 위해 **목적**이란 단어를 택한다. 하지만 클레멘스는 이 목적을 향한 길의 첫 번째 계단이 선한 습관이나 온전한 실천의 훈련이 아니라, 죄로부터의 구원이라고 말한다. 하나님과 유사함(모양)은 인간의 노력이 아니라 하나님과 함께 시작하는 변형을 요구한다. 다시 성경을 인용하면서, 클레멘스는 인간이 추구하는 목적이 "하나님의 백성에게 남아 있도다"[히 4:9], 곧 그것은 믿음으로 받는 선물이라고 말한다. "그리스도 예수 안에서 할례나 무할례는 결코 중요하지 않다. 유일하게 중요한 것은 사랑으로 역사하는 믿음이다."

끝으로 클레멘스는 하나님과 유사함·모양을 제자도, 특히 "그리스도 따르기"라는 측면에서 해석함으로써, 논의 전체에 독특한 성경적 광택을 부여한다. 그는 사도 바울을 인용한다. "내가 그리스도를 본받는 자가 된 것같이 너희는 나를 본받는 자가 되라"고전 11:1. "하나님 같이" 되는 것은 그리스도의 형상으로 다시 만들어지는 것이다. 하나님이 인간에게 약속하신 목적, 곧 "신앙의 목적"은 하나님께 순종하는 것이다.

이러한 구절은 초기 기독교 사상에 헬레니즘 정신이 얼마나 깊이 스며들었는지에 대한 증거로 여겨져 왔다. 전체 구절을 유효하게 만드는 것은 헬레니즘 도덕 전통의 중심에 있는 하나님 닮기(모양)란 개념이다. 하지만 그것은 클레멘스의 종착점이 아니라 출발점이다. 그의 손에서 헬레니즘의 개념이 성경과 기독교 전통에서 빌려온 새롭고 이국적인(그리스인들에게는) 맥락 속에 위치하게 되었다. "하나님과 유사함"은 그리스도처럼 된다는 뜻이다.

클레멘스는 증거 구절 인용하기, 곧 언어적 유사성을 갖고 있는 구절들을 성경에서 인용하는 데 관심이 있던 것이 아니었다. 그는 창세기의 인용문과 플라톤의 『법률』 구절을 성경에서 가져온 어휘와 개념 틀로 둘러싼다. "하나님과 유사함"이라는 개념에 얼마나 많은 새로운 용어들이 동반되는지에 주목하라. 하나님의 형상으로 지음 받음, 죄(에스겔 18:4-9을 인용하면, "범죄하는 그 영혼은 죽으리라"), 은혜, 믿음, 소망, 사랑, 그리스도 본받기, 회복, 영생. 그리고 클레멘스가 그것을 여기서 언급하지는 않지만, 그도 요한1서 3:2("그가 나타나시면 우리가 그와 같을 줄을 아는 것은 그의 참모습 그대로 볼 것이기 때문이니")을 염두에 두고 있던 것 같다. 이 구절은 이런 맥락에서 자주 인용된다.

사상은 언어와 분리해서 존재하지 않는다. 플라톤의 "유사함"이 "하나님의 형상"이란 성경적 표현과 짝을 이루고 "그리스도 본받기"로 해석될 때, 그것은 플라톤 속에서 발견될 수 없는 하나의 의미를 획득한다. 하나님과 유사함은 구체적이고 가시적이며, 인간적이고 접근할 수 있게 된다. 그것은 더 이상 철학적 이상이 아니라, 이 땅에서 살았던 실제의 사람인 예수 그리스도의 삶 속에서 구체화되었다. 인간들이 추구하는 목적은 인간적 삶과 고난을 공유했던 어떤 사람에 의해서 이미 성취되었고, 그리스도를 바라봄으로써 하나님과 유사함이 인간에게 어떤 의미인지 알 수 있다.

클레멘스에게 성경은 그리스도에 대한 책이었다. 그것은 단지 고대의 존경할 만한 신탁 모음집이 아니라, 살아 있는 인간이자 하나님의 거룩한 아들인 예수 그리스도에 대한 책이다. 그는 이렇게 썼다. "당신이 정말 하나님을 보고 싶다면, 그리스도에게로 가라." 그 페이지에서 사람들은 그 인생을 과거의 말과 행동에서 알 수 있지만 여전히 지금도 살아 있는 한 인물을 알게 되었다. 사도 바울이 말했다. "이제는 내가 사는 것이 아니요 오직 내 안에 그리스도께서 사시는 것이라"[갈 2:20]. 그리스도가 모든 노력의 목적이다. 그분만이 인간의 열망을 채워줄 수 있다. 중세 초기의 시편 주석가 카시오도루스[Cassiodorus]가 주장하듯이, "우리가 그 '목적'에 도달하면 우리는 더 이상 아무것도 추구하지 않을 것이다. 우리는 이 목적, 곧 행복에서 만족할 것이며 가장 완벽한 달콤함을 누릴 것이다."[8]

한 편의 이야기

클레멘스가 글을 쓰던 무렵, 성경이 오늘날 우리가 알고 있는 형태를 갖추게 되었다. 그것은 두 부분으로 구성되어 있었다. 히브리어와 아람어로 쓰인 유대성경의 그리스어 번역본과 사도 문헌들이다. 유대 전통에 따르면, 그 성경은 기원전 2세기에 72인에 의해 알렉산드리아에서 번역되었다. 그래서 그것은 보통 『70인역』[Septuagint]이라고 불린다. 사실 그 번역은 오랫동안 다른 지역에서 작업을 진행했던 서로 다른 학자들에 의해 이루어졌다. 하지만 이 그리스어 성경은 단지 히브리어 성경의 번역일 뿐 아니라, 오늘날 외경으로 알려진 다른 책들도 포함했다. 예를 들어, 마카비서와 솔로몬의 지혜서 같은 책은 그리스어로 쓰였지만, 시락서(집회서) 같은 책은 히브리어에서 번역한 것이다. 최초의 그리스도인들(물론 이들은 유대인이었다)이 사용했던 것이 바로 이 그리스어 성경이었고, 보통 신약성경과 초기 기독교 문헌에서 인용된 것도 바로 이 번역본이었다. 2세기 말엽에, 그리스어 성경은 교회에서 구약으로 알려졌다. 여기에 사도 문헌들, 곧 사도 바울의 서신들, 복음서들, 사도행전, 베드로전서, 그리고 다른 책들이 추가되었고, 신약으로 불리게 되었다. 이 두 부류의 책들이 기독교 성경을 구성했고, 기독교 독자들에게 한 권의 책을 제공했다. 알렉산드리아의 키릴로스가 5세기에 썼듯이, "모든 성경은 한 책이며, 한 성령이 말씀하신 것이다."[9]

하지만 2세기 당시에 성경이 유대성경을 포함해야 하는지는 그렇게 분명하지 않았고, 교회사에서 최초의 거대한 갈등 중 하나가 성경의 통일성 문제로 분출했다. 일부 그리스도인들, 특히 마르키온과 영지주의자들은 구약성경이 물질세계를 창조했던 열등한 하나님, 질투심이 많고 복수심에 불타는 신, 이스라엘이라는 열정적 민족에 관한 책이라고 믿었다. 데미우르고스(그들은 하나님을 이렇게 불렀다)^{demiourgos}는 아들을 세상에 보낸 보편적인 사랑의 하나님과 아무런 공통점도 없었다. 이런 도전에 대한 반응으로 나온 교회사 최초의 장문의 신학논문에서, 남부 골 지방 리옹의 감독 이레나이우스가 성경에 대한 상세한 주해를 통해 "하늘과 땅을 지으시고, 인간을 만드시고, 아브라함을 부르시고, 이집트에서 백성을 인도하시고, 모세와 함께 이야기하시고, 율법을 주시고, 예언자를 보내신······주 예수 그리스도의 아버지" 하나님이 계시다고 주장했다.[10]

이레나이우스에게 성경은 하나님이 주인공인 한 편의 이야기였다. 물론 성경의 많은 부분은 이야기가 아니다. 하지만 지혜문학(예를 들어, 잠언과 전도서)을 제외하고는, 역사적이지 않은 책들(예를 들어, 시편)도 시공간에서 벌어진(혹은 벌어질) 일들에 관한 해석의 형태를 취한다. 이스라엘의 역사에 대한 지식이 없다면 예언서들은 단지 멋진 관념에 불과하며, 나사렛 예수의 삶, 죽음, 부활이 없다면 바울서신은 경건한 판타지일 뿐이다. 성경의 이야기 속에서 두 개의 역사, 곧 이스라엘의 역사와 그리스도의 생애가 만난다. 하지만 그것들은 또한 세상 안에서 그리고 세상을 위한 하나님 활동의 역사이기 때문에, 그것들은 창조에서 시작하여 새롭고 더욱 장엄한 도시(이곳에서 "주 하나님은 그들의 빛이 될 것이다")에 대한 비전으로 끝나는 더 커다란 이야기의 일부다. 성경은 태초와 함께 시작하여 끝이 아닌 끝으로 끝난다. 즉, 하나님과 함께하는 삶, 이레나이우스의 매력적인 표현을 빌린다면, 사람들이 "항상 새로운 방법으로 하나님과 대화하는 삶"이다.[11] 그 이야기의 범주를 벗어난 것은 없다.

고대 세계에서, 성경만큼 널리 퍼진 책도 없었다. 가장 야심찬 저서 중 하나가 오비디우스의 『변신 이야기』였다. 하지만 슬쩍 살펴보기만 해도, 이 책이 성경과 얼마나 다른지를 알 수 있다. 오비디우스의 위대한 시는 세상의 창조와 함께 시작하고, 그 이야기를 자신의 시대인 카이사르의 통치기까지 끌고 간다. 그의 신성화는 모든 인간이 열망하는 최종적 변형을 상징했다. 하지만 그 시를 구성하는 이야기들은 신화적이며(아폴로와 다프네, 페르세우스와 안드로메다, 미니아스의 딸들과 미노타우르, 다이달로스와 이카루스, 헤라클레스와 오르페우스와 마이다스의 이야기), 역사적 이야기가 아니라 사상과 주제에 의해 서로 연결되어 있다. 『변신 이야기』는 연속된 이야기가 아니라 에피소드들로 구성된 책이며, 오비디우스가 말하는 이야기는 보편적이다. 사건으로서 그것들은 아무런 지향점이 없다. 그것들은 인생의 과정에서 영혼의 변화를 서술한다. 그 시는 실제적인 끝도 없고 미래에 대한 기대도 없다. 그것은 "아득한 기원"에 대해 모호하게 암시하는 현재 속에서 끝난다. 그 시의 마지막 행은 자신의 시가 세월이 흘러도 살아남을 것이라는 오비디우스의 열정적이고 헛된 희망을 표현한다. "내 이름은 결코 죽지 않으리. 로마의 영향 아래 로마의 힘이 뻗치는 곳마다, 사람들의 입술에서 내 시가 흘러 나오리."[12]

성경은 결과가 있는 사건들의 책이다. 그 사건을 경험한 사람이나 그 사건의 영향을 받은 사람들뿐 아니라, 모든 남녀를 위한 책 말이다. 그 책의 의미는 기록하고 있는 역사를 불러낸다. 그것이 태초에 하나님의 천지창조, 아담의 죄, 시내 산에서의 율법 수여, 그리스도의 동정녀 탄생, 혹은 제3일에 그리스도의 부활이든 다른 것이든 말이다. 이레나이우스의 해석을 위한 핵심 본문은 사도 바울이 아담과 그리스도를 나란히 비교하는 로마서 5장이었다. 이레나이우스는 로마서의 구절을 다음과 같이 각색한다. "처녀지에서 만들어진 첫 인간의 불복종으로 많은 사람들이 죄인이 되고 생명을 잃었듯이, 한 처녀의 첫 아들의 순종으로 많은 사람들이 의롭게 되고 구원을 받아야 했다." 요한복음 서문에서 복음서 저자는 그리스도를 로고스, 곧 이성과 동일시함으로써 그의 도래에 보편적 언어를 부여했다. 이레나이우스는 바울이 보편성에 이르는 또 다른 길을 제시했다고 생각했다. 로마서에서, 그리스도는 특이하고 특별하기 때문에 보편적이었다. 그는 제2의 인간, 제2의 아담이었다. 그는 자신의 복종으로 첫 번째 아담의 일을 원래대로 회복시켰다. 그리스도는 전례 없는 일을 행했다. 기독교적 계시의 역사적 형태에 민감했던 이레나이우스는 그리스도 도래의 참신함을 강조한다. 그리스도는 "자신을 가져옴으로써 완전히 새로운 것을 가져왔으며" 바로 이 "새로운 것이 인류의 갱신과 재활을 가져왔다."[13]

성경을 이해하는 열쇠는 그리스도 안에서 일어난 일, 아우구스티누스의 말로 하면 "시간 속에서 거룩한 섭리의 세대", 곧 "하나님이 인류를 갱신하고 회복하기 위해, 인류의 구원을 위해 하신 일"이었다. 우리가 다음 장에서 만나게 될 푸아티에의 힐라리우스 Hilarius of Poitiers는 성경의 "영적 질서"가

"사건들 속에 보존된다"라고 말한다. 하지만 어떤 질서 말인가? 성경은 방대하고 산만하다. 단지 한 권의 책으로 읽는다면 매우 당혹스럽다. 창세기 첫 장부터 시작해서 그 책 전체를 읽어 보려는 독자들이 발견하게 되듯이 말이다. 하지만 성경의 중심 구조는 쉽게 파악할 수 있다. 그것은 중세 신학의 언어로 말하면, 하나님을 떠났다가^{exitus} 하나님께로 돌아오는^{reditus} 이야기다. 이레나이우스는 그것을 이런 식으로 표현한다.

> 그렇다면, 이것은 우리 신앙의 순서다.……성부 하나님은 창조되지 않았고, 이해할 수 없으며, 보이지 않는 한 분 하나님이며, 만물의 창조주시다. 이것이 첫 번째 조항이다. 두 번째는 하나님의 말씀, 성자 하나님, 우리 주 예수 그리스도이다. 그는 예언자들에게 계시되었다.……종말의 때에 모든 것을 정리하기 위해, 그는 사람들 중에 사람이 되었으며, 가시적이고 만질 수 있게 되었다. 죽음을 파괴하고 생명을 가져오기 위해, 그리고 하나님과의 교제를 회복하기 위해 말이다. 그리고 세 번째는 성령이다. 그분에 의해 예언자들이 예언했고, 족장들이 하나님에 대해 알게 되었으며, 의인들이 의의 길로 인도되었다. 그리고 종말의 때에 새로운 방법으로 땅 위의 인간들이 하나님께 새롭게 되도록 성령이 부어질 것이다.[14]

이레나이우스의 요약은 후에 사도신경이 되는 것과 닮았다. 그의 시대에는 그와 같은 신경이 없었다. 하지만 세례 문답자들은 간단한 신앙선언문, 혹은 "신앙규칙" 형식의 질문들에 답변했다. "당신은 전능하신 성부 하나님을 믿습니까?" "당신은 그의 독생자 우리 주 예수 그리스도를 믿습니까?" "당신은 성령을 믿습니까?" 신앙규칙은 삼위일체 구조를 갖고 있으며, 성경에 기록된 것들, 곧 천지창조, 예언자들의 영감, 육체 속에서 그리스도의 도래, 성령의 유출 속에서 하나님을 확인했다. 물론 성경에 기초한 신앙규칙은 역으로 성경해석의 열쇠로 성경에 영향을 주었다. 하지만 실제로 그것은 전통으로부터 물려받고 부활절 예배 동안 세례식 때 암송된 신앙고백으로, 성경과 별도로 존재했다. 교회가 실천했던 것으로부터 성경에서 읽은 것으로 이해의 아치가 확장되었다.

성경 이야기들을 하나로 묶은 중심 사건은 그리스도의 오심, 죽음, 부활이었지만, 이레나이우스는 창조를 배경으로 그리스도의 오심을 설명한다. 그는 **갱신**과 **회복**이라는 단어를 좋아한다. 그리고 에베소서에서 쓴 사도 바울의 언어를 사용하여 그리스도가 자신 안에서 만물을 "통합"했다고 말한다.^{엡 1:10} "그가 육신이 되고 인간이 되었을 때, 그는 우리가 아담 안에서 잃었던 것, 곧 하나님의 모양과 형상을 우리가 예수 그리스도 안에서 받기 위해 자신 안에서 인류의 긴 역사를 통합했고 모두를 위해 구원을 성취했다." 구속을 본래 상태로의 귀환이라고 제안하면서 아담 안에서 잃은 것이 그리스도 안에서 회복되었다고 말하지만, 이레나이우스는 그리스도에 의해 이루어진 완전이 결코 아담에게는 허용되지 않았다고 조심스럽게 설명한다. 아담은 온전한 완전에 이르기 위해 성숙한 인간으로 자랄 필요가 있었던 아이에 불과했다. 이레나이우스의 견해로, 타락은 성숙으로 성장하기 위해 필요한 단계였다. 그리고 인간의 모든 역사는 유아기에서 성숙으로 이어지는 오랜 과정이다. 그리스도는 타락에서 상실된 것을 단지 뒤집는 것이 아니다. 그는 부분적이고 불완전한 것을 완전하게 만드는 것이다.[15]

따라서 성경은 여전히 펼쳐지고 있는 미래를 지향한다. 이레나이우스에 따르면, 그리스도는 이전의 모든 세대를 자신에게로 모을 뿐 아니라 자신 안에서 "인류의 미래 세대"를 낳는다. 요점을 반복하면, 기독교 성경은 태초에서 시작하여 끝없는 끝으로 끝난다. 요한계시록의 마지막 장은 하늘의 도시를 묘사하고, 이레나이우스는 영지주의자들을 반박하는 자신의 책을 만물의 궁극적 회복에 대한 비전으로 마친다. 그는 성경 전체의 역사를 회상하고 사도 바울을 인용하면서, 창조가 "부패의 억압에서 자유롭게 될" 때가, 그리고 "인류를 창조하시고 조상들에게 이 땅을 유업으로 주겠다고 약속하셨으며, 의인들이 부활할 때 피조물을 억압에서 자유롭게 하시고 그의 아들의 나라에 대한 약속을 성취하시는 바로 그 하나님 아버지께서 영광과 위엄 속에 나타나실 때가 도래할 것이다. 그날에 만물은 완전에 이르고, 하나님은 '만유 안에' 거하실 것이다"^고전 15:28 라고 말한다.^16

성경은 "우리 신앙의 토대이자 기둥"이라고 이레나이우스는 말한다. 만일 성경이 기이한 신학 프로그램을 위해 분할되고, 성경 본문이 영지주의자들처럼 자의적으로 사용된다면, 성경은 폐쇄적인 책으로 남을 것이며 "그것들 안에서 진리를 찾는 것"도 불가능해질 것이다. 모든 것을 붙들고 있는 뼈대를 파악하지 못한다면 성경은 마치 설계도와 상관없이 무작위로 배열된 모자이크처럼, 혹은 『일리아드』와 『오디세이』에서 임의로 가져온 구절들을 함께 묶은 후 그것을 호메로스의 작품이라고 상상하면서 재구성한 시처럼 모호하다. 알렉산드리아의 클레멘스 안에서, 성경의 설계도는 불분명하다. 단어와 구절이 여기저기 흩어져 있다. 이레나이우스의 경우, 개요는 매우 담대하게 설정되어 있다. 성경해석에 대한 이레나이우스의 접근이 대단히 성공적이어서, 그것은 후대의 모든 해석에 영향을 끼쳤다. 우리가 아리우스에 대항하는 아타나시우스, 펠라기우스에 대항하는 아우구스티누스, 혹은 네스토리우스에 대항하는 알렉산드리아의 키릴로스를 읽든, 우리는 각 구절들을 전체에 의미를 부여하는 이야기의 관점에서 읽어야 한다고 생각한다.^17

설교와 신학서적에서, 경건서적과 기도서에서, 그리고 성경의 특정한 책들에 대한 주석에서 핵심 이야기, 곧 이레나이우스의 표현에 의하면 "우리 신앙의 순서"가 하나님, 그리스도, 세계, 인간, 교회, 도덕적·영적 생활에 스며들어 있다. 수세기 후에 중세 파리에서 살았던 수사 생 빅토르의 위그

Hugh of Saint Victor가 그것을 대단히 명료하고 간결하게 서술했다.

모든 성경의 주제는 인류를 회복시키는 작업이다. 두 가지 작업 속에 지금까지 이루어진 모든 것이 담겨 있다. 첫째는 기초 작업이고, 둘째는 회복 작업이다. 기초 작업에 의해, 존재하지 않았던 것들이 존재하게 되었다. 회복 작업에 의해, 손상되었던 것들이 향상되었다. 그러므로 기초 작업은 모든 요소를 포함한 세상의 창조다. 회복 작업은 모든 성례전을 포함한 말씀의 성육신이다. 태초부터 존재해 왔고, 세상의 종말에야 발생할 것들까지 말이다.[18]

알레고리의 불가피성

로마 제국은 일종의 수사학 문화였다. 단어를, 특히 구어(口語)를 사랑했던 사회였다. 심지어 친구에게 보내는 편지도 수사학적 능력을 과시하는 기회였다. 수신자는 친구들이 그 편지의 울림, 어휘, 은유의 선택을 맛보고 판단하도록 큰 소리로 그것을 읽을 것이다. 도시들은 수사학 경연대회를 개최했고, 능숙한 연사들이 청중의 환호를 얻기 위해 서로 경쟁했다. 대부분의 교부들은 수사학을 배웠고, 대중연설에 능했으며, 언어를 무척 사랑했다. 비록 그들이 성경의 문체가 평이하고 소박하다고 생각했지만, 성경의 단어들은 빛으로 빛나고 눈부시게 반짝이며 너무나 명백하고 강력하게 폭발하기 때문에, 그 단어들이 자신의 심장을 "두드렸다"고 아우구스티누스가 말했다.[19]

초기 기독교 저서들과 설교들에서 사상의 담지자는 성경의 단어들이었다. 어떤 저자는 특정한 본문으로 시작할 것이다. 그리고 그 본문의 한 단어가 때로는 예측할 수 있고, 때로는 놀라운 다른 구절들을 제안할 것이다. 그 단어들이 역으로 저자의 사상을 형성한다. 그런 기술은 사도 바울에게서 배운 것이다. 예를 들어 로마서 10장에서, 바울은 이사야 53:1을 인용한다.

"주여, 우리가 전한 것을 누가 믿었나이까?" "전하다"라는 단어는 무언가가 말해졌음을 가리킨다. 그리고 바울은 들은 것이 "그리스도의 말씀"에서 나온다고 말한다. 이것은 역으로 바울에게 시편 19편에 나오는 "말씀"이라는 단어를 떠올려 준다. "그의 소리가 온 땅에 통하고 그의 **말씀**이 세상 끝까지 이르도다." 비록 "언어도 없고 말씀도 없지만" 시편은 하나님의 영광을 들려주는 하늘을 축하한다. 바울은 시편을 취해서, 복음의 말씀을 전하기 위해 세상으로 나가는 사도들을 언급한다. 그의 해석은 시편의 평이한 의미와 다르다. 대신 그것은 기독교의 기도 형태를 취했다. 오늘날까지, 시편 19편은 교회에서 사도를 기념하는 매일 기도문이 되었다.

근대에는 성서학자들 안에 일종의 합의가 존재해 왔다. 즉, 단어들은 오직 한 가지 의미를 지니며, 성경해석의 작업은 성경 단어들의 본래적 의미를 발견하는 것이라고 말이다. 하지만 교부들은 성경의 단어들이 여러 의미를 지니며, 평범한 의미가 전부가 아니라고 확신했다. 『창세기 주석』*Literal Commentary on Genesis*의 첫 문단에서 아우구스티누스는 말했다. "어떤 그리스도인도 [성경의 단어들이] 비유적으로 해석되지 말아야 한다고 감히 말하지 않을 것이다." 그러한 주장의 근거로 아우구스티누스는 사도 바울을 인용한다. 바울은 고린도전서에서 옛날에 이스라엘에게 벌어진 일이 본보기라고 언급했으며[고전 10:11], 에베소서에서 "그 둘이 한 육체가 될지니"란 구절은 "그리스도와 교회"에 대해 말하는 비밀이라고 기록했다[엡 5:31-32]. 심지어 항상 낯익은 것에 확고히 뿌리를 두면서 자신의 주석을 썼던 요하네스 크리소스토무스는 아브라함이 분명한 것보다 덜 분명한 것을 더 좋아했기 때문에 그를 칭찬했다.[20] 비유적 발언은 종교 사상의 자연스러운 옷이다.

구약성경을 해석하는 이런 방식은 알레고리라고 불렸으며, 교회사에서 일찍부터 채택되었다. 나는 이미 로마서 10장에 나타난 시편 19편에 대한 바울의 해석을 한 가지 예로 인용했다. 하지만 가장 놀라운 예는 갈라디아서 4장에서 발견된다. 여기서 사도 바울은 아브라함의 아내인 사라와 하갈에 대한 자신의 해석을 알레고리라고 부른다. 시간이 지나면서 알레고리는 구약성경을 기독교적으로 해석하는 한 가지 방식으로서 가장 보편적으로 채택되었다. 비록 그리스도인들이 유대인 성경인 『70인역』을 자신들의 경전으로 채택했지만, 그 책의 대부분(예를 들면 레위기의 율법들, 여호수아서, 심지어 예언서 구절들)은 그리스도인 독자들에게 이해할 수 없는 것처럼 보였다. 아우구스티누스가 세례를 준비하고 있을 때, 그는 암브로시우스에게 "큰 은혜를 받기 위해" 그가 무엇을 읽어야 하는지 물었다. 암브로시우스는 그에게 이사야서를 읽으라고 말했지만, 아우구스티누스가 그 책을 집어 들었을 때 그 의미를 좀처럼 이해할 수 없었다. "나는 그 책의 첫 페이지를 이해할 수 없었다. 그래서 책 전체가 똑같이 이해하기 힘들 것이라고 생각했다." 결국 그는 "내가 주님의 언어 스타일을 좀 더 배울 때까지" 그 책을 읽지 않았다고 한다.[21]

오리게네스는 그리스도인들이 어떻게 구약성경을 해석해야 하는가 하는 문제를 직접 다루었던 최초의 기독교 학자였다. 출애굽기에 대한 한 설교에서 그는 사도 바울이 그리스도인들에게 이방인들로 구성된 교회가 율법서를 어떻게 해석해야 하는지를 알려주었다고 생각했다. 그가 예로 선택한 본문은 고린도전서 10장이었다. 여기서 바울은 이렇게 기록한다. "형제들아, 나는 너희가 알지 못하기를 원하지 아니하노니 우리 조상들이 다 구름 아래에 있고 바다 가운데로 지나며 모세에게 속하여 다 구름과 바다에서 세례를 받고 다 같은 신령한 음식을 먹으며 다 같은 신령한 음료를 마셨으니 이는 그들을 따르는 신령한 반석으로부터 마셨으매 그 반석은 곧 그리스도시라"고전 10:1-4. 오리게네스에 따르면, 출애굽과 광야에서 이스라엘 백성의 방황에 대한 바울의 해석은 그 본문의 "평범한 의미"와 다르다. 유대인들이 "바다 가운데로 지나며"라고 이해했던 것을 "바울은 세례라고 부르며",

그들이 "구름이라고 생각한 것을 바울은 성령이라고 말한다." 바울은 단지 몇 구절을 다루었지만, 구약성경은 대단히 거대한 책이었다. 그래서 오리게네스는 바울에 의해 제공된 몇 가지 예들을 그리스도인들이 구약을 해석할 때 참고할 모델로 취해야 한다고 제안한다. 그는 해석자들이 바울에게 배운 것을 다른 본문들에도 적용하라고 충고한다. 아우구스티누스도 고린도전서 10장을 인용하면서 같은 주장을 한다. "한 구절을 설명함으로써, [바울은] 우리에게 다른 것들을 이해하는 법도 보여준다."[22]

알레고리(혹은 성경에 대한 영적 해석)라는 주제는 너무나 방대하여, 여기에서 피상적으로도 논의할 수 없다. 하지만 초대교회에서 알레고리가 성행했다는 사실은 기독교 사상에서 『70인역』이 얼마나 중요한 역할을 했는지를 이해하는 데 도움이 된다. 알레고리의 도움을 받아 그리스도인들은 성경을 그리스도에 대한 하나의 책으로 읽는 법을 배웠다. 구약성경에 대한 교부들의 주석을 언급하면서 앙리 드 뤼박$^{Henri\ de\ Lubac}$은 이렇게 썼다. "예수 그리스도는 성경의 통일성을 가져온다. 그가 성경의 종착점이며 충만함이기 때문이다. 그 안의 모든 것은 그분과 관계가 있다. 결국, 그분이 성경의 유일한 목적이다. 결과적으로 말하자면, 그분이 성경의 모든 주석이다." 다른 식으로 말하면, 그리스도가 성경해석의 주제다. 성경의 말들은 예수 그리스도라는 인격 안에서 육신 속에 현존하시는 하나님의 신비를 이해하기 위해 교회에 주어진 표지^{signs}다. 사람들이 성경의 주제를 알 때에만 그 말씀을 이해할 수 있다. 아우구스티누스의 말처럼 "내게 표지만 주어지고 그것이 지시하는 대상 자체를 알지 못한다면, 그것은 나에게 아무것도 가르칠 수 없다."[23]

몇 가지 예로 충분할 것이다. "가까이 하다"라는 뜻의 라틴어 *ad-haerere*가 아우구스티누스의 저서에 반복해서 나온다. 그것은 시편 73:28("하나님께 가까이 함이 내게 복이라")에서 가져온 것이다. "이 한 단어는 그 사도가 사랑에 대해 말하는 모든 것을 표현하지 않는가?"라고 아우구스티누스는 적고 있다. 아우구스티누스가 보기에, 성경의 다른 어떤 단어도 신앙의 총체적 신비를 이것처럼 완벽하게 표현하지 못한다. 하지만 adhaerere에 대한 아우구스티누스의 해석은 시편 73편에서 직접 가져올 수 없었다. 아우구스티누스는 그 구절을 레위기의 약속이라는 관점에서 설명한다. "나는 너희 중에 행하여 너희의 하나님이 되고 너희는 내 백성이 될 것이니라"레26:12. 이미 신약성경에서 사도 바울이 레위기의 말씀과 하나님과의 교제를 연결시켰다고후6:14-7:1. 바울의 예를 따라, 아우구스티누스도 이렇게 쓴다. "이 본문[레위기에서 '내가 너희의 하나님이 되고']은 시편 기자가 자신의 기도에서 말하는 '하나님께 가까이 함이 내게 복이라'에 대한 보상이다.……이것보다 더 좋은 복은 없고, 더 큰 행복도 없다. 모든 삶의 원천이며, 그의 빛 속에서 우리가 빛을 볼 수 있는, 하나님을 위한 삶, 하나님으로부터 유래한 삶이다. 그 삶에 대해 주께서 이렇게 말씀하신다. '영생은 곧 유일하신 참 하나님과 그가 보내신 자 예수 그리스도를 아는 것이니이다'요17:3.……이것은 자신의 연인을 향한 그분 자신의 약속이다. '나의 계명을 지키는 자라야 나를 사랑하는 자니 나를 사랑하는 자는 내 아버지께 사랑을 받을 것이요 나도 그를 사랑하여 그에게 나를 나타내리라'"요14:21.24

아우구스티누스에게 시편 73:28은 레위기에서 하나님이 이스라엘 백성에게 하신 말씀을 떠올리게 하며 요한복음에 있는 예수의 말씀도 생각나게 한다. 그 시편 구절은 삼위일체에 대한 설명을 담고 있다. 오직 성령의 부으심을 통해 인간이 하나님을 사랑하고 붙들 수 있기 때문에 꼭 그것이 필요하다. 이런 해석을 지지하기 위해 아우구스티누스는 로마서 5:5을 인용한다. "우리에게 주신 성령으로 말미암아 하나님의 사랑이 우리 마음에 부은 바 됨이니." 아우구스티누스는 여기서 사랑을 취하여 하나님에 대한 우리의 사랑을 언급한다. 오직 성령에 의해 주어진 사랑을 통해서만 우리가 하나님과 교제를 나눌 수 있기 때문이다. 사람이 어떻게 살아야 하는가에 대한 교훈을 받을 뿐 아니라, "우리는 성령도 받는다. 성령에 의해, 우리 영혼 속에 하나님 안에서의 기쁨과 하나님의 사랑이 솟아난다. 그것이 최고의 변함없는 선이다.……그리고 우리 안에 불이 붙어서 하나님을 붙잡고 싶은 욕망이 생기며, 참된 빛 가운데 나아가고 싶은 생각이 난다. 그 결과, 우리 존재의 원천으로부터 유일하게 참된 행복을 얻는다."[25]

아우구스티누스와 다른 초기 그리스도인 해석자들에게 시편 73편의 의미는 히브리 성경에서 단어 *adhaerere*를 분석하거나, 그 시편이 기록된 역사적 맥락을 구성함으로써 발견될 수 없다. 만일 시편 73편이 우리의 교훈을 위해 쓰였다면, 그것은 그리스도 안의 계시와 성령의 보내심을 통해 알려진 하나님의 관점에서 해석되어야 한다. 주석을 통해, 그리스도인 해석자들은 성경 말씀과 이미지 속에서 하나님이 주신 징표들, 곧 그들이 교회 예배에서 기념했고 설교에서 들었으며 교리문답에서 배웠고 신조들로 고백했던 것을 발견했다.

해석은 맥락과 관계가 있다. 근대 이후 우리는 맥락을 문학적·역사적으로 이해하는 데 너무 익숙하기 때문에, 성경 말씀이 우리에게 다양한 방식으로 다가온다는 사실을 자주 잊는다. 성경의 한 구절이 예배에서 찬양으로 불리거나 낭독될 때, 그것이 우리에게 얼마나 다르게 들리는지 생각해 보라. 성 마가 예전(마가가 수립한 교회의 가장 오래된 예배 형식)에서 첫 일과를 낭독하기 직전, 시편 43:3("주의 빛과 주의 진리를 보내시어")이 낭독된다. 시편에서 그 구절은 구원을 위한 기도의 일부다. 하지만 예배에서는 그것이 성경 봉독을 시작하는 기능을 한다. 그 예배는 "우리를 새롭게 한다"고 폴 리쾨르(Paul Ricoeur)가 말한다. 그것은 본문의 문학적 혹은 역사적 배경과 다른 의미 틀을 형성한다. 그 본문이 새로운 배경에서 다시 사용될 때, 본문의 단어들과 예배의 행동 사이에 일종의 교환이 이루어진다. 리쾨르가 말하듯이

"의례는 그 시[그는 아가서에 대해 말하고 있다]에게 '성례전적 신비'의 공간을 개방한다. 그 시는 의례에게 적절한 단어의 정확성을 제공한다." 교회에서 알려지고 실천된 신학적 진리와 영적 실재는 성경 말씀에 본래의 뜻과 다른 의미를 부여한다. 하지만 시간이 지나면서, 그것은 본문이 의미하는 바가 된다. 시편 19편의 본래 의미가 무엇이든(물론 그것은 한 가지 해석으로 남아 있다), 그것은 이제 이론의 여지없이 사도들에 대한 찬송이다. 시편 22편("내 하나님이여, 내 하나님이여, 어찌 나를 버리셨나이까")이 그리스도의 고난에 대한 찬송이듯이 말이다.[26]

또 다른 종류의 예를 아가서 4:12-15에 대한 니사의 그레고리우스의 주석에서 발견할 수 있다.[27] 아가서 본문은 다음과 같다. "내 누이, 내 신부는 잠근 동산이요 덮은 우물이요 봉한 샘이로구나. 네게서 나는 것은 석류나무와 각종 아름다운 과수와 고벨화와 나도풀과 나도와 번홍화와 창포와 계수와 각종 유향목과 몰약과 침향과 모든 귀한 향품이요 너는 동산의 샘이요 생수의 우물이요 레바논에서부터 흐르는 시내로구나."

이 본문에서 그레고리우스의 시선을 사로잡은 구절은 "생수"였다. 성경의 독자들에게 낯익은 이런 이미지는 다른 해석을 가능하게 한다. 그리고 그것은 본래 아가서 내에서, 다른 수많은 이미지들로 가득 차 있다. 아가서 4장의 문학적 맥락에서 그것은 비교적 문제가 없어 보인다. 하지만 아가서에 대한 그의 설교에서, 니사의 그레고리우스는 "생수"를 사용하여 "생명을 부여하는" 신적 생명의 이미지를 표현하고 요한복음에서 그리스도가 주시는 생명에 대한 그리스도의 말씀의 관점에서 그것을 해석한다. 그레고리우스는 이렇게 말한다. "우리는 생명의 원천으로서 신적 핵심에 대한 이와 같은 성경적 표현에 익숙하다. 그래서 선지자는 하나님의 인격 속에서 이렇게 말한다. '그들이 생수의 근원되는 나를 버렸다'[렘2:13]. 그리고 이제 다시, 주께서 사마리아 여인에게 말씀하신다. '네가 만일 하나님의 선물과 또 네게 물

좀 달라 하는 이가 누구인 줄 알았더라면 네가 그에게 구하였을 것이요 그가 생수를 네게 주었으리라'요 4:10. 그리고 다시 그가 말씀하신다. '누구든지 목마르거든 내게로 와서 마시라. 나를 믿는 자는 성경에 이름과 같이 그 배에서 생수의 강이 흘러나오리라'요 7:37-38. 지금 그는 믿는 자들이 받게 될 성령에 대해 말씀한 것이다." 그리스도의 도래 이후, "생수"는 그리스도와 요한복음에 있는 그분의 말씀을 언급하지 않고는 해석될 수 없었다. 그리스도인들이 읽은 구약성경은 고대 근동에서 우리에게 전수된 히브리어 및 아람어 저서들과는 다른 책이었다. 신약성경을 갖게 된 후 그리스도인들은 단어들이 다른 의미를 갖게 된다는 사실도 알게 되었다. 어떤 이미지들은 생기를 띠고, 사람과 사건들이 중요해졌으며, 모든 것이 그리스도의 얼굴이 새겨진 직물 속에 하나로 엮이는 것을 보았다. 한 설교에서 아우구스티누스는 성경을 "현재를 위한 하나님의 얼굴"이라고 부른다.[28]

기독교 성경(그리스어 구약성경과 사도적 문서들)은 의미의 독특한 우주를 창조했다. 성경의 단어들이 기독교 사상가들의 마음과 정신 속에 자리를 잡으면서, 그것은 미묘하게 그들의 사고방식을 형성했던 하나의 어휘를 그들에게 제공했다. 성경이 말했던 것은 그것의 독특한 언어 및 특이한 역사와 별도로 표현될 수 없었다. 니사의 그레고리우스는 생수 외의 다른 이미지들도 하나님의 본성을 표현하는 데 사용되었다는 사실을 잘 알고 있었다. 예를 들어, 플로티노스는 거룩함을 위해 "무진장한 무한"과 "생명으로 끓어넘침" 같은 표현을 사용했다.[29] 사람들은 성경의 언어를 사용하지 않은 채, 하나님을 생명의 원천으로 말할 수 있다. 요점은 "생수"가 "무진장한 무한"이나 "생명으로 끓어넘침"보다 더 좋은 표현이라는 뜻이 아니다. 중요한 것은 "생수"가 성경에서 발견되고, 성경에서 항상 발견될 것이란 사실이다. 다른 곳에서 가져온 비유, 이미지, 상징은 아무리 적절해도, 성경에서 가져온 것과 같은 방식으로 기독교적 상상력을 자극하지 못한다. 잠시 동안 청중을 즐겁게 하는 수사학적 장식들처럼, 그것들도 찻잔 속의 숨결처럼 중요한 것이 아니다.

성경의 단어와 이미지가 오랫동안 지속되기 때문에, 그것들은 기독교 사상이란 건물의 건축을 위한 뼈대를 제공했다. 하지만 성경은 다른 어떤 것을 세우기 위한 기반 그 이상이었으며, 성경적 해석은 진정한 사색활동에 이르기 위해 단순히 통과해야 하는 단계가 아니었다. 사색은 주석을 통해 이루어졌고, 성경의 언어는 기독교 사상의 언어가 되었다. 기독교 사상가들은 암브로시우스의 말처럼 반복해서 "이해의 강물, 명상의 강물과 영적 강물"이 흘러나오는 풍성한 샘으로 돌아간다.³⁰

기록된 것 안에서 자신을 바라보기

초기 기독교 사상가들에게 성경은 어떻게 살아야 하는가에 관한 책이었다. 하나님의 말씀은 단지 바라보아야 할 것이 아니라, 몸으로 실천해야 할 어떤 것이었다. 중세의 신비가 성 베르나르두스 Saint Bernardus는 그것을 잘 표현했다. 즉, 해석자는 기록된 것 안에서 자신을 보아야 한다. 초대교회에서, 그레고리우스 1세는 이러한 영적 진리를 다른 누구보다 멋지게 서술했다. 그레고리우스가 쓴 성 베네딕트의 생애에서, 그는 심문관 베드로에게 베네딕트가 "자기 자신과 함께 살았다"고 말한 것이 무슨 뜻이냐는 질문을 받았다. 그레고리우스는 먼 타국으로 떠나서 유산을 탕진했던 탕자 이야기를 해석하기 위해 그 구절을 택한 것이다. 그 나라에 큰 흉년이 들었을 때, 그는 너무나 배가 고파서 돼지들이 먹는 구정물을 먹었다. 바로 그 때에, 그는 자신이 아버지께 얼마나 큰 죄를 지었는지를 깨닫는다. 그리고 그는 "스스로 돌이켰다"눅15:17고 복음서 저자는 말한다.³¹

자신을 용납하는 사람이 어떻게 "스스로 돌이킬 수 있을까?"라고 그레고리우스는 묻는다. 그 구절은 "자신의 영혼을 꾸준히 성찰하고", 항상 하나님의 현존 안에서 자신의 존재를 검토하며, 자신의 삶과 행동에 주의한다는 뜻이라고 그레고리우스가 말한다. 욥은 "내가 땅의 기초를 놓을 때에 네가 어디 있었느냐"욥 38:4라는 하나님의 말씀을 들었을 때, 스스로 돌이켰다. 같은 방식으로 그레고리우스는 이렇게 설명한다. "거룩한 욥이 들었던 말씀에 의해 우리가 우리 자신의 마음을 살피게 된다면 그것은 좋은 일이다. 우리가 하나님의 말씀 안에서 우리 자신을 살필 때, 하나님의 말씀을 보다 온전히 이해할 수 있기 때문이다."[32]

독자와 본문 간의 신비로운 관계에 대한 그레고리우스의 가장 멋진 문장은 에스겔서 첫 장에 나오는 "생물과 바퀴들"이라는 유명한 비유에 대한 그의 설교에서 나온다. 그 본문은 다음과 같다. "내가 그 생물들을 보니 그 생물들 곁에 있는 땅 위에는 바퀴가 있는데……그 생물들이 갈 때에 바퀴들도 그 곁에서 가고 그 생물들이 땅에서 들릴 때에 바퀴들도 들려서"겔 1:15-19. 그레고리우스는 바퀴들을 사용해서 성경을 설명하고, 생물들을 통해 성경 독자들을 표현했다. 에스겔이 "그 생물들이 갈 때에 바퀴들도 그 곁에서 가고 그 생물들이 땅에서 들릴 때에 바퀴들도 들려서"라고 말할 때, 그것은 성경이 독자와 함께 자란다는 의미라고 그는 주장한다. 성경을 더욱 깊이 이해할수록, 사람들은 더욱 깊이 성경 속으로 들어간다. 생물이 들리지 않았다면, 바퀴도 들리지 않았을 것이다. 생물이 덕스러운 삶으로 인도하는 길을 찾는다면, 그리고 마음의 계단을 통해 선을 행하는 법을 배운다면, 그 바퀴들은 그와 보조를 맞출 것이다. 당신 자신이 성경과 교제하면서 성경을 더욱 온전히 이해하게 될 것이다.[33]

4.

삼위일체

항상 그의 얼굴을 구하라

"항상 그의 얼굴을 구하라"(시 105:4)는 말씀의 대상인 그분을 향해,
우리 함께 사랑의 길로 나아갑시다.

아우구스티누스

1941년 8월, 이집트 카이로의 남부 사막에서, 일군의 영국군들이 무기고로 쓸 공간을 마련하기 위해 쓰레기를 치우다 마른 모래 아래 묻혀 있던 한 무더기의 고대 파피루스 두루마리를 발견했다. 한 고고학자가 그 두루마리들을 검토한 결과, 그것들에는 알렉산드리아의 오리게네스와 역시 알렉산드리아 출신의 4세기 작가 맹인 디디무스^{Didymus the Blind}를 포함한 몇몇 초기 기독교 사상가들의 작품이 포함되었다는 사실이 밝혀졌다. 수년 후 이집트 나그함마디에서 발견된 영지주의 문헌들이나 사해사본보다 덜 알려졌지만, 이 문헌들에는 전에는 알려지지 않았던 오리게네스의 한 저작이 포함되어 있었다. 더욱이 그것은 매우 특이한 작품이다. 신학논문이나 성경주석이 아니라, 오리게네스와 헤라클리데스라는 이름의 한 아라비아 출신 주교가 삼위일체 교리와 다른 주제들에 대해 나눈 대화의 기록이다.

『헤라클리데스와의 대화』*Dialogue with Heraclides*는 오리게네스가 죽기 몇 년 전인 245년에 있었던 한 모임의 기록이다. 본문을 통해 추측해 볼 때, 오리게네스와 헤라클리데스 간의 토론에는 헤라클리데스의 교회 신자들뿐 아니라 이웃의 주교들도 참석했다. 분명히 일부 주교들이 헤라클리데스의 정통성에 대해 의심을 품고 있었으며, 그 문제를 분명히 하려고 그 시대의 가장 위대한 신학자인 오리게네스를 초청했다. 그것은 법적 처리 과정이 아니라, 상호존중과 애정 속에 진행된 진지한 신학적 대화였다. 대화 도중에 오리게네스가 말한다. "교회 간에 가르침이 다른 것은 옳지 않다. 당신이 잘못된 교회는 아니다."[1]

오리게네스의 첫 질문은 헤라클리데스가 그리스도와 성부 하나님 간의 관계에 대해 어떻게 이해하고 있는지를 검토했다. 그는 이렇게 질문한다. "당신은 예수 그리스도가 육체를 입기 전에 하나님이었다는 사실을 믿는가?" 헤라클리데스가 대답한다. "그렇다." 오리게네스가 묻는다. "하나님이신 그분은 그런 모양으로 존재했던 하나님과 구별되었는가?" 헤라클리데스가 "그렇다"라고 대답한다. 그러자 오리게네스는 더욱 자극적이고 당혹스러운 질문을 던진다. "그렇다면 우리는 어떤 의미에서 두 하나님이 계시고, 다른 의미에서는 한 하나님이 계신다고 말하길 꺼려하지 않는가?" 이 시점에서 헤라클리데스는 약간 머뭇거리고, 오리게네스가 말한다. "당신은 내 질문에 대답하지 않은 것 같다." 그래서 그는 다른 말로 질문한다. "아들이 아버지와 구별되는가?" 헤라클리데스가 답변한다. "틀림없이! 그가 아버지라면, 어떻게 또한 아들일 수 있겠는가?" 그런 후 오리게네스가 또 질문한다. "우리는 두 하나님을 고백하는가?" 이 질문에 헤라클리데스가 응답한다. "그렇다. 권능은 하나다."[2]

오리게네스 질문의 논리는 다소 당혹스러운 인정으로 이어진다(물론, 그 인정은 그가 유도한 것이다). 그래서 그는 이 문제에 대한 자신의 견해를 제시하기 위해 주교와의 대화를 잠시 중단한다. "어떤 이들은 하나님이 두 분 계시다는 말에 화를 낸다." 그런 이유로 "우리는 어떤 이유로 하나님이 두 분이신지, 그리고 어떤 의미에서 두 분이 한 하나님이신지 보여주기 위해 그 교리를 조심스럽게 표현해야 한다."[3]

오리게네스처럼 "두 분 하나님"이라는 언어를 사용할 만큼 용감했던 기독교 사상가 거의 없었다. 하지만 그는 자신이 무슨 말을 하는지 잘 알고 있었으며, 그분의 성품에 맞게 "두 분 하나님"이란 표현이 적절히 이해될 수 있다고 강하게 확신한다. 아라비아 반도 어딘가에서 있었던 유식한 신학자와 무명의 주교 사이의 이렇게 간략한 대화는 기독교 교사들이 성경에서 읽고 기도 속에서 표현했던 것을 해석하고자 했을 때, 그들이 직면했던 언어적·개념적 어려움에 대한 소중한 단면을 제공한다. 믿는 것에 대해 생각도 없이 믿는 일은 있을 수 없었다.

유대교처럼, 기독교는 한 분 하나님에 대한 믿음을 고백했다. 그리고 교회 속으로 받아들여진다는 것은 많은 신들에 대한 예배의 포기를 의미했다. "우리에게는 한 하나님 곧 아버지가 계시니 만물이 그에게서 났고"^{고전 8:6}라고 사도 바울이 썼다. 초기의 기독교 문서인 『헤르마스의 목자』^{Shepherd of Hermas}에 따르면, 첫 계명은 "하나님이 한 분임을 믿어라. 그는 만물을 창조하고 완전하게 하셨으며, 존재하는 모든 것을 존재하지 않는 것으로부터 만드셨다"이다. 동시에 2세기 초반에, 한 외부 관찰자인 비시니아(흑해와 맞닿아 있는, 오늘날 터키의 북서부 지방)의 로마 총독 플리니우스가 그리스도인들은 "신에게 하듯 그리스도에게 찬송을 부르기 위해" 한 지정된 날에 해가 뜨기 전에 모이는 습관이 있다고 보고했다. 그리스도인들은 "아버지와 아들과 성령의 이름으로" 세례를 받았다. 초기의 신앙규칙 혹은 신조는 삼중적이었고, 삼위일체 공식은 신약성경 도처에 흩어져 있다. 영국 신학자 레너드 호지슨^{Leonard Hodgson}은 몇 세대 전에 이렇게 말했다. "기독교는 일신론적 신학을 가진 삼위일체적 종교로 시작했다. 교부들의 시대에 문제가 되었던 질문은 종교가 신학을 변형시켜야 하는가, 아니면 신학이 종교를 억압해야 하는가였다."[4]

성경, 예배, 그리고 초기 신조의 삼위일체적 종교가 하나님은 한 분이시라는 성경적 관점에서 어떻게 표현되어야 하는가 하는 질문이 2세기 동안 교회의 가장 탁월한 신학자들을 지배했던 뜨겁고 오래 지속된 논쟁을 촉발시켰다. 이 논쟁은 주교들과 그들의 사제들이, 주교와 주교들이 서로 싸우게 만들었다. 그래서 이 논쟁은 도시와 마을의 사회적 연대를 해체하고, 심지어 가족마저 분열시켰다. 요하네스 크리소스토무스는 자신의 교인들에게 그리스도의 온전한 신성을 고백하지 않은 사람들과 "비록 그들이 당신의 부모일지라도" 거리를 두라고 권면했다.⁵ 기독교 황제들이 이런 논쟁에 관여하면서, 교회와 제국의 권력 관계에서 심대한 변화가 발생했다. 교회사에서, 지역과 지방의 공의회와 구별되는 최초의 공의회가 325년에 니케아(오늘날 터키의 이즈니크)에서 콘스탄티누스 황제에 의해 소집되었다. 이 도시는 소아시아 북서부의 비시니아 지방에 위치했다. 얼마 전에 그리스도인이 된 콘스탄티누스는 교회를 제국의 분열적이지 않은 통일 세력으로 상상했고, 주교들을 함께 소집하여 그 논쟁을 신속히 종식시키려 했다. 그의 소망은 최소한 얼마 동안 실망스러울 수밖에 없었다.

  니케아에서 주교들이 하나의 신조를 채택했고, 알렉산드리아의 사제 아리우스^Arius의 가르침을 정죄했다. 하지만 교회사의 다른 공의회들처럼, 가장 최근에는 1960년대의 제2차 바티칸 공의회처럼, 니케아 공의회가 논쟁을 멈추지는 못했지만 이 논쟁에서 새롭고 더욱 열정적인 단계를 위한 용어들이 만들어졌다. 여러 지역 공의회들의 소집, 다른 황제들(그들이 항상 같은 편이었던 것은 아니었지만)의 강력한 정치적 행동, 아타나시우스와 힐라리우스 같은 지도적 주교들의 망명, 그리고 신학논문들과 서신들 속에 진행된 열띤 신학적 주장들 이후, 또 다른 황제 테오도시우스는 381년에 콘스탄티노플에서 두 번째 공의회를 소집했다. 주교들이 콘스탄티노플을 떠난 후에도 토론은 계속되었지만(삼위일체에 대한 아우구스티누스의 논문은 30여 년 후에 쓰였다) 이 공의회는 대부분의 교회에 평화를 가져왔고, 이전의 사도신경만큼 권위 있고 오랫동안 지속될 신조를 채택했다. 니케아 신조에 기초하였지만 아리우스의 가르침에 대한 니케아의 정죄는 생략한 채, 콘스탄티노플 공의회의 신조가 성령에 대해 확대된 항목을 포함시켰다. 예를 들면 "주와 생명의 부여자이신······성부와 성자와 함께 예배와 영광을 받으시는 분"같이 말이다. 이 신조의 적절한 이름은 니케아-콘스탄티노플 신조이지만, 이해할 만하게 니케아 신조로 알려져 있으며, 이러한 형태로 그것은 지금까지 주일의 성찬식에서 대부분의 그리스도인들에 의해 고백되고 있다.

4세기에 교회의 지도적 주교들의 사고를 지배했던 삼위일체 교리와 다른 이슈들이 형성된 역사는 이미 잘 알려졌고 많은 책의 주제였다. 이 주제를 새삼스럽게 반복하는 것이 이 책의 목적은 아니다. 나는 당시에 출현하던 기독교의 지성적 전통의 특징을 규명하기 위해, 삼위일체 하나님에 대한 초기 기독교 사상의 특정한 측면들을 고찰하고 싶다. 내 목적은 특정한 저자들을 언급함으로써, 기독교 신앙과 관행에서 발생한 질문들(예를 들어 성부, 성자, 성령의 이름으로 세례를 주는 것)에 직면했을 때, 어떻게 기독교 사상가들이 자신들의 신앙에 개념적 형태를 부여하는 작업을 수행했는지, 곧 믿고 있던 것에 대해 어떻게 설명했는지를 규명하는 것이다.

오리게네스와 헤라클리데스 간의 대화가 보여주듯이, 기독교 계시의 사실들이 사색적 그리스도인들에게 한 가지 예민한 문제를 제기했다. 한 여인에게 태어난 남자인 그리스도에 대한 경배가 하나님은 한 분이라는 진리를 의심하게 만든 것처럼 보였다. 그렇다면 이스라엘의 하나님 한 분만을 믿었던 사상가들이 어떻게 하나님이 삼위일체라는 교리를 형성하게 되었으며, 이 가르침을 정통 기독교의 결정적 표지로 방어하게 되었을까?

그리스도의 부활과 하나님 안의 복수성

삼위일체 교리에 대한 논의를 시작할 장소는 그리스도의 부활이다. 이것은 놀랍게 보일 수도 있다. 기독교 사상사에 대한 표준적 설명에서 부활은 보통 그 자체가 하나의 주제로, 예를 들면 종말과 미래의 희망에 대한 종말론의 일부로, 그리고 구원에 대한 이해와 관련해서 논의된다. 물론 사람들은 그리스도의 부활이 그리스도인들이 믿고 행하는 모든 것 속에 잠재되어 있다고 말할지도 모르겠다. 만일 그리스도가 부활하지 않았다면 성찬식은 헛된 제의일 뿐이며, 그리스도가 살아 있지 않다면 그리스도께 드리는 기도는 쓸데없는 짓에 불과하다. 신약성경은 그리스도를 하나님으로 믿는 것이 직접적으로 그리스도의 부활과 관계가 있다고 주장한다. 로마서 서두에서 사도 바울은 그리스도가 "성결의 영으로는 죽은 자들 가운데서 부활하사 능력으로 하나님의 아들로 선포되셨으니"라고 말한다.^{롬 1:4}

하지만 당연한 것으로 간주되는 것이 실제로 명확히 진술되는 것을 발견하는 일은 항상 기쁘다. 4세기에 논쟁의 열기가 달아올랐을 때, 서방의 주교로서 라틴어로 글을 쓴 푸아티에의 힐라리우스는 대단한 통찰력으로 하나님에 대한 기독교 사상의 내적 논리를 분별했다. 만일 우리가 어떻게 그리스도인들이 하나님에 대해 달리 생각하는 법을 배웠고 기존의 그리스 및 유대적 사고양식과 결별했는지를 이해하고 싶다면, 힐라리우스가 한 가지 독특한 관점을 제공해 준다. 325년의 니케아 공의회의 법령들을 옹호했기 때문에 가끔 서방의 아타나시우스라고 불리는 푸아티에의 힐라리우스는 315년 갈리아 푸아티에의 한 유복한 가정에서 태어났다. 같은 계급 출신의 다른 사람들처럼 그도 철저한 라틴어 교육을 받았으며, 성장하면서 그에게 가문과 사회가 제공하는 삶, 곧 부잣집 아들의 세련된 오락과 여가의 삶을 살 것으로 전망되었다. 하지만 힐라리우스는 그런 기대 속에서 마음의 안정을 찾지 못했고 보다 영적인 삶을 추구하기 시작했다. 그의 말에 따르면, 그는 "하나님께서 우리에게 주신 오성^{understanding}에 적합한" 삶을 추구하고 싶었다. 유스티누스처럼 그도 성경을 읽기 시작했고, 특히 출애굽기 3:14이 그의 영혼을 건드렸다. 그 구절에서 창조주 하나님이 "자신에 대해 소개하시면서", "나는 스스로 있는 자이니라"고 말씀하셨다. 이 짧은 말씀이 힐라리우스에게, 그가 철학자들에게 들었거나 읽었던 어떤 것보다 깊숙이 "신적 본성의 신비"를 관통했다. 얼마 후, 그는 세례를 받고 교회에 가입했다.[6]

그가 아직 30대였을 때 푸아티에 주교가 사망하자, 그가 그 도시의 주교로 갈채 속에 선출되었다. 이런 갈채는 초대교회의 일반적인 관행이었다(아우구스티누스는 주교좌가 공석인 곳에 가기를 꺼렸다).[7] 거의 즉시로 그는 당시에 교회를 분열시키고 있던 삼위일체에 대한 심각한 논쟁에 관여하게 되었다. 힐라리우스가 그 논쟁에 토론자로서 참여했을 때는, 니케아 공의회 옹호자들이 제국의 권세들과 불편한 관계에 놓여 있었다. 콘스탄티누스 황제는 337년에 죽었고, 그의 아들이자 계승자인 콘스탄티우스는 니케아 공의회를 지지했던 주교들을 냉대했다. 힐라리우스는 추방되었으며 4년 동안 갈리아의 자신의 교구로 돌아올 수 없었다. 하지만 추방기간 동안 그는 동방의 학자들과 접촉하면서, 길고 산만한 저서『삼위일체론』[The Trinity]의 집필을 위한 시간을 얻었다. 이 책은 초기 저자들의 성숙한 주장들뿐 아니라, 새로운 세대의 논쟁이란 관점에서 그 주장들을 다시 서술하고자 하는 상상력을 보여주는 논문이다. 라틴어로 쓰인 이 책은 삼위일체에 대한 서방 기독교 사상이 점점 더 복잡해지는 양상을 보여주었다.

또한『삼위일체론』에는 일종의 경건의 정신이 숨 쉬고 있다. 힐라리우스는 독자들에게 반복적으로 토론의 주제는 살아 계신 하나님이라는 사실을 상기시킨다. 비록 그 책이 전문적인 신학논문이지만, 그것은 자신의 회심에 대한 이야기로 시작한다. 또한 첫 장에서 그는 이어질 논의의 개요를 제시한다. 그는 출애굽기 3:14의 한 문장, "나는 스스로 있는 자이니라"를 그 책에서 여러 차례 인용한다. 특히 자신의 회심과 관련하여 서두에서, 그리고 마지막 장에서 이 구절을 인용하고 있다. 그는 분명히 독자들이 이 구절에 주목하기를 원한다. 그 이유는 "당신의 이름이 무엇입니까?"라는 질문에 답하여 하나님이 "존재하다"[to be]의 한 형식인 "있다"[is], "나는 있다"[I am]를 사용한다는 것이다. 힐라리우스에 따르면 성경이 가르치는 것은 하나님을 알고 이해하길 추구할 때, 우리는 하나님이 항상 "우리의 생각보다 먼저" 존재하신다는 사실을 발견한다는 것이다. 즉, 있는[is] 분의 본성은 곧 존재하는 것[to exist이기 때문이다. 어떤 것이 **있다면**is, 어떤 사상이나 언어도 그것이 존재하지 않는다do not exist고 주장할 수 없다. 그러므로 비록 우리가 영원으로 거슬러 올라가려고 애를 써도, 우리는 이미 하나님이 그곳에 계심을 발견한다. 시편 기자가 썼듯이 "내가 하늘에 올라갈지라도 거기 계시며 스올에 내 자리를 펼지라도 거기 계시니이다"시 139:8. 하나님에 대한 사색은 사람들이 하나님이신 "특정한 실재 앞에 설 때" 시작된다.[8]

하지만 하나님 앞에 서는 유일한 길은 겸손한 경배를 통해서다. 우리가 "하나님의 것들"에 대해 논의하고 싶다면, 우리는 복종을 배우고 경건과 존경으로 하나님을 섬겨야 한다고 힐라리우스가 말한다. 오직 하나님께 복종하고 우리가 찾는 분께 헌신함으로써 우리는 우리가 찾는 그 하나님을 알 수 있다. 책을 읽는 훌륭한 독자가 자신이 그 책에 부여하는 것보다 더 많은 것을 그 책에서 기대하지 않는다면, 그 안에 적힌 것을 제대로 이해하지 못할 것이다. 그가 단지 비평가로서 그 책에 접근한다면, 그는 그 책에서 발견되는 것에 의해 자신의 생각이 형성되는 것을 경험하지 못할 것이다. 신학, 곧 하나님에 대한 생각에 적용할 때, 이런 공식이 의미하는 것은 하나님의 실재가 우리 생각을 확장시키도록 우리가 허용해야 한다는 것이다. 즉, 그렇게 생각을 확장함으로써, 우리가 독단적으로 세운 기준을 하나님께 부여함으로 하나님을 제한하는 것이 아니라, 그 생각이 우리가 찾는 하나님께 합당하며 하나님께 유익하도록 해야 한다. 이것이 바로 "하나님은 오직 경건 속에서 인지될 수 있다"고 힐라리우스가 주장하는 이유다. 하나님에게 적절한 지식의 형태는 "경건에 의해 형성된 오성으로 사고하는 것"이며 경건한 정신으로 하나님께 접근하는 것이라고 그는 쓰고 있다. 신학은 "신앙의 온기"를 요구한다.[9]

오리게네스와 아우구스티누스처럼, 오직 하나님이 "우리에게 자신을 알려주실" 때에만 우리가 하나님을 알 수 있다고 힐라리우스는 믿었다.[10] 하나님에 대한 지식은 수용성, 계시된 것에 대한 개방성, 그리고 주어진 것을 받아들이는 자발적 의지 속에서 시작한다. 힐라리우스는 사도 바울의 본문인 "우리가 세상의 영을 받지 아니하고 오직 하나님으로부터 온 영을 받았으니"^{고전 2:12}에서 "받는다"^{receive}라는 단어를 취한다. 우리가 하나님에 대해 이야기할 때, 우리는 우리가 아는 것을 말하고 우리가 받은 것을 알며 성령을 통해 주어진 것을 받는다. 모든 사람은 "하나님을 이해할 수 있는" 재능^{facility}을 가지고 있다. 하지만 "지식의 은사"가 우리 자신의 것이 되는 것은 오직 우리가 믿음으로 성령의 은사를 받을 때뿐이라고 힐라리우스가 말한다. "오직 받을 때에만, 우리는 알 수 있다."[11]

힐라리우스의 이해처럼, 받는 것은 개인적 경험의 문제다. 하지만 그것은 또한 교회적 차원을 가지고 있었다. 사람들이 받은 것이 신조의 말씀, 세례식에서 사용된 예전적 말씀, 성경, 성찬식이었기 때문이다. 그는 세례식을 명백하게 언급하면서, 독자들에게 세례를 받을 때 복음서의 말씀(그는 마태복음 28:19-20에 대해 생각하고 있다)이 정확하게 낭독되었다는 사실을 상기시켜 준다. 즉, 사람들은 "성부와 성자와 성령의 이름으로" 세례를 받는 것이다. 이러한 말씀과 행위는 창조주 하나님, 독생자, 그리고 성령이신 "은사"^{gift}를 지칭하기 때문에 우리가 하나님을 이해하는 데 도움을 준다. 받은 것, 곧 교회 고백의 중심에 있는 것은 단지 하나님에 대한 믿음이 아니라 아버지로서 하나님에 대한 믿음이며, 단지 그리스도에 대한 믿음이 아니라 "아들로서 그리스도"에 대한 믿음이다.[12]

힐라리우스가 계속 주장하는 것은 하나님에 대한 생각이 성경에서 주어진 언어와 교회의 관행, 특히 성부와 성자와 성령의 이름으로 행해지는 세례식에 의해 형성된 확신으로 시작한다는 것이다. 하나님을 탐구하면서 힐라리우스는 하나님을 먼저 창조의 아름다움과 질서를 통해 알았지만, 오직 그리스도를 알게 된 후에야 **하나님**이 태초에 하나님과 함께 계셨다는 사실을 깨달았다.¹³ 힐라리우스의 다소 수수께끼 같은 언어 배후에 모든 기독교 사상에 스며 있는 하나의 진리가 놓여 있다. 즉, 삼위일체 하나님에 대한 지식은 그리스도가 육체를 입고 오신 것, 초대교회가 경륜^{economy}이라고 불렀던 것에 기초한다는 것이다. 질서와 정리를 뜻하는 그 그리스어 단어는 신학적 담론에서 창조까지 거슬러 올라가고 그리스도 안에서 절정에 달한 성경적 역사 안에서 하나님의 질서 있는 자기노출을 의미했다.

그러므로 삼위일체에 대한 힐라리우스의 책은 그리스도 안에서 알려진 하나님의 본성을 이해하려는 노력의 일환이다. 인간의 영혼이 하나님 가까이 다가갈 수 있고 "신적 신비"를 알 수 있는 것은 오직 그리스도의 육체를 통해서다.¹⁴ 그 하나님이 피조물을 통해 알려질 수 있다. 하지만 그것은 오직 사람들이 하나님을 아버지, 아들, 성령으로 안다는 경륜을 통해서 가능하다. 초기의 모든 기독교 사상가들은 이 점에 동의했다. 하지만 힐라리우스는 하나님의 본질에 대한 자신의 논의 속에서 그 경륜에 호소할 뿐 아니라, 부활이 그 경륜의 결정적 사건임을 보여주기 때문에 특히 두드러진다.

힐라리우스의 관찰에 따르면, 첫 번째 그리스도인들은 율법을 준수하는 유대인들이었다. 그들은 매일 아침, 유대인의 고대 기도인 쉐마를 암송했다. "이스라엘아 들으라. 우리 하나님 여호와는 오직 유일한 여호와이시니 너는 마음을 다하고 뜻을 다하고 힘을 다하여 네 하나님 여호와를 사랑하라"$^{신6:4-5}$. 신실한 유대인으로서 사도들은 하나님이 유일하다고 믿었다. 그렇기 때문에, 쉐마가 증언하듯이, 우리는 도마의 고백("나의 주, 나의 하나님")을 어떻게 이해해야 하느냐고 힐라리우스는 묻는다. 어떻게 도마가 인간 예수를 "주"와 "하나님"이라고 고백하면서, 동시에 계속해서 쉐마를 기도할 수 있었을까? 쉐마는 분명히 한 분 하나님에 대한 믿음을 주장한다. 하지만 도마는 그리스도를 하나님이라고 부른다. 복음서에 따르면 도마는 예수가 "나와 아버지는 하나다"와 "아버지께 속한 모든 것이 내 것이다"라고 말하는 것을 자주 들었다. 하지만 그리스도의 생애 동안 이런 말들은 분명히 그에게 별로 영향을 끼치지 않았다. 하지만 그가 부활하신 그리스도를 알았을 때, 예수가 전에 말했던 것의 의미를 파악할 수 있었다.[15]

이것은 매우 소중한 구절이다. 힐라리우스는 예수의 제자들이 여전히 유대교 전통을 준수하면서 그리스도를 따르던 기독교의 초창기를 상상해 본다. 그리스도의 생애 동안 그의 제자들은 그의 정체를 온전히 이해하지 못했다. 가끔 예수가 자신과 하나님 간의 독특한 관계를 의미하는 발언을 하고 기적을 행하며 변화산에서 가장 가까운 제자들에게 자신의 천상의 영광을 보여주었지만, 그의 제자들에게는 예수가 누구인지를 알아볼 수 있는 안목이 없었다. 그들의 이해가 불투명했던 것은 합당한 신학적 이유들이 있었다. 그들은 쉐마의 단어들을 암송했다. "이스라엘아 들으라. 우리 하나님 여호와는 오직 유일한 여호와이시니." 그래서 내 생각에 힐라리우스는 신약성경의 많은 독자들이 스스로 질문했을 만한 한 가지 질문을 던진다. 즉, 어떻게 어렸을 때부터 쉐마(그 기도는 우주의 왕이신 하나님께 드려진 것이다)를 암송했던 독실한 유대인이, 최초의 그리스도인들이 그랬던 것처럼, 그리스도를 하나님 혹은 하나님의 아들이라고 부를 수 있었을까? 힐라리우스의 대답은 그리스도의 부활이 모든 것을 바꾸어 버렸다는 것이다. 예수가 제자들 앞에 나타나서 의심하는 도마에게 옆구리에 손을 대라고 했을 때, 도마가 말했다. "나의 주, 나의 하나님!" 부활하신 그리스도를 만났을 때, 사람들은 "신기한데!"라고 말하지 않고 "나의 주, 나의 하나님!"이라고 말한다.

도마가 사용한 **주**와 **하나님**이라는 단어는 중요하다. 그것들 때문에 힐라리우스는 도마의 논지를 납득할 수 있다. "주"와 "하나님"은 쉐마에 나오는 단어다. 하지만 여기서 그것들은 세상의 창조주요 우주의 왕이신 하나님이 아니라 그리스도에 대해 사용된다. 부활 때문에 도마는 그가 알고 있는 사람, 얼마 전까지 자신들과 함께 살았던 그 사람이 단지 비범한 인간이 아니라 살아 계신 하나님이라는 사실을 인식했다. "하나님을 제외한 그 누구도 자신의 힘으로 죽음에서 생명으로 부활할 수 없다." 힐라리우스의 말이다. 하지만 그의 주장은 더욱 깊은 곳으로 나아간다. 그는 부활이 그리스도의 제자들에게 그리스도에 대해 무언가를, 곧 그분이 하나님이시라는 사실을 계시했다고 말하고 싶었을 뿐 아니라, 부활 때문에 그들이 하나님에 대해 달리 생각하게 되었다는 보다 충격적인 주장도 제기했다. 일단 예수가 부활하자 도마는 "신앙의 모든 신비를 이해했다." 왜냐하면 **이제** 부활의 관점에서, 도마는 "한 분 하나님에 대한 자신의 신앙을 포기하지 않고" 그리스도를 하나님으로 고백할 수 있게 되었기 때문이다. 부활 후에 그는 하나님의 단일성^{oneness}을 다른 식으로 이해하기 시작했기 때문에, 쉐마를 계속 암송할 수 있었다. "나의 주, 나의 하나님"이라는 도마의 고백은 "제2의 하나님에 대한 인정이나 신적 본성의 통일성에 대한 배반"이 아니었다. 그것은 하나님이 "고독한 하나님"이나 "외로운 하나님"이 아니라는 인식이었다. 하나님은 한 분이지만, 혼자가 아니라고 힐라리우스는 말한다.[16]

힐라리우스의 논문 『삼위일체론』에서 인용한 이 문장은 통일성^{unity}, 곧 하나님의 단일성에 대한 논의 중에 나온다. 힐라리우스의 적대자들은 니케아 공의회 옹호자들이 하나님에 대한 생각에서 일관성이 없다고 주장했다. 니케아 신조의 경우처럼 "하나님에서 기원한 하나님"이란 표현들을 사용하면서, 하나님의 통일성을 의심했다. 정의(定義)상, 하나님은 자식을 가질 수 없다. 만일 그리스도가 "하나님에서 기원한 하나님"이라면 두 분 하나님이 계신 것이고, 니케아 신학자들은 한 분 하나님에 대한 믿음을 저버린 것이다. 그리스도는 아버지시요 창조주이신 하나님이 하나님이라는 의미에서의 하나님이 아니라, 입양을 통해 하나님이 되신 것이다. 그리스도의 신성을 방어하면서 힐라리우스는 "그리고 그 말씀이 하나님이셨다" 같은 성경 본문과 그리스도를 위한 성경의 명칭들에 호소한다. 하지만 그가 "복음주의적 서사"evangelical narrative를 다룰 때, 그의 주장은 날개를 달고 하늘로 비상한다.[17] 그리스도의 부활에 호소함으로써 그는 자신의 성경해석을 성경에 기록된 사건들, 곧 경륜에 근거한다. 부활은 힐라리우스의 성경해석의 열쇠이며, 성경에 대한 지나치게 일원론적인 견해를 거부하는 이유다.

그 경륜 때문에 인간이 하나님의 내적 생명을 살짝 엿볼 수 있다. 이런 근본적 통찰이 하나님에 대한 그리스도적 사고를 통제했다. 골로새서 1:19("아버지께서는 모든 충만으로 예수 안에 거하게 하시고")에 대해 충격적인 발언을 하면서, 알렉산드리아의 오리게네스는 그리스도 안에 있는 하나님의 계시를 통해 우리가 "하나님의 심층"에 대한 "구경꾼들"이 된다고 말했다. 우리 시대에서 신학자 볼프하르트 판넨베르크Wolfhart Pannenberg는 "하나님이 자신을 계시하듯이, 하나님은 자신의 영원한 신성 속에 계신다"라고 썼다.[18] 하지만 왜 그리스도 생애의 역사적 사건들, 특히 부활이 이성이 작동하는 상황들을 변경시켰는지를 가장 명쾌하게 표현한 사람은 4세기 라틴신학자 힐라리우스였다. 하나님에 대한 생각은 더 이상 복음주의적 역사 속에서 벌어진 것과 별도로 수행될 수 없었다. 다른 사람들이 말하지 않은 채 남겨 두었던 것을 힐라리우스가 명쾌하게 서술했다. 그리스도의 부활 이후, 하나님의 단일성은 다른 식으로 생각되어야 했다. 비록 한 분이지만 하나님은 고독한 존재가 아니며, 어떤 신비로운 방식으로 한 분 하나님의 삶이 공동체적이었다고 힐라리우스는 주장했다.

신적 지혜

신약성경은 나사렛의 예수를 어린 시절을 보냈고 성장했으며, 예루살렘에서 십자가에 달렸고, 죽은 지 3일 후에 부활한 한 인간으로 소개한다. 이와 같은 묘사는 기독교적 기억과 예배의 한 부분이었다. 하지만 신약의 저자들은 예수의 이야기를 말할 뿐 아니라, 일군의 명칭을 통해서도 그의 의미를 설명했다. 그 명칭들 중에 그리스도, 기름 부음 받은 자, 메시아가 거의 하나의 이름으로 기능하게 되었다. 즉, "그 예수 그리스도"Jesus the Christ가 아니라 "예수 그리스도"Jesus Christ였다. 다른 것들도 많다. 그중에는 "하나님의 말씀"요 1:1, "지혜"와 하나님의 "능력"고전 1:24, "모든 피조물보다 먼저 나신 이", "보이지 아니하는 하나님의 형상"골 1:15, "하나님의 본체의 형상"히 1:3, "하나님의 아들"롬 1:3, "알파와 오메가"계 1:8 등이 있다. 이런 명칭은 구체적인 역사적 인물을 가리켰다. 하지만 그것들은 복음서에 기록된 예수가 하나님과의 친밀한 교제 속에서 존재했음을 암시했다. 이런 명칭들 중에서 "하나님의 말씀"과 "하나님의 아들"이 가장 중요했다. 왜냐하면 하나님의 말씀은 "태초에 말씀이 계셨다"라는 요한복음 서론에서의 그 명칭의 중심성 때문에, 그리고 하나님의 아들은 복음서에서 예수의 세례에 대한 이야기 속에 그 명칭이 나타났기 때문이다. 즉, 예수께서 요단 강에서 나왔을 때, 성령이 비둘기처럼 그 위에 임했고 하늘에서 목소리가 들려왔다. "너는 내 사랑하는 아들이라. 내가 너를 기뻐하노라"막 1:10-11. 하지만 지혜가 제3의 자리를 차지했으며, 구약성경에서 그것의 중요성은 그리스도의 인격, 그리고 그와 성부 하나님 간의 관계에 대해 생각할 수 있는 풍요로운 유대 관계의 문호를 열었다. 그의 논문 『원리론』First Principle에서 오리게네스는 그리스도를 위해 그가 제시한 목록들 중 지혜를 맨 처음 언급한다.[19]

"지혜로운"wisdom이라는 단어는 "지혜로운 사람"이라는 문구처럼 보통 형용사로 사용된다. 지혜는 사람의 특성이나 특징을 말한다. 하지만 구약성경에서, 특히 지혜문학에서, 지혜를 단지 신적 속성이 아니라 신적 존재로 묘사하는 것 같은 구절들도 있다. 하나의 핵심 구절이 솔로몬의 지혜서에서 발견된다. 이 책은 『70인역』에 포함되어 있으며, 초대교회의 성경 중 하나였다. "왜냐하면 지혜는 어떤 운동보다 유동적이기 때문이다. 자신의 순수함 때문에, 지혜는 만물에 스며들고 침투한다. 왜냐하면 지혜는 하나님의 권능의 숨결이며 전능자의 영광의 순수한 발산이기 때문이다. 따라서 오염된 어떤 것도 지혜 속으로 들어오지 못한다. 왜냐하면 지혜는 영원한 빛의 반영이며, 하나님 사역의 흠 없는 거울이고, 하나님의 선하심의 이미지이기 때문이다."[7:24-26]. 여기에서 지혜는 하나님의 본성을 반영한다. 지혜는 또한 "만물의 구성자"[7:22], 하나님의 "사역의 협력자"[8:4], 영원부터 존재하는 하나님의 천국협의회 회원[집회서 24:2]이라고 불린다. 이 구절들에서 지혜는 세상에서 하나님의 활동, 예를 들면 창조 속에 드러난 속성일 뿐 아니라, 인류를 위한 하나님의 목적을 수행하는 신적 대행자다. 다른 구절인 잠언 8:22-23은 지혜에 대해 이렇게 말했다. "여호와께서 그 조화의 시작 곧 태초에 일하시기 전에 나를 가지셨으며 만세 전부터, 태초부터, 땅이 생기기 전부터 내가 세움을 받았나니."

신약성경은 그리스도를 지혜와 동일시하고[고전 1:24], "하나님의 본체의 형상"[히 1:3]처럼 그리스도를 언급하기 위해 솔로몬의 지혜서의 구절들을 사용했기 때문에, 구약성경의 하나였던 솔로몬의 지혜서의 말씀들이 그리스도를 직접 언급하는 것으로 이해되었다. 지혜라는 명칭은 성육신 이전의 그리스도의 활동에 대해 말했던 구약성경 안에서, 곧 이스라엘의 역사 속에서 안전한 발판을 제공했다. 부활이라는 관점에서 읽을 때, 지혜의 활동을 묘사했던 구약성경의 구절들은 기독교 사상가들이 그리스도를 하나님이라고 부를 때 의미했던 것을 표현하는 데 도움을 주었다. 지혜의 사역 중 하나는 세상의 창조였으며, 이러한 견해는 "만물이 그의 지혜로 지음 받았다"라는 시편 기자의 말로 확증되었다[시 104:24]. 그래서 오리게네스 같은 초기 저자들은 그리스도가 창조주였다는 성경적 가르침을 방어하기 위해 지혜라는 명칭에 호소했다. 지혜는 하나님과 함께 태초에 있었고, 지혜 안에 "모든 창조의 시작과 원인과 종들[species]을 담고" 있었다.[20]

우리가 이미 보았듯이, 힐라리우스는 예수의 말씀을 부활 전에 들었는지 아니면 그 후에 들었는지가 큰 차이를 만든다는 사실을 인지했다. 오직 부활 이후에야 도마(그리고 다른 이들)는 예수가 자신과 하나님 간의 독특한 관계에 대해 이야기할 때, 그 말의 뜻을 이해했다. 동일한 방식으로, 예수의 추종자들이 지혜에 대한 구약의 구절들을 이해할 수 있었던 것도 오직 부활 이후였다. 말하자면, 지혜는 음지에서 그 시대의 양지로 도약했다. 이제 그리스도인들은 지혜와 실제적인 역사적 인물을, 시간과 공간 안에서 발생했던 사건들을 동일시할 수 있었고, 지혜에 예수 그리스도라는 이름을 붙일 수 있었다. 결과적으로 지혜는 그리스도의 도래 이전, 곧 경륜 전에는 명확하지 않았던 특징들을 획득했다. 그리고 지혜의 본질에 대한 묵상을 통해, 그리스도인들은 하나님의 신비를 이해할 수 있었다.

이번 장 서두에서 언급했던 오리게네스와의 논쟁에서 헤라클리데스는 그리스도에 대한 믿음이 교회가 두 하나님을 고백했다는 뜻이었다고 말하고 싶지 않았다. 그분은 혼자가 아니었다. 일부 신자들이 오리게네스 같은 신학자들이 제2의 하나님에 대해 말하거나, 어떤 변증가들이 신의 순위에 대해 언급하는 것을 들었을 때, 그들은 무언가 이상한 일이 벌어졌다고 생각했다. 결국 그리스도인이 될 때, 사람들은 자신이 많은 신들에 대한 예배에서 구원받고 참된 한 분 하나님을 섬기게 되었다고 생각했다. 켈수스는 신들의 위계질서에 대한 존중을 경건하고 하나님을 기쁘게 해드리는 것이라고 변호했다. "여러 신들을 예배하는 사람은 그가 위대한 하나님께 소속된 신들 중 하나를 예배하기 때문에, 바로 이런 행위를 통해 하나님의 사랑을 받는 신을 예배하는 것이다."[21] 오직 이교도들이 여러 신들에 대해 이야기했고, 두 신에 대한 언어는 그리스도인들이 떠나왔던 세상으로 돌아가는 것처럼 보였다. 그래서 헤라클리데스는 오리게네스의 질문에 대답하기를 꺼렸던 것이다.

오리게네스와 동시대인이었던 테르툴리아누스는 평범한 그리스도인들(그가 "평민"이라고 불렀던)이 "두 분 혹은 세 분 하나님"에 대해 설교할 때, 한 분 하나님에 대한 교회의 믿음이 손상된 것이라고 생각했다. "우리는 군주제를 지지한다"라고 그들이 말했다. 군주제^{monarchy}는 한 분의 고독한 하나님이 계신다는 믿음을 지칭하는 신학용어였다. 그리고 군주론자들은 하나님의 단일한^{monos} 통치^{arche}에 대한 믿음을 고수했던 그리스도인들이었다. 군주론자들에 따르면, 그리스도와 성령은 신적 힘이나 하나님으로부터의 발현이었고, 독립된 존재가 아니었다. 군주론자들에 대한 테르툴리아누스의 주된 반격은 한 분 하나님에 대한 믿음을 지켜야 한다고 주장하면서도 그들은 그런 경륜에, 곧 복음주의의 역사에 겁을 먹는다는 것이었다. 그들은 "자신들이 한 분 하나님을 믿어야 하지만, 그들은 그분의 경륜과 함께 그분을 믿어야 한다"는 사실을 이해하지 못한다. 그의 견해에, 그리고 모든 초기 기독교 사상가들의 견해에, 하나님에 대한 생각은 하나님이 그리스도의 인격 속에서 출현한 것과 함께 시작해야 했다. "하나님이 인간사 속으로 강림하신" 결과, 우리는 "하나님의 본질에 대한 참된 개념을 명확하게 감지할 수 있었다." 그러한 경륜은 삼위일체적 사상을 추동했던 엔진이었다.²²

하지만 그런 명칭들은 그리스도의 신성이 하나님의 단일성을 훼손하지 않았다는 사실을 설명해 줄 이미지와 어휘들을 제공했기 때문에 또한 필요했다. 그의 『요한복음 주석』$^{Commentary\ on\ the\ Gospel\ of\ John}$에서 오리게네스는 빛, 문, 길, 목자, 왕, 생명을 포함한 여러 명칭들을 검토했다. 하지만 지혜, 아들, 말씀이 그리스도와 성부의 관계를 고찰할 때 가장 도움이 되었다. 로고스$^{말,\ logos}$라는 단어가『70인역』시편 45:1에 나온다. "내 마음이 좋은 말로 말했다." 거기서 언급된 "말"과 요한복음 서두에 나오는 "말씀"이 같은 것으로 취급되었다. 즉, 하나님의 말씀 그리스도로 말이다. 전통적 의미에서 말(말씀)은 "음절들 속에서 나타나는 발성", 곧 듣자마자 사라지는 소리다. 그리스도에게 적용하면 이것은 그리스도가 단지 하나님으로부터의 발현, 하나님이 자신을 인간들에게 보여주기 위해 취한 모양, 듣자마자 곧 사라져서 더 이상 들을 수 없는 소리라는 뜻일 것이다. 하지만 오리게네스는 말(말씀)이라는 단어가 아들이라는 명칭과 연결해서 해석되어야 한다고 제안했다. 그것은 "그 자체로 생명을 지닌다"라는 뜻의 단어다. 아들은 어머니로부터 생명을 부여받지만, 그는 어머니로부터 독립해서 한 인간으로서 존재한다. 말(말씀)과 아들이라는 단어를 결합한다면, "말씀이 하나님(아버지)과 구별되어 자신의 존재를 지닌다"는 사실이 명백하다. 하나님의 말씀은 인간의 말과 비슷한 것으로 이해되어야 한다. 하지만 그것이 인간의 말은 아니다. 결론적으로, 하나님의 말씀은 자신의 개별성을 지니며 "우리와 분리되어 어떤 개별적 존재도 갖지 않는" 이성(로고스)과는 구별되어야 한다고 말할 수 있다. 오리게네스에 따르면 성경은, 아들(성자)은 아버지와 다르고 자신만의 "고유한 개별성"을 지닌다고 가르친다.[23]

테르툴리아누스도 비슷한 결론에 도달했다. 비록 그의 추론은 다른 방식으로 전개되었지만 말이다. 오리게네스처럼 그도 성경 속의 명칭들이 서로 분리되어 취해져서는 안 된다고 주장했다. 말씀과 아들과 지혜는 서로를 염두에 두고 이해되어야 했다. 성경은 동일한 "이제 지혜의 이름과 말씀이라는 명칭을 지닌 권세"에 대해 말한다. 하나님과 그의 말씀 사이에 어떤 차이도 만들지 않기 위해서 시편 45편("내 마음이 좋은 말로 말했다")을 택했던 사람들에게 대답하면서, 테르툴리아누스는 그리스도를 아들로 이야기하는 본문들을 인용한다. 만일 아버지께서 하신 말씀이 아버지와 구별될 수 없다면, 시편 2:7("너는 내 아들이라. 오늘 내가 너를 낳았도다")에서 언급된 아들은 그 아버지와 동일해야만 하는 것 같다. 이것은 부조리하다.[24]

또한 테르툴리아누스는 그리스어로 *logos*, 라틴어로 *ratio*나 *sermo*인 말(말씀)이라는 단어를 정밀하게 분석한다.[25] 그에 따르면, 어떤 의미에서 인간 이성은 자신만의 고유한 존재를 지닌 것으로 이해될 수 있다. 한 사람이 혼자서 조용히 생각할 때, 하나님 안에서 발생하는 것과 비슷한 일이 벌어진다. 사람이 생각할 때마다 이성에는 하나의 말^{단어, sermo}이 동반된다. 즉, "당신이 생각하는 어떤 것이든 말의 형태를 취하고, 당신이 생각하는 모든 것은 이성이다. 당신이 마음에 있는 말을 하는 것이 필요하다. 그리고 그것을 말하는 동안 당신은 대화 상대자로서, 당신이 생각할 때 말하고 당신이 말할 때 생각하는 바로 그 동일한 이성을 지닌 말을 소유한 것이다."[26]

테르툴리아누스의 요점은 미묘하다. 인간으로서 우리는 우리 자신을 우리만의 독립된 의식을 지닌 독립된 자아로 간주한다. 그리고 우리는 세상을 독특한 주체의 관점에서 바라본다. 하지만 추론은 항상 변증법적이다. 그것은 질문과 관련되어 있고, 예라고 말했다가 나중에 아니오라고 말한다. 마음에서 말, 생각, 개념이 서로 도전하고 비판하고 혹은 확증하면서 오락가락한다. 그런 조용한 대화가 마음에서 일어난다. 그래서 어떤 말도 입 밖으로 나오지 않는다. 생각할 때 사람은 자신 안에서 타자를 인식하게 되는데, 역설적으로 그것은 자기 자신이다. 물론 타자는 생각의 주제와 목적에 따라, 혼자 생각하느냐 혹은 다른 누군가와 토론하느냐에 따라 다양한 모양을 취한다. 하지만 타자는 항상 질문, 대안, 의심, 대조적 제안, 혹은 보충적 생각의 형태로 존재한다. 숙고^{deliberation}라는 단어는 생각이 자아 안에서 진행되는 일종의 대화다.

인간의 생각이 생각 속에서 오락가락하는 것과 관계가 있기 때문에, 우리 안에서 일종의 제2의 인격에 대해 말하는 것이 가능할 수 있다고 테르툴리아누스가 주장한다. 테르툴리아누스는 인간적 심리학의 진실을 확립하는 데 관심이 없다. 비록 그가 인간의 영혼에 관한 책을 하나 썼지만 말이다. 대신 그는 인간 정신과 하나님의 본질 사이에서 하나의 비유를 찾는 데 관심이 있다. 인간은 "하나님의 형상과 모양"으로 만들어졌다. 만일 우리가 인간 정신 속에 있는 "대화 상대자"에 대해 말할 수 있다면, "우리가 그분의 형상과 모양을 닮았다고 하는 하나님 안에서 이런 일이 훨씬 더 완벽하게 일어날 수 있지 않을까? 심지어 침묵하는 동안에도 우리는 우리 안에 이성을 가지고 있으며, 그 이성 안에 말을 가지고 있다.……그래서 나는 훌륭한 이성으로, 심지어 세상이 존재하기 전에도 하나님이 혼자가 아니었다고 결론 내릴 수 있었다. 그분은 항상 자신 안에 이성을, 그리고 이성과 함께 말씀을 가지고 계셨으며, 그 이성과 말씀은 그분 안에서의 활동으로 인해 그분 옆에 존재하게 된 것이다."[27] 하나님은 고독하게 살지 않으신다.

아들은 결코 혼자 행동하지 않는다

엄격한 의미에서, 하나님은 "고독한 신"이 아니라는 주장은 삼위일체 교리와 관계가 없었다. 이 논쟁은 아들과 아버지의 관계에 집중했다. 성령에 대한 고민은 다음 세대까지 기다려야 했다. 비록 사도행전이 오순절 성령의 강림을 교회 형성과 경륜의 중심 사건으로 삼지만, 성령의 지위와 특성에 대한 논의는 성자에 대한 논의 뒤에 처져 있었다. 교회사 초기에 축제로서 매해 기념되던 부활절과 달리, 성령이 강림했던 오순절은 매우 느리게 출현했다. 가장 초기의 자료들에서, 오순절pentecost이라는 용어는 단 하루의 축일이 아니라, 부활절 이후의 기간을 지칭했다. 테르툴리아누스는 그것을 "세례를 위한 가장 즐거운 공간"이라고 불렀다.[28] 오순절 기간은 부활절의 연속으로 간주되었고, 자신만의 고유한 특징을 갖지 못했다. 겨우 5세기에 가서야 그것은 자신만의 고유한 권리를 가진 하나의 축일로 출현했다. 초기의 신조들이 성령을 언급하지만, 4세기 말에 이르러 콘스탄티노플 공의회에서야 성령에 대해 제대로 된 조항이 신조에 첨가되었다.

다소 늦었지만, 교부들이 성령의 지위에 대해 인식했다. 신학자 그레고리우스$^{Gregorius\ the\ Theologian}$에 따르면 "신학은 첨가를 통해 성숙한다." 구약성경에서 성부는 공개적으로 선포되었지만, 아들은 "모호하게" 선포되었다. 신약성경은 아들을 계시했지만, "성령의 신성에 대해서는 우리에게 얼핏 보여주었다." "성령께서 우리 가운데 자리를 잡으신" 교회시대에야 "성령은 우리에게 자신의 모습을 보다 명확하게 보내주신다." 동시에 그는 성부와 성자가 인정되기 전에 "우리에게 성령으로 짐을 지우는 것"은 경솔한 짓이었을 것이라고 대담하게 덧붙인다.[29] 진리에 도달하는 데는 시간이 걸린다.

성령의 현존은 교회 생활에서 분명했다. 감사기도^{anaphora}에서, 곧 성찬식에서 빵과 포도주에 대해 드려진 기독교 예배의 중심 기도에서, 주교는 성체 위에 성령이 강림하시도록 간청했다. "그리고 우리는 당신께서 성령을 거룩한 교회의 봉헌 위에 보내주시기를, 떡과 포도주를 취하는 모든 성도에게 성령이 충만하기를 기도드립니다." 새로운 주교가 임명되면, 다른 주교들이 그 후보자 위에 손을 얹고 기도했다. "이제 당신의 충성된 영이신 그 권능을 부어 주소서. 당신께서 그 영을 당신의 사랑하는 종 예수 그리스도에게 주셨고 그는 자신의 제자들에게 그 영을 주셨습니다.……그리고 대제사장의 성령께서 그에게 당신의 계명에 따라 죄를 사할 수 있는 권한을 주십니다." 세례 지원자들은 성부, 성자, 성령의 이름으로 세례를 받았으며, 예배는 성삼위일체를 초청하면서 시작하고 끝났다. "성령은 우리 안에 거하시며 우리에게 자신을 가장 분명하게 보여주신다"라고 그레고리우스가 썼다.[30]

기독교 예배와 경험에서 성령의 역할은 성자처럼 성령도 하나님이라는 사실을 기독교 사상가들이 긍정하도록 돕는 것이었다. 하지만 어떤 이들은 삼위일체에 대한 책을 집필했던 그레고리우스와 그의 친구 바실리우스 같은 주교들이 "성경에 기록되지 않은 낯선 하나님[성령]을 끌어들인다"고 주장했다. 이에 대한 답변으로 그레고리우스는 그리스도의 삶의 특정한 행위들과 성령의 사역을 연결하는 신약성경의 구절들을 인용한다. 그는 이렇게 썼다. "다음의 것을 생각해 보라. 그리스도는 태어났고, 성령은 그의 선구자다^{눅 1:35}. 그리스도는 세례를 받고, 성령은 증거한다^{눅 3:21-22}. 그리스도는 시험을 받고, 성령은 그를 인도한다^{눅 4:2, 14}. [그리스도는] 기적을 행하고, 성령은 그와 동행한다^{마 12:22, 28}. 그리스도는 승천하고, 성령이 그의 자리를 대신한다."^{행 1:8, 2:3-4} 그레고리우스의 주장에 따르면, 성경에서 그리스도의 사역 또한 성자만의 활동으로 소개되지 않는다. 그리스도 안에 있는 하나님의 계시가 성령의 현존을 통해 확증되고 중개된다. 니사의 그레고리우스는 이렇게 썼다. "신적 본성에 관해……우리는 [성경으로부터] 성부께서 아들과 협력하지 않고 혼자서 어떤 일을 행하시거나, 아들이 성령과 별도로 독자적으로 행동한다고 배우지 않는다. 오히려 창조와 관련되고 우리의 상이한 개념에 따라 지칭된 모든 신적 행동은 아버지 안에서 기원하며, 아들을 통과하고, 성령에 의해 완성된다."[31]

성령의 신성에 관한 교리는 아들의 지위에 대한 기독교 사상의 논리에 근거한 추론이라고 말하기도 한다. 하지만 기독교 사상은 추론에 의해 시작되지 않는다. 오히려 그것은 성경과 실재(기독교 예배가 증거하는)의 언어를 풀이해 준다. "성령은 성자에게 낯설지 않다"라는 주장을 확립하기 위해 알렉산드리아의 아타나시우스^{Athanasius of Alexandria}는 로마서 8:11을 인용한다. "예수를 죽은 자 가운데서 살리신 이의 영이 너희 안에 거하시면 그리스도 예수를 죽은 자 가운데서 살리신 이가 너희 안에 거하시는 그의 영으로 말미암아 너희 죽을 몸도 살리시리라." 여기서 성부와 성자와 성령이 한 활동에 관련되어 있다. 바실리우스는 성령이 성부와 성자와 같은 지위에 있다는 자신의 주장을 지지하기 위해, "성부와 성자와 성령의 이름으로"라는 세례식에서 사용된 공식에 직접 호소한다.[32]

하지만 성령의 개별성을 방어하기 위한 가장 강력한 주장은 성경이 두 가지 "보냄", 곧 아들의 보냄과 성령의 보냄을 증거한다는 것이다. 핵심 본문은 갈라디아서 4:4-6이다. "때가 차매 하나님이 그 아들을 보내사 여자에게서 나게 하시고 율법 아래에 나게 하신 것은 율법 아래에 있는 자들을 속량하시고 우리로 아들의 명분을 얻게 하려 하심이라. 너희가 아들이므로 하나님이 그 아들의 영을 우리 마음 가운데 보내사 아빠 아버지라 부르게 하셨느니라." 그의 저서 『삼위일체론』에서 아우구스티누스는 성령의 보냄이 아들의 보냄 못지않게 역사적이라는 사실을 보여주려고 이 본문을 인용한다. 예를 들어 그리스도가 인간이 되었을 때 무슨 일이 벌어졌듯이, 그리스도가 세례를 받을 때 성령이 보냄을 받거나 오순절 날에 교회 위에 부어졌을 때 어떤 일이 벌어졌다. 아우구스티누스의 주장처럼 "영원부터 감추어진 것이 시간 속에 나타났다." 아우구스티누스의 시절에 오순절은 하나의 독립된 교회 축일이었고, 아우구스티누스는 그것을 그리스도의 탄생만큼 역사적인 사건을 기념하는 것으로 이해했다. 오순절에 행한 한 설교에서 그는, 우리가 "너무 거룩한 날의 장엄함을 기념하기 때문에 오늘 성령께서 친히 오셨다"라고 말한다.[33]

아우구스티누스와 다른 기독교 사상가들에게, 성령은 역사적 자료요 경험적 사실이었다. 성령론은 기독교 사상가들이 성경의 도움으로 자신들이 알게 된 것을 단어와 개념으로 표현하는 법을 배우면서 형태를 갖추었다. 우리는 흔히 주석을 성경 본문의 단어들이 의미하는 바를 규명함으로써 본문의 의미를 파악하는 작업이라고 생각하는 데 익숙해 있다. 해석자는 단어들, 곧 기표들signs로 시작하고 실재, 곧 본문이 말하는 주제를 발견하려고 한다. 하지만 그 단어들이 말하는 실재에 대해 해석자가 모른다면, 그 의미는 항상 제대로 파악할 수 없을 것이다. 미술 비평가가 화랑을 방문하기 전에 그림이나 안내 책자를 보지 못했다면, 그의 관찰들이 얼마나 불만족스럽겠는가? 오직 성령에 대한 성경 본문들이 교회 생활과 예배라는 맥락 안에서 읽힐 때에만, 그것은 자신들의 의미를 드러냈다.

하지만 올바른 용어와 공식을 찾는 과제는 여전히 남아 있었고, 이 경우에 기독교 사상은 "부어지다", "주어진", "…에 거하다", 그리고 가장 충격적으로 "사랑" 같은 성경의 특정한 단어들의 도움을 받았다. 사도행전 2장의 "내가 내 영을 모든 육체에 부어 주리니" 같은 본문을 제외하고, 두 개의 본문이 두드러진다. 즉 로마서 5:5("우리에게 주신 성령으로 말미암아 하나님의 사랑이 우리 마음에 부은 바 됨이니")과 요한1서 4:13("그의 성령을 우리에게 주시므로 우리가 그 안에 거하고")이다. 아우구스티누스에 의하면, 이러한 본문에서 성경 저자들이 성령의 독특한 특성에 대해, 곧 "우리가 하나님 안에 거하고, 하나님이 우리 안에 거하게 하는 것"은 바로 성령이라고 말하고 싶었다는 것이다. 그리고 우리는 오직 사랑을 통해서 하나님 안에 거할 수 있기 때문에, 우리는 **사랑**이 성령의 독특성을 묘사할 수 있는 적절한 단어라고 말할 수 있다. 그런 후에 성령은 "사랑이신 하나님의 은사"라고 한다. 주어진 것이 받는 사람의 삶 속으로 들어가서 그의 것이 되고, 받은 사람이 주신 분께 돌아서도록 만든다. 성경에 기록된 것처럼 은사^{gift}와 사랑은 관계적 용어이며, 그것들 안에 호혜성과 상호성을 형성한다.

하지만 아우구스티누스는 성령의 은사가 하나님과 신자들 사이에 친교를 형성한다는 것 이상을 말하고 싶어 한다. 그래서 그는 "관계"가 또한 신적 삶의 특징이라고 주장한다. 왜냐하면 성령은 사랑의 끈이요 성부와 성자 간의 교제이며, 성령의 오심은 인간을 하나님과의 교제 속으로 이끄는 성령의 역할을 보여주고, 우리에게 성부와 성자를 신적 교제 속에 연합시키는 사랑을 보여주기 때문이다. 어떤 본문에서 성경의 저자들은 경륜 속에 있는 성령의 사역뿐 아니라, 하나님의 삶 속에 있는 성령에 대해서도 이야기한다. 중요한 본문은 고린도전서 2:10-11이다. "성령은 모든 것 곧 하나님의 깊은 것까지도 통달하시느니라. 사람의 일을 사람의 속에 있는 영 외에 누가 알리요. 이와 같이 하나님의 일도 하나님의 영 외에는 아무도 알지 못하느니라." 4세기 말에 집필된 성령에 관한 책에서 바실리우스는 이 본문(그는 이것을 두 차례 인용한다)을 테르툴리아누스가 이 단어에 대한 자신의 논의에서 개척했던 것과 비슷한 방식으로 해석한다. 그는 이렇게 썼다. "하지만 성령이 아버지와 아들과 하나라는 사실에 대한 가장 강력한 증거는 우리 안에 있는 영이 우리와 갖고 있는 것과 동일한 관계를 성령이 성부와 갖고 있다는 주장이다."[34] 하나님이 인간들 속에 계시되듯이, 하나님의 생명 또한 그렇다.

"하나님은 고독하지 않다"는 힐라리우스의 문구는 아주 적절했다. 본래 그것은 그리스도의 도래 이후, 왜 하나님을 고독한 단일체로 생각하는 것이 가능하지 않은지에 대해 설명해 줄 방도를 찾으려는 잠정적인 시도였다. 우리가 믿는 것은 단지 하나님이 아니라 "성부로서의 하나님"이며, 단지 그리스도가 아니라 "성자로서의 그리스도"라고 힐라리우스는 주장했다. 만일 하나님이 창조주일 뿐 아니라 아버지이고, 그리스도가 구속주일 뿐 아니라 아들이라면, 그들 간의 관계는 신적 생활의 핵심적 특징이다. **아버지**와 **아들**이라는 단어가 발언될 때, 듣는 사람은 즉시 "그들 서로 간의 적절하고 자연스러운 관계"를 인식한다고 니사의 그레고리우스가 말했다.[35] 구약에서 아버지라는 용어는 오직 드물게 하나님에 대한 용어로 나타난다. 하지만 신약에서는 예수에 의해 170번 이상 사용된다. 신약은 아버지로서의 하나님의 신분을 강화하며, 신적 관계를 하나님의 구성요소로 만든다. 하나님이 고독하지 않고 항상 관계 속에 존재한다면, 사랑에 관여하지 않는 하나님에 대해서는 어떤 말도 할 수 없다. 사랑은 성부, 성자, 성령을 연합시키고, 하나님을 세상과의 관계 속으로 이끌며, 사랑에 의해 인간들이 하나님과 연결된다.

하나님 찾기와 하나님 구하기

그의 대작 『삼위일체론』 서두에서 아우구스티누스는 시편 105편 말씀, "그의 얼굴을 항상 구할지어다"를 인용한다. 이 구절은 제7권의 서두에도 나온다. 거기서 아우구스티누스는 "항상"^{semper}이란 단어를 강조한다. 그는 이 책의 마지막 장인 제15권 서두에서 그 본문을 다시 한 번 인용하는데, 이번에는 절 전체를 인용한다. "그의 거룩한 이름을 자랑하라. 여호와를 구하는 자들은 마음이 즐거울지로다. 여호와와 그의 능력을 구할지어다. 그의 얼굴을 항상 구할지어다." 그리고 이 책을 끝내는 기도문에서, 그는 다시 한 번 그 구절을 인용한다. 이번에는 "열망으로"^{ardenter}를 첨가한다. "항상 불타는 열망으로 그의 얼굴을 구하라."³⁶ 삼위일체에 관한 책을 쓰면서 아우구스티누스는 교회의 중심 교리에 대한 지적 이해 그 이상의 무엇을 추구했다.

첫째 권에서 아우구스티누스는 독자들에게 자신이 그렇게 길고 복잡한 책을 집필하려는 이유에 대해 설명한다. 그는 자신이 지금도 논쟁 중인 삼위일체 교리를 다룰 때, 모든 사람을 만족시키지 못할 것임을 잘 알았다. 그가 말한 것 중 어떤 것은 오해를 받을 것이고, 어떤 경우에는 자신의 입장을 명쾌하게 표현하지 못할 것이며, 다른 경우에는 자신이 쓴 것을 독자들이 의도적으로 오해할 것이다. 그는 항상 자신의 한계에 대해 인식하고 있었다. 그가 쓴 어떤 것은 수정이 필요할 것이다. 그래서 그는 "친애하는 독자들이여, 당신이 나처럼 확신할 때는 나와 함께 앞으로 나아갑시다. 당신이 주저할 때는 나와 함께 구합시다. 당신이 잘못을 범했다는 사실을 발견할 때는 내게로 돌아오십시오. 혹은 내가 틀렸다면 내가 당신께 돌아가도록 해주십시오. 이런 식으로 '항상 그의 얼굴을 구하라'는 말씀의 대상이신 그분을 향해 우리가 여행할 때, 사랑의 길을 따라 함께 여행할 것입니다."³⁷

아우구스티누스는 무엇을 구하고 있었으며, 자신과 함께 무엇을 구하라고 독자들을 초청한 것일까? 아우구스티누스는 자신이 "내가 쓴 것을 읽는 모든 사람과 함께 주 우리 하나님의 현존 속으로 들어가기를 바란다"고 대답한다. 그는 "성부, 성자, 성령 세 분의 일치"를 구하는 중이다. 하지만 그가 독자들에게 상기시키는 이런 탐구는 다른 것과 같지 않다. 즉, "다른 어디에도 더 위험한 실수, 더 수고스러운 탐구, 더 이로운 발견이 없기 때문이다."

이것은 수수께끼 같은 문장이다. 아우구스티누스는 그렇게 중요한 문제에서 사람들이 실수하기를 원하지 않는다고 말한다. 아마도 그가 의미한 것은 교리적 오류에 빠지는 것이리라. 이 탐구에 필요한 수고에 대해 말할 때 그가 염두에 둔 것은 그 앞에 놓여 있는 지적 과제였다. 『삼위일체론』은 대단히 부담스러운 책이다. 아우구스티누스가 삼위일체 하나님의 신비를 말과 개념으로 표현하려고 추구하기 때문이다. "성부, 성자, 성령께서 서로 연관된 삼위이며 동일한 존재의 통일체임을 이해하도록 추구하자. 우리가 이해하고 싶은 그분의 도움을 구하면서 말이다." 찾기^{finding}는 이해를 뜻하며, 『삼위일체론』은 교회가 신조에서 고백하는 것을 이해하려는 지적인 노력이다. 일단 이해하면 "우리는 이해하는 것을 설명하려 할 것이다"라고 아우구스티누스가 말한다.[38]

하지만 아우구스티누스는 그 이상의 무엇을 추구하고 있었다. 『삼위일체론』은 "이해를 추구하는 믿음"에 대한 작업이 아니다. 이 구절이 전통적으로 이해되는 것처럼 말이다. 여기를 제외한 어디에서도 "찾기"가 "더 이롭고", 아우구스티누스의 라틴어로 "더 풍요롭지" 않을 것이라고 말한다. 아우구스티누스가 추구하는 것은 하나의 신학적 개념이나 설명이 아니라 성부, 성자, 성령이신 살아 계신 하나님, "최고의 참되고 유일한 하나님이신 삼위일체"다. 만일 누군가가 "성부, 성자, 성령의 한 분 하나님을 찾는다는 것이 무슨 뜻인가?"라고 묻는다면, 그 대답은 그렇게 분명하지 않다. 찾기는 단지 사물을 명백히 밝히거나 인간적 경험에서 삼위일체 하나님에 대한 가장 적절한 은유를 발견하는 것 이상을 의미한다. 탐구자 안에서 아무런 변화도 없이 찾을 수는 없다. 우리의 정신이 정화되어야 하고, 우리는 적합하게 되어야 하며, 추구하는 것을 받을 수 있어야 한다. 우리는 하나님과 연결될 수 있으며, 우리가 오직 사랑으로 타오를 때 성삼위일체를 볼 수 있다.[39]

아우구스티누스에 따르면, 우리의 이해가 증진되면서 우리는 탐색의 종착점에 도달할 것이라고 생각한다. 하지만 시편 기자는 말한다. "**항상 그의 얼굴을 구하라.**" 다윗은 우리가 다른 사물들을 아는 것처럼 하나님을 아는 것에 대해 이야기하는 것이 아니라, 사람을 아는 것처럼 하나님과의 친밀함, 하나님 안에서의 기쁨, 하나님을 사랑하는 것에 대해 이야기하는 것이다. 사도 바울이 썼듯이 "만일 누구든지 무엇을 아는 줄로 생각하면 아직도 마땅히 알 것을 알지 못하는 것이요 또 누구든지 하나님을 사랑하면 그 사람은 하나님도 알아주시느니라"[고전 8:2-3]. 우리가 구하는 하나님을 우리가 알게 되듯이, 우리는 찾는 것이 더 진지한 탐구로 이어진다는 사실을 발견한다. 성숙은 도착을 의미하지 않으며 "앞에 있는 것을 잡으려는 것"이다[빌 3:13]. "그러므로 찾으려는 사람들처럼 구하고, 계속해서 구하려는 사람들처럼 찾자"고 아우구스티누스가 말한다. 올바른 텍스트를 찾으려는 신비한 눈으로, 아우구스티누스는 외경 시락서를 인용한다. "인간이 끝냈을 때, 그분이 시작하신다"[18:7].[40]

아우구스티누스가 마지막 기도에서 "항상 그의 얼굴을 구하라"는 시편의 말씀으로 돌아갈 때, "나는 지적으로 당신을 구했습니다", 그리고 "나는 열심히 주장했고 많이 수고했습니다"라고 말했다. 그런 후에 그는 "당신 자신이 발견될 수 있도록 허용했듯이 당신이 제게 당신을 더 많이" 구하고, 기억하고, 이해하고, 사랑할 수 있는 희망을 주셨으므로 "내게 당신을 구할 힘을 주소서"라고 덧붙인다. "우리가 당신께 도달할 때, 우리가 말하지만 얻지 못하는 이렇게 많은 것들이 끝나고, 당신은 하나로 남아 있을 것입니다. 그리고 우리는 한 목소리로 당신을 찬양하며, 한 가지만 말할 것입니다. 심지어 우리 자신도 당신 안에서 하나가 될 것입니다."[41]

5.

그리스도 인성의 비밀

내 원대로 마시옵고 아버지의 원대로

그들을 떠나 돌 던질 만큼 가서 무릎을 꿇고 기도하여 이르시되
아버지여, 만일 아버지의 뜻이거든 이 잔을 내게서 옮기시옵소서.
그러나 내 원대로 마시옵고 아버지의 원대로 되기를 원하나이다 하시니

눅 22:41-42

가끔 주장되듯이, 초기 그리스도인들은 사소한 교리 문제로 싸움을 했다. 4세기의 삼위일체론 교리에 대한 논쟁에서, 논점은 그리스어 철자 하나에 집중된 것처럼 보였다. 에드워드 기번$^{Edward\ Gibbon}$은 이것을 이중모음에 대한 "격렬한 싸움"이라고 불렀다. 이오타를 포함하는 단어^{omoiousion}를 사용할 경우, 아들은 아버지와 본질이 유사한가? 이오타를 포함하지 않은 단어^{omoousion}를 사용할 경우, 아들은 아버지와 본질이 동일한가? 하지만 이오타는 "중대한 순간의 문제"에 대해 꾸며진 것이 아니라 진정한 차이를 의미했고, "아버지와의 유사본질" 대신 "아버지와의 동일본질"을 채택한 것은, 비록 어떤 이들에게는 그런 언어적 해법이 대단히 미묘해 보일지 몰라도, 교회의 신앙과 삶에 지속적인 차이를 가져왔다. 이런 공식을 니케아 공의회 신조에 삽입함으로써, 교회는 그리스도가 단지 예외적인 인간이 아니라 진실로 하나님이라는 믿음을 결정적으로 확립했다.

    2세기경의 기독교 비판자인 켈수스는 그리스도인들이 상이한 견해를 지닌 경쟁적 분파들로 분열되었기 때문에 그리스도인들을 무시했다. 그는 정통파 그리스도인들과 영지주의자들 간의 분열에 대해 말했다. 이에 대한 답변으로 오리게네스는 어떤 그리스도인들이 다른 그리스도인들과 다른 견해를 가지고 있다는 것이 결코 기독교가 비난받아야 할 이유는 아니라고 명쾌하게 반박했다. 어떤 철학자가 인정하듯이, "작고 사소한 문제"가 아니라 "가장 중요한 문제"에 대한 차이는 지적 진지함의 징표라고 그는 지적했다.¹

    그러함에도, 교회사에서 일부 논쟁들의 우울한 과정을 음미하기 위해서는 세련된 신학적 통찰력뿐 아니라 많은 애정이 필요하다. 451년의 칼케돈 공의회 이후에 교회를 분열시켰던 그리스도의 위격[person]에 대한 논쟁보다 이것이 진실이었던 때는 없었다. 4세기에 삼위일체 교리에 대한 논쟁은 두 차례의 공의회, 곧 325년의 니케아 공의회와 381년의 콘스탄티노플 공의회를 소집했다. 하지만 그리스도의 위격에 대한 논쟁이 수세기 동안 기독교 사상가들의 지적 에너지를 징발했고, 네 차례(어떤 이들의 계산에 따르면 다섯 차례)의 공의회를 소집했다. 그 갈등은 5세기에 폭발하여, 431년에 주교들을 에베소에 소집했다. 그리고 세 차례의 공의회(451년의 칼케돈 공의회, 553년의 제2차 콘스탄티노플 공의회, 그리고 680-681년에 제3차 콘스탄티노플 공의회)가 더 소집될 때까지 합의에 도달하지 못했다. 그리고 성상숭배 문제를 다루었던 787년의 제7차 세계공의회 겸 제2차 니케아 공의회를 그리스도의 신성과 인성 간의 관계를 해석하려는 초대교회의 노력에서 또 하나의 장으로 간주하는 것이 적절하다.

이것은 그렇게 교훈적인 역사가 아니다. 주교든 수사든 혹은 황제든, 좋아 보이는 주인공은 별로 없다. 하지만 악당뿐 아니라 영웅도 있었고, 기독교 신앙의 심장 속으로 너무 깊이 파고들어서 오늘날까지 반복되는 쟁점들도 있었다. 예를 들어, 믿음의 대상으로서의 그리스도와 역사적 인물로서의 예수 사이의 긴장 같은 것 말이다. 가장 단순한 형태로 논쟁을 촉발했던 것은 기독교적 삶의 중심에 놓여 있는 한 가지 질문이었다. 즉, 만일 그리스도가 4세기에 공의회들이 고백했던 것처럼 온전히 하나님이며 아버지와 동일본질이라면, 어떤 의미에서 그가 온전히 인간인가? 그리스도가 인간이었다는 사실을 아무도 의심하지 않았다. 복음서들이 이 점을 분명히 했다. 예수를 한 아기라고 말하면서, 누가는 이렇게 썼다. "예수는 지혜와 키가 자라가며 하나님과 사람에게 더욱 사랑스러워 가시더라"[눅 2:52]. 하지만 "말씀이 육신이 되셨다", 곧 하나님이 인간이 되셨다고 말하는 것과 그것이 복음서에서 묘사되는 사람인 나사렛 예수를 표현할 단어를 찾는 것은 별개의 문제다.

기독교 지적 전통의 형성에 관한 설명에서, 관련된 정치가 지저분하고 논쟁들을 용서할 수 없을지라도, 칼케돈 공의회 이후 오랜 세월 동안 그리스도의 위격에 대한 교회의 묵상은 결코 간과될 수 없다. 그것은 이 책의 테두리를 넘어서는 거대하고 복잡한 이야기다. 하지만 그것은 복음주의 역사에 의해 기독교 가르침이 형성된 또 다른 방식을 검토할 수 있는 기회를 제공한다. 이 문제의 핵심을 드러내는 한 가지 방법은 7세기의 한 순간에 집중하는 것이다. 즉, 이 논쟁이 초대교회에서 "그리스도의 고뇌"[2]라고 불리었던 복음서의 한 사건(아버지께 고통의 잔을 옮겨 달라는 그리스도의 청원, 눅 22:39-42과 병행 구절들)에 집중했던 때 말이다. 특히 예리한 형태로 이 본문은 그리스도의 의지를 강조했고("내 원대로 마시옵고 아버지의 원대로 되기를 원하나이다"), 기독교 사상가들이 그리스도 인성의 본질을 숙고하도록 초청했다. 그리스도께서 인간적 의지를 가지고 있었는가? 혹은 그의 의지가 하나님의 영원한 아들의 의지, 곧 신적 의지였는가? 이 주제는 불가사의해 보일지도 모른다. 하지만 이 논쟁에서 그 시대의 기독교 사상가들은 그리스도의 삶에서 특정한 사건에 집중함으로써, 그리스도 인성의 본질을 그 이전의 어떤 것보다 분명하게 표현할 수 있었다. 이것은 반복해서 같은 사건으로 돌아가서 그것을 훨씬 더 면밀하게 살펴보고, 그것을 이런 식으로 이해한 후에, 그 사건 자체로 이끌리는 것을 의미했다. 이성이 복음주의 역사 속으로 보다 깊이 침투하면서, 그것의 상상력이 발동되었다. 단의론 논쟁 또한 황제에 맞선 수사와 교황을 고통스럽게 했고, 순교자 시대를 떠올리게 하는 방식으로 그리스도에 대한 충성의 의미를 시험했던 한 편의 충격적인 드라마였다. 다른 논쟁들과 달리, 이 논쟁은 성취된 것뿐 아니라 그것을 성취했던 사람들의 용기와 확고함 때문에 기억할 만하다.

마리아, 하나님의 어머니

그 수사는 고백자 막시무스였고, 교황은 마르티누스 1세였으며, 황제는 콘스탄스 2세였다. 그리고 각자가 담당한 역할이 있었다. 신학자 막시무스가 성취했던 것은 마르티누스의 후원이 없었다면 이루어질 수 없었다. 하지만 그렇게 비극적인 사건들에 지속적으로 지적 의미를 부여했던 것은 그 수사의 날카롭고 저항할 수 없는 지성이었다. 기독교 초창기의 발전들과 그것들이 어떻게 그리스도의 의지에 대한 논쟁으로 이어졌는지를 다시 살펴봄으로써, 이 논쟁에 대해 약간의 이해를 얻을 수 있다.

사도 바울이 자신의 로마서를 어떻게 시작했는지 떠올려 보자. "예수 그리스도의 종 바울은 사도로 부르심을 받아 하나님의 복음을 위하여 택정함을 입었으니 이 복음은 하나님이 선지자들을 통하여 그의 아들에 관하여 성경에 미리 약속하신 것이라. 그의 아들에 관하여 말하면 **육신으로는 다윗의 혈통에서 나셨고** 성결의 영으로는 죽은 자들 가운데서 부활하사 **능력으로 하나님의 아들로 선포되셨으니** 곧 우리 주 예수 그리스도시니라"롬 1:1-4. 이 본문에서 바울은 그리스도인들이 그리스도의 인격에 대해 생각할 수 있는 범주를 설정한다. 예수 그리스도는 다윗의 계보에서 태어난 인간이었고, 동시에 그가 죽음에서 부활한 것이 증거하듯이 하나님의 아들이었다.

교회사 초기에 일부 그리스도인들은 이런 주장 중 어떤 것을 불쾌하게 생각했다. 가현설주의자들Docetists은 그리스도가 오직 인간인 것처럼 보였다고 믿었으며, 그래서 그의 인간적 외모는 단지 겉모양만 그렇게 보였을 뿐 실제로 그런 것은 아니었다고 주장했다. 다른 극단에서, 에비온파 같은 집단은 그리스도가 단지 고대의 현인들이나 예언자들처럼 고귀한 인간이었을 뿐이라고 주장하면서 그의 신성을 부정했다. 하지만 기독교 사상의 중심 전통은 그리스도가 온전히 신이며 온전히 인간이라고 주장했다. 5세기에 발생한 그리스도의 위격에 대한 논쟁은 교회의 신앙에 의해 그리스도 안의 신성과 인성의 관계를 명확히 하려고 살았던 사상가들의 진정한 노력이었다. 의심의 여지없이, 이것이 바로 논쟁들이 그토록 강렬했고 욕설이 그렇게 심했던 한 이유다.

교회 지도자의 최상층에서 분열의 첫 징조는 콘스탄티노플의 주교 네스토리우스^{Nestorius}가 성모 마리아의 별명 테오토코스(하나님의 운반자 또는 하나님의 어머니)^{theotokos}라는 단어에 대해 다소 무례하게 의문을 던졌던 5세기 초반에 나타났다. 그는 크리스토토코스(그리스도의 운반자 또는 그리스도의 어머니)^{christotokos}라는 용어를 더 좋아했다. theotokos란 용어가 그리스도인들에 의해 사용되었지만, 그것은 아직 광범위하게 유통되지 못했다. 하지만 알렉산드리아의 주교 키릴로스$^{Kyrillos\ of\ Alexandria}$는 그리스도의 어머니라는 표현이 본래 모호하다는 사실을 깨닫고, 그것을 사용하지 말아야 한다고 생각했다. 그리스도의 어머니는 교회가 믿었던 것, 곧 나사렛 예수라는 인물 안에서 거룩하고 말로 표현할 수 없는 하나님이 동정녀 마리아로부터 한 인간으로 태어났다는 것을 명료하게 진술하지 못했다. 그의 말에 의하면, "거룩한 마리아가 육체로 하나님을 낳았기 때문에……우리는 그분이 하나님의 어머니라고 말한다."³

431년의 에베소 공의회에서 키릴로스는 자신의 경쟁자인 그 콘스탄티노플의 주교를 물리칠 수 있었다. 하지만 그의 승리는 아무런 평화도 가져오지 못했고 오히려 분열만 가중시켰다. 그 공의회 후에, 수십 년간 정치적 책략과 신학적 협상이 이어졌다. 다양한 정파들의 동의를 희망하면서, 451년에 다른 공의회가 콘스탄티노플로부터 보스포루스 해협을 가로질러 있는 도시 칼케돈에 소집되었다. 하지만 주교들이 이 공의회를 소집했을 때 키릴로스는 이미 죽었고, 그의 후계자 디오스코로스^{Dioskoros}는 그의 멘토의 정책들을 추진할 만한 정치적 신중함과 신학적 예민함이 부족했다. 칼케돈 공의회는 그 위대한 주교의 가르침을 타협한 것처럼 보이는 신학적 문서를 채택했다. 그 법령은 이렇게 시작한다. "우리는 하나이자 동일한……주 예수 그리스도를 고백하며, 우리 모두는 그분이 신성에서 동일하게 완벽하며 인성에서 동일하게 완벽한 진실로 하나님이자 진실로 인간"이라고 조화롭게 가르치고, 그리스도는 혼란 없이, 변화 없이, 분열 없이, 분리 없이 "두 본성으로" 알려져 있다고 인정한다.[4] 제국 황실의 압력 하에 형성된 이 선언문은 논쟁 중인 주인공들의 용어와 문구의 모음이었다. 그것의 목적은 일치를 가져오는 것이었지만 개념적 응집력이 부족했고, 그것을 채택한 순간부터 분열을 낳았다. 보다 거시적인 역사적 관점에서 "신성에서 완벽하다"와 "인성에서 완벽하다", 그리고 "두 본성 속의……한 위격"이란 멋진 대칭구조는 적절한 균형과 비율을 갖춘 것으로 보인다. 하지만 5세기 중엽 당시, 그 법령은 당파적이고 한쪽으로 치우친 것처럼 보였다. 불행히도 칼케돈 공의회는 일치와 화합이 아니라 분열과 갈등의 공의회로 역사에 남게 되었다. 갈등을 종식시키는 대신, 칼케돈은 200년 이상 동안 교회의 지적 에너지와 제국의 정치적 삶을 지배하게 되는 훨씬 더 피 튀기는 논쟁을 촉발했다.

표면상의 어려움은 "두 본성 안에"*in two natures*라는 문구의 의미에 놓여 있었다. 어떤 이들은 "두 본성으로부터"*from two natures*란 문구를 더 좋아했다. 그것이 그리스도 인격의 통일성을 보다 정확하게 표현했기 때문이다. "두 본성 안에"는 그리스도 안에 두 개의 독립된 행위자들이 단지 느슨하게 결합되어 있다고 의미하는 것처럼 보였다. 그 법령이 "한 위격"에 대해 말했지만, 어떤 이들에게 그것은 그리스도에게서 병자를 치유하고 죽은 자를 살렸던 신성과 배고프고 갈증을 느끼고 고통을 당하고 죽었던 인성을 분리하는 것처럼 보였다. 진정한 어려움은 그 법령이 정형화되고 추상적이었던 것이다. 어떤 의미에서 칼케돈의 그리스도가 복음서에 묘사된 사람이라는 말인가? 신성과 인성 간의 관계를 표현한 적절한 용어를 찾기 위해 노력하면서, 공의회 교부들은 그리스도 인격의 구체적 실재, 그의 인간적 의식(혹은 그 시대의 언어로 "영혼"), 그의 인간적 지식, 그의 의지, 그리고 그의 고통에 대해 별로 할 말이 없었다. 하지만 숨겨 있던 가장 고통스러운 문제는 어떻게 인성과 신성이 그리스도의 실제적 삶에서 연합되었는가 하는 것이었다.

초대교회의 기독론에 대한 끈질긴 비판들 중 하나는 교부들이, 특히 이집트의 알렉산드리아와 관련된 사람들이 성육신하신 하나님의 아들이 지상에 머무는 동안 하신 일들이 아니라 성육신 자체에 관심을 갖고 있었다는 것이다. 중요했던 것은 신이신 아들이 인간의 육체를 입었다는 것이다. "우리가 하나님이 되기 위해 하나님이 인간이 되셨다"는 자주 인용되는 문구처럼 말이다.[5] 성육신 안에서 하나님과 인간이 연합함으로써, 인간은 하나님과 교제할 수 있게 되었다. 4세기에 성자의 신성에 대한 위대한 방어자였던 아타나시우스는, 그리스도에 대한 자신의 묘사에서 인간적 의식이나 영혼의 자리를 찾는 데 어려움이 있었다. 지금도 학자들이 이 문제에 대한 그의 가르침에 대해 논쟁을 벌이고 있지만, 그의 모호한 언어는 신적인 말씀이 그리스도 안에서 인간적 의식을 대체했다고 제안한다. 그는 규칙적으로 그리스도의 인간적 본성을 "육신"이나 "몸"이라고 말한다. 아타나시우스는 확실히 그리스도가 온전한 인간이라고 믿었다. 하지만 그리스도의 삶에서 나타난 특정한 사건들에 대한 그의 해석을 검토해 보면, 그는 하나님의 아들이 인간의 몸을 통해 활동하신다고 생각한 것처럼 보인다. 그리스도가 인간으로서 실제로 경험한 것은 그의 사상에서 그렇게 중요한 역할을 하지 못했다.

물론 아타나시우스가 복음서 이야기의 함의들을 충분히 수용하기를 꺼렸던 이유가 있었다. 아타나시우스에게, 그 시대의 중요한 문제는 성자와 성부의 관계였다. 즉, 그리스도가 온전한 하나님인지의 여부 말이다. 4세기 니케아 공의회의 다른 방어자들처럼, 그리스도에 대한 그의 사상은 수직적 방향으로 움직였다. 바로 하나님, 영원한 로고스, 하나님과 하나된 분으로서의 그리스도다. 성육신이라는 사실이 그의 사상의 중심에 있었지만, 복음서에 묘사된 그리스도의 삶은 그의 사상의 깊은 곳으로 스며들지 못했다. 복음서 구절들이 그의 교리적이고 논쟁적인 저술들 속에 자주 나타나지만, 그 것은 흔히 그의 적대자들이 그에게 제시한 "문제의 본문"들이다. 예를 들어 "예수의 지혜가 자라가며"눅 2:52, "지금 내 마음이 괴로우니"요 12:27, "그 날과 그 때는 아무도 모르나니 하늘에 있는 천사들도, 아들도 모르고 아버지만 아시느니라"막 13:32 등이다. 복음서의 그리스도와 그리스도에 대한 교회의 이해를 통합하는 작업은 후대에게 맡겨졌다.

고통 속의 영광

아타나시우스의 가장 충실한 제자요 알렉산드리아의 주교좌를 승계할 자격이 있는 인물인 알렉산드리아의 키릴로스는 성실한 성경(복음서를 포함한) 주석가였다. 하지만 기독교 사상사에 대한 전통적 설명에서, 키릴로스는 주로 네스토리우스에 대한 그의 논쟁적 저서들로 알려졌다. 19세기의 기독교 사상사가인 아돌프 폰 하르낙은 『교리사』 *History of Dogma* 에서 키릴로스가 자신의 신앙을 논쟁적으로 표현하는 법만을 알고 있었다고 쓰면서, 독자를 『그리스 교부 문헌집』 *Patrologia Graeca* 에서 세 권으로 된 그의 논쟁적 저서들로 인도한다.[6] 하르낙이 언급하지 않은 것은 키릴로스의 저서는 총 열 권이며, 그가 무시했던 일곱 권은 모두가 성경에 대한 주석이었다는 사실이다. 키릴로스는 모세오경에 대한 방대한 두 권의 주석을 썼고, 이사야서와 소선지서들에 대해서도 구절마다 주석을 달았다. 열왕기상하, 아가서, 시편과 잠언, 그리고 구약의 다른 책들에 대해서도 주석의 일부가 남아 있다. 신약에 대한 그의 저서들에는 요한복음 전체에 대한 주석, 마태복음에 대한 주석의 일부, 그리고 누가복음에 대한 일련의 설교들이 포함되어 있다. 키릴로스는 그리스도에 대한 교회 이해의 발달 과정에서 중요한 인물일 뿐 아니라, 가장 많은 성경주석을 남긴 사람들 가운데 한 명이다. 콘스탄티노플의 주교인 네스토리우스의 가르침을 비판함으로써 기독론 논쟁을 촉발했던 열정적인 논쟁가였지만, 키릴로스는 교회 정치가 그 이상이었다. 키릴로스의 사상은 성경에 의해 형성되었으며, 수년 동안 꾸준하게 성경 구절마다 해설을 달았던 열매였다. 그의 저서들에서 사람들은 복음서에 나오는 그리스도의 묘사가 그리스도에 대한 교회의 이해를 어떻게 형성하기 시작했는지 눈치챌 수 있다.

달라진 미묘한 변화의 탁월한 한 가지 예는 요한복음 13:31-32("지금 인자가 영광을 받았고")에 대한 키릴로스의 주석에서 발견될 수 있다. 이 본문은 그리스도의 고난과 영광을 동일시했기 때문에 당혹스러웠다. "인자가 영광을 얻을 때가 왔도다"요 12:23라고 예수께서 말씀하셨다. 어떻게 이것이 가능할까? 성경에 따르면 하나님의 아들, 성삼위일체의 제2위는 영광으로 둘러싸여 있다. 하나님의 아들이 이미 영광의 관을 썼다면, 어떻게 그가 지금 영광을 받는다고 말씀하실 수 있는가? 이런 종류의 본문들은 초기 주석자들 안에서 별로 주목받지 못했다. 그리고 아타나시우스도 그것들을 회피했던 것 같다. 하지만 키릴로스는 고통과 영광의 동일시 앞에서 당황하지 않는다. 요한복음에 대한 주석에서 그는 복음서 말씀들에 의해 제시된 도전들에 당당하게 뛰어든다. 키릴로스의 생각에, 이러한 맥락에서 요한이 **영광**이라는 단어를 사용할 때 그것은 단지 그리스도가 인간으로서 영광을 받는다는 것이고, 하나님의 아들로서 영원히 영광을 받는다는 것과는 다르다는 뜻일 수 있었다. 더욱이 복음서 저자는 이런 영광이 그의 기적과 연결된 영광보다 더 위대하다고 지적한다. 이와 같은 통찰로 무장한 후, 키릴로스는 문제의 핵심으로 돌아간다. 즉, 그 본문의 의미는 그리스도의 영광이 그의 고통 속에서 발견된다는 것이다. "그의 영광의 완전한 성취와 그의 명성의 완전함은 이것 속에, 곧 세상의 삶을 위한 그의 고통 속에, 그리고 만물의 부활을 위한 그의 부활을 통해 새 길을 만드시는 것 속에 분명히 놓여 있다."⁷

요한복음 저자의 영향하에, 키릴로스는 고통이 예수의 삶에서 불행한 막간이 아니었음을 깨달았다. 그것은 하나님의 계획과 성육신의 필연적 성취를 위해서 중요한 부분이었다. "인자가 영광을 얻을 때가 왔다"에 대해 주석하면서, 그는 이렇게 말한다. 복음을 설교하고 사람들에게 믿음을 주기 위해 모든 일을 행한 후 그리스도는 "소망의 정점, 곧 죽음의 파괴를 향해 가고 싶어 했다. 그분 안에서 우리 모두가 생명을 얻기 위해서는 생명이 죽음을 통과하는 것 외에 다른 방도가 없다. 이런 이유로, 그리스도는 자신이 죽음에서 영광을 얻는다고 말한다.……그의 십자가는 그가 지상에서 영광을 얻는 출발점이었다."⁸

힐라리우스가 명확히 이해했듯이, 예수의 추종자들이 하나님을 새로운 방식으로 이해하도록 이끈 것은 바로 그리스도의 부활이었다. 키릴로스가 요한복음에 대한 주석을 쓸 때, 그는 부활의 다른 차원을 본 것이다. 부활은 그리스도가 독특한 종류의 인간이라는 증거였다. 그리스도는 "자신을 성부 하나님께 인류의 첫 열매로 드렸다.……그는 우리를 위해 인류가 예전에 알지 못했던 길을 열었다." 그리스도가 세상에 오시기 전, "인간 본성은 죽음을 파괴할 수 없었다." 하지만 그리스도는 세상의 환란보다 우월하고 죽음보다 "강하다." 따라서 그는 죽음과 부패를 정복할 수 있었던 최초의 인간이 되었다. 자신이 죽음보다 강하다는 것을 보여줌으로써, 그리스도는 부활의 권능을 우리에게까지 확대한다. 그런 후에, 키릴로스는 다음 문장을 추가한다. "만일 그가 하나님으로서 정복했다면, 그것은 우리와 아무 상관도 없다. 하지만 만일 그가 인간으로서 정복했다면, 우리도 그 안에서 정복한 것이다. 성경에 따르면 그는 하늘에서 우리에게 오신 두 번째 아담이기 때문이다." 이것은 특이한 진술이며, 내가 아는 한 전례가 없던 것이다. 키릴로스는 그

리스도가 그런 인간이었기 때문에 죽음을 이겼다고 주장한다. 그의 인성이 그리스도를 독특하게 만든다.⁹

복음서에 심취하여, 키릴로스는 그리스도를 분리시켰던 것이 바로 그가 인간으로서 했던 일임을 밝혀냈다. 비록 그가 죄를 제외하고는 모든 면에서 우리와 비슷했지만, "일반적인 인간"이나 "단순한 인간"이 아니었다. 그는 하늘에서 내려왔으며, 그 이전에는 어떤 사람도 밟은 적이 없던 길을 인간에게 보여준 새로운 아담이었다. 그리스도의 인성에 대한 이런 통찰 덕분에, 키릴로스는 영원한 하나님의 아들을 복음서의 그리스도와 친밀한 관계 속으로 이끌었다. 정말로 그리스도를 사람의 형상을 한 하나님의 아들로 이해했다. 키릴로스가 그리스도 생전의 사건들을 검토했을 때, 특히 두 순간이 중요했다. 그의 영광의 순간인 그리스도의 수난과 "인간적 본성의 두 번째 시작이었던" 죽음에서의 부활 말이다. 이런 토대 위에서, 2세기 후에 막시무스는 그리스도의 특별한 수난인 겟세마네 동산의 "고뇌"를 선택하여 인간 나사렛 예수의 독특성의 또 다른 측면을 보여주었다. 비록 막시무스가 키릴로스보다 훨씬 더 사색적인 사상가였지만, 복음주의 역사는 그의 사상에서도 적지 않은 영향을 받았다.

교회, 분열되다

고백자 막시무스는 복음서에 대한 주석을 쓰지 않았다. 비록 그가 성경의 심오한 의미를 파악하기 위해 날카로운 눈으로 성경을 철저하게 읽었지만, 그의 주석은 성경 본문에 대한 그의 간략한 설명 속에서 발견된다. 642-646년의 짧은 기간 동안, 막시무스는 그리스도의 죽음의 고뇌에 대한 세 편의 주석을 집필했다. 그의 사상은 머릿속에서 단련되는 동안, 용광로에서처럼 뜨겁게 달구어졌다. 그는 한발 물러서서 또 다른 추상적 범주를 구성하는 것이 아니라, 그리스도 고난의 구체적 사실들이 그의 상상력을 형성하도록 허용함으로써 자기 앞에 놓인 쟁점을 공격했다.

누가복음에 나오는 그리스도의 고난에 대한 설명은 다음과 같다. "예수께서 나가사 습관을 따라 감람산에 가시매 제자들도 따라갔더니 그곳에 이르러 그들에게 이르시되 유혹에 빠지지 않게 기도하라 하시고 그들을 떠나 돌 던질 만큼 가서 무릎을 꿇고 기도하여 이르시되 아버지여, 만일 아버지의 뜻이거든 이 잔을 내게서 옮기시옵소서. 그러나 내 원대로 마시옵고 아버지의 원대로 되기를 원하나이다 하시니 천사가 하늘로부터 예수께 나타나 힘을 더하더라. 예수께서 힘쓰고 애써 더욱 간절히 기도하시니 땀이 땅에 떨어지는 핏방울 같이 되더라. 기도 후에 일어나 제자들에게 가서 슬픔으로 인하여 잠든 것을 보시고 이르시되 어찌하여 자느냐. 시험에 들지 않게 일어나 기도하라 하시니라."눅 22:39-46.

이 본문은 많은 그리스도인들에 의해 여러 차례 해석되어 왔다. 하지만 막시무스의 시절과 단의론^{monotheletism} 논쟁에서, 특별히 한 가지 해석이 주교와 신학자들의 생각 속에 있었다. 특히 소아시아 출신으로서 4세기 후반에 살았던 감미로운 주교 나지안주스의 그레고리우스$^{Gregorius\ of\ Nazianzus}$의 생각이 그랬다. 그는 비잔틴 그리스도인들에게 "신학자 그레고리우스"로 알려졌다. 막시무스의 가장 주요한 책 가운데 하나인 『난점들』^{Difficulites}은 그레고리우스의 저서들 중에서 논쟁이 되는 본문들에 대한 토론집이다. 니케아 공의회를 비판하는 사람들에 반대하여 행해진 신학적 연설에서, 그레고리우스는 그리스도의 고뇌를 상세하게 논의했다. 이것은 그가 직접 선택한 본문이 아니었다. 그것은 요한복음의 다른 본문("내가 하늘에서 내려온 것은 내 뜻을 행하려 함이 아니요 나를 보내신 이의 뜻을 행하려 함이니라")과 함께 아리우스파들에 의해 그에게 주어진 것이다. 이렇게 복음서의 두 구절을 합하면, 그리스도의 의지가 아버지의 의지와 다르고 그래서 아들은 "아버지와 동일본질"이 아니라는 아리우스파의 주장을 지지하는 것처럼 보였다. 의지에 대한 이런 본문들이 복음서의 다른 본문, 예를 들어 "아버지는 나보다 더 위대하시다"와 결합하면, 그것은 그리스도가 아버지께 종속된다는 의미였다.

그레고리우스는 그 본문이 인간으로서의 그리스도에 대해 말하는 것에는 별로 관심이 없었다. 대신 그의 주목을 끈 것은 그것이 성자와 성부의 관계에 대해 말하는 것(혹은 말하지 않는 것)이다. 그의 견해에, 그 본문은 신적인 로고스와 아버지 간의 영원한 관계에 대해 말하고 있다. 자신이 고난의 잔을 마실지 어떨지를 몰랐다거나, 자신의 뜻이 아버지의 뜻에 반할 것이라고 아들은 상상도 할 수 없다. 그래서 그리스도께서 "나의 원대로 마시옵고 아버지의 원대로 되기를 원하나이다"라고 말할 때, 그는 사실 자신의 뜻이 아버지의 뜻과 같다고 말하는 것이다. "하나님은 한 분"이기 때문에 "뜻도 하나다"라고 그레고리우스는 말한다. "그 본문은 아들이 아버지의 뜻 외에 자신만의 독특한 뜻을 가지고 있다는 의미가 아니다."[10]

그레고리우스에게, 그리스도의 고뇌는 해결되어야 할 한 가지 문제를 제시했다. 그리고 여기에서 그는 알렉산드리아의 아타나시우스와 동일한 영적 환경에 속해 있었다. 그는 그리스도의 위격에 수직적으로 접근한다. 즉, 그의 임무는 그리스도와 아버지의 일치를 확립하는 것이었다. 물론 그는 그리스도가 완전히 인간이라고 생각했다. 하지만 이것이 예수 그리스도의 실제적인 인간적 삶에 대해 무엇을 의미했는지는 덜 중요한 문제로 남았다. 그리스도가 온전히 인간적인 의지, 그래서 하나님의 의지에 반대하지는 않지만 신적인 의지와는 다른 의지를 가질 수 있다는 생각을 그는 이해할 수 없었다. 그래서 막시무스가 7세기에 전개되는 신학적·정치적 드라마에 의해 그리스도의 고뇌를 새로운 시선으로 바라보게 될 때까지, 상황은 그렇게 남아 있었다.

그리스도의 의지에 대한 신학 논쟁은 불안하고 긴장된 환경에서 발생했다. 막시무스가 태어날 무렵, 동방교회는 그리스도 위격의 일치를 어떻게 파악할 것인가 하는 문제로 분열되어 있었다. 칼케돈 이후의 세대에서 황제, 콘스탄티노플 총대주교, 그리고 다른 총대주교와 주교들이 칼케돈 강령을 명확히 할 문구를 발견하여 경쟁하는 당파들을 연합시키려고 노력했지만, 결국 실패했다. 5세기 말에 황제 제논이 시도했던 첫 번째 노력은 아무런 소용이 없었고, 심지어 제국의 종교적 통일이 자신의 정치적 프로그램의 핵심적 특징이었던 한 세기 후의 황제 유스티니아누스도 칼케돈의 방어자들과 비판자들을 연합시키는 데 실패했다. 여러 세대 동안 곪았던 분열이 그의 통치 기간 동안, 동방교회 안에서 오늘까지 지속되는 실제적 분열을 초래했다.

내부의 경제적 문제와 점증하는 외부의 위협에 직면했던 7세기 초엽, 황제 헤라클리우스와 총대주교 세르기우스가 심화되는 분열을 종식하려는 또 다른 노력에 합류했다. 이전의 노력들과 달리, 이번의 접근은 명백히 신학적이었다. 황제 헤라클리우스는 비록 신학적으로는 탁월하지 않지만, 자신의 유능한 총대주교의 안내를 받으며 그리스도의 "두 본성"이 한 위격 안에서 연합되었다는 것을 긍정하는 한 가지 방법이 "단일한 활동"이나 "단일한 에너지"에 대해 말하는 것이라고 제안했다. 그리스도가 신적·인간적 본성을 모두 소유했지만, 그가 행한 모든 일에는 단일한 행동이 있었다고 인정될 수 있었다.

"그리스도 안의 단일한 에너지"라는 사상의 정치적 매력을 검토하기 위해, 총대주교 세르기우스는 콘스탄티노플의 칼케돈적 정책과 상충된 지역 출신들, 특히 이집트의 수많은 유식한 주교들에게 의견을 물었다. 그의 제안이 별다른 반대를 받지 않자, 이집트 주교들은 단일 에너지 교리가 칼케돈파와 비(非)칼케돈파 간의 화해를 위한 초석이 될 수 있다고 생각했다. 633년에 알렉산드리아에서 열린 한 기념식에서, 두 진영 간의 상세한 신학적 합의가 대성당 설교단에서 선포되었다.

하지만 문제가 앞에 놓여 있었다. 합의가 이루어지려는 순간에, 곧 예루살렘의 총대주교가 될 팔레스타인 출신의 연로하고 존경받는 수사 소프로니우스^{Sophronius}가 알렉산드리아에 있었다(그는 불행히도 638년에 그 도시를 무슬림 군대에게 넘겨주는 과업을 맡았다). 그에게 한 권의 문서가 주어졌다. 그는 그것을 읽고 좋아하지 않았다. 그의 의견이 너무 존중되어, 그가 세르기우스에게 자신의 반대의견을 알려주자, 세르기우스는 단일 에너지 입장에 반대하는 "권위 있는 의견서"를 발표했다. 『프세포스』^{Psephos}로 알려진 이 문서는 그 논의에서 에너지라는 단어를 제거함으로써, 그 문제를 교묘하게 처리하려고 했다. 혼란과 오해를 피하기 위해 그 문서는 "한 에너지"나 "두 에너지"란 문구가 사용되지 말아야 한다고 규정했다. "한 에너지"는 "한 본성"과 너무 비슷해서 "두 본성"에 대한 칼케돈의 가르침에 의문을 제기하는 것처럼 보였다. "두 에너지" 대해 세르기우스는 이렇게 말했다. "더욱이 '두 에너지'란 표현은 교회의 성인이나 뛰어난 교사들에 의해 가르쳐진 적이 없었기 때문에 많은 사람들을 당황하게 만든다. 더구나 그것은 결과적으로 '두 의지'가 서로 모순되는 고백을 하게 될 것이다. 마치 한편에서는 신적 말씀이 구원의 수난을 완수하려고 의도했으나, 다른 편에서는 반대되는 그의 인성이 그의 의지에 저항했던 것처럼 말이다."[11]

세르기우스가 "말씀이 구원의 수난을 완수하려 의도했다"고 말했을 때, 그는 디모데전서 2:4("하나님은 모든 사람이 구원을 받으며 진리를 아는 데에 이르기를 원하시느니라") 같은 본문을 염두에 두었다. 고대 전통에 따라 세르기우스는 성자께서 성부와 성령과 공통되게 구원의 수난과 인류의 구속을 의도했다고 주장했다. 자신의 수난 속에서 그리스도가 성삼위의 뜻을 실천하지만, 그가 인간으로서 자신의 수난을 의도했다는 뜻은 아니다. 그의 고통 속에서 성취된 것은 영원한 신적 의지의 성취였다. 나지안주스의 그레고리우스처럼, 세르기우스는 신적 의지와 다르지만 그것과 조화를 이루는 그리스도의 인간적 의지에 대해서 생각할 수 없었다. 만일 우리가 두 의지를 가정하면 "모순되는 것들을 의지하는 두 존재"란 관념을 도입하게 된다고 그는 주장했다. 다른 말로, 두 의지라는 관념은 키릴로스가 반대했고 에베소 공의회가 정죄했던 네스토리우스의 사상으로 돌아가는 것처럼 보였다. 이 시점에서 막시무스가 논의에 개입한다.

그리스도의 고뇌

막시무스는 580년에 콘스탄티노플에서 태어났고, 그 위대한 도시에서 교육을 받았다. 그의 초기 시절에 대한 역사적 정보는 부족하며 모순된다. 그의 나이 30세에 이르러, 그는 황제 헤라클리우스의 궁정에서 비서로서 역사의 주목을 받기 시작했다. 하지만 그의 지적 재능과 영적 강렬함 때문에, 궁정에서의 그의 삶은 혼란스럽고 불만족스러웠다. 그는 그곳에서 잠시 일한 것 같다. 콘스탄티노플에서 보스포로스 해협 건너편에 있는 도시 크리소폴리스의 한 수도원에 들어가기 위해 614년 그의 자리를 사임했다. 그는 크리소폴리스에 대략 6년 정도 머물다가, 크리소폴리스 동편에 있는 마르마라해 남부에 위치한 시지코스의 성 게오르그 수도원으로 옮겼다. 그의 생애 첫 저서가 이 시기에 나왔다. 그중에 『사랑에 대하여』$^{On\ Love}$라는 제목의 아름다운 소논문이 있다. 그것은 사상에서는 젊지만 감정에서는 심오하며, 깊은 겸손과 열정적 경건의 한 인물을 소개한다. 막시무스가 사상가로서 그토록 매력적이었던 한 가지 이유는 그가 지적 불꽃과 정서적 힘을 결합했기 때문이다.

그가 콘스탄티노플에서 가까운 수도원들에서 종교 생활의 첫걸음을 떼었을 때, 로마 제국의 동쪽 국경선에서 항상 위협이었던 페르시아인들이 지중해 동부 지방(오늘날의 요르단, 시리아, 터키)을 정복하기 시작했다. 그리고 614년에 예루살렘을 점령하고 그리스도인들을 도륙했으며 성 십자가$^{the\ True}$ ^{Cross}를 약탈해 갔다. 그들의 최종 목표는 수도인 콘스탄티노플이었다. 그래서 군대가 그 도시에 접근하고 에게 해부터 마르마라 해까지 이어지는 해로로 페르시아 배들이 이동할 때, 막시무스와 성 게오르그의 수사들은 키프로스로, 다음에는 크레타로, 최종적으로는 멀리 서쪽에 있는 북아프리카 해안의 카르타고로 이동했다. 630년에 그는 아우구스티누스가 청년 시절에 머물렀던 도시 카르타고에 정착하여, 거의 10여 년간 그곳에 머물렀다. 그곳에 있는 동안 그 위대한 라틴 주교의 저서들을 알게 되었는지는 확실하지 않다.

카르타고에 도착하고 수년 후, 아마도 633년에 막시무스는 콘스탄티노플에서 가져온 세르기우스의 『프세포스』 한 권을 얻었다. 그의 최초 반응은 긍정적이었다. 그는 아직까지 그 문제에 대해 진지하게 생각하지 않았던 것처럼 보인다. 하지만 이 시기에 쓰인 성육신에 대한 글에서 그는 의지가 그리스도의 인간적 본성의 한 가지 핵심적 특징이라는 사상을 탐색한다. 동정녀 탄생을 통해 그리스도는 우리와 하나가 되었지만 죄는 없었다. "죄 때문에 우리는 흔히 하나님께 반항하고, 우리 의지는 하나님께 대항한다. 우리 의지는 한쪽으로 치우쳤고, 다음에는 다른 곳으로 치우친다. 하지만 본질적으로 모든 죄에서 자유로운 그리스도 안에, 그가 단순한 인간이 아니라 성육신하신 하나님이기 때문인데, [그의 의지 안에] 하나님과 반대되는 것이 전혀 없다." 그런 후에 그는 요한복음의 난해구절에 대한 자극적 해석을 첨가한다. "이 세상의 임금이 오겠음이라. 그러나 그는 내게 관계할 것이 없으니"$^{요\ 14:30}$라고 예수가 말했을 때, 그것은 "우리 의지의 모순성을 보여줌으로써 우리 본성을 저하시키는" 그 어떤 것도 그가 발견하지 못할 것이라는 뜻이었다.[12]

그 이전 작가들의 경우에 예수께서 탄원하신 말씀, 곧 "아버지여, 만일 아버지의 뜻이거든 이 잔을 내게서 옮기시옵소서"(이것은 그리스도께서 아버지의 뜻과 반대로 행동할 수 있음을 의미하는 것처럼 보였다)는 가설적인 것으로 이해되었다. 하지만 막시무스는 "이 잔을 내게서 옮기시옵소서"라는 말씀이 진정으로 한 것이 아니라면, 어떻게 그리스도 기도의 두 번째 부분 "그러나 내 원대로 마시옵고 아버지의 원대로 되기를 원하나이다"가 이해되느냐고 묻는다. 동시에, 이 설명의 가장 중요한 특징은 그리스도가 그 잔을 마셨다는 것이라고 그는 언급한다. 그리스도가 말한 것은 "내 원대로 마시옵고 아버지의 원대로 되기를 원하나이다"이다. 예수의 말씀은 그 앞에 놓여 있는 것으로부터의 "물러남", 곧 그 잔의 거절을 표현하는가, 아니면 용기와 동의라는 최고 행위를 대표하는가라고 막시무스가 묻는다. 막시무스에게 예수의 말씀은 저항이나 공포가 아니라 "완벽한 동의와 일치"를 표현한다. 자유롭게 행동하는 인간으로서 그리스도는 자신의 뜻을 하나님의 뜻에 완전히 일치시킴으로써 하나님의 뜻에 복종했고, 이런 식으로 "신적인 의지에 대한 그의 인간적 의지의 최고 동의"(그것은 아버지의 의지이자 동시에 그 자신의 의지이다)를 보여주었다. 그 후에 다음과 같은 표현이 나온다. "두 본성을 지닌 사람 안에, 각 본성에 일치하는 두 의지와 두 에너지가 있다. 비록 그 둘 사이에 차이점이 보존되지만, 그 둘 사이에는 어떤 대립도 없다."[13]

그렇다면, 그리스도의 인성은 겟세마네 동산의 고뇌 속에서 가장 분명히 드러난다.

> 육신이 된 말씀이 인간으로서 자연스럽게 의도하거나 자신의 인간적 본성에 따라 일을 성취하지 않는다면, 그가 어떻게 의지적으로 허기와 갈증, 노동과 연약함, 잠과 인간에게 공통된 다른 모든 것을 경험할 수 있을까? 말씀은 자신이 성부와 성령과 공유하는 초월적이고 무한한 본성에 따라 이런 것들을 의도하

고 성취하는 것이 아니다. 만일 그가 인간이 아니라 하나님으로서 이것들을 의도한다면, 그 몸은 본성상 신적이 될 것이다. 그렇지 않다면, 말씀은 자신의 신성을 버림으로써 자신의 본성을 바꾸고 육체가 된다. 혹은 그 육체는 결코 자기 안에서 이성적 영혼을 갖지 못하거나 완벽하게 생명이 없고 비합리적이다.[14]

키릴로스가 부활에 대해 사용했던 것과 동일한 공식을 막시무스가 그리스도의 의지에 대해 사용한다는 사실에 주목하라. 키릴로스가 말했었다. "만일 그가 하나님으로서 정복한다면, 그것은 우리와 아무런 상관도 없다." 그리고 막시무스가 말한다. "만일 그가 이것들을 의도하는 것이 오직 하나님으로서라면" 육체는 "생명이 없고 비합리적이다." 간단히 말해서, 만일 그리스도가 인간적 의지를 갖지 않는다면 그는 충분히 인간적일 수 없다.

의지, 곧 자기결정은 우리 인간 본성의 특징이며, 자유는 그것의 최고 표시다. 그래서 사람이 칼케돈 공의회에 충실하려면, 그리스도는 신적 의지뿐 아니라 인간적 의지도 가지고 있었어야만 했다고 막시무스는 주장한다. "말씀 스스로 자신이 인간적 의지를 가지고 계셨음을 분명히 보여주신다. 본성상 그가 신적 의지를 가지고 계신 것처럼 말이다. 왜냐하면 그가 우리를 위해 인간이 되셨을 때 '내 아버지여, 만일 할 만하시거든 이 잔을 내게서 지나가게 하옵소서'[마 26:39]라고 말하면서, 죽음에서 구해 달라고 간청했기 때문이다. 그의 방식으로, 그는 자신의 육체적 연약함을 보여주었다. 그를 보았던 사람들은 그의 육체가 상상의 것이 아니며, 사실 그가 진정한 인간이었다고 인정했다."[15]

물론, 막시무스는 그리스도의 인간적 의지가 아버지의 의지와 대립될 수도 있었다고 주장하지는 않는다. 하지만 그는 그리스도 탄원의 두 부분 모두, 곧 그 잔을 옮겨 달라는 요구와 아버지의 뜻대로 잔을 마시고 행동하겠다는 결심에 무게를 둔다. 그리스도의 의지가 신적 의지와 너무나 완벽하게 일치했기 때문에, 그의 의지는 신적godlike이라고 말할 수 있다. "그의 인간적 의지가 신적 의지와 일치한다는 면에서, 전적으로 신성시되는 것이 분명하다. 인간적 의지가 항상 신적 의지에 의해 움직이고 형성되기 때문이다. 인간으로서 그가 '나의 원대로 마시옵고 아버지의 원대로 되기를 원하나이다'라고 말했을 때, 그의 인간적 의지는 아버지의 의지와 완벽한 조화를 이룬다."16

막시무스의 손에서, 그리스도의 의지적 행동이 구원사에서 결정적인 순간이 되었다. 성경 디모데전서 2:4("하나님은 모든 사람이 구원을 받기를 원하신다")을 따라, 하나님의 영원한 아들이 아버지와 성령과 조화를 이루면서 인류의 구원을 의지했다는 사실이 오랫동안 긍정되어 왔다. 하지만 막시무스는 이제 겟세마네 동산에서 인간 그리스도가 고뇌하던 순간에, 세상의 구원을 의도했다고 구별하여 말한다. 그는 디모데전서의 말씀을 인용하여, 영원부터의 신적 의지(그것은 물론 신적인 아들의 의지였다)와 그리스도가 수난을 당할 때 행동으로 보여준 인간적 의지를 구별하려고 했다. "내 원대로 마시옵고 아버지의 원대로 되기를 원하나이다"라는 말씀은 그리스도에 의해 인간적 방식으로 하나님 아버지께 말한 것이다. 이것 때문에 막시무스는 그리스도가 인간으로서 순종함으로 "우리 구원을 의도하고 수행했다"라고 승리에 찬 주장을 할 수 있었다.17

구원에 대한 하나님의 계획이 천사의 말씀에 대한 마리아의 자발적 동의에 달려 있었다고 흔히들 말한다. 구원 사역은 하나님의 사역이지만, 인간의 협조 없이는 이루어질 수 없었다. 천사의 말을 들은 후 마리아는 이렇게 말했다. "말씀대로 내게 이루어지이다." 이 명령, 곧 "내게 이루어지이다"가 영원한 아들의 성육신이 동정녀의 자궁 안에서 이루어지도록 만들었다. 막시무스는 복음서에 또 다른 명령, 곧 또 다른 "내게 이루어지이다"가 있다고 제안한다. 즉, 인간 그리스도의 고통 말이다. 그 고통 속에서 그리스도는 이러한 고통과 죽음을 받아들임으로써 인류의 구원을 의도한다. 구원 계획이 마리아의 "예"를 요구했듯이, 오직 그리스도의 수난과 죽음을 통해서만 세상의 구원이 완성되기 때문에 그리스도의 "예"도 필요했던 것이다.

고통의 잔을 받은 것은 그의 자유로운 행동이었다. 영원한 성자께서 성부와 성령과 연합하여 의도했던 구원은 그리스도께서 인간으로서 의도하신 것이며, 이와 같은 방식으로 그 자신이 새로운 종류의 인간임을 보여주신다. 인간의 의지는 신적인 의지와 조화를 이루기 때문에 덜 인간적인 것이 아니라 더 인간적이다. 키릴로스처럼 막시무스는 그리스도께서 우리에게 "인간이 되는 전적으로 새로운 길"을 보여주었다고 말하고 싶어 한다. 그리스도의 삶은 새롭다고 막시무스는 말한다. "지상에 사는 사람들에게 이상하고 놀라우며, 다른 것들과 비교할 때 낯설기 때문일 뿐만 아니라, 새로운 방식으로 살았던 사람의 새로운 에너지를 그 자체 안에 담고 있었기 때문에 말이다."[18]

순교자와 고백자

막시무스가 그리스도의 의지를 이해하기 위해 분투하는 동안, 거대한 사건이 그가 태어난 세계를 초토화시켰다. 그에게 시리아와 팔레스타인에서 발생한 재난들은 세상의 종말을 예시하는 것처럼 보였다.[19] 640년경 이슬람 군대가 지중해 동부 지역을 거의 장악하여 제국의 동부 지역과 콘스탄티노플을 갈라놓았고, 제국의 수도 자체를 위협했다. 동시에 신학적 분열의 해결에 대한 희망도 붕괴되고 말았다. 일치 대신에, 단동설(한 에너지)^{monergism}과 그것의 논리적 귀결인 단의론(한 의지)^{monothelitism}이 새로운 분열을 촉발했다. 그럼에도 콘스탄티노플의 권위자들은 두 본성이 단일한 의지 안에서 일치되었다고 주장하는 또 다른 신앙선언문 『에크테시스』(칙령)^{Ekthesis}를 발표했다.

황제 헤라클리우스는 그 신앙선언문을 거부하고 641년에 사망했으며, 콘스탄스 2세가 그의 뒤를 이었다. 그는 그 선언문을 수용했을 뿐 아니라, 그 가르침을 제국에 강요하려 했다. 막시무스가 주석적·신학적 문제로 논쟁했던 것이 이제 제국 정치의 끔찍한 게임이 되고 말았다. 패배자들은 목숨이 위태롭게 될 것이었다.

이제 장면이 로마로 바뀐다. 그곳에서 교황 테오도루스 1세[재위 642-649]가 콘스탄티노플의 황제와 총대주교 모두에게 공개적으로 반대하면서, 두 의지론을 적극적으로 방어하기 시작했다. 그러는 동안 황제는 『티포스』^{Typos}라고 불리는 새로운 칙령을 발표했다. 그것은 두 의지론이나 두 에너지론을 주장하는 사람에게 무거운 벌을 내렸다. 테오도루스 1세의 뒤를 마르티누스 1세[재위 649-653]가 이었다. 그는 그리스도 안의 단일의지를 옹호하는 사람들에게 똑같이 배타적으로 반대했다. 7월에 교황으로 선출된 후, 10월에 그는 이 문제를 해결하기 위해 로마의 라테란 성당에서 공의회를 소집했다. 그 회의에는 주로 이탈리아와 아프리카 출신 주교들이 참석했지만, 그 무리들 중에는 동방에서 온 몇 명의 중요한 그리스 성직자들과 수사들, 그리고 막시무스가 있었다. 그들은 카르타고에서 로마로 온 것이다. 막시무스는 지적 지도력을 발휘했을 뿐 아니라, 그리스어로 된 법령을 지지했고, 공의회 법안을 편집할 때 교부 문헌들을 수집하는 일에서도 중요한 역할을 담당했다. 막시무스는 주교도, 사제도, 심지어 부제도 아니었다.

라테란 공의회에서 발표한 법령은 두 본성에 대한 칼케돈 공의회 본문을 인용하면서 시작한다. 그런 후에, 우리가 그분 안에서 "혼란과 분리 없이 연합된 두 본성을 인정하듯이, 우리는 또한 신적이고 인간적인 본성에 일치하여 두 의지를, 그리고 신적이고 인간적인 본성에 일치하여 두 에너지를 인정하고, 한 분이며 동일한 예수 그리스도 우리 주 하나님이 본성상 진실로 완벽한 하나님이며 완벽한 인간(하지만 죄가 없는)이고, 그는 하나님과 인간으로서 우리 구원을 의도했고 실행했다는 것을 완벽한 확신 속에 확증하고 주저 없이 긍정한다."[20] 앞선 법령들은 그리스도의 신비를 존재론적 관점에서 검토했지만, 이제는 그리스도가 역사적이고 실존적으로도 이해된다. 649년의 라테란 공의회는 단지 칼케돈의 반복이 아니라, 그리스도의 삶에서 벌어진 실제적 사건이라는 관점에서 성육신을 해석함으로써 그리스도에 대한 이해를 심화시킨다.

공의회가 휴회되자마자 교황 마르티누스 1세는 황제가 그 결정을 수용해야 한다고 요구하는 편지를 덧붙여서 그 결과를 콘스탄티노플에 통보했다. 황제는 그 결정에 기뻐하지 않았다. 즉각 그는 자신의 시종 올림푸스를 로마에 총대주교대리^{extarch}로 파견해서 교황을 체포하도록 했다. 하지만 마르티누스 1세는 지원을 끌어들여 황제의 군인들을 막아낼 수 있었다. 하지만 수년 후에, 콘스탄스 2세가 새로운 총대주교대리를 로마에 파견하여 교황을 다시 체포하도록 했다. 그는 마르티누스가 몸을 피했던 라테란 성당에서 병이 들었다는 사실을 알게 되었다. "그의 군인들이 창과 칼, 활과 방패를 들고 교회에 들어왔다"고 마르티누스는 말한다. 교황은 폐위되고 체포되었으며, 며칠 내에 사슬에 묶이고 배에 태워져 콘스탄티노플로 보내질 것이라는 제국의 명령을 받았다. 그는 9월에 콘스탄티노플에 도착했다. 그는 여전히 병중에 있었고, 3개월간 구금되었다가 황제에게 반란을 도모했다는 판결을 받았다. 그에게 더 많은 모욕을 주기 위해 황제는 그를 강제로 법정에 세웠으며, 그의 팔리움(교황이 그의 어깨에 걸친 양모로 된 예식용 어깨띠로, 여섯 개의 검정색 십자가가 새겨져 있다)^{pallium}을 제거할 때 사람들은 야유했다. 그리고 그가 크리미아에 있는 헤르손으로 유배를 떠나기 전, 감옥에 수감되기 위해서 사슬에 묶인 채 도시에서 끌려다녔다. 그의 고통이 특별히 고통스러웠던 것은 로마에 있는 그의 교회마저 그를 버린 것이다. 그가 로마에 도움을 요청하는 편지를 썼지만, 그들은 그의 요구를 무시했다. 결국 그들은 그가 죽기도 전에 그의 후계자를 선출함으로써 그에게 최고의 모욕을 안겨 주었다. 655년 9월 16일, 마르티누스는 굶주림과 추위, 학대 속에서 죽었다.

황제에 의해 교황 마르티누스가 폐위, 모욕, 투옥, 유배를 당하고 로마 교회도 그를 버렸지만, 끝까지 충실했기 때문에 그는 후대에 순교자로 알려지게 되었다. 사실 그는 그런 칭호를 받았던 최후의 교황이었다. 제국 관리들의 손에서, 막시무스는 훨씬 더 가혹한 운명을 견뎌야 했다. 그는 황제의 요구에 순종하지 않았기 때문에 투옥되고 유배되었을 뿐 아니라, 두 차례나 재판을 받기 위해 유배지에서 끌려왔다. 이번에는 그의 오른손이 잘리고 혀가 뽑힌 채, 흑해 동쪽 해안에 있는 카프카스로 유배되었다. 그의 적들은 그가 다시는 말을 하거나 글을 쓰지 않기를 바랐다. 유배와 죽음의 고통을 당하면서도 교회의 신앙을 선포했던 그의 용기와 비전, 불굴의 의지 때문에, 그는 기독교의 기억 속에서 고백자 막시무스로 알려지게 되었다.

막시무스의 신학적 통찰과 담대함은 전통적인 신학 논쟁을 초월적 지위로 상승시켰다. 그는 고대의 자료들에서 별로 각광을 받지 않았던 교리를 옹호했고, 통치하던 교황이 소집한 공의회에서 정교한 설명을 제공했다. 아직 그리스도의 의지에 대한 교회의 공식적인 가르침이 없었고, 막시무스의 견해도 논쟁이 지속되는 동안에 형태를 갖추었다. 하지만 막시무스는 자신이 가르친 것이 사도적 신앙에 충실하다는 사실을 알았고, 일단 그러한 진리를 파악한 후에는 결코 돌이키지 않았다. "내겐 나만의 가르침이 없다. 오직 가톨릭(보편) 교회의 공통된 가르침만 있을 뿐이다. 나만의 가르침이라고 간주될 수 있는 어떤 주장도 나는 선전하지 않았기 때문이다."[21]

6.

천지창조 이야기

처음에 주어진 끝

태초에 하나님의 권능으로 창조가 이루어진 후,
존재하는 모든 것의 끝은 태초와 분리할 수 없도록 연결되었다.

니사의 그레고리우스

성경 본문 중에서 창세기 첫 장에 나오는 세계와 인간의 창조에 관한 이야기만큼 수세기 동안 강력하게 울려 퍼진 본문도 없으며, 창세기의 첫 문장만큼 매력적인 것도 없다. "태초에 하나님이 천지를 창조하시니라." 비교해 보면, 창조에 대한 다른 설명들(플라톤의 『티마이오스』, 루크레티우스의 『만물의 본성에 관하여』, 오비디우스의 『변신 이야기』)은 어떻게 세상이 존재하게 되었는지에 대한 생각에 별로 영향을 끼치지 못했다. 꿈속에 나오는 중요하지 않는 사람들처럼, 그것들은 나타났다 사라졌다. 하지만 창세기는 아무리 자주 들어도 여전히 신선하고 매력적인 대사를 읊으면서 무대 중앙에 항상 서 있다. 장엄하게 이어지는 하루하루가 "…이 있으라"는 멋진 운율의 후렴 속에서 반복될 때, 무관심한 청중의 마음마저 흔들린다.

수년 전에, 나는 매우 늙은 할머니와 대화를 나누고 성경을 읽어 주며 기도해 주기 위해 그 집을 방문하고는 했다. 내가 그녀의 집에 도착했을 때마다 그녀는 예외 없이 내게 창세기 1장을 읽어 달라고 부탁했다. 매번 나는 그 이유를 이해할 수 없었다. 하지만 내가 그 본문을 반복해서 읽으면, 그 언어의 고귀함과 그 이야기의 매력적인 예측 가능성이 낯설고 경이로운 평화를 창조하는 것 같았다. 맥클루한 할머니의 임종이 가까웠을 때, 그녀는 나보다 훨씬 명확하게 우리가 가려는 곳이 우리가 기원한 것 속에 감추어져 있다는 사실을 감지했다.

아우구스티누스는 마니교의 이원론에 대한 자신의 비판을 각각의 창조가 이루어진 후에 울려 퍼지는 창세기 후렴구("하나님이 보시기에 좋았더라")에 근거해서 전개했다. 성경적 설명에서 "하나님이 보시기에 좋았더라"는 말씀은 몇 개의 문단이 이어지면서 여섯 번 정도 나온다. 빛이 창조된 후, 성경의 저자는 처음으로 말한다. "그리고 하나님 보시기에 좋았더라." 그런 후에 각 작업이 끝난 후, 이 구절이 반복된다. 즉, 땅이 창조된 후, 식물과 과실수가 창조된 후, 태양과 달이 창조된 후, 물고기와 새들이 창조된 후, 그리고 땅의 목축과 기어 다니는 것과 짐승들이 창조된 후, 각각의 날에 하나님은 자신이 만든 것을 보셨고, "보시기에 좋았더라." 마지막으로 하나님이 인간을 창조하신 후, 자신이 만든 모든 것을 보시고 "심히 좋았더라. 저녁이 되고 아침이 되니 이는 여섯째 날이니라." 이처럼 잊을 수 없는 문구 "보시기에 좋았더라"로부터 아우구스티누스는 존재하는 것은 무엇이든지 선하다는 경구를 만들었다.[1]

하지만 창세기에 대한 기독교 주석가들을 사로잡았던 것은 창세기 1장에 나오는 구절 "태초에 하나님이 천지를 창조하시니라" 중, "태초에"라는 단어였다. 그것이 가장 간결하면서도 예술적으로 표현된 것은 4세기 후반에 카이사레아의 주교 바실리우스가 창세기 1장에 대해 연속으로 설교했던 것이다. 바실리우스의 『6일간의 창조사역』^{Hexaemeron}은 고대 기독교의 가장 아름답고 세련된 문학작품 중 하나일 뿐 아니라 창세기에 묘사된 세계 창조의 심오한 묵상으로서, 교부문학의 황금기에 출현한 성숙하고 노련한 웅변가의 수사학적 기술의 정수다. 곧바로 이 작품을 존중하는 사람들이 생겼다. 20년 후에 암브로시우스는 『6일간의 창조사역』에 대한 설교를 준비하면서 바실리우스의 설교들을 이용했고, 아우구스티누스는 자신의 『창세기 주석』을 쓰기 전에 『6일간의 창조사역』을 참고했다. 채 100년이 지나지 않아서, 그것은 북아프리카의 기독교 학자 유스타티우스^{Eustathius}에 의해 라틴어로 번역되었다.

바실리우스는 다재다능한 사람이었다. 주교로서 그는 니케아 신앙을 방어하기 위해 자신의 역할을 역동적으로 수행했다. 신학자로서 그는 교회사에서 삼위일체에 대한 최초의 논문을 집필했다. 목회자로서 그는 병든 자들을 위해 병원을, 가난한 자들을 위해 숙박 시설을 지었으며, 자신의 사후에도 남아 있던 광범위한 네트워크로 그들을 지원했다. 그는 몇 가지 규칙, 곧 수도원 공동체를 유지하기 위한 지침을 만들었는데, 그것들은 지금도 사용되고 있다. 또한 그는 고독에 대한 짧고 매력적인 에세이를 썼다. 그것은 세상에서 벗어난 삶을 간단하고 정교한 산문으로 서술한 것이다. 그는 쉬지 않고 편지를 썼으며 그의 서신 중 거의 400통이 지금까지 남아 있다.

바실리우스는 다섯 명의 아들과 다섯 명의 딸들로 구성된 대가족에서 성장했다. 그의 가족은 오래된 기독교적 뿌리를 가지고 있었다. 그의 조부모는 그 세기 초반의 박해 기간 동안 고난을 당했으며, 그의 할머니들 중 한 분이 그 전 세기에 살았던 거룩한 그리스도인 교사인 기적의 사람 그레고리우스Gregory the Wonderworker에게 배운 말씀을 후손들에게 가르쳤다. 여러 세대 동안 이어져 온 기독교 가정의 전통이 4세기 후반에 기독교의 지적 생활이 만개하는 데 큰 자극을 주었다. 최근의 한 바실리우스 연구자가 관찰했듯이, "놀랍게도 바실리우스 세대의 유명한 그리스도인들 중에는, 완벽하게 이교적인 환경에서 역사적 무대로 바로 도약한 경우가 거의 없었다. 그리스도인들이 오랫동안 그리스도인들을 양육해 왔던 것이다."[2]

열 명의 자녀 중 장남이었던 바실리우스와 그의 동생 니사의 그레고리우스와 페테르Peter가 주교가 되었으며, 장녀 마크리나Macrina는 그녀의 성품과 거룩한 삶, 그리고 학식으로 명성을 얻었다. 동생 그레고리우스가 쓴 그녀의 생애는 성인으로 선정된 다섯 명의 기독교 여인들 중 한 명에 관한 것이었다. 그의 책 『영혼과 부활에 관하여』On the Soul and the Resurrection에서 그레고리우스가 그녀를 묘사한 방식을 보면, 그녀는 경건뿐 아니라 신학적 통찰 때문에 존경을 받았다. 이 논문에서, 주교 그레고리우스가 마크리나를 가르친 것이 아니라, 마크리나가 그레고리우스에게 부활에 대해 가르쳐 준다. 그녀는 제

4의 카파도키아 교부로 불렸다. 그녀는 박식하고 뛰어난 업적을 남긴 형제들과 바실리우스의 친구인 나지안주스의 그레고리우스와 더불어, 자신만의 고유한 사상을 견지할 수 있었다.

그레고리우스에 따르면, 창조의 6일에 관한 바실리우스의 설교는 교양 있는 사람들뿐 아니라 노동자들과 장인들, 가정주부들, 그리고 시끄러운 젊은이들로 "가득 찬 교회에서" 행해진 것이다. 연로한 주교(그 설교들은 바실리우스가 세상을 떠나기 몇 년 전에 행해진 것 같다)가 세상이 어떻게 존재하게 되었는지에 대해 배우기보다 일상의 사업에 종사하거나 유흥에 더 관심이 많은 사람들에게, 설교단보다 강의실에 더 적합한 주제인 우주론에 대해 발언하는 것은 매우 낯선 광경이다. 그레고리우스는, 바실리우스의 청중들이 제대로 이해하지 못해서 "그의 사상의 미묘한 내용을 제대로 따라오지 못하는" 순간들이 있었다고 했다. 하지만 바실리우스는 계속해서 "성경을 솔직하게 해석하고, 이따금씩 그가 적절하다고 판단한 철학자들의 견해에 자신의 의견을 덧붙임으로써" 그들이 계속 주목하도록 만들었다. 그의 목적은 청중들을 "세상에 있는 가시적이고 아름다운 것들의 창조로부터 만물의 창조주에 대한 지식으로 이끄는 것"이었다고 그레고리우스는 말한다.[3]

바실리우스는 일종의 제목으로 "태초에"란 문구를 취하여, 그의 첫 설교 전체에서 지속적으로 사용했다. "'태초에 하나님이 천지를 창조하시니라.' 저는 이런 사상을 깊이 숙고하면서, 충격으로 입을 다물 수 없었습니다. **먼저** 제가 무슨 말을 해야 할까요? 저는 제 설교를 어떻게 **시작**해야 할까요?" 그가 사용한 단어들인 "먼저"와 "시작하다"에서 "태초에"라는 단어가 메아리치고 있다. 이때 바실리우스는 그리스어 arche의 의미를 이용한다. "그것은 적절한 시작^{arche}이다. 세상의 형성에 대해 말하려는 사람은 가시적 사물들의 질서 속에서 지배적 영향을 행사하는 원리^{arche}에 대해 설명해야 한다." 그리스어 arche는 단지 "시작," 곧 "때"를 의미할 뿐 아니라, 전체에 일관성을 부여하는 "원리"도 의미한다. 서론도 없이 바실리우스는 청중을 그 원리로 이끈다. 창세기의 설명은 누군가 상상하듯이 세계가 자발적으로 존재한 것이 아니라, "하나님에 의해 발생했음"을 보여준다. 사람이 눈에 보이는 것을 이해하고 싶다면, 그 눈이 볼 수 없는 것을 볼 수 있는 눈이 먼저 사람에게 있어야 한다. 즉, "하나님과 친교 및 친밀함을 누릴 수 없는 사람은 하나님의 사역을 볼 수 없다." 우주론 연구는 영과 관련된 것으로 시작한다. 그러한 이유로, 모세는 신뢰할 만한 안내자다. 하나님의 판단에 모세는 자신의 얼굴을 바라볼 수 있을 만한 유일한 인간이었다. 애굽을 떠나 에티오피아에서 도피처를 찾은 후, 모세는 "존재하는 사물에 대해 묵상하며" 40년을 보냈다.[4]

인류는 천계를 탐구하고 별들의 거리를 측정하며 그것의 운행을 관측할 수 있다. 하지만 인류가 "하나님이 우주의 창조주"임을 인식하지 못한다면, 그들은 진실로 존재하는 그 어떤 것도 이해하지 못할 것이다.[5] 만일 세상이 창조주로부터 분리된다면 자신의 자연적 축을 잃어버린다. 바실리우스에 따르면 출발점은 "한 지적 원인이 세계의 탄생 배후에 존재한다"는 것이어야 한다.[6] 세상의 인지 가능성이 세상을 초월하는 어떤 것에서 기원한다는 사실이 인지될 때, 모든 것이 명확해진다. 창조가 우주론을 대체한다. 성경이 "태초에 하나님이 천지를 창조하시니라"고 말할 때, 그것은 어떤 형태의 자연주의도 배제한다. 세상은 변칙적이거나 무질서한 것이 아니다. 세상은 우연이나 자의적이 아니라, 하나님의 지혜와 사랑으로 존재하게 된 것이다.

*arche*란 단어는 정말 "시작"을 의미하고, 시작은 시간을 의미한다. 창세기는 시작(태초)이라는 단어를 이야기의 서두에 둔다. 우리가 알고 있는 세상 속으로 물질이 형성되기 전에 그 물질이 존재했었다고 사람들이 생각하지 않도록 말이다. 그는 창조에 대한 전통적인 그리스적 이해에 대해 생

각하고 있다. 즉, 데미우르고스나 어떤 장인이 형태 없는 물질로 세상을 만들었다는 것 말이다. 세상의 기원에 대한 고전적 견해들에 가장 큰 영향을 끼친 책은 플라톤의 대화록 『티마이오스』였다. 그 책에서 플라톤은 데미우르고스가 "가시적이지만 안정되지 못하고 부조화와 무질서 상태에 있는 것을 취하여, 그것을 무질서 상태에서 질서의 상태로 바꾸었다"고 말한다. 하지만 창세기에서 "태초"(시작)는 창조가 물질이 창조되고 서로 결합하는 단일한 신적 행위였다는 뜻이다. 물질은 형태 없이 존재하지 않는다. "얼마나 아름다운 질서인가"라고 바실리우스는 말한다. "창세기의 저자는 세상에 시작이 없었다고 사람들이 생각하지 않도록, 먼저 시작(태초)을 설명한다." 비록 물질은 한 장소에서 기원했고 그것의 "형태와 모양은 하나님으로부터 기원했지만", 모세는 "창조되었다"는 말을 덧붙임으로써 창조가 단지 "합성물"이 아님을 보여준다. 모세는 "하나님이 일하셨다"거나 "하나님이 형성하셨다"고 말하지 않고 "하나님이 창조하셨다"고 말한다. 이런 몇 가지 문장들 속에서 바실리우스는 세상이 하나님의 자유롭고 대가를 바라는 않는 행동에 의해 "무로부터 창조되었다"는 기독교적 가르침을 서술한다. "하나의 세상에 제한되지 않고 모든 경계를 초월하는 창조력을 지닌 우주의 창조자가 오직 자신의 의지를 통해 광대한 가시적 세계가 존재하도록 만들었다."[7]

시작은 또한 목적[end]을 내포한다. 단지 세상이 끝날[end] 것이라는 의미만이 아니라, 세상의 창조가 "유용한 목적"을 지향한다는 의미에서 그렇다. 창조는 "독단적 힘"이나 우연의 문제가 아니라 하나님의 지혜, "예술적 이성"의 작업이다. 즉, 창조에 목적이 있다는 것보다 더 도전적인 교리는 성경에 없다. 바실리우스도 창조가 하나님의 지속적인 작업이며, 세계가 하나님의 인도하시는 손길에 따라 섭리적으로 질서를 유지한다는 사실을 인정한다. 창조는 마지막 순간에 사물들에 영향을 끼친다. 태초에 하나님이 "땅은 풀과 씨 맺는 채소와 각기 종류대로 씨 가진 열매 맺는 나무를 내라"[창1:11]고 말쓸하셨고, 우리는 "지금도 이런 일이 일어나는 것을 본다"고 바실리우스는 말한다. 교부들이 이해한 대로, 창세기는 자체 내에 성장과 발전의 능력을 가지고 있는 생명계의 탄생을 묘사한다. 하나님은 인간을 땅의 흙으로 만들었을 뿐 아니라, "적절한 시간 내에 새로운 피조물들이 정상적으로 발전하도록 만들었다"고 아우구스티누스가 말한다. 바실리우스는 동일한 정서를 시편 116편의 한 절에 대한 주석 속에서 드러낸다. "주께서 작은 자들을 보존하신다.……만일 하나님의 도우심으로 보존되지 않는다면, 어떻게 어머니 자궁 속의 태아가……숨도 제대로 쉴 수 없는데……양분을 공급받거나 움직일 수 있을까"라고 그는 묻는다. 창조는 질서정연한 새로움과 시간에 따른 변화를 의미한다.[8]

바실리우스는 추가로 창조가 성삼위일체의 작업임을 보여준다. 성경이 "있으라"는 하나님의 명령으로 세상이 존재하게 되었다고 말할 때, 이것은 음성기관이나 공기의 운동을 말하는 것이 아니라 하나님의 의지, 신적 지능, 혹은 하나님의 말씀, 하나님의 영원한 아들을 말하는 것이다. 성경은 하나님이 "창조를 의도"했을 뿐만 아니라, "한 동료의 도움으로 그렇게 하셨다"고 가르친다. 더욱이 창세기 본문이 "하나님의 영"이라고 말할 때, 그것은 공기의 운동을 의미하는 것이 아니다. **하나님의 영**이라는 말은 성령을 가리키며, 바실리우스는 이에 매력적인 해석을 제공한다. 그는 그것을 한 시리아인에게 배운 것이다. 그는 회중들에게 시리아어가 자신이 사용하는 그리스어보다 창세기를 기록한 본래 언어인 히브리어에 더 가깝다는 사실을 상기시켜 준다. 성령은 일종의 새와 같다. 그 새는 자신의 알들을 자기 몸으로 덮고, 몸의 온기로 그 알들에 생명을 부여한다. 창세기에서 성령은 생물을 생산할 수 있는 능력을 물에게 부여하기 때문에 "창조에서 중요한 역할"을 담당한다.[9]

비록 바실리우스의 설교가 세상의 기원에 대한 기독교 사상이 창세기의 창조 이야기에서 어떤 영향을 받았는지를 단적으로 보여주지만, 그 책의 형식(시끄럽고 불안한 회중들 앞에서 행한 설교)이 그런 논의에 제약을 가했다. 후에 어떤 이들(의심의 여지없이, 지성인들)은 분명히 그의 노력에 만족하지 못했다. 바실리우스의 죽음 직후에, 그의 동생 니사의 그레고리우스가 『6일간의 창조사역에 대한 변증』*Apology on the Hexaemeron*이라는 제목의 논문을 집필했다. 이 책에서 그레고리우스는 바실리우스의 비판자들에게 답변을 제공하려고 노력한다. 하지만 그의 목적은 훨씬 더 큰 야망을 갖고 있었다. 그는 분명히 철학적·우주론적 질문들을 훨씬 더 심층적으로 탐구하고 싶었다. 비록 그레고리우스가 자신의 논문을 형의 업적에 대한 찬사로 시작하지만, 행간에서 우리는 형제간의 경쟁의식을 감지할 수 있다. 그레고리우스는 자신의 형이 어깨 너머로 자기를 쳐다보지 않는 상태에서 이 주제를 다루게 되어 기뻤다. 그래서 그는 부담스러운 존재였던 형의 영향에서 벗어날 기회를 잡았다. 만일 바실리우스가 살아 있었다면, 그는 자신이 몇 달 전에 다루었던 주제를 자기 동생이 다루도록 묵인하지 않았을 것이다.

그레고리우스는 바실리우스보다 훨씬 더 명석한 사상가였으며, 성경의 이야기가 제기한 철학적 난제들에 더 깊이 주목했다. 그는 창세기의 설명(창조가 며칠 동안 계속 이루어진 것으로 묘사되는 것)이 제기한 핵심적 문제를 자기 형이 적절히 다루지 못했다고 생각했다. 설명될 필요가 있는 것은 자연세계가 **연속적**으로 탄생했다는 이야기를 우리가 이해할 수 있느냐는 사실이다. 세상의 모든 부분이 서로 연결되어 있다는 사실을 관찰과 경험을 통해 우리가 알기 때문이다. 사람이 물과 온기 없이 살 수 없고 새가 공기 없이 날 수 없듯이, 햇빛 없이 밤과 낮도 있을 수 없다. 자연의 한 부분이 다른 부분보다 먼저 창조되는 것은 불가능하다. 약간 장난스럽게 말해 만물이 제자리에 있지 않다면, 어떤 야생동물은 그들의 먹이가 창조되기를 기다리는 동안 굶주림에 시달릴 것이다. 연속적 창조라는 사상은 탐구자가 기독교 주교든 그리스 철학자든 상관없이, 이성적 탐구에 적절하지 않다. 교부들은 창세기의 설명이 문자적으로 이해될 수 없다는 사실을 잘 알고 있었다.

이러한 난제를 다루기 위해, 바실리우스처럼 그레고리우스도 창세기의 첫 단어들로 시작한다. 교회에서 사용된 그리스어판 성경인 『70인역』은 기원전 2세기에 만들어졌다. 하지만 기원후 2세기에 유대교로 개종한 아퀼라^Aquila가 보다 문자적인 번역서를 출판했다. 그는 번역서에서 "태초에 하나님이 천지를 창조하셨다" 대신, 이 첫 문장을 "하나님이 천지를 즉석에서 만드셨다"고 번역했다. 그레고리우스는 "즉석에서"^summary가 "동시에"나 "한꺼번에"를 뜻하는 것이라고 생각했다. 그레고리우스에 따르면, 그 단어가 "태초에"로 읽혀지든 아니면 "즉석에서"라고 읽혀지든, 그것은 "모든 것이 함께 혹은 즉각적으로 창조되었다"는 뜻을 담고 있다. 여기서 그레고리우스는 유대인 철학자 필론의 견해를 반복하고 있다. 필론도 창조에 대해 비슷한 이해를 발전시켰던 것이다. 그레고리우스는 그것을 이런 식으로 표현했다. "나는 창조의 시작에 두 가지 의미가 있다고 생각한다. 첫째는 하나님이 만물의 출발점과 원인과 성질들을 순식간에 하나로 조립했다는 것이고, 둘째는 그의 의지의 첫 충동 때에 개별적으로 존재하는 사물들, 곧 하늘, 창공, 별, 불, 공기, 바다, 땅, 동물, 식물의 본질이 합류되었다는 것이다. 각자가 하나님의 눈에 감지되었으며, 각자는 수산나가 말하듯이 '만물이 존재하기 전에 만물을 보는'^단 13:42, 『70인역』 그의 권능의 말씀에 의해 식별되었다." 하나님 안에 "의지와 권능의 합류"가 존재한다. 그래서 하나님이 의도하시는 것은 발생하는 것과 동일하다. 즉, "시간의 간격 없이 하나님의 작업은 그의 의지와 결합된다. 그의 권능이 그의 의지와 동일하기 때문이다.……창조 때에, 하나님의 모든 것(그의 의지, 지혜, 권능)과 사물의 개별적 존재가 동시에 품어진다."[10]

세상이 한순간에 존재하게 되었다면, 만물이 여러 날에 걸쳐 하나씩 창조되었다는 창세기 1장의 이야기를 사람들은 어떻게 이해해야 할까? 그레고리우스의 제안에 따르면, 어느 날 해와 달이 창조되고 다른 날에 식물과 그 후에 동물이 창조된 것처럼, 여러 날이 이어지는 것은 자연세계의 생태 구조와 만물이 연결되어 있음을 언급하는 것으로 이해되어야 한다. 연속적 행위를 제시함으로써 모세는 자연질서의 상호의존성을 보여주고 싶어 한다. 즉, "자연질서는 사물들이 논리적인 방식으로 존재하기를 요구했기 때문에, 모세도 자연에 대한 철학적 설명을 제공하면서 어떻게 각 사물이 존재하게 되었는지를 이야기 형식으로 설명할 수 있었다. 그래서 그는 존재하게 된 각 사물에게 다양하고 구체적인 명령을 내리시는 하나님을 하나님에게 적절한 방식으로 상상할 수 있었다." 다른 말로 하면, 모세는 사실 어떤 것이 필연적이고 자연적인 상호관계인지를 역사적 서사로 제시한다.[11]

『6일간의 창조사역』에 대한 그레고리우스 논문의 핵심적 주장 속에는 하나의 부차적 주제가 흐르고 있다. 로고스가 사물들 안에 내재되어 있기 때문에 우리가 창조된 세상 안에서 보는 것이 인지되고 이해될 수 있는 것이다. "하나님이 지혜로 만물을 만드셨다"고 시편 기자가 썼다[시 104:24]. 그래서 세상은 목적이 있고 이해할 수 있다. 만일 세상이 우연히 존재하게 되었다면, 그 구조 안에서 어떤 질서를 발견할 가능성은 전혀 없을 것이다. 이것이 바로 다윗이 "하늘이 하나님의 영광을 선포한다"[시 19:1]고 말했던 이유다. 비록 하늘에는 "언어도 없고 말씀도 없으며 들리는 소리도 없으나", 그럼에도 세상이 하나님의 지혜로 존재하게 되었으며 이성에 의해 정리가 되었다고 선포한다. 그레고리우스의 해석에서, 창세기의 이야기는 창조에 대한 일관된 철학적 설명을 제공한다.

인간 창조에 관하여

바실리우스가 세상을 떠난 직후 그레고리우스는 창세기의 첫 장에 대한 또 다른 논문인 『인간 창조』*The Making of Man*를 썼다. 이 논문은 "우리의 형상을 따라 우리의 모양대로 우리가 사람을 만들자"창 1:26라는 유명한 본문을 다룬 것이다. 그가 이 책을 쓴 표면적 이유는 바실리우스의 설교가 26절을 다루지 않음으로 "인간에 대한 연구"를 제공하지 않았기 때문이다. 하지만 그레고리우스는 다른 누군가의 작업을 완성하는 것으로 만족할 사람이 아니었다. 『6일간의 창조사역』에 대한 그의 논문처럼, 그레고리우스는 보다 커다란 의제를 염두에 두고 있었다. 그는 인간에 대한 교회의 가르침을 철저히 제시할 때가 되었다고 생각했다. 그 이전의 기독교 사상가들은 인간에 대한 몇 가지 질문(대표적으로 의지와 영혼의 자유 등)을 다루곤 했었다. 하지만 그레고리우스는 인간에 대한 기독교 교리 전체를 체계적으로 다룬 최초의 사람이었다.

다른 초기 기독교 저서들과 비교할 때 이 논문의 특이한 점은, 서두에서 그레고리우스가 자신이 추구하는 방법을 서술한 것이다. 바실리우스처럼, 정말 초대교회의 모든 기독교 사상가들처럼, 그는 자신의 논의가 "성경 해석"에 기초하여 진행될 것이라고 주장한다. 그리고 이 논문은 "우리의 형상을 따라 우리의 모양대로 우리가 사람을 만들자"라는 성경 구절에 대한 주석으로 읽힐 수 있다. 하지만 여기에는 아담과 하와의 창조에 관한 주석 그 이상이 존재한다. 그레고리우스는 자신의 목적이 자신이 성경에서 배운 것과 "이성에 근거한 주장으로부터 가져온 개념들을 결합시키는 것"이라고 말한다.[12]

그리스도나 성령의 위격에 대해 다룰 때, 기독교 사상가들은 교회 생활과 예배에 참여함으로써 획득한 성경, 그리스도에 대한 지식, 성령을 일차적으로 이용한다. 하지만 세상의 창조와 인간의 본질을 다룰 때, 그들은 성경에만 호소할 수 없었다. 그래서 그들은 인간에 대해 글을 쓴 그리스와 로마 철학자들 및 과학적·의학적 지식에도 귀를 기울여야 했다. 그레고리우스의 논의는 성경 본문뿐 아니라 이성과 과학의 주장에도 근거할 것이었다. 예를 들어 그는 영혼을 식물적, 동물적, 지성적 영역으로 구분했던 아리스토텔레스의 사상을 인용한다.[13] 동시에 그는 성경이 인간 안에 있는 세 영역에 대해 말하는 것을 보여주고, 특히 "몸, 혼, 영"이라는 바울의 말[살전 5:23]을 언급한다. 인간 안에서 마음과 몸의 관계를 논하면서, 그는 의사이자 철학자인 갈레노스의 사상을 직접 인용한다.

하지만 그레고리우스는 이성을 진리의 독립된 원천으로 설정하지 않는다. 그의 견해에서 이성의 역할은 성경에서 계시된 것을 이해할 때 도움을 주는 것이었다. 성경의 진리는 다른 모든 것들로부터 떨어져 있는 격리된 경구가 아니다. 따라서 거기에 쓰인 것은 다른 원천과 사상의 관점에서 해석될 필요가 있다. 그레고리우스가 창조에 대한 연속적 설명을 자신이 자연의 작동에 대해 알고 있었던 것의 관점에서 설명했듯이, 이 논문에서 그의 목적도 인간에 대한 일관된 이해에 도달하고 성경과 "대립하는 것처럼 보이는" 것을 통일된 개념으로 조절하는 것이다.[14] 인간에 대한 진리는 그리스도인들의 사적인 교리가 아니라, 모든 이성적 인간을 위한 진리다.

철학자이자 수사학자로서 그레고리우스는 『인간 창조』 첫 부분에서, 자기주장의 논리성을 사람들에게 설득시키는 것만큼 산문의 뛰어난 표현으로 독자들을 즐겁게 하는 일에도 관심이 많다는 인상을 준다. 세상 창조 후 인간 창조라는 자신의 첫 번째 주제를 다룰 때, 그는 확장된 직유로 시작한다.

통치자가 백성보다 먼저 나타나야 한다는 것은 옳지 않다. 그래서 그의 왕국이 먼저 준비되고, 통치자는 후에 나타났다. 조물주가 미래의 왕을 위해 궁전(땅과 섬과 바다, 그리고 지붕처럼 모든 것을 덮는 하늘)을 준비한 후, 충분한 양의 재산이 왕궁에 비치된 후(내가 의미하는 재산은 모든 피조물, 식물과 나무, 그리고 감각과 숨과 생명을 지닌 모든 것이다), 그가 인간을 세상으로 데려와서 그 놀라운 광경을 보게 한다.……인간이 이것들을 누리는 동안 그는 이것들을 주신 분에 대해 알게 되고, 그가 보는 아름다움과 장엄함 때문에 말과 생각을 초월하는 조물주의 능력의 흔적을 발견한다.[15]

왕의 비유를 끝내자마자 그레고리우스는 두 번째 비유를 시작한다. 그것은 손님을 위해 잔치를 준비하는 주인의 모습이다. 자신의 집을 장식하고 식사를 위한 자리를 마련하여 식탁을 차린 후, 그는 손님을 맞이한다. 비슷한 방식으로 하나님은 먼저 "온갖 아름다움"으로 장식된 "거주지"를 마련하고 "사람을 데려온 후", 그가 "그곳에 있는 것을 누리도록" 허락한다. 만일 "그것을 공유할 사람이 없다면" 세상은 미완성일 것이다.[16]

하지만 그레고리우스는 자신의 수사학적 기교만 자랑하는 것이 아니다. 그는 자신이 지향하는 목표점을 잘 알고 있으며, 자신의 요점을 설명하기 위해 "누리다"^{enjoy}라는 단어를 탐구한다. "누리다"라는 단어를 사용하는 성경 본문인 디모데전서 6:17("오직 우리에게 모든 것을 후히 주사 누리게 하시는 하나님")에서, 이 단어는 창조된 세상에서 즐거워하는 것을 가리킨다. 하지만 그레고리우스는 "누리다"는 말을 택하여, "땅의 좋은 것"뿐 아니라 하나님에 대한 즐거움도 의미한다. 오직 사물보다 더 거룩한 본성을 지닌 인간만이 "하나님을 누릴" 수 있다. 이 주제는 비율에 있어서 너무 크고 효과에 있어서는 너무 누적적이어서, 인간 본성, 죄, 구속, 희망, 인간의 운명에 대해 교부들이 말한 모든 것 배후에 숨어 있다. "자연적 생명이 보존될 수 있는 수단으로서 음식과 음료가 몸에 필요하듯이, 영혼을 위해서는 하나님을 응시해야 한다." 자연에 있는 다른 모든 것이 만들어진 사물들 안에서 자신의 완성된 모습을 발견하지만, 인간은 하나님 안에서 자신의 완성을 발견한다. 아우구스티누스의 잊을 수 없는 말처럼 "당신은 당신 자신을 위해 우리를 지으셨으며, 우리 마음은 당신 안에서 안식하기 전까지 안식할 수 없습니다."[17]

그레고리우스가 창세기의 인간 창조에 대한 본문을 언급할 때, 그는 독자들이 "모양과 형상"이라는 단어들뿐 아니라 그것들에 선행하는 장면에도 주목하도록 한다. "우리의 형상을 따라 우리의 모양대로 우리가 사람을 만들고." 세상이 아무리 위대해도, 그것은 "단순한 명령으로", "즉석에서" 만들어졌다. 하지만 하나님이 인간을 만드실 때는 "인간을 만들기 전에 회의하셨다." "우리가 인간을 만들자"라고 하나님이 말씀하셨다. "얼마나 놀라운가"라고 그레고리우스가 말한다. "해가 만들어질 때, 하나님은 그것에 대해 숙고하지 않았다. 하늘을 만들 때도 마찬가지다. 창조에서 이것들과 비슷한 것은 없다. 그렇게 위대한 것이 단 한마디로 만들어지고, 성경 본문은 그것들이 언제 혹은 어떻게 만들어졌는지에 대해 아무 말이 없다. 공기, 별, 바다, 땅, 동물, 식물처럼 다른 것들도 마찬가지다. 오직 하나님이 인간을 만들 때에만 만물의 창조주께서 그 작업에 신중히 접근하시고, 만드는 일을 시작하기 전에 재료들을 준비하시며, 원형의 아름다움에 비슷하도록 그 모양을 만드신다."[18]

인간에 대한 기독교적 이해는 그 이전의 그리스 사상과 공통점이 많다. 즉, 인간은 자유롭게 선택할 수 있으며, 이성reason과 언어능력으로 자신과 동물을 구별하고, 무엇보다 사회적 존재다. 하지만 하나님의 형상에 관한 성경적 교리는 기독교에 대한 비평가들의 인정처럼, 기독교 사상을 다른 과정으로 이끈다. 켈수스는 인간이 하나님의 형상으로 만들어졌다는 그리스도인들의 신앙 때문에 그들을 비난했다. "하나님은 다른 어떤 모양과도 비슷하지 않다"라고 그는 썼다. 그리스인들에게 인간은 "소우주"요 "우주와 동일한 요소들로 구성된……작은 세계"였다. 그레고리우스는 이 문제와 씨름하지 않았다. 대신 그는 출발점이 잘못되었다고 생각했다. 그것은 인간의 독특성을 간과하기 때문에 출발점으로 적절하지 않다고 생각했다. 그는 이렇게 묻는다. "세상, 곧 돌고 도는 하늘, 변하는 땅, 그것들을 끌어안고 있는 것이 사라지면 함께 사라질 운명의 모든 것의 흔적을 지니고 닮는다는 것"이 왜 위대하다는 말인가? 인간이 이 세상의 것들과 비슷하다면, 아침에 피었다가 저녁에 시들어 버리는 풀처럼 덧없는 것이다. "다른 창조물보다 당신을 창조주께서 더 존중한다는 사실을 기억하라. 그는 하늘을 자신의 형상대로 만들지 않았다. 해, 달, 아름다운 별, 그리고 당신이 창조 속에서 발견하는 그 어떤 것도 마찬가지다. 모든 이해를 넘어서는 그분의 형상으로 만들어진 것은 오직 당신뿐이다.……창조 속의 어떤 것도 당신의 위대함과 비교할 수 없다."[19]

"교회의 가르침"에 따르면 인간의 독특성은 창조된 세상과 비슷하지 않고 세상을 지으신 분의 형상으로 만들어진 것이라고 그레고리우스가 말한다. 우리는 하나님의 얼굴을 바라봄으로써 우리 자신을 안다. 비록 인간이 식물 같은 생명과 짐승 같은 감각작용을 지니지만, 하나님을 알 수 있는 능력도 지닌다. "위대한 창조주께서 하늘 높이 계시고 그분의 영광은 표현할 수 없으며, 그분의 아름다움은 형언할 수 없고 그분의 본성은 접근할 수 없다는 말을 들을 때, 당신이 바라는 것을 바라보는 것에 대해 절망하지 말라. 그것은 정말 당신이 도달할 수 있는 범위 내에 있다. 왜냐하면 당신의 창조주께서 당신의 본성에 이런 위대한 능력을 부여하셨기 때문이다. 하나님은 당신의 본성 안에 그분 본성의 선한 특성을 새겨 넣으셨다. 마치 사람들이 밀랍 위에 어떤 문양을 새기듯이 말이다." 하나님을 닮았다는 사실이 존재하는 다른 모든 것과 인간을 신비롭게 구별한다.[20]

그레고리우스는 인간의 독특성을 몸과 마음의 관계 속에서 찾는다. 마음^{mind}은 "무형이고 지적이지만", 감각을 통해 의사소통을 할 수 있다. 한 음악가가 현을 튕기듯이, 성대를 움직임으로써 마음의 "내부 움직임"을 지적할 수 있다. 인간 목소리는 플루트와 하프, 관악기와 현악기의 결합이다. 공기가 호흡기관을 통해 흡입되면 입에서 진동이 일어나서 소리를 만들고 증폭시키기 때문이다. 이와 같은 방식으로 마음은 "이성으로 음악을 만든다." 마음은 외부 세계와 소통할 뿐만 아니라, 감각을 통해 외부로부터 인상을 받을 수 있다. "들리는 모든 것이 흘러들어갈 수 있는" 거대한 내적 능력이 있다. 보다 주목할 만한 것은, 감각들은 서로 다르며 다른 인상들을 전달한다. 하지만 마음은 감각들이 지식을 부여할 수 있도록 각각의 감각에 적절한 자리를 지정하면서 감각을 분류할 수 있다. 우리가 황금빛과 꽃향기, 달콤함을 지닌 꿀을 감지하면, 감각은 그것이 여러 개의 어떤 것들이 아니라 단 하나, 꿀이란 것을 안다.[21]

그레고리우스에게 이 모든 것은 경이로운 사실이다. 하나님은 말로 표현할 수 없고, 우리의 이해력을 넘어선다는 것이 기독교 사상가들에게 자명하다. "누가 주의 마음을 알았느냐?"고 사도 바울이 물었다[롬 11:34]. 하나님의 생각이 우리의 생각은 아니며, 하나님의 길은 우리의 이해를 넘어선다. 그런데 그레고리우스는 누가 하나님의 마음을 이해했냐고 묻는다. 하나님의 본질에 대해 숙고하는 사람들이 "그들 마음의 본질을 아는지 스스로 묻게 하라." 인간의 마음은 하나님의 마음만큼 신비다. "인간의 어떤 것은 인간 안에 있는 인간의 영에게조차 알려지지 않기" 때문에, 우리는 우리 자신을 모른다고 아우구스티누스가 말했다. 인간 마음의 신비는 인간이 하나님의 형상으로 창조되었다는 증거다. "인간 마음이 우리를 창조하신 분의 모양으로 만들어졌기 때문에 그것은 우리 지식을 벗어난다. 그것이 바로 인간 마음이 정확하게 하나님의 우월한 본성을 닮았다고 생각하는 합리적인 이유다. 우리의 이해를 초월하는 그 본성을 그것의 불가지성으로 묘사하면서 말이다."[22]

창조주께서 우리 본성에 남기신 신적 속성 가운데 가장 중요한 것은 자유라고 그레고리우스는 말한다. 인간의 독특성의 척도는 "자유와 자유의지라는 선물"이다. 거의 토머스 제퍼슨적인 표현으로 그레고리우스는 인간이 "본성적으로 자유롭다", 그리고 다른 곳에서는 "본성적으로 평등하다"고 말한다. 그레고리우스는 노예제도를 명백하게 반대했던 소수의 교부 중 한 사람이었다. "본성이 자유롭고 자유의지를 소유한 사람이 노예가 되는 것"은 인간 본성을 배반하는 행위다. 노예제도에 대한 사회의 법률들은 "인간 본성을 노예제도와 노예소유로 구분하고 동시에 노예와 주인으로 만듦으로써", "인류를 위한 하나님의 법을 뒤집는다."[23]

하지만 매우 빈번하게, 그레고리우스는 도덕적 자유로서의 인간의 자유에 대해 말한다. 즉, 우리의 창조 목적을 구현하는 자유 말이다. 그의 설명처럼 자유는 의지의 "고귀한 활동"이다. 하지만 의지는 선택 그 이상이며, 다른 것보다 어떤 것을 더 좋아해서 행하기로 결심하는 것 그 이상이다. 그것은 사람의 삶을 그것의 목적, 곧 탁월함을 지향하는 자유(덕성의 본래적 의미)와 인간적 번영의 자유라는 측면에서 정리하는 자유다. 우리의 덕성이 향상되면서, 우리는 하나님이신 선(善) 안에서 기뻐한다. 그러므로 자유는 결코 자기 마음대로 서술될 수 없고, 항상 하나님과의 관계 속에서 인식된다. 인간이 하나님의 형상으로 만들어졌기 때문에, 오직 우리 얼굴이 하나님을 향하고 우리 행동이 그의 사랑으로 형성될 때 우리의 삶은 온전히 인간적이 될 것이다. 자유는 행동의 문제이면서 동시에 보는 것, 곧 비전의 문제이기도 하다. 우리는 우리 자신을 초월할 때 우리 자신을 알게 되며, 하나님과의 교제를 발견할 때 우리 자신을 발견한다. 삶에 충만함을 부여하는 행복은 오직 우리 의지가 하나님의 의지와 일치할 때 우리 자신의 것이 될 것이다.

그것은 마침내 그리스도 안에서 발견된다.[24]

『인간 창조』에서 그레고리우스는 인간 본성을 그리스도 안에서 이루어지는 것이라는 관점에서 제시한다. "태초에 나타난 인간과 만물의 완성 때에 나타날 인간은 동일하다. 그들은 똑같이 하나님의 형상을 지니고 있기 때문이다." 인간의 창조를 다룬 다른 논문에서 그레고리우스는 자신이 인간 본성을 그리스도 안에서 구현된 인간 본성(하나님의 완벽한 형상인 그 인간)과 상관없이 논할 수 없다는 것을 발견했다. 그레고리우스는 그의 저서에서 반복적으로 하나님의 원형적 형상이 "동정녀에게서 나신" 분이라고 강조한다. 한 부활절 설교에서 그레고리우스는 "이날에 참된 인간이 창조되었습니다. 그분은 하나님의 모양과 형상에 따라 존재합니다"라고 말했다. 기독교 인간론에서, 그리스도 안에서 인간 본성이 본래적이고 진정한 형태로 나타났다는 것이 가장 중요하다.[25]

이러한 이유로, 그레고리우스가 자신의 논문에서 신약성경에서 직접 인용한 인간의 세 가지 특성을 소개하는 것이 별로 놀랄 일은 아니다. 첫째는 로고스(말씀) 혹은 이성이다. 이것은 그가 요한복음 1장에서 가져온 것이다. "태초에 말씀이 계셨다." 둘째는 "그리스도의 마음"이며, 이것은 성령의 은사를 받은 사람은 "그리스도의 마음을 가졌다"[고전 2:16]고 썼던 사도 바울의 글에서 가져온 것이다. 셋째는 사랑이다. 이것은 그레고리우스가 "너희가 서로 사랑하면 이로써 모든 사람이 너희가 내 제자인 줄 알리라"는 요한복음[13:35]과 "하나님은 사랑이자 사랑의 원천이시다"라는 요한1서[4:7]에서 가져온 것이다. 사랑이 없다면 "그 형상의 흔적은 뒤틀린다"고 그레고리우스가 말한다.[26] 그레고리우스는 여기서 거의 감지할 수 없을 정도로 논조를 바꾸어서, 인간 본성을 그리스도 안에서 이루어진 관점에서 묘사한다. 하나님의 형상으로서 그리스도는 인성의 회복뿐 아니라, 인간의 창조에 대한 일체의 온전한 설명에서도 중요한 역할을 한다. "끝은 시작 속에서 주어진다"라는 그의 말에서 완성과 시작이 상보적인 것으로 보이게 된다. 창조는 선물이자 약속이며, 우리가 오직 그리스도를 바라볼 때에만 태초에 만들어진 것을 알게 된다.[27]

가죽옷

세상에 죽음이 들어왔기 때문에 약속이 필요했다. 그래서 그레고리우스는 명백한 사실을 말한다. 즉, 우리의 일상적 경험이 증거하듯이 인간은 하나님과 너무 다르고, 자신이 하나님의 형상으로 창조되었다는 증거를 거의 보여주지 못한다. 그레고리우스에게, 성경이 창세기에서 인간에 대해 말하는 것과 인간의 삶이 보여주는 뒤틀린 사실 간의 설명할 수 없는 대조는 죄에 대해 이야기할 출발점이다. 그는 묻는다. 어떻게 우리가 알고 있는 인간, 곧 "영원할 수 없고, 불규칙적인 열정에 휘둘리며, 곧 죽게 될" 사람이 "오염되지 않고, 순결하며, 영원히 존재하는 어떤 본성"의 형상일 수 있다는 말인가? "인간의 비극과 비참함"과 "신적 생명의 행복"은 얼마나 큰 대조를 이루는가! 하나님은 축복 속에 거하시지만, 인간은 비참하다. 인간의 삶과 하나님은 너무 달라서, 우리가 하나님의 형상으로 만들어졌다는 사실과 우리가 삶에서 경험하는 것은 "전혀 다른 것" 같다. 그는 심지어 성경도 창세기에 기록된 것과 대립되는 것처럼 보인다고 생각한 적이 있다. 왜냐하면 전도서에 나오는 "모든 것이 헛되도다"라는 말씀은 "창조에 대한 비난"처럼 보이기 때문이다.[28] 어떻게 하나님이 헛됨의 창조주일 수 있는가?

"인간의 창조"에 대한 모든 온전한 설명은 인간의 파괴, 인간의 삶 속에 있는 타락과 악의 완고함을 다루어야 한다. 그의 논문 중간 부분에서 그레고리우스는 인간의 기원이라는 관점에서 인간의 경험에 관심을 보이고, 비록 간략하지만 인간의 비극적 삶을 논한다. 그레고리우스는 성 아우구스티누스만큼 생생한 언어로 죄의 결과들에 대해 말할 수 있다. 즉, "우리 안에 불순종이란 잡초의 씨를 뿌린 사람의 교활함 때문에, 우리 본성은 더 이상 하나님의 형상의 흔적을 보존하지 못한다. 오히려 그것은 죄 때문에 변형되고 흉하게 되었다. 우리 본성은 악한 본성에 따라 자유롭게 행동한다. 이런 이유로 인간 본성은 죄의 아비가 거느리는 악한 가족의 일원이 되었다." 인간 본성은 악에 의해 "약해졌고, 무기력해졌다." 그리고 인간은 "악으로 돌아서는 것처럼 쉽게 악에서 선으로 돌아서지" 못한다. "인간은 죄를 짓기 쉬우며, '어머니가 죄 중에서 나를 잉태했다'시51:5고 기록되었기 때문에 죄는 우리가 태어날 때 우리 안에 존재한다."[29]

다른 초기 기독교 사상가들처럼, 그레고리우스는 창세기의 창조 이야기 끝 부분에 나오는 "가죽옷"이라는 수수께끼 같은 언급에 매혹되었다. "여호와 하나님이 아담과 그의 아내를 위하여 가죽옷을 지어 입히시니라"창3:21. 그레고리우스에 따르면, 모세는 숨겨진 언어로 말하기 때문에 "가죽"을 단순한 의미로 해석해서는 안 된다. 아담과 하와가 행복이라는 옷을 벗었기 때문에 그들은 가죽옷을 입게 되었다. 즉, 죽음에 종속되고 "통제불능의 열정" 아래 놓인 것이다. 아담을 따르는 사람은 모두 가죽옷을 입는다. "말하자면 아담이 우리 안에 살고 있으며, 우리의 멋진 옷이 벗겨진 후" 우리는 가죽옷을 입게 되었다. 인간 가운데 "매일 흠 없이 살 수 있는" 사람은 찾아볼 수 없다. 모든 인간은 "아담과 공통된 본성을 공유하고, 그의 타락에 참여한다. 그 사도의 말처럼 '아담 안에서 우리 모두가 죽었기' 때문이다. 그러므로 아담에게 적합했던 회개가 그와 함께 죽은 모든 사람에게도 적합하다." 죄가 너무 편만하여, "우리가 존재하는 순간 죄가 발생"하며 "우리와 함께 자란다."[30]

죄는 항상 두 개의 특정한 진리 사이에 위치한다. 한편으로 인간은 하나님의 형상으로 창조되었으며, 다른 한편으로 하나님과 함께 살 운명이다.

교부들의 생각에, 죄의 실재가 그 형상을 가리는 오물들 밑에 숨어 있는 형상까지 제거하지는 못한다. 그러므로 죄에 대해 말할 때 교부들은 그 형상을 더럽히거나 손상시키거나 변색시키는 비유를 선호했다. 즉, 동전에 새겨진 것을 마모시키거나, 형상의 아름다움을 훼손하거나, 어떤 것을 비효율적으로 만들거나, 병이 드는 것 말이다. 타락 후에도 그 형상의 특정 측면들, 예를 들어 이성과 자유는 그대로 남아 있는 것이다. 비록 이성은 죄로 어두워졌고 인간의 자유는 욕망의 노예가 되었지만 말이다. 그 형상은 "비록 거의 없어질 정도로 닳았지만 항상 거기에" 있다고 아우구스티누스는 말한다.[31]

인간이 하나님의 형상으로 만들어졌고 하나님처럼 될 운명이라면, 인류의 현재 상황은 자연스럽지 않고 우리의 참된 삶에서 일탈한 것이다. 창세기 1:26과 자주 짝을 이루는 성경 본문은 요한1서 3:2이다. "사랑하는 자들아, 우리가 지금은 하나님의 자녀라. 장래에 어떻게 될지는 아직 나타나지 아니하였으나 그가 나타나시면 **우리가 그와 같을 줄을** 아는 것은 그의 참모습 그대로 볼 것이기 때문이니." 창세기 1:26("우리의 형상을 따라 우리의 모양대로 우리가 사람을 만들고")에 대한 주석에서, 그레고리우스와 동시대인으로서 알렉산드리아에서 살았던 맹인 디디무스는 요한1서의 "같을"[like]은 창세기의 "모양"[likeness]을 반영한다고 주장했다. 디디무스는 이렇게 썼다. "'우리의 형상을 따라 우리의 모양대로 우리가 사람을 만들고'란 본문에서 하나님은 두 종류의 됨[becoming]에 대해 말씀하신다." 먼저 우리는 하나님의 "형상"[image]으로 만들어지고, 그 후에 그의 "모양"[likeness]으로 만들어진다. "완전을 향해 전진함으로써, 형상은 사도 요한이 '사랑하는 자들아, 우리가 지금은 하나님의 자녀라. 장래에 어떻게 될지는 아직 나타나지 아니하였으나 그가 나타나시면 우리가 그와 같을 줄을 아는 것은'이라고 쓸 때 서술하던 하나님의 모양이 된다. 우리는 이미 하나님의 형상에 따라 만들어졌고, 이어서 하나님의 모양이 되기를 소망한다."[32] 창세기의 말씀은 구원의 신비 전체를 포괄한다.

몸은 장식품이 아니다

인간은 몸을 가지고 있다. 그레고리우스는 인간적 삶의 물리적 측면과 영적 측면, 몸과 영의 관계를 다룬다. 물론 그는 하나님의 형상이 몸을 가리키는 것이 아님을 안다. 하지만 그는 인간이 다른 짐승들처럼 땅을 쳐다보지 않고, 똑바로 서서 "하늘과 그 위의 것들을 바라보는 것"을 중요하게 생각한다. 동시에, 그는 영이 육체 속에서 자신의 생명을 갖기 전에 자신만의 생명을 갖는다는 일체의 개념을 거부한다. 영과 몸은 함께 결합하여 "하나님의 뜻" 안에서 "공통된" 혹은 "단일한 시작"을 갖는다. 그것이 초기 기독교 문헌에서 계속 반복된 주제다. 고백자 막시무스의 글에서, "영과 몸은 온전한 인류의 파괴할 수 없는 부분이다"라고 했다. 자신의 요점을 강조하기 위해 그는 "몸이 영과 분리된 후에는 단지 몸이라고 불리지 않고 인간의 몸, 특정한 사람의 몸이라고 불린다"라고 쓴다.[33]

몸에 대한 기독교 사상은 창세기 속의 이야기에 의해 형성되었지만, 더 크다고는 할 수 없어도 비슷하게 중요한 것이 몸의 부활에 대한 믿음이다. 콘스탄티노플 공의회에서 채택된 니케아 신경의 마지막 조항은 다음과 같다. "우리는 죽은 자들의 부활과 내세의 삶을 고대한다." 기독교의 인간관은 처음과 끝 사이를, 기원과 목적을 왕복한다. 부활의 희망은 몸이 자아의 일부를 구성하는지에 대한 질문으로 불가피하게 이어진다. 물론 예수의 육체적 부활은 성경적 역사의 문제이지만, 기독교 인간론을 위한 부활의 온전한 의미를 발견하는 데는 시간이 걸렸다. 일례로, 고린도후서 5:8에 "차라리 몸을 떠나 주와 함께 있는 그것이라"는 구절이 있다. 예수의 몸이 벽을 통과했던 요한복음 20:19의 이야기도 다른 견해를 제시하는 것 같다. 고린도전서 15장처럼 이해하기 어려운 구절도 있다. 씨의 비유는 부활한 육체가 다른 것으로 변형될 것임을 의미했다. 마치 식물과 씨가 다른 것처럼 말이다.

더욱이 몸은 항상 변했고, 썩을 수밖에 없었다. 도대체 어떤 몸으로 부활한다는 말인가? 청년의 몸, 중년의 몸, 아니면 노인의 몸? 매우 실재적인 지적 도전에도 불구하고 기독교 사상가들은 상세한 설명 없이, 육체 없는 영혼은 인격체^{person}일 수 없다고 주장했다.

    육체에 대한 질문은 단지 신학적 논쟁의 문제가 아니다. 그것은 인간적 과제의 가장 성스러운 부분을 건드린다. 즉, 죽은 사람의 몸을 어떻게 돌보아야 하는가? 아우구스티누스의 가장 알려지지 않았지만 가장 매혹적인 저서 가운데 하나는 『죽은 자들을 돌보는 일에 관하여』$^{On\ Caring\ for\ the\ Dead}$라는 제목의 논문이다. 그것은 이탈리아 남부 놀라의 주교 파울리누스^{Paulinus}가 보내온 편지의 답장으로 쓴 것이다. 그 편지는 유명한 성인 펠릭스^{Felix}가 묻혀 있는 성지에 자신의 아들을 묻고 싶어 하는 한 과부에 관한 것이었다. 파울리누스가 물었다. "성 펠릭스 옆에 묻히는 것이 그 아들에게 유익할 것인가?" 아우구스티누스는 그 질문에 부정적으로 대답했다. 하지만 이 논문을 읽으면, 아우구스티누스가 그 여인의 소망에 중요한 것이 있다는 사실을 인정했음이 명백해진다. 왜냐하면 몸은 단지 영혼을 덥고 있는 외적이거나 부수적인 것, 없어지거나 잊혀질 수도 있는 어떤 것이 아니기 때문이다. 니사의 그레고리우스는 자신의 부모들 곁에 묻힌 순교자들의 유물을 가지고 있었다. 사람이 거룩한 사람의 뼈를 볼 때, 그것은 마치 그 사람이 "실제로 존재하는 것" 같았다. 사랑하던 사람의 반지나 옷을 애정과 사랑으로 다루듯이, 우리는 사랑했던 사람의 몸을 마치 그 사람인 것처럼 돌봐야 한다. 몸은 "밖에서 입힌" 옷이 아니라고 아우구스티누스가 말한다. 몸은 "인간의 본질"에 속한다. 이것은 왜 그런가? "죽은 사람의 몸을 돌보는 것은 부활에 대한 우리의 확고한 믿음을 긍정하는 것이다."[34]

    아우구스티누스는 자신이 쓴 『창세기에 대한 문자적 주석』$^{Literal\ Commentary\ on\ Genesis}$의 한 수수께끼 같은 구절에서, 몸이 없다면 하나님을 온전히 볼 수 없다고 제안했다. 듣자 하니 어떤 이들은 오직 영혼에게만 지복직관(천사나 성인이 천국에서 하나님을 직접 봄)$^{beatific\ vision}$이 주어진다고 주장했다고 한다. 하지만 아우구스티누스는 묻는다. "세상을 떠난 영이 몸 없이 최고의 복된 상태에 들어갈 수 있다면, 왜 그것은 부활의 때에 자신의 몸과 재결합해야 하는가?" 아우구스티누스는 천사들이 몸 없이도 하나님을 바라볼 수 있다고 인정한다. 하지만 사람의 경우는 다르다. "어떤 신비로운 이유 때문에, 혹은 영혼이 육체의 관리에 대한 일종의 자연적 욕구를 가지고 있기 때문에" 영혼은 몸이 필요하다. "영혼이 육체와 연결되지 않는 한" 그것은 아직 온전하게 자신이 아니며, 자신의 몸과 연합하기를 간절히 원한다. "오직 영혼이 이 몸을 다시 받을 때……자신의 존재가 완성될 것이다." 기독교 사상이 영혼과 육체의 관계에 대해 취할 방향은 고대 시대에 처음 나타났지만, 오직 영혼과 육체가 결합될 때에 지복직관이 가능하다는 견해는 중세에 보다 충분히 탐구되었다. 13세기에 토마스 아퀴나스$^{Thomas\ Aquinas}$와 동시대인이었던 성 보나벤투라^{Bonaventura}는 그 문제를 이렇게 다루었다. "사람은 영혼이 아니다. 사람은 영혼과 육체의 결합체다.……그리고 영혼과 육체가 없다면, 완벽한 기쁨은 있을 수 없다."[35]

부활에 대한 기독교 교리가 인간에 대한 기독교적 이해를 구성했고, 결과적으로 서양 문화를 형성했다. 기독교 전통이 우리 문명에 유산으로 물려준 것은, 누군가가 예측하듯이 영지주의나 육체에 대한 수치심이 아니라, 영과 육이 일치된 존재로서의 인간이다. 구현되지 않는 자아는 없다.

『6일간의 창조사역에 대한 설교』$^{Homilies\ on\ the\ Hexaemeron}$에서 카이사레아의 바실리우스는, 어떻게 세상이 존재하게 되었는지에 대한 일체의 생각은 세상을 창조하신 하나님으로부터 시작해야 한다고 말했다. 볼 수 있는 것에 대해 쓰기 전에, 모세는 사물을 있는 그대로 보는 법을 배우면서 수년을 보냈다. 오리게네스의 글처럼, 인간은 사물의 원인과 그것이 만들어진 목적을 탐구하고 싶은 욕망을 가지고 태어난다. 사람들이 볼 수 있는 것 너머의 것을 보았을 때, 사물들 내에 본래부터 존재하는 그 이유를 분별하는 것이 가능하다. 초기 그리스도인들에게 세상에 대한 지식은 하나님에 대한 지식에서 시작했고, 하나님은 오직 믿음으로만 알 수 있었다. 이것이 다음 장의 주제다.

7.

인식의 길

믿음의 합리성

우리가 절대적으로 확실한 것만 믿기로 작정한다면,
인간 사회에서 항구적인 것은 없다.

아우구스티누스

기독교 사상은 이성이 아니라 믿음에 의존한다는 혹독한 비난은 교회 자체만큼 오래되었다. 2세기 중반에, 의사이자 철학자인 갈레노스는 그리스도인들과 토론하는 것이 무의미하다고 불평했다. 그들은 결코 자신들이 믿는 것에 대해 논거를 제시하지 않기 때문이다. 그들은 단지 "하나님이 명령하셨다"거나 "하나님이 말씀하셨다"는 것에 호소할 뿐이다. 거의 같은 때에 쓴 『참된 교리』에서 켈수스는 갈레노스의 비난을 반복한다. "어떤 그리스도인들은 자신들이 믿는 것에 대한 이유를 제시하지 않고, '묻지 말고 그냥 믿어라'나 '너의 믿음이 너를 구원할 것이다'라는 표현을 사용한다. 다른 사람들은 사도 바울의 말을 인용한다. '세상의 지혜는 악하며, 어리석음이 좋은 것이다.'"[1]

18세기 후반에 와서, 이런 고대의 비난에 프랑스 철학자들이 새로운 생명을 부여했다. 권위와 전통에 대한 일체의 호소를 비난하면서 그들은 수 세기의 기독교 지배가 끝나고 이성을 종교적 신앙의 억압에서 해방할 때, 토머스 제퍼슨의 말을 빌리면 "수도사 같은 무지의 사슬을 끊을" 때가 왔다고 믿었다. 오랫동안 전통과 관습의 노예였던 이성이 이제는 자율적이 될 수 있고, 비판적 이성이라는 세정제로 청결해진 석판으로 다시 시작할 수 있다. 오직 축적된 믿음과 관행으로부터 자유롭게 되었을 때, 인간 정신은 자신의 잠재력을 온전히 발휘할 수 있었다.

자신만의 교리, 권위 있는 성경, 주교와 교황을 소유한 교회는 계몽을 향한 길에서 양다리를 걸치고 있었다. 에드워드 기번에 따르면, 기독교는 "정신의 기능을 저해하고 해쳤으며" 고대 그리스인들에 의해 밝혀진 지성의 눈부신 불꽃을 꺼뜨리며 암흑의 시대를 가져왔다. 이성의 힘에 대한 확신을 붕괴시킴으로써, 기독교는 질문과 연구의 정신을 질식시켜 버렸다. "이성을 불신하고 논증을 경계하는 세계가 스스로 권위주의적 계시(이것은 자신 밖의 어떠한 진리도 인정하지 않고, 자유로운 탐구를 죄로 정죄한다)의 주문에 열정적으로 종속될 때, 진리는 마침내 희망을 잃었다.……그리스의 지성은 천천히 스며드는 독약처럼 민족들에게 작용한 장기간의 낙심으로 끝내 죽어 버렸다."

사람들은 이 마지막 문장을 쓴 사람이 자료나 사실과 상관없이, 자신의 편견은 말할 것도 없이, 상상력과 수사학이 자기 마음대로 돌아다니도록 방치했다고 의심한다. 그것은 초기 기독교 문헌에 대한 피상적 이해와, 6세기 동안 지속된 기독교와 그리스-로마 사상가들 사이의 대화에 대한 무지를 드러낸다. 로마 제국에서 지적 생활의 가장 주목할 만한 특징 가운데 하나는 교회가 사회에서 탁월한 사상가들을 끌어들였을 뿐 아니라, 그들의 저서가 2세기의 갈레노스와 3세기의 포르피리오스 같은 당대 최고의 철학적 지성들의 진지한 비평의 대상이 되었다는 것이다. 그리스도인과 이교도 사이에서 논쟁과 토론이 지속되었다는 사실은 기독교가 이성의 힘에 대한 확신을 붕괴시켰다는 견해를 근본적으로 부정한다. 기독교 사상가들은 즉석에서 무시될 수 없었다. 저명한 초대교회 역사가 헨리 채드윅$^{Henry\ Chadwick}$은 히포의 아우구스티누스가 당대의 로마 제국에서 최고 지성인이었다고 주장했다.

켈수스의 『참된 교리』와 오리게네스의 『켈수스에 대항하여』를 읽은 사람이라면 누구라도, 이교도 철학자 켈수스가 이성과 논증에 호소하고 오리게네스는 오직 권위와 믿음에만 의지했다고 생각할 수 없다. 그들의 비판자들처럼 기독교 사상가들도 논쟁을 환영했고, 증거와 경험에 호소했으며, 진리라고 주장되는 것을 평가하고 판단하고 해석하고 설명하기 위해 이성을 사용했다. 그리고 그들은 타인을 위해 쓴 책들뿐 아니라, 다른 그리스도인들을 위해 쓴 논문에서도 그렇게 했다. 생각은 믿음의 일부였다. 이 책 서두에서 인용했던 아우구스티누스의 글을 다시 한 번 더 인용하면, "사람은 먼저 믿을 만하다고 생각하지 않으면 어떤 것도 믿지 않는다.……믿어지는 모든 것은 생각이 먼저 진행된 후에 믿어지는 것이다.……생각하는 모든 사람이 믿는 것은 아니다. 많은 사람들이 믿지 않으려고 생각하기 때문이다. 하지만 믿는 사람은 누구나 생각한다. 믿음 안에서 생각하고, 생각 안에서 믿는다."²

아우구스티누스가 이런 글을 쓰기 1세기 전에, 교회의 가장 용감한 사상가 중 한 명인 오리게네스가 기독교 가르침에 대한 자신의 비판적 관찰과 "제1원리들"에 대한 탐구를 사물의 원인을 탐구하고 싶은 인간의 보편적 본능에 호소함으로써 방어했었다.

> 사물의 진리를 알고 싶은 욕망은 우리 영혼 안에 심겨졌고, 인간에게 자연스럽다.……우리 눈이 장인의 작품을 바라볼 때, 특히 그 대상이 잘 만들어진 것이면, 즉시 우리의 정신은 그것이 도대체 어떤 종류의 물건인지, 그것이 어떻게 만들어졌는지, 그리고 무슨 목적으로 만들어졌는지를 알고 싶어 하는 욕망으로 타오른다. 심지어, 정말로 비교할 수 없을 정도로, 그 정신은 하나님에 의해 만들어졌다고 우리가 감지하는 것의 목적을 알고 싶은 욕망과 말로 표현할 수 없는 열망으로 타오른다. 이런 욕망, 이런 사랑은 하나님에 의해 우리 안에 심겨졌다고 우리는 믿는다. 자연의 눈이 빛과 시야를 구하고 우리 몸이 본능적으로 음식과 음료를 갈구하듯이, 우리 정신도 하나님의 진리를 알고 사물의 원인을 배우고 싶은 자연스럽고 적절한 욕망을 키우기 때문이다. 더욱이, 하나님에 의해 이러한 욕망이 우리에게 만족될 수 없는 방법으로 주어진 것이 아니다. 만일 진리에 대한 사랑이 결코 충족될 수 없다면, 그것은 창조주에 의해 우리 마음에 헛되이 심어진 것이 될 것이기 때문이다.³

하지만 **믿음**^{faith}은 기독교 담론에서 결정적인 용어다. 기독교는 지적 생활에 새로운 것을 도입했다. 즉, 믿음은 하나님에 대한 지식으로 인도하는 문이다. 우리가 성경에서 아브라함에 대한 이야기(그의 믿음이 그에게 의로운 것으로 인정되었다)를 펼쳐 읽든, "너희가 믿으면 이해하리라"(이사야 7:9의 그리스어와 라틴어 번역본)는 이사야의 말씀을 읽든, 예수께서 자신을 따르는 자들에게 믿으라고 요청하는 소리를 듣든, 혹은 복음은 "모든 믿는 자"의 구원을 위한 하나님의 권능이라고 말했던 사도 바울의 서신들을 연구하든, 성경에서 믿음은 진정으로 종교적인 사람의 독특한 징표다. 기독교의 신앙고백서는 "나는 믿는다"^{credo}라는 말로 시작하기 때문에 신경^{creed}이라고 불린다. 기독교를 지칭하는 일반적 표현 중 하나는 그리스도인의 믿음$^{Christian\ Faith}$이며, 그리스도인은 신자들$^{the\ faithful}$이라고 불린다. 왜 초기 기독교 사상가들은 이성이 하나님과 하나님의 것들을 만날 때 믿음으로 시작한다고 주장했는가?

믿을 만한 증인들

아우구스티누스의 『고백록』^{Confessiones}을 읽은 사람들은 기억하듯이, 카르타고에서 학생이었을 때 그는 마니교에 심취했었다. 마니교는 페르시아에서 기원하여 당시에 로마 세계 전역으로 확산되었다. 아우구스티누스는 그 종교의 지성주의와 권위에 대한 확실한 거부에 매료되었다. "그들은 모든 권위를 제쳐 두고, 그들에게 귀 기울이려는 사람들을 오직 순수하고 단순한 이성으로 하나님께 이끌 것이라고 선언했기 때문에, 나는 이 사람들과 어울렸다"고 그는 썼다. 그들은 "진리가 검토되고 해명될 때까지 누구에게도 믿으라고 강요하지 않았다."⁴ 마니교도들은 자신들이 전통에서 해방된 것을 자랑스러워했고, 자신들의 가르침을 권위나 성경에 호소하여 방어할 필요가 없다고 자랑했다. 그들에게는 이성만으로 충분했다. "우리는 구원자에 대해

[예언자들의] 증언을 요구하지 않는다"라고 그들의 지도자인 파우스투스 Faustus가 말했다.

하지만 아우구스티누스가 마니교도들을 더 잘 알게 되면서, 비록 그들이 지성의 위용에 대해 말을 많이 했지만 어려운 질문들 앞에서는 침묵한다는 사실을 알게 되었다. 파우스투스가 카르타고에 도착했을 때, 아우구스티누스는 자신의 궁금증을 토론하기 위해 그와의 개인적 만남을 요청했다. 하지만 파우스투스는 제대로 답을 해주지 못했고, 아우구스티누스는 대단히 실망하여 떠났다. 환상에서 깨어난 것이다. 그는 파우스투스가 제대로 교육을 받지 못했으며, "인문학에 대해 무지하고" 철저히 관습적인 사고에 젖어 있다는 사실을 발견했다.[5] 마니교도들은 자신들의 가르침에 대해 확실한 논거를 제공하기보다, 기독교 신자들의 믿음을 조롱하고 비웃는 데 더 능숙했다. 파우스투스와 대화를 나눈 후 몇 달이 지나지 않아, 아우구스티누스는 그들과의 관계를 끊고 다른 곳에서 지혜를 찾기 위해 로마로 떠났다.

하지만 아우구스티누스는 마니교도들과 여전히 그 종파에 속해 있던 친구들을 잊지 않았다. 그가 쓴 초기 논문 몇 편은 그들의 가르침을 다루었다. 이 작품들은 신학적 주제, 예를 들어 하나님과 세상, 악의 본질, 자유의지에 대한 마니교의 교리를 다룬다. 사실 이 주제들은 기독교 변증의 단골 메뉴들이었다. 하지만 마니교도들은 초기 기독교 문헌에서 단지 간헐적이거나 비체계적으로 논의되었던 문제들을 아우구스티누스가 다루도록 자극을 주었다. 이것 가운데 하나가 기독교 사상에서 믿음의 자리 및 권위의 역할이었다.

호노라투스Honoratus는 아우구스티누스가 카르타고에서 학생이었던 시절부터 친구였다. 비록 처음에는 마니교도들에게 냉담했지만, 그도 아우구스티누스의 강요로 마니교 회원이 되었다. 그리고 아우구스티누스가 그 종교를 버린 후에도, 그는 계속 그 집단과 관계를 유지하고 있었다. 안수를 받은 직후인 391년에, 아우구스티누스는 마니교에 대한 논문을 완성하여 호노라투스에게 헌정했다. 논의가 진행되면서 아우구스티누스는 자신이 마니교 신봉자였던 시절에 호노라투스와 토론했던 질문들을 제기한 것처럼 보인다. 그 논문의 제목은 매우 자극적이었다. 일반적으로 『믿는 것의 유용성에 대하여』$^{De\ Utilitate\ Credendi}$라고 번역되지만, 『믿는 것의 합리성에 대하여』라고 번역될 수도 있다.

 이 제목의 의미는 첫 두 문단에서 명백해진다. 아우구스티누스에 의하면, "어떤 사람이 진리를 발견했다"고 주장하는 것보다 더 쉬운 일은 없다. 하지만 어떤 사람이 진리를 소유하고 있다고 오만하게 주장하는 것보다 진리를 획득하는 것이 훨씬 더 어렵다. 마니교도들은 분명히 진리를 발견하지 못했지만, 이성을 찬미하기보다 신앙을 폄하하는 일에 더 집착했다. "그들은 자신들이 오직 순결한 마음만 바라볼 수 있는 진리를 인식하고, 믿음을 통해 강화되며, 하나님에 의해 계몽되기 전에 기독교 신앙을 받아들인 사람들을 무분별하게 비난했다."6 하지만 종교는 사람이 알고 있는 것으로부터의 추론이 아니다. 우리가 증거들로 시작하고 증명될 수 있는 것만 인정하기로 결심한다면, 우리는 태초에 대해 아무것도 할 수 없을 것이다.

 고대의 다른 그리스도인들처럼, 아우구스티누스의 사상도 계시의 사실들로부터 시작했다. 계시는 성경에서 들려주는 것과 같이 그리스도 안에서 하나님의 드러남이다. 신경의 고백에 의하면, 하나님은 특정한 때와 장소에서 살았던 한 특별한 역사적 인간을 통해 열려진다. "그는 본디오 빌라도 치하에서 십자가에 달렸고, 고난을 당했으며, 장사된 지 3일 만에 부활하셨다." 아우구스티누스의 저서들에는 역사적 개관이 거의 없다. 여기에 시편 19편에 대한 설교에서 임의로 선택한 문장이 있다. "그리스도는 태어나서 자랐고 가르쳤으며, 고난을 당했고 부활했으며, 승천했다." 이러한 사건들을 통해 하나님이 알려졌다. 따라서 기독교의 진리는 "지상의 어느 특정한 지역"과 "시간에서" 오래 전에 벌어졌던 일들에 의존했다. 하지만 기독교 신앙이 의존하는 사건이 실제로 있었다는 것은 의심 없이 확실한 것으로 증명될 수 없다. 언젠가 존 헨리 뉴먼$^{John\ Henry\ Newman}$이 관찰했듯이, "수학자가 확률에 만족하는 것과 똑같은 실수는 역사가에게 증명을 요구하는 것이다."[7]

우리가 과거의 사건들에 대해 아는 것은 그것을 목격했던 사람들의 증언에 달려 있다. 역사적 사건은 독특하고 특별하며, 우리는 보고받은 것이 사실인지를 입증하기 위해 실험을 할 수 없다. 키케로가 자신을 반대하여 음모를 꾸몄던 사람들을 죽였다고 누군가 말할 때(이것은 아우구스티누스 시대보다 수백 년 전에 일어난 사건이다), "나는 그것을 **안다**"고 말하는 것은 적절하지 않다. 오히려 우리는 이렇게 말해야 한다. 아우구스티누스의 말이다. "사악한 공모자들이 의로운 키케로에게 죽임을 당했다고 나는 **믿는다**."[8] 믿음, 곧 신앙은 역사적 지식의 구성요소다.

아우구스티누스는 증인의 정직에 의존하는 역사적 지식과 확실하고 명백한 수학적 지식을 구별한다. 7×7=49는 확실하고, 구구단을 암기한 사람은 누구나 알 수 있다. 하지만 과거에 발생한 사건에 대한 지식은 우리 시대로부터 멀리 떨어진 곳에서 일어난 사건이므로, 항상 간접적이고 다른 사람의 말에 의존한다. **믿는다**^{believe}라는 단어는 확실한 것이 아니라 개연성 있는 지식에 대해 말하고 있다는 뜻이다. 아우구스티누스가 자신의 논문 『믿는 것의 유용성에 대하여』를 썼을 때, 그는 역사적 "지식"이란 의미로 **지식**이라는 단어를 사용하지 않았다. 하지만 노년에 자신의 저서들을 재검토했을 때, 그는 역사적 지식의 본질이 아니라 **안다**^{know}라는 단어의 적절함에 대해 자신의 생각을 바꾸었다. 비록 역사적 지식에 대한 적절한 단어는 "믿음"이지만, 그는 일반적으로 수학적 지식뿐 아니라 역사적 지식을 위해서 "안다"라는 단어를 사용한다고 인정했다.[9] 동시에 그는 이 단어의 두 가지 의미간의 차이도 유지하고 싶었다.

역사적 지식의 독특한 특징은 그것이 "신뢰할 만한 가치가 있는 증인의 증언"에 기초하고 있다는 것이다. 증인을 뜻하는 그리스어 martyr가 기독교 사전에서 거룩한 단어가 된 이유가 바로 그것이다. 순교자^{martyr}는 자신의 말뿐 아니라 자신의 목숨을 걸고 그리스도의 부활을 증언하는 사람이다. 최초의 순교자는 그리스도를 알고 있었고, 그가 죽은 후에도 살아 있는 것을 보았다. 하지만 증인이라는 단어는 자신의 말로 부활을 증언했던 사람들을 위해서도 사용되었다. 사도행전 서두에서 사도들이 가룟 유다를 대신할 사람을 선택하기 위해 모였을 때, 그들은 그 사람이 "주 예수께서 우리 가운데 출입하실 때에 항상 우리와 함께 다니던 사람"과 "예수께서 부활하심을 증언할 사람"$^{행\ 1:21\text{-}22}$이어야 한다고 요구한다. 이와 비슷하게, 사도행전 2장에 기록된 그의 긴 설교에서 베드로는 자신과 다른 사도들이 이 일("이 예수를 하나님이 살리신지라")의 증인들이라고 말한다.

권위의 불가피성

역사적 지식은 증인을 요구한다. 그리고 증언은 증거하는 사람의 말에서 믿음과 확신을 요청한다. 하지만 아우구스티누스는 신앙에 대한 토론에 **권위**라는 단어를 도입한다. 그는 "우리는 권위에 우리의 믿음을 빚지고 있다"고 말한다. 그의 말이 뜻하는 바는 무엇인가? 우리의 용어에서, 권위는 흔히 우리의 복종을 이끌어 내는 강제, 권력과 힘, 법을 집행하거나 규칙을 부여할 능력과 연결되어 있다. 우리는 권위에 복종하거나 순종하는 것에 대해 말한다. 그리고 권위는 무릎을 꿇는 것과 관계가 있다고, 혹은 교회 교리의 경우, 지성을 희생하는 것과 관련이 있다고 가정한다. 아우구스티누스의 시절에, 권위라는 단어는 우리 시대의 용법과 다른 의미를 가지고 있었다. 라틴어에서 권위^{auctorita}는 auctor(이 단어는 영어 author에 해당한다)에서 기원했고, 원래의 의미는 유언장이나 다른 법적 서류의 타당성과 진정성을 보증했던 사람을 가리켰다. 권위는 어떤 사람, 예를 들어 행정관이나 유언장 작성자의 그러한 특성, 곧 어떤 사람이 말한 것에 기초하여 행동하는 것이 가능하도록 만드는 특성을 가리켰다. 이런 의미에서 권위는 인간 삶과 사회에 공통되는, 정말 없어서는 안 될 측면이다. 우리가 참된 것으로 인정하고 행동하는 것은 다른 누군가의 성실과 신뢰에 의존하기 때문이다. 아우구스티누스가 말했다. "실제의 삶에서, 어떻게 사람이 믿기를 완전히 거부할 수 있는지 나는 이해할 수 없다."[10]

자신의 요점을 설명하기 위해 아우구스티누스는 흥미로운 예를 든다. 아이가 자신에게 들려주는 엄마의 말을 믿지 못하면, 누가 자신의 아빠인지 결코 확실히 알 수 없다. 그런 정보는 추리, 곧 원리에 근거한 연역의 과정이나 증거에 대한 저울질을 통해 알 수 없다. 누군가의 아버지를 확실하게 알 수 있는 유일한 방법은 "어머니의 권위를 믿는 것"이다. 왜냐하면 오직 어머니만이 누가 그 아이의 아버지인지 알기 때문에, 아이는 어머니의 말씀을 의지해야 한다. 즉, 어머니를 믿어야 한다. 물론 DNA 검사가 있기 때문에 어머니의 말은 더 이상 법적 효력이 없다. 하지만 부모와 자식 사이의 관계에서, 아우구스티누스의 경험은 우리와 일치한다. 믿음이 없다면 타인의 신용을 확신하지 못한다. 즉, 아우구스티누스의 말처럼 권위가 없다면, "인류의 거룩한 유대 관계"는 산산조각이 날 것이다. "우리가 오직 절대적으로 확실한 것만 믿겠다고 결심한다면, 인간 사회에서 안정되게 남아 있을 수 있는 것은 없다."[11]

사회에서 권위의 부재는 사람들을 함께 묶는 신뢰의 연약한 끈을 자를 뿐 아니라 학습을 불가능하게 만든다. 예를 들어, 원어민이 말하는 소리를 듣지 못한다면 어떻게 사람이 외국어를 배울 수 있겠는가? 숙련된 선생에 의해 손가락이 훈련되지 않는다면 어떻게 사람이 바이올린 연주법을 배울 수 있겠는가? 나는 토요일 아침에 집 주변의 어떤 것을 오직 이성에 의지해서 고치려 할 때마다, 이런 단순한 진리를 다시 깨닫는다. 빈번히 나는 나를 기다리고 있는 난관들을 예측하지 못하여, 만일에 숙련된 목수나 전기 수리공, 혹은 배관공이 내 곁에 있었다면 얼마든지 피할 수 있었던 어처구니없는 실수를 범한다. 내가 배운 자율적 이성은 집안을 제대로 관리하는 데 아무런 도움이 못된다.

물론 아우구스티누스는 사람이 어떻게 그리스도 안에서 하나님을 알게 되는지에 대해 생각하고 있다. 하지만 그는 상업을 배우거나 아이를 키우는 것과 하나님을 알고 사랑하는 것 사이에 유사점이 있다는 사실도 깨닫는다. 권위에 대한 믿음이 있어야 밭을 경작하는 법을 배울 수 있다면, "종교에서는 얼마나 더 많은 믿음이 필요하겠는가?" 이런 예들을 듦으로써 아우구스티누스는 믿음으로 얻은 지식이 일차적으로 정보를 얻는 문제가 아니라고 말하고 싶었다. 종교적 지식의 획득은 한 가지 기술을 배우는 것과 비슷하다. 그것은 연습, 태도, 기질과 관련이 있고, 사람이 사랑하는 것들의 순서를 정하는 것과 관계가 있다. 사람이 살아가기 위해 필요한 이런 종류의 지식은 시간이 지나면서 서서히 얻어진다. 사람이 하루 만에 피아노 치는 법을 배울 수 없듯이, 사람은 기쁨에 휩싸인 순간에 하나님 사랑하는 법을 배울 수 없다. 그 즐거움이 적절한 말을 찾지 못하면, 그것이 감정을 작동시키고 의지를 자극하지 못하면, 그것이 행동으로 확정되지 못하면, 캄캄한 서쪽으로 사라진 마지막 빛처럼 덧없이 사라질 것이다. 하나님에 대한 지식은 마음과 정신 속으로 서서히 침잠하기 때문에 견습 기간이 필요하다. 바로 이러한 이유로 아우구스티누스는 우리가 "현자들의 하인"이 되어야 한다고 말한다.

자부심 속에서 마니교도들은, 하나님을 알고 사랑하는 사람들의 도움

없이도 자신들이 하나님께 이르는 길을 찾을 수 있다고 생각했다. 그들은 6일의 창조에 대해 이야기하고, 요나가 고래 배 속에 들어간 이야기를 지어내며, 여호수아가 태양을 멈추게 했다고 주장한 성경 저자들을 조롱하면서, 심지어 성경의 권위마저 인정하기를 거절했다. 그들은 성경에 기록된 것들이 그렇게 터무니없다면, 이 책의 다른 기록들을 사람이 어떻게 믿을 수 있겠느냐고 말했다. 이에 대한 답변으로 아우구스티누스는 마니교도들에게 어떻게 위대한 문학작품을 읽을 것인지에 대해 한 가지 기본적인 지침을 알려준다.

진지한 해석자가 해야 할 첫 번째 작업은 저자를 신뢰하는 것이다. 이것은 T. S. 엘리엇^{Eliot}이 인도 철학을 공부할 때 배운 것이다. "당신이 굴복하지 않는 저자를 당신은 결코 비판할 수 없다.……당신 자신을 포기한 후, 자신을 회복해야 한다. 그리고 복종과 회복을 완전히 잊기 전, 제3의 순간에 할 말을 갖게 된다." 학생은 그 작품을 잘 알고 사랑하는 선생의 손에 자신을 의탁함으로써 시작한다. 하지만 마니교도들의 경우, 의심의 해석학 고대 버전으로, 먼저 비판적 질문들로 본문을 공격한다. 비판이 이해로 이어질 것이라고 생각하면서 "자신들이 이해하지 못하는 책들은 찢어 버린다." 하지만 베르길리우스를 이해하는 유일한 방법은 "그를 사랑하는 것"이라고 아우구스티누스는 말한다. 공감과 열정 없이, 자기포기 없이, 사랑의 빚 없이, 중요한 것에 대한 지식은 존재할 수 없다. 처음에는 우리가 베르길리우스를 읽어서 무엇을 얻을 수 있는지에 대해 설명할 수 없을지 모르지만, "우리 어른들이 그를 높이 평가했기" 때문에 우리는 그를 읽음으로써 유익을 얻을 수 있다고 기대한다.[12]

권위를 지식의 필요한 부분으로 삼으면서, 아우구스티누스는 "내가 무엇을 믿어야 하는가?"라는 질문에서 다른 질문으로 이동한다. 즉, "내가 어떤 가르침을 받아들여야 하는가?"라는 질문에서 "내가 누구를 믿어야 하는가?", "내가 어떤 사람을 신뢰해야 하는가?"라는 질문으로 말이다. 초기의 다른 논문 『참된 종교에 관하여』$^{On\ True\ Religion}$에서 그는 영혼이 하나님께 이끌리는 두 가지 방법(권위와 이성)이 있다고 말한다. "권위는 믿음을 초대하고 이성을 위해 인간을 준비시킨다. 이성은 이해와 지식으로 이끈다. 하지만 우리는 누구를 믿어야 할지 고민해야 하기 때문에, 이성이 권위에 전적으로 부재한 것은 아니다."[13] 여기서 아우구스티누스는 자신이 문학작품을 읽는 것에 대해 말했던 것을 종교적 용어로 표현한다. 출발점은 특정한 가르침의 진리나 오류에 대한 것이 아니라, 그 가르침으로 삶이 형성된 사람들이다. 종교 문제에서는 따름으로 시작하는 것이 합리적이다. 아우구스티누스는 맹목적 복종이나 어둠 속으로의 도약, 혹은 다른 사람의 독재에 복종하는 것에 대해 말하는 것이 아니다. 그는 그들이 보여주는 삶의 모범 때문에 그들이 사랑하는 것을 우리도 사랑하게 되는 신뢰에 대해 말하는 것이다.

볼 수 있는 것에 대한 믿음

기독교 사상은 불가피하게 타인들의 증언과 연결되어 있다. 앞서 간 사람들로부터 우리는 독특한 방식으로 언어를 사용하고, 겉보기에 상이한 기독교 가르침들 간의 관계를 감지하며, 무엇이 핵심적이고 무엇이 주변적인지를 아는 법을 배웠다. 앞서 갔던 사람들은 우리에게 하나님, 성령, 희망, 은혜, 죄, 용서 같은 말의 사용법을 가르쳐 준다. 그리고 우리가 그런 말을 사용하는 데 점점 더 익숙해지면서, 우리는 우리의 삶과 생각을 앞서 갔던 사람들에게 일치시킨다. 기독교 사상에서 기억은 핵심적이다. 그리고 모든 기억과 같이 그것은 특이하며, 기독교의 과거에서 특정한 순간과 사건, 특정한 책과 사상, 특정한 용어, 그리고 특정한 사람들에게 특권을 부여한다. 그것은 지금까지 물려받은 것으로부터 시작한다. 사도 바울의 말을 생각해 보자.

"형제들아, 내가 너희에게 전한 복음을 너희에게 알게 하노니 이는 너희가 받은 것이요.……그리스도께서 우리 죄를 위하여 죽으시고 장사 지낸 바 되셨다가 성경대로 사흘 만에 다시 살아나사 게바에게 보이시고 후에 열두 제자에게와"^{고전 15:1-5}. 기독교의 지적 생활의 가장 두드러진 특징 중 하나는 앞서 갔던 사람들의 신실함과 성실함에 대한 일종의 조용한 확신이다. 세례에 대한 도나투스파와의 논쟁에서 아우구스티누스는 그 이전의 사상가들이 그의 시대에 발생했던 특별한 문제들을 다루지 않았으며, 어떤 경우에는 그의 것과는 견해가 달랐지만(예를 들어, 재세례에 대해 키프리아누스와 입장이 달랐다), 논쟁 아래 있던 문제를 비록 그들이 몰랐지만 "다루어지고" 있다는 사실을 알게 되었다. 우리는 지금도 이 성인들의 도움을 받고 있으며, 다른 사람들의 진리 뒤에서 우리 생각을 다듬고 있다.

『예와 아니오』^{Sic et Non}에서 신앙과 도덕의 문제에 대한 교부들의 상충되는 견해를 서술했던 중세 신학자 페트루스 아벨라르두스^{Petrus Abaelardus}는 사람들이 그것을 함부로 판단해서는 안 된다고 말했다. 성경은 "거룩한 자들이 만국을 심판할 것이다"라고 말하기 때문이다. 아벨라르두스는 이렇게 말한다. "우리는 그것들이 거짓말을 한다고 비난하거나, 그것들이 틀렸다고 정죄해서는 안 된다. 왜냐하면 주님께서 '너의 말을 듣는 자가 내 말을 듣고, 너를 거부하는 자는 나도 거부한다'고 말씀하셨기 때문이다. 우리가 우리의 약점을 고려할 때, 그들이 글을 쓸 때보다 우리가 이해할 때 은혜가 부족하다고 생각한다. 이것에 대해 '말하는 것은 네가 아니라, 네 안에서 말하는 성령이시라'고 기록되었기 때문이다."[14]

아우구스티누스의 견해에 따르면, 권위는 강제하거나 강요하지 않고 깨달음을 준다. 그것은 의지가 아니라 이해에 호소한다. 훌륭한 교사는 학생들에게 폭력을 행사하지 않고, 지위나 신분에 호소(나는 교사다!)하지도 않으며, 경험과 지식, 통찰과 진리로 신임을 얻는다. 왜 그렇게 해야 하는지에 대해 설명하지 않으면서 "나를 믿어라"고 반복적으로 말하는 교사는 권위를 빼앗기고, 이해를 방해한다. 중세 시대에 토마스 아퀴나스는 그것을 이렇게 표현했다. "교사가 단지 권위에 호소하여 질문을 정한다면 학생은 그렇다고 확신은 하겠지만, 어떤 지식이나 이해도 얻지 못할 것이며 그는 머리가 빈 상태로 돌아갈 것이다."[15]

하지만 아우구스티누스는 학생과 교사, 혹은 제자와 스승의 관계 이상의 것을 염두에 두고 있었다. 그는 기독교 계시와 성경 속에 드러난 하나님의 본질에 대해 매우 특별하게 생각하고 있다. 성경에는 하나님이 어떤 개인에게 직접 계시된 경우들이 있다. 예를 들어, 꿈속에서 야곱에게 그리고 시내 산에서 모세에게 말이다. 하지만 이것은 오직 하나님과 하나님이 자신을 드러냈던 사람들에게만 알려진 예외들이다. 성경에서 하나님은 더 자주, 역사에서 발생했던 사건과 경이로운 일들을 보고 들었던 사람들의 증언을 통해 알려진다. 이런 이유로 아우구스티누스는 "우리가 하나님을 올바로 예배하기 위해서 어떤 사람 혹은 어떤 책을 믿어야 할지를 검토할" 필요가 있다고 말한다.[16]

하지만 그리스도인에게 역사적 지식은 신앙의 일차적 대상이 아니다. "나는 전능하신 하나님 아버지를 믿사오며"라고 사도신경은 말한다. 신앙은 그것의 대상, 곧 예수 그리스도 안에서 계시된 하나님으로부터 생명을 얻는다. 이것은 요한1서 서두에서 그리스도의 증인들이 본 것을 묘사하는 방식 속에서 생생하게 확인할 수 있다. 그 서신은 이렇게 시작한다. "태초부터 있는 생명의 말씀에 관하여는 우리가 들은 바요 눈으로 본 바요 자세히 보고 우리의 손으로 만진 바라. 이 생명이 나타내신 바 된지라. 이 영원한 생명을 우리가 보았고 증언하여 너희에게 전하노니 이는 아버지와 함께 계시다가 우리에게 나타내신 바 된 이시니라. 우리가 보고 들은 바를 너희에게도 전함은 너희로 우리와 사귐이 있게 하려 함이니 우리의 사귐은 아버지와 그의 아들 예수 그리스도와 더불어 누림이라"^요일1:1-3. 사도행전의 베드로와 야고보처럼, 사도 요한도 자신이 보고 들은 것에 대해 증언한다. 그는 심지어 "만졌다"라는 생생한 단어를 추가한다. 그가 보고 듣고 다룬 것은 한 인간, 나사렛 예수였다. 그는 눈으로 볼 수 있었고, 그의 목소리를 들을 수 있었으며, 그의 몸을 안을 수도 있었다. 나사렛 예수의 행동과 말씀에 대해 증언할 때, 요한은 고결한 키케로가 자신을 음해했던 사람들을 죽였다는 보고와 다르지 않은 이야기를 들려준다.

하지만 그 구절을 좀 더 면밀히 들여다보면, 그곳에서 어떤 다른 것이 작동하고 있음이 명확해진다. 심지어 첫 문장의 구조도 이상하다. 요한이 자신이 보고 듣고 만진 것에 대해 증언한다고 말할 때, 그런 동사들의 목적어는 듣고 보고 만질 수 있는 어떤 것이 아니다. 자신이 듣고 보고 만졌다고 말하는 지점에서 그는 갑자기 예수의 몸에서 벗어나, 자신이 본 것이 생명이었다고 말한다. 그런 후에 그는 이 생명이 영원하며, "하나님과 함께" 있었다고 덧붙인다. "태초부터 있는"이라는 구절에서 그는 독자들이 도래할 것에 주목하도록 만들었지만, 문장이 진행되면서 그가 의미하는 바가 분명해진다. 예수를 바라볼 때, 요한은 하나님의 영원한 말씀을 보았다. 그는 예수를 눈으로 보았다. 하지만 그가 본 것, 곧 하나님의 영원한 말씀은 눈으로 볼 수 없기 때문에, 그가 눈으로 본 것은 그가 거기에서 본 것이 전부가 아니었다.

요한1서에 대한 설교집에서 아우구스티누스는 이 본문의 비일상적인 단어 사용에 대해 언급했다. 사도 요한이 눈으로 볼 수 없는 것을 만졌다고 말할 때, 물론 그는 그리스도의 성육신을 언급하고 있다. 하지만 아우구스티누스는 "말씀이 그때 시작하지는 않았다"고 말한다. 요한의 복음서는 "태초에 말씀이 계시니라.……이 말씀은 곧 하나님이시니라"^요1:1고 말할 때 이것을 확증한다. 그래서 요한의 서신에서 "생명의 말씀"이라는 구절은 손으로 만질 수 있는 "그리스도의 몸"이 아니라 "그리스도"를 언급한 것이다. 하나님이 육신이 됨으로써, 전에는 오직 천사들만 볼 수 있었던 그 생명을 이제는 인간들도 보고 듣고 만질 수 있다. 그것은 "오직 마음으로 볼 수 있는 실재"가 이제는 "마음을 치유하기 위해" 눈으로 볼 수 있다는 뜻이다. "마음"heart이라는 단어를 첨가한 아우구스티누스는 얼마나 지혜로운가! 오직 눈은 육신이 되신 말씀을 보기 때문에, 눈은 눈이 볼 수 없는 것을 볼 수 있고 마음은 보이지 않는 것을 사랑할 수 있다. 그리스도의 도래 전에 우리가 육체를 볼 수 있는 수단, 곧 그리스도를 한 명의 인간으로 볼 수 있는 수단을 가지고 있었지만, "말씀을 볼 수 있는" 수단은 갖지 못했다. 그가 오신 후에는 우리가 "그 말씀을 볼" 수 있다.[17]

벌어진 일에 대해 증언할 때 사도들은, 예를 들어 사람들이 1월 1일에 로즈볼 퍼레이드(매년 1월 1일 미국 캘리포니아 주 패서디나의 로즈볼 경기장에서 치르는 미국 대학 풋볼 경기를 축하하기 위한 행진)를 자기 눈으로 본 것에 대해 다른 사람들에게 이야기하는 듯이, 과거의 한 사건에 대해 이야기한 것이 아니다. 그들이 보고 다른 사람들에게 전해준 것은 태초에 하나님과 함께 계셨던 생명의 말씀이었다. 비록 생명의 말씀이 성육신보다 먼저 존재했지만, 우리가 그 말씀을 "보고" 그의 영광을 "바라볼" 수 있었던 것은 오직 그가 우리의 본성을 취했을 때였다. 교회 언어로 이런 종류의 보기, 이런 종류의 알기에 해당하는 단어는 믿음이다. 믿음이 없다면 결코 볼 수 없으며, 따라서 하나님에 대한 온전한 지식도 없다.

오리게네스는 요한복음 2:22에 대한 자신의 주석에서, 전형적인 통찰력으로 이 점을 파악했다. "그가 죽은 자들 가운데서 살아난 후, 그의 제자들은 그가 이렇게 말씀하셨던 것을 기억했다. 그리고 그들은 성경과 예수가 하셨던 말씀을 **믿었다**." 자신의 설명에서 오리게네스는 먼저 요한복음 20장에서 도마에게 들려주신 말씀을 인용한다. "보지 못하고 믿는 자들은 복

되도다." 그런 후에 그는 물었다. "어떻게 보지 못하고 믿은 사람들이 보고 믿은 사람들보다 더 복될 수 있었는가?" 만일 그렇다면, 사도들 뒤에 왔던 사람들은 사도들보다 더 많은 복을 받았을 것이다. 하지만 그것은 불가능하다. 육신을 입은 그리스도를 알고 있었던 사람들도 그를 진정으로 알기 위해서는 믿음이 필요했기 때문에, 사도들은 보고 믿었다.

오리게네스는 자신의 독자들에게 의심하는 도마가 성경에서 믿음의 유일한 모델은 아니라고 상기시켜 준다. 신앙은 눈에 보이지 않는 것을 믿는 것 그 이상이다. 예수는 제자들에게 말했다. "너희 눈은 봄으로, 너희 귀는 들음으로 복이 있도다"[마 13:16]. 그의 말씀은 보지 않고 믿은 사람들과 달리, 눈으로 본 사람들이 행복하다는 뜻이다. 오리게네스는 묻는다. 시므온이 아기 그리스도를 보고 "자신의 팔 안에서 하나님의 구원을 보았을 때" 행복하지 않았을까? 그는 이렇게 말하지 않았는가? "주재여, 이제는 말씀하신 대로 종을 평안히 놓아 주시는도다. 내 눈이 주의 구원을 보았사오니"[눅 2:29-30]. 오리게네스는 "시각의 도움을 받은 믿음이 거울을 통한 믿음보다 훨씬 더 우월하다"고 결론을 내린다.[18] 예수가 죽은 후에도 살아 있는 것을 본 제자들은, 비록 그들이 그를 눈으로 볼 수 있었지만 믿음으로 그를 알았다.

믿음은 우리가 하나님을 아는 독특한 방법이기 때문에, 믿음이 없다면 하나님에 대한 지식은 있을 수 없다. 오리게네스는 이렇게 쓴다. "엄격한 의미에서 믿음은 세례 시에 믿음의 대상을 온 영혼을 다해 끌어안는 것이다."[19] 심지어 죽은 자들의 부활 이후에도 믿음은 계속 존재할 것이며, 오직 그런 후에 완전한 믿음이 존재할 것이다. 이생에서의 믿음은 항상 불완전하기 때문이다. 그러므로 우리는 사도 바울이 지식에 대해 말하는 것("우리는 지금 부분적으로 믿는다")을 믿음에 대해 말할 수 있다. "믿음이 완전해질 때" 부분적인 것은 사라질 것이다. 그때에는 믿음이 보는 것^{vision}의 도움을 받기 때문에, 오리게네스가 의도하는 것은 하나님에 대한 믿음이 영혼의 한 속성이며, 그것에 의해 사람이 하나님의 생명 안으로 들어간다는 것이다. 그러므로 하나님을 대면할 수 있을 때, 믿음은 더 이상 필요 없을 것이다. 믿음에 독특성을 부여하는 것은 사람이 인식하는 방법이 아니라, 사람이 인식하는 대상, 곧 살아 계신 하나님이기 때문이다. 이것이 가장 중요한 점이다. 하나님에 대한 지식은 그것으로부터 생명을 가져온다. "종교에서 특이한 것은 무언가를 믿는 행위가 아니라, 그렇게 믿어지는 대상이다."[20]라고 존 헨리 뉴먼은 썼다.

사랑이 있는 곳에서 볼 수 있다

하나님에 대한 지식은 친밀하고 개인적이지만, 그것이 우리에게 직접 다가오는 것은 아니다. 그것은 항상 다른 사람을 통해 전해진다. 그것이 자식에게 주기도문을 가르치는 어머니든, 복음서의 한 구절을 해설하는 주교든, 사도신경의 단어들을 설명하는 선교사든, 혹은 그리스도 때문에 자신의 삶이 어떻게 변했는지를 친구에게 설명하는 사람이든, 그리스도인들이 고백하는 진리는 사람들, 기독교 공동체, 교회를 통해 전달된다. 순교자 없이, 증인 없이 그리스도께 이르는 길은 없다.

    기독교에서 증인은 기자가 아니다. 자식에게 그리스도에 대해 이야기하는 어머니는 단지 자신이 들었던 것을 전해 주는 것이 아니라, 자신이 아는 것, 곧 생명의 말씀에 대해 말하는 것이다. 그리스도의 부활에 대한 증인들은 사람들에게 자신들이 본 것을 말했을 뿐 아니라, 자신들이 본 것 때문에 자신들에게 일어난 일에 대해서 말했다. 그들은 자신들과 함께 계시는 동안 알았고 부활 후에 그들에게 살아 있는 모습으로 나타났던 그분에 대해서뿐 아니라, 자신들 안에 계신 그리스도에 대해서도 말했다. 사도 바울이 고린도전서 15장에서 부활의 증인들 목록을 알려줄 때, 그는 그리스도를 따르는 자들만을 언급한다. 정말로 그는 그분을 가장 잘 알았던 사람들로부터 시작한다. 2세기에 켈수스는 모든 증인이 제자였다는 사실에 근거해서, 예수 부활의 진정성을 의심했다. 왜 예수는 "그를 악의적으로 대했고 정죄했던 사람들, 그리고 모든 곳에 있는 모든 사람에게 나타나지 않았을까?"라고 그는 쓴다.[21] 그것은 합당한 질문이었고, 오리게네스는 그것을 대단히 진지하게 다루었다.

오리게네스의 대답은 자신들이 본 것을 알 수 있었던 사람들에게만 예수가 나타났다는 것이다. 그리스도가 세상에 왔을 때, 그는 단지 무대 위의 배우처럼 사람들에게 자신의 모습을 보여준 것이 아니었다. "그는 자신을 감추기도 했다." 하나님의 목소리를 "모든 사람이 들을 수는" 없다. "영혼의 귀가 어두운" 사람은 하나님이 하시는 말씀을 듣지 못할 것이다. 그리스도는 "귀 있는 자는 들을지어다"[마 11:15]라고 말씀하셨다. 결과적으로, 부활하신 그리스도를 아는 것은 단지 과거에 일어난 어떤 일에 대해 설명하는 것이 아니다. 무언가 알고 있는 사람을 변화시키는 것은 내적인 앎이다. 그리스도 사후에 살아 계신 모습으로 다시 만났을 때, 도마는 이렇게 말했다. "나의 주, 나의 하나님!" 일단 사람들이 살아 계신 주님을 만나면, 삶이 결코 이전과 동일할 수 없다. 오리게네스의 설명에 따르면, "그리스도께서 십자가에 달리셨다"라고 말하는 것만으로 충분하지 않다. 즉, 사람들은 사도 바울과 함께 "나도 그리스도와 함께 십자가에 못 박혔다"라고 말해야 한다. 비슷하게, "그리스도께서 부활하셨다"라고 말하는 것만으로는 충분하지 않다. 그리스도를 아는 사람들은 "우리도 그와 함께 다시 살 것이다"[롬 6:8]라고 말한다. 그리스도 부활의 증인들은 어느 날 아침 예루살렘에서 벌어진 흥미로운 사건에 대해 보도하는 기자들이 아니다. 보고 믿는 사람들이 없다면, 하나님의 위대한 행동은 단지 고대의 무용담과 기이한 이야기에 불과하다.[22]

순교자들은 항상 일인칭으로 이야기한다. 폴리캅[Polycarp]이 권력자들 앞에 끌려왔을 때, 그는 이렇게 말했다. "나는 86년간 그분을 섬겼고, 그분은 내게 어떤 잘못도 범하지 않으셨다. 나를 구원하신 왕을 내가 어떻게 모독할 수 있겠는가?"[23] 모든 기독교 증언은 일인칭이다. 그것은 예배에서 성경을 봉독하는 사람들을 훈련할 때 배운 진리다. 내가 성경 봉독자들과 일을 시작했을 때, 가장 중요한 것은 천천히 그리고 큰 소리로 읽는 것이라고 생각했다. 하지만 나는 곧 속도와 억양만으로는 충분하지 않다는 것을 깨달았다. 흔히 봉독자들은 자신들이 읽고 있는 것을 이해하지 못했다. 이것 때문에 나는 그들과 함께 본문의 의미에 대해 공부했다. 하지만 그 후에 나는 이해만으로도 충분하지 않다는 것을 알게 되었다. 봉독자들은 바울이나 이사야의 목소리가 아니라 그들 자신의 목소리로 말하는 법을 배워야 했다. 물론 바울과 이사야의 말씀을 사용해서 말이다. 본문은 오래전에 누군가 말했던 것을 단지 암송하는 것이 아니라, 현재 살아 있는 말씀이 되기 위해 봉독자의 삶을 통과해야 한다. 오직 그런 후에야, 그 말씀이 회중들에게 하나님의 말씀으로 들릴 수 있다. 사도 바울이 데살로니가 교인들에게 썼듯이, "이러므로 우리가 하나님께 끊임없이 감사함은 너희가 우리에게 들은 바 하나님의 말씀을 받을 때에 사람의 말로 받지 아니하고 하나님의 말씀으로 받음이니 진실로 그러하도다. 이 말씀이 또한 너희 믿는 자 가운데에서 역사하느니라."^{살전 2:13}

    1장에서 우리는 오리게네스가 감지할 수 있는 대상, 예를 들어 한 그루의 나무를 아는 것과 하나님을 아는 것을 구분하는 것을 보았다. 세상에서 사물들을 보기 위해서는 눈을 대상에 고정해야 한다. 그 대상이 나무인지, 돌인지, 혹은 강인지는 중요하지 않다. 인식행위는 비슷하기 때문이다. 하지만 하나님의 경우, 우리의 감각을 기다리는 대상이 외부에 없다. 성경에서 인간과의 관계 속에서 하나님에 대해 이야기하는 특징적 표현은 하나님이 나타나셨다는 것이다. 강조점은 항상 하나님이 하시는 것에 놓여 있으며, 하나님이 나타나실 때 인간의 반응은 사물들의 경우처럼 "그래, 나는 그것을 본다"가 아니라 경이, 경외, 복종, 그리고 사랑이다.

아우구스티누스의 경우에, 사도 바울과 사도 요한처럼 복종과 사랑이 믿음과 밀접하게 연결되어 있다. 자신의 글 『참된 종교에 관하여』 끝 부분에서 그는 이렇게 말하고 있다. "합리적 삶의……탁월함은 자신 안에 있지 않고, 자신이 기꺼이 복종하는 진리에 있다." 성 아우구스티누스의 여러 공식들처럼, 독자들의 눈길을 사로잡는 것은 단 하나의 충격적인 단어다. 이 경우에 그것은 **복종**이라는 작은 낱말이다. 그것은 이 논문이나 『믿는 것의 유용성에 대하여』에서 그렇게 중요하지 않았던 단어다. 하지만 믿음^{faith}처럼, 그것은 영예로운 성경의 단어다. 그것은 로마서의 첫 문장[1:5]에서 사용되고 마지막 문장[16:26]에서 반복된 "믿음의 복종"처럼, 가끔씩 성경에서 믿음과 짝을 이룬다.

현대적 용어에서 **복종**과 **이해**는 서로 관계가 별로 없는 것처럼 보이지만, 아우구스티누스는 그것들을 서로 보완적인 것으로 이해했다. 복종^{oboedire}은 그 단어의 라틴어 어원$^{ob과\ audire}$이 지적하듯이, 일종의 듣는 법, 다른 사람에게 귀 기울이는 법이다. 『요한복음 논문집』$^{Tractates\ on\ the\ Gospel\ of\ John}$의 한 기억할 만한 구절에서 아우구스티누스는, 이해를 가능하게 만드는 것은 "믿음의 복종"이라고 썼다. 그는 요한복음 7:17의 예수의 말씀("사람이 하나님의 뜻을 행하려 하면 이 교훈이 하나님께로부터 왔는지 내가 스스로 말함인지 알리라")에 대해 논평하고 있었다. 아우구스티누스의 이해처럼, 믿음은 단지 신뢰뿐 아니라 감정을 촉발하고, (뉴먼의 구절을 사용하면, "개념적" 동의가 아니라 진정한 동의로) 의지를 움직여 행동하도록 하는 사건들과도 관계가 있다. 아우구스티누스의 발견에 따르면, 마니교도를 다룰 때 직면하는 어려움 중 하나는 그들이 도무지 이해하기를 원치 않는다는 것이었다. 아우구스티누스는 그들이 이해하도록 만들기 전에, 그들이 먼저 "이해하기를 원하도록" 만들어야 했다.[24] 사랑이 논증에 선행해야 한다.

요한복음 7장에 대한 설교에서 아우구스티누스는, 이사야서에서 자신이 가장 좋아하는 구절 하나를 인용한다. "너희가 믿지 않는다면, 이해하지 못할 것이다."7:9, 라틴어 역. 그의 설명에 의하면, 이사야는 주께서 하나님의 뜻을 행하려는 것에 대해 말할 때 의미했던 종류의 믿음에 대해 이야기하는 것이다. 믿음은 확신이나 신뢰의 문제일 뿐 아니라, 사람이 이미 알고 있는 것을 더 깊이 알도록 이끄는 지식과 관계가 있다. 그것은 빛을 보는 것과 같다. 빛을 공유하지 않으면, 사람은 결코 빛을 볼 수 없다. 하나님을 믿는 것은 단지 어떤 사실의 존재여부를 믿는 것뿐만이 아니라, 하나님을 사랑하는 것도 의미한다고 아우구스티누스는 말한다. "믿음으로써 우리는 하나님을 사랑하며, 믿음으로써 우리는 그분을 존경하고, 믿음으로써 우리는 그분 속으로 들어가고 그의 사람들과 하나가 된다. 이것이 바로 하나님께서 우리에게 믿음을 요구하시는 이유다."[25] 믿음은 하나님에 대한 지식으로 인도하는 문을 활짝 열어 준다.

한 설교에서 아우구스티누스는 이렇게 말했다. "어떤 사람이 예수를 그리스도라고 믿는 것과 그리스도를 믿는 것은 엄청난 차이가 있다. 그가 그리스도라는 것은 마귀도 믿었다. 그렇지만 마귀는 그리스도를 믿지 않았다. 당신이 그리스도 안에서 소망을 품고 사랑할 때, 그를 믿는 것이다. 만일 당신이 소망이나 사랑 없이 믿음만 갖고 있다면, 당신은 그분이 그리스도라는 사실은 믿지만 그리스도를 믿는 것은 아니다. 그러므로 당신이 그리스도를 믿을 때, 바로 그 믿음에 의해 그리스도가 당신 안으로 들어오시고, 당신은 어떤 식으로든 그분과 연합되어 그의 몸의 일부가 된다. 그리고 이런 일은 소망과 사랑이 함께 따라오지 않으면 일어날 수 없다."[26]

마니교인들은 하나님께 이르는 길이 뒤로 물러서서 비평적 질문을 던지고 신앙을 위한 외적 보증을 찾는 것이라고 생각했다. 하지만 종교에서 진리에 이르는 길은 거리를 유지해서는 찾을 수 없다. 우리는 오직 사랑의 복종 속에서 하나님의 신비 안으로 들어갈 수 있다. 12세기의 신학자이자 영성작가인 리샤르 드 생 빅토르$^{Richard\ de\ Saint\ Victor}$에 따르면, "사랑이 있는 곳에 이해도 있다."[27] 그러므로 믿음은 이성의 길이다. 진리를 위한 일에 헌신함으로써, 믿음은 그렇지 않으면 이성이 접근할 수 없는 영역에서 힘을 발휘하게 할 수 있다. 오직 우리가 줄 때 우리는 받고, 오직 우리가 사랑할 때 우리는 사랑을 받으며, 오직 우리가 복종할 때 우리는 알게 된다. 존 던$^{John\ Donne}$이 자신의 유명한 시에서 언급했듯이, "삼위 하나님……나로 말하면, 당신이 나를 매혹시키지 않는다면 결코 자유롭지 못할 것이며, 당신이 나를 황홀케 하지 않는다면 결코 정결할 수 없을 것입니다."

8.

지상과 천상의 나라

하나님이 주님인 백성은 복이 있도다

히브리 성경이 말한다. "여호와를 자기 하나님으로 삼는 백성은 복이 있도다"(시 144:15).
그렇다면 [히브리인의] 하나님으로부터 소외된 백성은 불행할 것이다.

아우구스티누스

노년에 성 아우구스티누스는 성경을 읽으면서, 성경의 역사서들에 마음이 끌렸다. 젊은 사제 시절에 그는 바울의 서신들을 연구했고, 주교가 된 후에는 요한복음, 요한1서, 시편에 대해 연속적으로 설교했다. 하지만 그의 생애 말년에는 사무엘서와 열왕기서에 기록된 왕들의 역사를 다시 읽기 시작했다. 이 책들 중에서 그에게 가장 큰 인상을 준 것은 "가장 합리적인 정책들이 실패하도록 만들었던 하나님의 숨겨진 방법이었다"고 피터 브라운[Peter Brown]이 자기가 쓴 아우구스티누스 전기에서 관찰하고 있다.[1]

이성의 지도를 받고 덕으로 단련되며 선한 의지의 영향을 받은 인류가 오랫동안 지속될 도시를 건설할 수 있다는 꿈은 고대 시대에 많은 사람들을 자극했다. 그런 꿈이 우리 시대의 사람들에게 영감을 불어넣는 것 못지않게 말이다. 많은 이들에게, 이러한 소망은 로마 제국의 제도들 속에서 실현된 것처럼 보였다. 그 어떤 정치질서나 단 하나의 정부제도 하에서도 그렇게 많은 나라의 그렇게 많은 사람들을 성공적으로 포용한 적이 없었다. 심지어 오늘날에도 사람들은 지중해 세계의 한쪽 끝에서부터 지중해 남부 해안의 투니지아(로마 제국의 아프리카령), 북부 해안의 터키(고대 소아시아), 그리고 동쪽으로 멀리 시리아에 있는 다른 쪽까지 뻗어 있는 로마 제국의 폐허들을 바라본다. 경외와 존경 속에서, 이 도시들이 한때 단일한 통치와 공통된 문화의 일부였다는 사실이 놀랍다. 고대 로마는 독특했다. 그것은 평화와 번영, 안정과 법의 통치를 가져온 것에 대해 자랑할 수 있었을 뿐 아니라, 보편성을 주장하고 종국성[finality]을 열망할 수 있었다. 로마의 수도는 로마 에테르나[영원한 도시, *Roma Aeterna*]였다. 다른 도시들이 모두 몰락한 후에도 오랫동안 지속

될 영원한 도시 말이다. 로마의 저명한 시인 베르길리우스가 노래했듯이, 로마인들을 위해 신들은

> 어떤 시공의 한계도 짓지 않았다.
> 다만 끝없이 제국을 축복할 뿐이다.²

문명의 삶이 존재하는 한, 로마는 영원할 것이었다.

소년 시절 아우구스티누스는 베르길리우스의 시를 암송하는 데 열중했다. 수도 로마와 제국 사회의 리듬에 질서를 부여했던 제도와 관습, 라틴어와 로마 문화가 수세기 동안 그곳에 존재해 왔다는 확신 속에서 성장했기 때문에, 아우구스티누스는 질서정연한 세계는 무한히 지속될 것이라고 조용히 확신하며 살았다. 그는 죽을 때까지 그렇게 믿었다. 현대인들이 우리의 삶의 방식과 제도들이 망각 속으로 사라지거나, 다른 형태의 정부, 다른 언어, 다른 삶의 방식으로 대체될 것이라고 상상할 수 없는 것처럼, 아우구스티누스도 로마의 소멸을 상상할 수 없었다. 그의 한 설교에서 아우구스티누스는 "육체를 따라 우리를 낳은 도시"를 언급하고, 그것에 "하나님께 감사한다"고 덧붙였다.³

하지만 그는 자신이 찬미했던 제도들이 위협을 받던 때에 살았다. 아우구스티누스가 50대 후반이던 410년에, 로마는 야만의 땅 북부에서 이탈리아로 남진했던 한 고트족 군대에게 약탈을 당했다. 제국 전역의 시민들은 믿을 수 없었지만, 로마의 거주자들을 공포에 빠뜨린 침략자들은 그 영원한 도시를 아무런 저항도 없이 약탈하고 유린했다. 로마는 천년 동안 건재했다. 그 전까지 단 한 번도 외국 군대에게 점령당한 적이 없었다. 사람들은 경악했고 공포에 질렸으며 도무지 믿을 수 없었다. 비록 동방의 콘스탄티노플이 신(新)로마의 지위를 주장했지만, 천년의 고도 구(舊)로마는 여전히 애정

과 기억을 지니고 있었다. 로마는 문명화된 통치, 곧 삶과 문화와 법의 고대적 방식, 사회적·시민적 삶을 가능하게 하는 것들을 대표했다. "만일 로마가 멸망한다면 무엇이 안전할 수 있다는 말인가?"라고 히에로니무스^{Hieronymus}는 썼다. 그의 정서가 바로 아우구스티누스의 것과 같았다.

로마의 약탈은 아우구스티누스의 가장 웅대한 저서, 『하나님의 도성』의 직접적인 집필 동기가 되었다. 로마의 약탈 후 20년 동안 집필된 『하나님의 도성』은 15년간 아우구스티누스의 생각을 온전히 사로잡았다. 첫 3권은 414년에 완결되었다. 그때 그의 나이 60세였다. 마지막 권은 그가 70대 초반이었던 426년에야 완성되었다. 하지만 책 전체는 포괄적인 계획에 따라 구상되었고, 아우구스티누스는 마지막 페이지를 끝낼 때까지 자신의 처음 구상에 충실했다.

『하나님의 도성』은 다른 초기 기독교 저서들과 구별된다. 우선, 그것은 매우 길다. 영어 번역본은 1,000페이지가 넘는다. 아우구스티누스는 그것을 "이 거대한 책"이라고 불렀다. 또한 그것은 너무나 산만하고 다양한 주제를 다루어서, 일종의 기독교 사상 안내서로 기능할 수 있을 정도다. 주제가 그리스도, 창조와 타락, 성, 성경주석이나 역사, 정치철학, 인간의 열정, 사랑, 예언, 성육신, 희생제물, 기적, 자살, 혹은 기독교적 소망 등일 때, 독자는 그 책 속에서 그것과 관련된 논의를 발견하게 될 것이다. 하지만 『하나님의 도성』의 최고 가치는 그것이 기독교와 정치적·사회적 삶의 관계를 심층적으로 다룬 최초의 저서라는 것이다. 2-3세기에 일부 변증가들이 그런 주제를 건드렸고, 소아시아 서부에 있는 사르디스의 주교 멜리토$^{Melito, 190년 사망}$가 로마 제국의 발흥과 기독교의 출현 사이에 합류점이 존재했다고 제안했다. 4세기에는 최초의 기독교 역사가이자, 최초의 그리스도인 황제 콘스탄티누스의 전기 작가인 에우세비오스^{Eusebios}가 기독교와 새로운 정치적 상황(로마 황제가 그리스도인)을 연결하는 작업을 시도했다.[4] 하지만 아우구스티누스는 훨씬 더 큰 규모의 작업을 시도했고, 성경의 거룩한 역사가 교회사에서 아무런 방해도 없이 지속되는 것이 아니라는 날카로운 인식 속에 글을 썼다. 『하나님의 도성』은 기독교 사상의 점증하는 성숙을 반영하며, 한 그리스도인 사상가가 자신이 살았던 사회와의 관계 속에서 기독교 공동체, 곧 교회에 대해 어떻게 생각했는지 검토할 수 있는 기회를 제공해 준다.

비록『하나님의 도성』이 로마의 약탈에 영향을 받아 집필되었지만, 단지 그런 재난에 대한 반응 그 이상이었다. 책의 초반부에서 분명히 드러나듯이, 이 책은 "하나님의 도성의 설립자보다 자신들의 신들을 더 좋아하는" 사람들에게 기독교를 방어하려는 일종의 변증서였다. 1권 다섯 책에서 아우구스티누스는 전통적인 신들에 대한 예배가 이생에서 행복을 보증한다고 믿는 로마인들을 다루었고, 2권 다섯 책, 특히 8책의 서두에서 그는 보다 강력한 적인 플라톤주의자들(우리가 신플라톤주의자라고 부르는)을 다룬다. 그들은 한 분 하나님에 대해 기독교 신앙과 공통점을 갖고 있지만, 한 분 하나님에 대한 예배가 다른 작은 신들에 대한 숭배를 배제시킨다고는 생각하지 않았다. 비록 기독교가 이제는 로마 제국의 공식 종교였지만, 지식인 계급에는 많은 반대자들이 존재하고 있었다. 아우구스티누스의 책은 오래되고 존경받던 도시에 대한 공격으로 믿음이 흔들렸던 그리스도인들뿐 아니라 그런 비평가들도 염두에 두고 쓴 것이다. 고트족이 로마를 약탈하지 않았더라도『하나님의 도성』같은 책이 쓰였을 것이다.

『하나님의 도성』은 플라톤의『국가』에 대한 기독교적 반응으로 읽힐 수도 있다. 물론 플라톤의 작품이 그 책에서 그렇게 중요하게 드러나지는 않지만 말이다. 이 책 서두의 뛰어난 부분에서 아우구스티누스는『국가』의 프로그램을 암시한다. 그 책에서 플라톤은 완전한 국가의 합리적 이상, 아우구스티누스의 말로 하면 "존재해야 하는 종류의 도시"를 묘사했었다. "…해야 한다"라는 단어의 사용은 주목할 가치가 있다. 아우구스티누스는 플라톤이 이상적 도시가 어떤 모양일지에 대해 자신의 생각을 서술했다고 강조한다. 사람들은 아우구스티누스가 플라톤에 대한 답변으로 자신의 이상도시를 대략적으로 제시했다고 예측할 수 있을 것이다. 그는 하나님의 도성을 플라톤이 꿈꾸었던 종류의 국가와 대비했다. 하지만 아우구스티누스는 하나의 모델 도시, 곧 인간이 이 땅에 건설하기 위해 애써야 하는 사회를 제시하지 않았다. 그가 말하는 하나님의 도성은 이상적인 도성이 아니라 실제적인 도성, 사람들이 속해 있는 살아 있는 공동체다. 그가 쓴 한 편지에 나오는 놀라운 구절에서 그는 하나님의 도성을 사람들이 들어가는 도시로, 곧 사람들이 그 일부를 구성하는 사회로 언급한다. 하나님의 도성의 삶은 미래 지향적이지만, 그것은 사회적·종교적 사실이다. 『하나님의 도성』의 첫 문장에서 아우구스티누스는 자신이 "하나님의 영광스러운 도성을 그 도성의 창시자보다 자신들의 신들을 더 좋아하는 사람들로부터 방어하는" 과업을 스스로 짊어졌다고 말한다.[5]

그러므로 『하나님의 도성』은 한 가지 사상이나 일군의 믿음의 방어가 아니다(물론 이 책은 상당 부분 사상과 믿음에 대한 방어다). 오히려 그것은 공간을 차지하고, 시간 안에 존재하는 한 공동체에 대한 방어다. 그 공동체는 독특한 삶의 방식, 제도, 법, 믿음, 기억, 예배 형식을 지닌 질서 있고 목적을 가진 사람들의 회합이다. 하나님의 도성의 가장 큰 특징은 참된 한 분 하나님을 예배하는 것이다. 아우구스티누스는 이 도성을 직선적으로 정의하지는 않지만, 교회와 매우 동일시한다. 『하나님의 도성』은 "하나님의 도성, 곧 [하나님의] 교회"를 공격하는 철학자들에 대항하여 집필되었다고 그는 말한다. 교회가 있는 곳에 "하나님의 사랑하는 도성"도 있을 것이다. 하나님의 도성은 먼저 살았던 성도들과 천사들을 포함하기 때문에 교회 그 이상이지만, 교회 없는 하나님의 도성을 말하는 것은 불가능하다.[6]

하지만 『하나님의 도성』은 최소한 전통적인 의미에서의 교회론에 관한 책이 아니다. 북아프리카의 분열집단인 도나투스파를 반박한 글에서, 아우구스티누스는 교회에 대한 신학을 발전시켰다. 하지만 『하나님의 도성』에서 그의 목적은 로마인들에게 기독교를 해석해 주고, 그러한 목적을 염두에 두면서 이 새로운 공동체, 이 다른 도성이 현재 그리스도인들이 거주하는 도성과 어떤 관계가 있는지를 설명하는 것이다. 그리스도의 도래는 시민사회의 제도나 연합체보다 더 지속적인 교제 속에 사람들이 참여하게 만들었다. 따라서 아우구스티누스는 자신의 주장을 정치 이론이 아니라, 그리스도가 세우신 공동체의 본질에 대한 이해에 기초하고 있다. 정치철학자 셸던 윌린Sheldon Wolin은 다음과 같이 썼다. "서양의 정치 전통에서 기독교 사상의 의미는 그것이 정치 질서에 대해 말해야 했던 것에 있지 않고, 우선적으로 그것이 종교 질서에 대해 말해야 했던 것에 있다. 그리스도인들이 자신들의 집단생활을 이해하려 했던 노력이 서양 정치사상을 위해 새롭고 대단히 필요한 사상의 원천을 제공해 주었다. 기독교는 남자와 여자에게 의미 있는 참여의 삶을 허락했던 새롭고 강력한 공동체 사상을 제시했기 때문에, 헬레니즘 및 후기 고전철학자들이 실패했던 곳에서 성공했던 것이다."[7]

성도들의 삶은 사회적이다

『하나님의 도성』에 대한 기독교적 사상은 성경으로 시작한다. 책의 주제를 도입하기 위해 아우구스티누스는 성경 세 구절을 인용하는데, 모두가 시편이다. "하나님의 성이여, 너를 가리켜 영광스럽다 말하는도다"[시 87:3]. "여호와는 위대하시니 우리 하나님의 성, 거룩한 산에서 극진히 찬양 받으시리로다"[시 48:1]. "한 시내가 있어 나뉘어 흘러 하나님의 성 곧 지존하신 이의 성소를 기쁘게 하도다. 하나님이 그 성 중에 계시매 성이 흔들리지 아니할 것이라"[시 46:4-5]. 이 세 본문은 모두 팔레스타인의 고대 도시, 유대 역사의 도시, 예루살렘에 대해 말하고 있다. 이 도시는 예수가 십자가에 처형되고 죽은 자들 가운데서 부활한, 사람들이 지도에서 위치를 확인할 수 있는 곳이다. 하지만 아우구스티누스의 관점에서 시편의 "하나님의 도성"이라는 문구는 다른 의미를 가지고 있었다. 즉, 그것은 하나님에 대한 자신들의 사랑으로 연합한 일군의 사람들과 천사들을 지칭한다. 그의 책은 바로 이 도성에 관한 것이다. 하지만 이 도성을 묘사하기 위해서 아우구스티누스는 다른 도성, 곧 지상의 도성인 "이 세상의 도성"에 대해 말한다. 이 도성은 인간을 지배하는 사회적·정치적 공동체다. "현재의 무상한 세상에서 두 도성이 서로 연결되어 있기" 때문에, 그것들은 서로 연결해서 논의해야 한다. 하나님의 도성의 시민은 또한 지상의 도성의 시민이며, 역으로 말해 지상의 도성의 많은 시민들이 하나님의 도성에도 속한다.[8]

자신의 책에서 아우구스티누스는 목적 개념, 곧 각 도성이 지향하는 목표를 소개하면서, 이와 같은 최초의 정의들을 정교하게 다듬는다. 아우구스티누스에 의하면, 목적^{end}은 한 도성의 삶을 유지하는 보다 커다란 목적을 의미한다. 두 도성의 목적을 설명할 때, 아우구스티누스는 로마의 정치사상가들에게 잘 알려진 정의로 시작한다. 그는 로마 철학자 바로^{Varro}와 위대한 로마 정치가 키케로^{Cicero}를 인용한다. 제2권에서 그는 키케로의 『국가론』을 인용한다. 이 책에서 키케로는 공동체를 단지 인간들의 연합체가 아니라, "공통된 법의식과 이익관계에 의해 연합된 집단"으로 정의한다. 하지만 두 도성에 대해 가장 상세히 논의한 제19권에서, 아우구스티누스는 다른 곳에서 시작한다. 모든 인간의 삶이 지향하는 목적은 평화다. "나와 함께 인간사와 우리 모두가 공유하는 인간 본성에 대해 관찰하는 사람은 환희를 바라지 않는 사람이 없듯이, 평화를 바라지 않는 사람도 없음을 인지한다." 심지어 남자들이 전쟁에 나갈 때, 그들의 목적은 평화를 쟁취하는 것이다. "우리가 일시적인 것을 사용하는 것은 이 땅의 도성에서 세속적 평화를 누리려는 것

과 관계가 있다."⁹

아우구스티누스에게 "평화"는 단지 사람들 사이에, 혹은 국경선을 공유하는 왕국들 사이에 존재하는 외적인 평화만이 아니다. 그의 견해에서 이 단어는 가족 성원들 사이의 관계, 한 도시의 시민들 사이에 존재하는 신뢰의 연대, 사회의 구성원들이 자신들의 활동을 불화나 공포, 혹은 위험 없이 수행할 수 있도록 만드는 법률에도 적용된다. 평화는 사회 내에서 질서를 의미한다. 그것은 법을 전제하며, 정의를 요구한다. 정의 없는 평화는 "심지어 평화라는 이름의 가치도 없다"는 것이 그의 생각이다.¹⁰

가족이든, 이웃이든, 시민결사체든, 혹은 법적·정치적 제도든, 사회의 모든 구성요소는 한 가지 공통된 목적, 곧 평화를 확보하고 보존하는 것을 지향한다. 아우구스티누스는 이렇게 쓴다. "이제 한 사람의 집이, 혹은 그 도시의 한 작은 구성요소가 출발점이 되어야 한다. 그리고 모든 시작은 그 자신만의 어떤 목적을 지향하며, 모든 구성요소는 그것이 한 부분을 구성하는 전체의 완성에 기여한다. 그 의미는 매우 분명하다. 즉, 한 집에서 함께 사는 사람들이 명령하고 그 명령에 복종하는 문제에 있어서 균형 있게 조화를 이루는 것은 시민들 사이에서 권위와 복종과 관련한 균형 있는 조화에 기여한다."¹¹

이 본문에서 아우구스티누스는 이 땅의 시민들이 열망하는 평화에 대해 말하고 있다. 하지만 평화는 정치사상 사전에서 빌려 온 용어가 아니다. 그것은 또한 성경에 있는 용어이며, 특히 시편에서 하나님의 도성에 대해 사용되었다. 아우구스티누스의 관심을 사로잡은 본문은 예루살렘, 곧 하나님의 도성에 대해 이야기하는 시편 147편에 있었다. "예루살렘아, 여호와를 찬송할지어다. 시온아, 네 하나님을 찬양할지어다. 그가 네 문빗장을 견고히 하시고······네 경내를 평안^{fines}하게 하시고"¹⁴⁷:¹²⁻¹⁴. 이 시편은 우리에게 하나님의 도성의 목적이 평화라고 가르쳐 준다. 평화를 뜻하는 라틴어 단어의 복수형 *fines*는 또한 변경이나 경계를 의미한다. 아우구스티누스는 예루살렘이라는 이름의 전통적 어원을 사용하여, "예루살렘은 평화의 도시를 뜻한다"고 덧붙인다.[12]

목적으로서의 평화는 지상의 도성과 하나님의 도성에 동등하게 적용되기 때문에, 그것은 두 도성에 대한 아우구스티누스의 이해에서 핵심적인 용어다. 그에 의하면, 그 어떤 단어도 평화보다 더 "귀에 고맙게 들리지 않으며, 그 어떤 것도 그렇게 간절한 소망의 대상이 되지 못한다." 따라서 어떤 의미에서, 두 도성의 목적은 동일하다. 아우구스티누스가 이 책 전체에서 두 도성이 다른 목적을 지닌다고 주장하기 때문에, 처음에는 이것이 혼란스러워 보인다. 그 차이점을 명백히 하려고 그는 다른 성경 본문을 제시한다. 이번에는 하나님의 도성의 목적을 "영생"이라고 말하는 사도 바울의 글에서 인용한다. 바울은 이렇게 쓰고 있다. "그러나 이제는 너희가 죄로부터 해방되고 하나님께 종이 되어 거룩함에 이르는 열매를 맺었으니 그 마지막은 영생이라"롬 6:22. 하지만 아우구스티누스는 **평화**라는 단어를 포기하지 않을 것이다. 그래서 그는 하나님의 도성의 목적이 "영생 속의 평화" 혹은 "평화 속의 영생"이라고 불릴 수 있다는 공식을 만든다. 하나님의 도성을 다른 공동체들과 구별 짓는 것은 목적이 없는 목적, 곧 지고선$^{\text{the supreme good}}$을 추구한다는 것이다. "그 지고선에 의해 선이 최종적 완성과 실현에 이른다."[13]

하나님의 도성이 열망하는 이 평화는 "하나님의 즐거움 속에서 완벽하게 정돈되고 조화된 친교", 그리고 "하나님 안에서 서로를 즐기는" 평화다. 아우구스티누스의 언어가 개인주의적이지 않고 사회적이라는 사실에 주목하라. 그는 "하나님과의 친교"를 말하지 않고, 하나님 안에서 서로를 즐기는 것, 혹은 어떤 번역자가 그랬듯이 "하나님 안에서 서로 간의 친교"를 말한다. 예를 들어, 하나님이 창조하시는 새 생명에 대한 아우구스티누스의 지배적 비유는 거듭나는 것$^{\text{born again}}$이 아니라, 한 도성의 시민이 되어 그곳의 공동체적 삶 안으로 들어가는 것이다. 성경이 평화에 대해 말할 때는 단지 개별 신자와 하나님 간의 관계를 염두에 둔 것이 아니다. 성경에서 평화는 인류가 하나님과의 친교 속에서 공유하는 하나의 선물이다. 초기의 한 저작에서 교회를 찬미하면서, 아우구스티누스는 이렇게 말했다. "당신은 시민과 시민을, 국가와 국가를, 정녕 온 인류를 연합시킵니다.……모두가 단지 하나의 사회조직이 아니라 한 가족으로 연합되도록 말입니다."14

기독교는 불가피하게 사회적이다. 아우구스티누스의 주장에 의하면, "행복한 삶은 사회적이다"라고 철학자들이 가르쳤다. 즉, 덕스러운 사람은 자신을 위해 소망하는 것을 다른 사람들을 위해서도 소망한다. 아우구스티누스도 이에 동의하지만, 다음과 같이 덧붙인다. "우리는 그들보다 훨씬 더 강력하게 그런 주장을 한다.……성도들의 삶이 사회적이 아니라면, 어떻게 그 도성이 처음에 그렇게 시작할 수 있었을까? 어떻게 그 도시가 계속 그 길을 갈 수 있었을까? 어떻게 그 도시가 자신에게 주어진 목적을 성취할 수 있었을까?" 평화는 오직 공동체의 모든 성원이 그러한 선을 공유할 때만 공동체 내에서 실현되고 향유될 수 있다. 늘 그렇듯이 아우구스티누스는 적절한 성경 구절에 근거해서 자신의 논의를 전개한다. 그 하나가 다음의 시편이다. "이러한 백성은 복이 있나니 여호와를 자기 하나님으로 삼는 백성은 복이 있도다"시144:15. 생각을 자극하는 이 책 후반부의 한 구절에서 그는 하나님의 도성이 "하나님의 평화"빌4:7에 도달할 때, 더 이상 원한과 불화는 없을 것이며 상호신뢰가 존재하여 "우리 마음의 생각을 서로 관찰할 수 있도록 개방될 것이다." 이것이 바로 바울이 다음과 같이 말했던 이유다. "때가 이르기 전 곧 주께서 오시기까지 아무것도 판단하지 말라. 그가 어둠에 감추인 것들을 드러내고 마음의 뜻을 나타내시리니 그때에 각 사람에게 하나님으로부터 칭찬이 있으리라"고전4:5.15

이 삶에 적합한 것들

아우구스티누스가 천상의 도성과 지상의 도성에 대해 말한 모든 것이 평화와 관련이 있다. 하지만 아우구스티누스가 이해했듯이, 평화는 이생에서 온전히 실현될 수 없다. 인류가 자신들 안에 건설할 수 있는 평화는 항상 부서지기 쉽고 불안정하며 덧없기 때문이다. 따라서 성경은 이 땅 위의 평화에 대해서는 아무런 약속도 제공하지 않는다. 성경에서 평화는 항상 소망의 문제이며, 하나님의 도성이 열망하는 평화는 인간의 손으로 만든 작품이 아니라 오직 하나님의 작업일 수밖에 없다. 선지자 하박국에 따르면, 우리가 소망하는 목적은 우리 눈으로 볼 수 없다. 우리는 그것을 "믿음으로" 추구할 뿐이다. "의인은 그의 믿음으로 말미암아 살리라"^{합 2:4}. 우리가 이러한 목표에 도달하려면, 우리가 추구하는 바로 그 선이신 "하나님의 도움을 받아야 한다."¹⁶

아우구스티누스의 관찰에 의하면, 일부의 사람들만이 이 땅에서 약간의 평화를 발견할 수 있다. 우리가 주변을 돌아보면 인간의 삶에 해를 끼치는 불행들을 쉽게 발견할 수 있다. "몸의 태도와 움직임은 그것이 우아하고 조화로울 때, 자연의 일차적 선물로 인식된다. 하지만 어떤 질병 때문에 사지가 떨리고 흔들리면 어찌 되는가? 한 남자의 등뼈가 너무 휘어 두 손이 땅에 닿으면서 그를 네 발 짐승처럼 만들어 버리면 어쩌나? 이것은 반응할 때든 움직일 때든, 몸의 모든 아름다움과 우아함을 파괴하지 않을까?" 아무리 우리가 삶 속에 안전한 항구를 마련하려고 노력해도, 우리는 "우연의 힘에 요동하는 것"을 피할 수 없다.¹⁷

더욱 당혹스러운 일은 사람들이 심지어 자신 안에서조차 평화를 발견할 수 없다는 것이다. 우리가 더욱 성결과 덕을 추구할수록, 우리의 최고 노력에 강력히 저항하는 통제불능 세력들을 자신 안에서 더 많이 발견한다.

덕스러운 삶에서 중요한 것은 외부, 예를 들어 사회의 악이나 동료 인간들의 범죄가 아니라, 우리 자신의 열정과 과격한 욕망에서 기인한다. 심지어 우리가 삶에서 약간의 평온을 얻은 것처럼 보일 때도, 덕이 우리를 고통과 슬픔에서 막아 주지 못한다는 사실을 알게 된다. 인간의 삶은 결코 지속적인 평화를 제공하지 못한다. 국가들 사이의 평화든, 도성 내부의 평화든, 가정의 평화든, 혹은 영혼 내부의 평화든 말이다. 이생에서의 완벽한 행복은 환상일 뿐이다.

하지만 그리스도인들의 목적은 역사 밖에 놓여 있는 소망 공동체에 속해 있다. 사도 바울의 글처럼, "우리는 소망 안에서 구원을 얻는다." 이것에 대해 아우구스티누스는 이런 주석을 달았다. "우리는 소망 안에서 행복해진다." 그가 좋아했던 표현처럼, 교회는 "이렇게 죽을 운명 속에" 순례 중인 하나님의 도성이며 "믿음으로 말미암아 산다." 미래의 희망을 묘사한 아름다운 구절에서 아우구스티누스는 "천사들이 우리의 도착을 손꼽아 기다린다"라고 말한다.[18]

그렇다면 교회는 정의로운 사회를 건설하려는 일에서 별로 할 일이 없는 것처럼 보일 수도 있다. 『하나님의 도성』이 여기에서 끝났다면, 지금처럼 사람들의 큰 관심을 끌 수 없었을 것이다. 이 책에 뛰어난 매력과 의미를 부여하는 것은, 아우구스티누스가 이 땅에 평화를 성취하려는 노력(비록 그것이 연약하고 실패할 수밖에 없지만)이 시도되어야 한다는 사실을 잘 알고 있었다는 것이다. 그는 이 점을 책에서 가장 낯익으면서 또한 강력한 이야기들로 설명한다. 아우구스티누스는 묻는다. 자기 앞에 서 있는 사람들의 운명을 결정해야 하는 직무를 맡은 판사에 대해 우리는 무슨 말을 해야 할까? 특히 그가 판결을 내려야 하는 사람들의 속마음을 결코 들여다볼 수 없음을 그 자신이 잘 알고 있다면 말이다. 어떻게 그는 자신의 판결이 공정하다고 확신할 수 있단 말인가? 때로는 그가 자신의 무지 때문에 무고한 사람을 죄인으로 판결하지 않을까?

그렇다면 그 판사는 어떻게 해야 할까? 확실한 증거가 없는 상태에서 그는 판결을 거부해야 할까? 아우구스티누스는 이렇게 쓴다. "인간의 사회 생활과 관계있는 어둠의 관점에서, 우리의 현명한 남자가 판사석에 앉을까? 아니면 그렇게 할 의사가 없을까?" 그 질문에 아우구스티누스는 이렇게 대답한다. "그는 분명히 앉을 것이다. 인간 사회의 강제적 요구들 때문에, 그는 이 의무를 맡을 수밖에 없기 때문이다. 따라서 그가 그 제안을 거절해야 한다는 것은 그에게는 생각도 할 수 없는 일이다."[19]

인간 사회의 요구가 그를 강제한다! 이 요구들은 도대체 무엇인가? 그리스도인들이 추구하는 목표가 소망의 문제이고 평화가 하나님의 작업이라면, 도대체 무슨 근거에서 아우구스티누스가 그 판사의 행동을 변호할 것인가?

교회사의 첫 200년 동안, 기독교는 로마 제국의 소수 종교였다. 고대 자료들에서 무작위로 산출한 통계자료들을 토대로 사회학자 로드니 스탁 Rodney Stark 은 서기 200년경에, 6천만의 인구를 가진 로마 제국에서 그리스도인의 수는 겨우 20만 명에 불과했을 것이라고 제안한다. 하지만 300년경에 이르면 그 수가 6백만 명 이상으로 증가했을 것이다. 아우구스티누스가 그 세기의 중반에 태어났을 때, 그리스도인의 총 수는 3천만에 달했을 것이다. 그리고 그 수는 계속 증가하고 있었다.[20] 그리스도인들은 더 이상 주변인이 아니었다. 황제가 그리스도인이었고, 그리스도인들은 제국과 지역의 공직과 시의회, 그리고 군대에 활발히 진출했다.

교회사 초기에, 도시와 제국을 경영하는 문제는 다른 사람들의 책임이었다. 3세기 초반 오리게네스는 그리스도인들이 공직을 맡아서는 안 된다고 생각했다. 그의 견해로 그리스도인들은 권력자들을 위해 기도하고 사람들이 하나님께 헌신된 삶을 살도록 훈련시킴으로써, 자신들의 도시를 가장

잘 섬길 수 있었다. 기도를 통해 "우리는 공동체의 공공업무에 공헌한다"고 그는 썼다.[21]

4세기에 이르러 황제 콘스탄티누스가 기독교로 개종하고 교회가 꾸준히 성장하면서, 기독교와 사회의 관계는 점진적이지만 중대한 변화를 겪었다. 콘스탄티누스는 일요일을 휴일로 만든 법을 도입했고, 그럼으로써 새로운 달력을 만들었으며, 기독교 예배를 위한 공간을 만들기 위해서 사회생활을 재조정했다. 그는 가난한 부모들의 유아유기를 금지하는 법안도 추진했고, 버림받은 아이들을 기르기 위해 공적 자금을 통해 의복과 음식을 제공하도록 했다. 그는 새로운 기독교 도시 콘스탄티노플과 옛 수도 로마뿐 아니라, 대중의 의식 속에서 강력한 상징적 의미를 획득하게 될 도시 예루살렘에도 교회를 지었다. 이렇게 새로운 건물들이 옛 황제들이 건축했던 신전들을 대체하면서, 도시계획은 제국 생활에서 기독교의 현존을 반영하기 시작했다. 가장 중요한 공공건물이 교회가 되었으며, 따라서 오늘날에도 사람들은 유럽 도시들의 중앙 광장에서 교회를 발견할 수 있다.

사제들은 로마 제국에서 삶의 익숙한 특징이었다. 하지만 기독교는 새로운 종류의 사제, 곧 기독교 주교를 도입했다. 이교 사제들과 달리, 주교는 국가 공무원이 아니었다. 정치가들은 그들의 선거에 개입하지 않았다. 로마 사제들의 책임은 주로 제의적인 것이었지만, 주교들은 공동체를 감독(이것이 주교를 뜻하는 그리스어 *episcopos*의 뜻이다)하고, 설교와 저술을 통해 가르치고 교회 예배를 인도했다. 대부분의 주교들은 훌륭한 교육을 받았고, 영적 지도력을 제공하며 도덕적 모범이 되었다. 제국의 옛 종교 제도들과 달리, 교회는 자신을 공통된 정체성을 지닌 하나의 통합된 몸으로 이해했으며, 이것은 공의회 소집과 주교들 간의 광범위한 서신 왕래 속에서 예시되었다. 한 대안사회(과감하게 말하자면, 또 하나의 도성으로서)의 지도자로서, 주교들은 제국의 사회적·정치적 삶에서 주체가 되었다.

아우구스티누스 시절의 그리스도인들 중에서 단지 주교만이 국가 복지에 기여한 것이 아니다. 그리스도인들이 참여하지 않았다면, 도시는 행정관, 판사, 공무원, 교사, 군인으로 봉사할 양질의 사람들이 많이 부족했을 것이다. 아우구스티누스의 가장 흥미로운 편지들 중 일부는 그리스도인 군인과 공무원들에게 보낸 것이다. 그들은 동료 시민들 못지않게 세속 도시의 평화를 보존하는 일에 기여했던 것이다. 그들도 법 집행, 안정, 질서, 시민적 일치, 그리고 로마 제국의 변경에서 살고 있던 사람들과의 좋은 관계, 곧 세상의 평화에서 중요한 몫을 담당했다.

아우구스티누스에서 취한 몇 가지 예들은 이 점을 잘 설명해 준다.[22] 아우구스티누스는 로마의 장군이자 기독교 신자인 보니페이스와 좋은 관계를 맺고 있었다. 그는 일생을 군대에서 보낸 사람이었다. 아우구스티누스의 말년에, 보니페이스는 그 지역의 안정을 위협하는 적대적 부족들로부터 제국의 변경을 방어할 임무를 부여받은 소규모 부대와 함께 아프리카 지방의 남부 경계선에서 근무했다. 보니페이스의 아내가 죽었을 때, 그는 "모든 공직에서 은퇴하고" 수도사가 될 생각을 했었다. 사람들은 다른 사람들에게 수도원에 들어가도록 권면했던 아우구스티누스가 보니페이스의 결정을 지지했으리라고 생각할 것이다. 하지만 아우구스티누스는 그가 그 자리에 계속 있었어야 한다고 강력히 주장했다. "아프리카의 약탈"을 막기 위해서는 결정적인 지도력이 필요했던 것이다. 한 사람의 그리스도인으로서, 공직에서 물러나 기도 생활에 헌신하는 것이 아니라 그 사회의 안전을 확보하는 것이 보니페이스의 책임이었다.

아우구스티누스가 거의 70세였던 422년 혹은 423년에 쓴 또 다른 서신에서, 그는 자신의 벗이자 그의 고향 타가스테의 주교인 알리피우스Alypius에게 한 가지 문제에 대해 써 보냈다. 노예 상인들이 그 지방에 침입하여 군복을 입고 무리를 지어 움직이면서 인구가 적은 농촌 지역에서 백성들을 괴

롭혔고, 강제로 아동들과 일부 어른들을 잡아서 노예로 팔았다. 이 노예 상인들의 수가 엄청나게 많았는데, 결국 그 지방에서 능력 있는 사람들을 모조리 잡아다가 바다 건너에서 상품으로 팔아 버렸다. 아우구스티누스는 알리피우스에게 한밤중에 집에서 부모와 형제들이 지켜보는 가운데 납치된 한 소녀에 대해 말한다.

이 편지에서 주목할 것은 아우구스티누스가 로마법에 기초해서 노예무역에 반대하고, 동시에 기독교 주교로서, 범죄에 대해 가죽 채찍으로 때리는 처벌이 너무 가혹하다고 비판한 것이다. 그러니 그러한 처벌은 시행되지 말아야 했다. 더욱이 그는 자유로워야 할 사람들을 팔아서 결국 노예로 만드는 이런 노예 상인들의 범행에 대해 법이 충분히 명료하지 못하다고 생각했다. 아우구스티누스는 벌금을 포함한 법률 개정이 필요하다고 생각해서, 알리피우스에게 보낸 편지에 그 법의 사본을 첨부했다.

하나님의 도성 시민으로서, 그리스도인들은 인간 마음의 갈망이 오직 하나님 안에서 해결될 수 있고, 평화에 대한 희망도 오직 하나님과의 교제 속에서만 실현될 수 있다고 믿었다. 하지만 하나님의 도성이 아직 순례 중인 이 삶에서 그리스도인은 그들이 살고 있는 공동체의 온전한 시민이었다. 다른 시민들처럼 그들도 법, 안정, 일치를 존중했다. 하지만 이런 선(善)들은 강제력 없이 불가능했고, 아우구스티누스도 이 타락한 세상에서 인간은 특정한 형태의 강제력 없이는 더불어 살 수 없다는 사실을 인정했다. 이러한 이유 때문에 "왕의 권력, 판사가 휘두르는 칼의 권력, 집행관의 발톱, 군인의 무기, 주인의 징계, 그리고 선한 아버지의 엄격함이 필요하다. 이 모든 것은 자신들만의 방법과 명분, 이유와 유용함을 지닌다. 사람들이 이것을 두려워하는 동안, 사악한 사람들은 특정한 울타리 안에 갇히고, 선한 사람들은 사악한 사람들 사이에서 보다 평화롭게 살 수 있다."[23]

성경은 강제로 사회질서를 유지할 "필연적 의무"가 더 이상 없는 평화를 약속한다.[24] 하지만 우리가 이런 상태의 평화에 도달할 때까지, 두 도성의 시민들은 특정한 것들을 공통적으로 보유하지만, 그들이 그것을 사용하는 방법에서는 차이가 있다. 그리스도인들은 법, 정치제도, 사회적 관행과 관습을 보다 온전하고 완벽한 질서의 관점에서 바라본다. 결코 그것들 자체를 목적으로 간주하지 않는다. 모든 정치제도는 임시적이며, 하나님의 도성은 어떤 대규모 프로젝트를 완성하지 않는다.

하지만 위의 예들이 지적하듯이, 하나님의 도성은 "지상의 일시적인 것들을 이용해야" 한다. 이런 이유로 아우구스티누스는 "인간적 의지들의 결합", 곧 하나님의 도성 시민들이 지상의 도성 거주자들과 "유한한 삶에 적합한 것들"에 대해 동조하는 합의가 존재한다고 말한다. 아우구스티누스의 생각에, 이와 같은 연대는 항상 사려 깊고 "질서의 부여와 순종에 한정되며……유한한 삶에 적합한 것들에 관한 것"이다. 하나님의 도성은 지상의 도성의 법과 제도에 의해 생겨난 평화를 진실로 평화로운 "천상의 평화"와의 관계 속에서 관찰한다. 사회의 관습과 관행은 그것이 신자들의 영혼을 망치거나 그들을 궁극적 목적(하나님과의 교제 및 하나님 안에서 서로 간의 교제)에서 이탈시키지 않는 한 수용될 수 있다.[25]

비록 하나님의 도성 시민들이 지상의 도성의 삶에 참여하지만, 정녕 그것의 제도와 법을 사랑하고 소중하게 생각하지만, 그들은 그것 안에서 어떤 궁극적 의미도 갖지 않는다. 하나님의 도성은 "지상의 평화를 성취하고 보존하는 관습, 법, 제도들 안에서 아무런 차이도 발견하지 못한다." 여기서 아우구스티누스는 하나님의 도성이 지상의 도성 일에 아무런 관심도 없는 것처럼 말하는 것 같다. 하지만 그는 한 가지 특성을 첨가하는데, 이 책을 돋보이게 하는 것이 바로 이 특성이다. 하나님의 도성은 자신이 살아가는 사회의 제도들을 "폐지하거나 취소하지 않는다. 최고의 참된 한 분 하나님이 예배를 받으셔야 한다고 가르치는 경건의 길에 장애물이 놓이지 않으면 말이다." 이 문장은 예상하지 못한 것이다. 하지만 몇 단락 후에, 아우구스티누스는 이 주장을 출애굽기에서 인용한 글로 보충한다. "여호와 외에 다른 신에게 제사를 드리는 자는 멸할지니라"출 22:20. 논의 중 아우구스티누스가 지상의 도성과 천상의 도성 사이에 굵은 선을 그었던 지점에서, 그는 하나님의 도성이 지상의 도성의 일에 관심을, 종교적 관심을 정말로 가지고 있다고 말한다. 심지어 지상의 도성도 참된 한 분 하나님을 존경하고 경배해야 하기 때문이다.[26]

정의로운 사회가 하나님을 섬긴다

『하나님의 도성』 제2권에서 아우구스티누스는 키케로의 『국가론』에서 정치 공동체의 본질에 관한 한 문장을 인용했다. 그 본문은 다음과 같다. "시민은 공통된 법 정신과 집단적 이익으로 연합된 다수의 사람들"로 정의된다. 이 정의에서 법으로 사용된 단어가 jus다. 이 단어에서 라틴어 단어 justitia가, 영어 단어 justice가 각각 유래했다. 아우구스티누스는 키케로가 정의[justice] 없는 정치 공동체, 공화국, 국가는 존재할 수 없다는 뜻으로 이 정의(定義)를 이해했다고 설명한다. "진정한 정의가 없는 곳에는 진정한 jus, 곧 어떠한 법, 평등, 권리도 없기" 때문이다.

공화국은 단지 한 이익공동체일 수 없다. 그래서 공화국은 jus[법, 정의]로 함께 묶여야 한다. 단지 공통된 이익에 기초해서 연합된 사회는 기껏해야 폭도나 해적 집단이 될 수 있을 뿐이다. 정의는 없고 오직 도둑질과 무법과 착취만 있다면, 공화국은 존재할 수 없다. 하지만 정의는 인간 상호 간의 관계에만 관련되는 것이 아니다. 그것은 또한 하나님에 대한 온전한 정의와도 관련이 있다. 아우구스티누스가 묻는다. "인간이 참된 하나님을 예배하지 못하게 막는 정의란 도대체 무엇인가?" 땅을 매입한 사람으로부터 그 땅을 빼앗아서 다른 사람에게 주는 것은 부당하다고 주장하는 사람이 동시에 하나님께 합당한 예배를 드리지 말아야 한다고 말할 수 있을까? 사람들이 하나님을 섬기지 않으면, 그곳에는 참된 정의가 있을 수 없다. 하나님을 섬길 수 없는 공화국은 진정한 공화국이 될 수 없다.

아우구스티누스는 여기서 일반적인 신, 추상적이고 모호한 신에 대해 말하는 것이 아니다. 그의 책은 일종의 이신론에 대한 방어가 아니다. 그가 말하는 하나님은 성경의 하나님이다. 그를 비판하는 사람들은 이렇게 묻는다. "당신이 말하는 이 하나님은 누구이며, 이 하나님이 로마인들이 복종해야 할 '유일한 분'이란 것은 도대체 무슨 말인가?" 아우구스티누스는 이런 질문을 참지 못한다. 역사의 이 시점에서 "이 하나님은 누구인가"라고 묻는 것은 어리석음의 증거일 따름이다. 그래서 그는 독자들에게 한 분 하나님은 이스라엘의 역사(그가 『하나님의 도성』에서 상술했다), 그리스도의 계시, 그리고 교회를 통해 잘 알려졌다고 일깨워 준다. 그러므로 "어떤 신이냐"라는 질문에 대한 답은 "선지자들이 예언했고 지금 우리가 그 예언의 성취를 목격하고 있는 바로 그 하나님일 수밖에 없다. 그분은 아브라함에게 '너의 후손들을 통해 열국이 복을 받으리라'는 메시지를 주셨던 하나님이다. 그리고 이 약속은 그리스도 안에서 성취되었다. 그리스도는 물리적 계보에서 아브라함의 후손이었다." 그리고 아우구스티누스는 이렇게 덧붙인다. 그분은 "가장 뛰어난 철학자인" 포르피리오스에 의해 인정받은 바로 그 하나님이다. 아브라함과 이삭과 야곱의 하나님, 진정한 정의의 하나님은 그리스도인이나 유대인의 개인적인 신이 아니라, 만물을 창조하고 이스라엘을 세웠으며 그리스도 안에서 나타난 유일한 하나님이다. 이 하나님은 "나 외에 다른 신에게" 예배하지 말아야 한다고 명령하셨다.[27]

『하나님의 도성』이 시작되는 문단에서 인용된 첫 성경 구절은 하박국 2:4이다. "의인은 그의 믿음으로 말미암아 살리라." 라틴어 원본에서 아우구스티누스는 이렇게 썼다. *Justus vivit ex fide*. 같은 본문은 하나님의 도성과 지상의 도성의 관계를 가장 구체적으로 검토한 제19권 서두에도 인용된다. 아우구스티누스가 이 본문에 주목하는 이유는 참된 공화국의 징표인 정의와 하나님께 합당한 정의를 연결하기 때문이다. 이것은 믿음으로 사는 의인(정의로운 사람)에 의해 실증된다. 아우구스티누스는 반복해서 말한다. 정의는 오직 하나님이 경배되는 곳에서 발견될 수 있다고. 의인이 믿음에 기초해서 살아가듯이, "의인들의 결사체"도 믿음으로 산다. 이와 같은 정의, 하나님께 합당한 정의가 존재하지 않는 곳에는 공화국도 없다.

그런 후에 아우구스티누스는 공화국에 대한 다른 정의를 제시한다. "시민은 사랑의 대상에 대한 합의로 연합된 관계적 존재들의 결사체다." 그 다음으로 꼭 물어야 하는 정치 공동체에 대한 질문은 "그것은 무엇을 사랑하는가?"이다. 이것은 대단히 아우구스티누스적이며, 사물을 다루는 독특한 성경적 방법이라고도 말할 수 있다. 예수의 말씀 중에도 "네 보물 있는 그곳에는 네 마음도 있느니라"마 6:21가 있다. 사람은 그가 사랑하는 것으로, 공동체 또한 그것이 사랑하는 것으로 특징이 결정된다. 이 정의가 로마에 적용되면, 로마는 한 민족이고 그것의 집단적 삶은 의심의 여지없이 공화국임이 분명하다. 하지만 그것은 유일하게 참된 하나님께 예배하지 않기 때문에 대단히 열등한 종류의 공화국이다. 로마는 하나님을 하나님답게 대하지 않기 때문에 "참된 정의가 결핍된" 도성이다.[28]

왜 그런가? 아우구스티누스의 대답은 이렇다. 모든 인류가 열망하는 선, 인간 생활의 최종 목적, 최고의 선은 하나님이다. 인류가 완성과 만족을 발견하는 것은 오직 하나님 안에서다. 인류가 하나님에 대해 인식하지 못하면, 자신에 대해서도 인식하지 못하는 것이다. 한 정치 공동체가 하나님을 경배하지 않은 채 자기 백성을 덕으로 양육하는 것처럼 보일 수 있다. 하지만 시간이 흐르면서 그 공동체의 삶은 훨씬 더 열등한 목적으로, 덕보다는 악으로 치우치게 될 것이다. 덕은 단지 특정한 방식으로 행동하는 문제가 아니기 때문이다. 덕은 행동뿐 아니라 태도 및 감성과 관계가 있으며, 의무뿐 아니라 사랑과도 관계가 있다. 예를 들어, 거짓에 기초한 사회는 오랫동안 지속되지 못할 것이다. 영과 혼이 하나님을 섬기지 않고, 이성이 몸과 충동을 "하나님과의 관계"로 이끌지 않는다면,[29] 그 민족은 결코 덕스럽지 못할 것이다. 선이신 하나님이 없다면, 사람들은 다른 선들을 소유할 수 없다. 오직 하나님을 영화롭게 하고 섬길 때 인간 공동체는 온전한 덕을 육성할 수 있다. 따라서 의로운 사회는 "하나님을 섬기는" 사회이어야 한다.[30]

아우구스티누스의 『하나님의 도성』은 인간과 사회에 관한 근본진리를 변호한다. 오직 하나님만이 우리의 가장 깊은 확신들에 궁극적 목적, 예를 들어 인간의 존엄을 부여하고, 자기이해를 초월하는 공동생활의 근거를 제공할 수 있다. 인간을 인간되게 만드는, 곧 우리가 하나님을 사랑하고 섬기도록 창조된 원리를 부인하거나 배제하는 사회는 정의롭지도, 덕스럽지도, 혹은 평화롭지도 않을 것이다. 요점은 두 가지다. 단지 종교적인 삶이 아니라, 모든 인간적 삶이 정말 온전히 인간적이 되려면, 모든 인간의 열망, 지고선, 만유의 주이신 하나님을 지향한다. 둘째, 하나님을 지향하는 삶은 항상 사회적이다. 선과 사랑으로, 하나님은 남자와 여자를 불러 자신을 섬기고 한 도성, 곧 하나님의 도성의 시민으로서 서로 사랑하게 하신다. 그들은 개인이 아니라 백성으로서 복을 받는다. 하나님의 도성이 갈망하는 평화는 "하나님을 즐거워하는 것"과 "하나님 안에서 상호 간의 친교" 속에서 발견된다.

아우구스티누스는 『하나님의 도성』에서 정치학 이론을 제공하지 않는다. 하지만 그는 하나님이 결코 한 사회의 주변 생활로 좌천될 수 없다는 점을 보여준다. 이 책이 두 도성에 대해 논의하는 이유가 바로 그것 때문이다. 그는 하나님의 도성의 삶, 곧 하나님 중심적이고 진정으로 사회적인 삶과 자기중심적인 삶을 명백하게 구분한다. 아우구스티누스는 영적인 것, 곧 하나님을 위한 영역을 만들기 위해서 공적 영역을 재정의하고 싶어 했다. 캔터베리 대주교 로완 윌리엄스$^{Rowan\ Williams}$의 관찰처럼, 『하나님의 도성』은 "종말"의 관점에서 "집단적 인간 생활의 최상의 형태"에 관한 책이다. 아우구스티누스의 관점에서 진정으로 공적이지 못한, 정말로 정치적이지 못한 것은 기독교 공동체 밖의 삶이다. 진정한 반대는 공적인 것과 사적인 것, 교회와 세상 사이가 아니라, 정치적 덕과 정치적 악 사이이다. 종말에, 근본에 있어서 "파편적인 것"^{atomistic}으로 드러날 것은 바로 세속적 질서다.[31] 하나님을 위한 자리를 마련하지 못한 사회는 공화국을 파멸시킬 경쟁적이고 이기적인 이해의 비도덕적 집합으로 해체될 것이다. 종국에는 암흑에 휩싸일 뿐이다.

어떤 이들은 『하나님의 도성』에서 아우구스티누스가 중립적인 세속의 공간을 마련한다고 주장했다. 그 공간에서 선한 의지의 사람들이 함께 모여서, "이 유한한 삶에 적절한 것들"에 기초해 정의로운 사회와 문화를 건설한다. 바로 여기서 문명의 교양을 증진하기 위해 하나님의 도성과 지상의 도성이 함께 손을 잡을 수 있었다. 하지만 아우구스티누스의 관점에서 중립적인 세속의 공간은 단지 하나님이 없는 사회, 권력욕$^{libido\ dominandi}$에 사로잡힌 사회일 뿐이었다. 이렇게 타락한 세상에서 하나님에 대한 예배 없이 정의로운 사회나 평화는 있을 수 없다. 그의 확신이다. 하나님을 존중하지 않는 민족이 사는 곳에서는 어떠한 사회적 연대, 공동의 삶, 덕도 존재할 수 없다.

아우구스티누스는 벌거벗은 공적 영역이나 비현실적 유신론을 옹호하지 않는다. 그의 주제는 한 분의 참된 하나님, 그리고 이 하나님을 예배하고 섬기는 공동체다. 반복해서 말하지만, 『하나님의 도성』은 교회에 대한 책이자 성경의 하나님에 대한 책이다. 오직 교회와 그것의 운명과 연루되어, 아우구스티누스는 지상의 도성에 대해 질문을 던진다. 끝 부분에서 그는 이렇게 쓴다.

덕의 보답은 모든 가능한 약속 중에서 최고이자 가장 위대한 그분 자신에 대한 약속과 함께 덕을 주셨던 하나님 자신일 것이다. "나는 그들의 하나님이 되고, 그들은 내 백성이 될 것이다"라고 예언자가 말했을 때, 그가 의미했던 바는 무엇인가? 그것은 "나는 그들의 만족의 원천이 될 것이며, 나는 인간들이 영예롭게 원하는 모든 것, 곧 생명, 건강, 음식, 부, 영광, 명예, 평화 그리고 모든 축복이 될 것이다"가 아니었을까? 그것이 그 사도의 말씀("하나님이 모든 것이 되기 위해서")에 대한 정확한 해석이기 때문이다. [하나님이] 우리 모든 소망의 목적이 될 것이며, 우리는 영원토록 그분을 볼 것이다. 우리는 그분을 싫증 내지 않고 사랑할 것이며, 지치지 않고 찬양할 것이다. 이것은 모든 사람의 의무요 기쁨이요 활동이며, 영생을 소유한 모든 사람이 공유할 것이다.[32]

다른 초기 기독교 변증가들처럼, 아우구스티누스는 초월적 실재, 철학자들의 신, 인간의 삶에서 특정한 형태를 취하지 않는 신에게 추상적으로 호소하는 것이 충분하지 않다는 것을 깨달았다. 언젠가 뉴먼이 언급했듯이, "사실 일반 종교는 결코 종교가 아니다."[33] 유신론의 신은 종교의 관행과 별도로, 곧 기도와 예배로 하나님을 알고 기억하는 공동체에 속하고 공동의 봉사로 함께 묶이며 공동의 소망을 공유하는 사람들과 별도로 생명을 갖지 못한다. 오직 종교 생활에서 훈육된 사람들만이 한 분 하나님을 신실하게 섬기는 것과 우상에게 절하는 것의 차이를 말할 수 있다. 아우구스티누스의 입장에서, 참된 하나님의 예배를 방어하는 것은 교회를 방어하는 형태, 곧 현재 순례 중인 하나님의 도성을 방어하는 형태를 취할 수밖에 없다.

교회는 종말론적 징표일 뿐 아니라, 사회적 사실이기도 하다. 교회는 그 성원들을 자신만의 독특한 언어, 제의, 달력, 관행, 제도, 건축, 미술, 음악, 간략히 말하면 자신만의 문화를 지닌 공유된 공적 생활로 이끈다. 비록 교회가 다른 사람들과 함께 자신이 살아가는 사회의 선을 증진시키지만, 그 목적은 천상의 천사들과 함께하는 것이다. "우리와 함께, 그들이 하나님의 한 도성을 만든다"고 아우구스티누스가 말한다. "이 도성에서 우리로 구성된 부분은 아직 순례 중이며……천사들로 구성된 부분은 우리 여정에서 우리를 돕는다." 교회는 하나님과의 친교 외에 다른 목적을 성취하기 위한 도구가 아니다. 교회는 변명하지 않고 자기 자신이 됨으로써, 곧 인간 공동체를 가능하게 하는 정의, 하나님께 합당한 정의에 대해 증거함으로써 사회를 섬긴다. 교회가 사회에 줄 수 있는 최고의 선물은, 아무리 일시적일지라도 천사들이 하나님 면전에서 "영원한 축제"를 벌이는 또 다른 도성을 살짝 보여주는 것이다.

> 그분에게 최고, 가장 영화로운 제물은 바로 우리 자신, 우리, 그의 도성이다. 이 제물을 위한 신비적 상징을 우리는 신자들에게 낯익은 봉헌식에서 기념한다.……이어서 정의는 하나님, 유일하신 지고의 하나님이 자신의 은총에 따라, 자신 외에는 다른 존재에게 제사를 금하고 순종적인 도시를 다스리는 곳에서 발견된다.……이 정의가 존재하지 않는 곳에는 "공통된 정의감과 공동체의 이익에 의해 연합된 사람들의 결사체"가 결코 존재하지 않는다. "시민"이 없는 곳에는 "시민들의 복지"도 없기 때문에, 공화국도 없다.

자신을 하나님께 산 재물로 드림으로써, 교회의 삶은 모든 인간이 열망하는 평화, 오직 하나님만이 주실 수 있는 평화를 미리 보여준다.[34]

9.

초기 기독교 문학

그리스도의 영광스러운 행동

내게 종이와 펜을 주소서.
내가 그리스도의 영광스러운 행위를
달콤하고 아름답게 노래하도록 말입니다.
오직 그분만이 내 시적 영감이 되리라.
오직 그분만을 내 수금이 찬양하리라.

프루덴티우스

골 지방에 사는 한 지주의 개인 서재에 들어서면서, 4세기의 한 주교는 서점의 높은 책장들 사이로 들어가는 것 같은 느낌을 받았다. 그 서재는 잘 정리되어 있었는데, 한쪽에는 가볍게 읽을 수 있는 책들과 경건서적들이 놓여 있었고, 다른 쪽에는 뛰어난 라틴어 문장가들의 책이 있었다. 사본들 중에는 호라티우스와 바로의 저작뿐 아니라, 프루덴티우스와 아우구스티누스 같은 기독교 작가들의 저서도 눈에 띄었다. 아폴리나리우스Apollinarius 주교는 문학서적 중에서 두 그리스도인의 저서와 시인 프루덴티우스의 작품을 발견했을 때 별로 놀라지 않았다.[1] 프루덴티우스는 우리가 기독교의 지적 생활에서 하나의 중요한 발전을 엿볼 수 있도록 해준다.

5세기 전에는 그리스도인들이 쓴 책 중에서 문학적인 것으로 간주될 만한 것이 거의 없었다. 성경해석서, 신학적 주제에 대한 논문, 몇 편의 역사서, 성인들의 생애, 다수의 서신들, 그리고 다른 작품들이 있었다. 일부 그리스도인 작가들, 예를 들어 알렉산드리아의 클레멘스나 나지안주스의 그레고리우스는 문학적 야망을 갖고 있었다. 하지만 대부분의 기독교 저서들은 문학적, 곧 독자의 여가를 위한 상상력의 작품이 아니라, 넓은 의미에서 교훈적이었다. 그리스도인들은 다른 그리스도인들을 가르치고 교훈을 주며 믿음을 설명하고 방어하기 위해서 글을 썼다. 고대에 순수문학의 축소판인 시(詩)는 그리스도인들이 거의 쓰지 않았다.

따라서 부유한 골 귀족의 책장에서 그리스도인 시인 프루덴티우스가 발견되었다는 사실, 그리고 아폴리나리우스가 그를 위대한 라틴 시인 호라티우스와 짝을 지었다는 것은 매우 놀라운 일이다. 기독교는 자신만의 독창적인 문화를 창조하기 시작했다. 기독교의 지적 생활이 성숙하면서, 그리스도인들은 미술과 건축, 법과 정치, 그리고 역사서와 시로 자신들의 믿음을 표현하려 했다. 최초의 기독교 시인은 프루덴티우스였다. 그의 주목할 만한 성취는 새로운 기독교 문화가 사회에 공적 표현을 제시했던 한 가지 방식을 제공해 준다. 프루덴티우스의 시에서, 언어의 미와 형식의 위엄이 이 세상에서 하나님의 체류에 대한 이야기에 적합한 하나의 도구가 되면서, 그리스도의 사랑과 뮤즈의 여신들에 대한 사랑이 결합한다. 지금까지 다룬 인물들과 비교할 때, 그는 거의 알려진 바가 없다. 하지만 그는 초기 기독교 지성 생활과 서양의 문학·문화사에서 중요한 인물이다. 4세기부터 시작해 단테, 그리고 그 이후까지 단절되지 않고 이어진 라틴문학 전통의 초창기에 속한다.

아우렐리우스 프루덴티우스 클레멘스$^{Aurelius\ Prudentius\ Clemens}$는 348년에 타라코넨시스의 북동지방(오늘날의 칼라오라)에 위치한, 스페인에 해당하는 로만 히스파니아의 한 기독교 가정에서 태어났다. 그 지역 귀족의 자제로서 그는 전통적 교육을 받았다. 이것은 그가 라틴어 문법, 수사학, 법학을 공부했다는 뜻이다. 학업이 끝났을 때 그는 변호사로서 경력을 쌓기 시작했고, 그 후에는 비슷한 배경을 가진 다른 많은 사람들처럼 시의 행정직을 얻었다. 그는 빠르게 승진해서 곧 한 지방의 총독이 되었다. 그는 두 차례나 그 지위에 있었다. 후에 그는 황제의 초대로 밀라노의 궁정에서 자리를 얻었다. 그것은 군주의 어록과 행적에 대한 기록을 보존하는 비서관과 비슷했다. 그는 후에 은퇴하여 스페인으로 돌아가서 시작(詩作)에 전념할 때까지, 20여 년 동안 그 자리에 있었다.

프루덴티우스의 공적 경력이 비록 탁월하기는 했지만, 비슷한 배경을 지닌 다른 사람들과 비교할 때는 여러 면에서 특이할 것이 없었다. 그의 시절에는 훌륭한 가문 출신의 많은 그리스도인들이 비슷한 길을 걸었다. 프루덴티우스에게 특별한 것은 그가 시인이었다는 것, 특히 자신을 전문적인 시인으로 이해했다는 것이다. 일부 주교들이 주로 교훈이나 예배를 목적으로 시를 쓰곤 했다. 하지만 프루덴티우스는 여가 시간에 취미로 시를 쓰거나 교회에서 부를 노랫말을 썼던 사제가 아니었다. 그는 자신을 전문적 시인으로 간주했던 평신도였다. 그는 이렇게 말했다. "만일 내가 행위로 하나님을 찬양할 수 없다면, 내 영혼이 내 목소리로 하나님을 찬양하게 하라."[2]

그의 생애 말년에 쓴 시집 서문에서, 그는 오직 자신의 시 때문에 기억되기를 소망했다. 다른 사람들은 하나님께 "정결하고 순결한 생명"이나 "거룩한 생각의 선물"을 드리겠지만, 프루덴티우스는 자신의 시를 바친다.

> 나는 민첩하게 약강격을 제시하고
> 거기에 빠르게 회전하는 강약격을 덧붙이네.
> 나에겐 신성도
> 빈민의 가난과 고통을 덜어줄 금도 없기 때문이라네.
> 무슨 일이 일어나든 나는 즐거워하고
> 내 연약한 입술로 그리스도를 찬양하리라.

최초의 기독교 시

기독교 시는 성경과 함께 시작한다. 최초의 시들은 시편과 구약에서 가져온 찬송들이며, 기독교 예배에서 사용되었다. 심지어 사도시대에도 그리스도인들은 독특한 시적 구조를 지닌 독창적 작품들을 쓰기 시작했다. 기독교 시와 찬송들의 단편이 신약성경 전체에 흩어져 있다. 여기에 디모데전서에서 발견되는 그리스도의 신비에 관한 찬송이 한 편 있다.

> 그는 육신으로 나타난 바 되시고

>   영으로 의롭다 하심을 받으시고
>
>   천사들에게 보이시고
>
>   만국에서 전파되시고
>
>   세상에서 믿은 바 되시고
>
>   영광 가운데서 올려지셨느니라^{딤전 3:16}.

그리스어 사본에서는 모든 동사의 시제와 형태, 그리고 인칭과 수가 동일하다. 그래서 모든 단어의 끝이 같고^{efanerothi, edikaiothi, ofthi} 등, 첫 번째 행을 제외하고 각 행의 서두에 동사가 나온다. 각 행은 단지 문장들의 나열이 아니라, 형식적 구조를 갖고 있다.

신약성경 외에 가장 오래된 찬송은 산문시였다. 즉, 흔히 성경의 모델을 모방한 운율이 없는 시다. 비록 조금 후에 나타났지만, 이런 장르의 좋은 본보기가 하나님을 찬미하고 죽음에 대한 그리스도의 승리를 기념하는 라틴어 찬송 테데움^{Te Deum}이다.

>   너희들, 영화로운 사도들의 성가대여
>
>   너희들, 훌륭한 예언자들의 무리여
>
>   너희들, 흰옷 입은 순교자들의 군대여
>
>   찬양하라.

이 몇 절에서 볼 수 있듯이, 찬송은 예언서와 시편의 본을 따라 엄격한 대구를 사용한다. "사도들……예언자들……순교자들, 너희들은 찬양하라." 찬송의 가사는 라틴어 시의 단어들이 아니라 성경의 라틴어 번역에서 가져온 것이다. 초기 단계에서, 기독교 예배 시^{liturgical poetry}는 그리스-로마 세계의 문학 전통에 거의 영향을 받지 않았다.

몇몇 기독교 시인들은 성경의 이야기를 전통적 시로 다시 쓰려고 했다. 잘 맞춘 운율과 시적 어휘를 사용하여, 그들은 그리스도인 독자들에게 낯익은 표현으로 종교적 시를 제공하고 싶어 했다. 로마 건국 신화의 아이네이아스와 디도가 아브라함과 요셉과 요나에게 자리를 양보했다. 유벤쿠스^{Juvencus}라는 시인은 마태복음을 6보격^{hexameter} 시로 다시 썼다. 하지만 고전적 시로 기독교 주제에 대해 쓰는 것은 보기보다 훨씬 더 어려웠다. 상상력이 풍부한 모든 문학작품에는 익숙한 연상과 암시의 맥락이 필요하다. 라틴어 시의 경우, 이런 모든 평가 기준은 이교적이었다. 결과적으로 기독교 시인들은 성경의 언어를 피했고, 라틴어 시를 배웠던 사람들의 귓가에 익숙한 어휘를 사용했다. 몇 가지 예를 들면 다음과 같다. 즉, 요나 이야기를 토대로 한 초기 기독교 시는 성경의 단어 "예언자" 대신, 라틴어 단어 "점쟁이"^{vates}를 사용한다. 증인에 해당하는 성경의 단어인 "순교자" 대신, 그는 "목격자"^{testis}를 사용한다. "천사" 대신 "전령"^{nuntius}을 선택했다. 훨씬 더 놀라운 것은, 그 시인은 "부활"이라는 단어는 피하고 대신 "죽음을 목격하는 것에서 벗어났다"$^{mortis\ testis\ abactae}$란 표현을 사용했다. 성경의 단어 "성전"은 이교적 단어 "성소"^{adytum}로 대체되었고, "요구하다"^{rogare}라는 멋진 라틴어 단어가 "기도하다"^{orare}란 성경적 단어를 대체했다. 이런 변화가 별것 아닌 것처럼 보일지라도, "이번 주일에 나는 제1침례교회의 컬트^{cult}에 참석할 예정이다"라는 표현처럼, 오늘날 기독교 예배를 지칭하기 위해 "컬트"란 단어를 사용할 때처럼 그것은 고대의 그리스도인 독자들에게 꺼림칙한 것이었다.

이와 같은 초기 기독교 시인들은 별로 인기가 없었다. 이런 시들은 실제적인 것을 천박하게 모방한 것처럼 들렸다. 이 기간에 세속적 시들은 생동감이 없었다. 라틴어 문법을 연습하는 것처럼, 교실의 퀘퀘한 냄새를 풍기면서 학구적 느낌이 강했다. 산문이 기독교적 필요에 적합한 훨씬 더 유능한 도구임이 드러났고, 이 시기에 가장 생동감 넘치는 작품은 순교자들의 신앙과 용기에 대한 생생한 설명에서 발견될 수 있다.

찬송가 만들기

탁월한 성공을 거둔 최초의 기독교 시인은 4세기에 이탈리아 북부에 있는 밀라노의 주교였던 암브로시우스다. 그의 아버지가 근위대장으로 근무했던 트리어(독일에서 가장 오래된 도시)에서 339년에 태어난 암브로시우스는, 아버지가 세상을 떠난 후 어머니와 함께 로마로 이주했다. 초등학교를 마친 후 그는 한 문법학자의 보호 아래, 고전 시 교육을 철저하게 받았다. 그는 위대한 시인들, 특히 베르길리우스의 라틴어 시들을 암송해야 했다. 그는 그들의 기법을 분석하고 그들의 문체를 모방하는 법을 배웠다. 그의 설교와 연설, 예를 들어 그의 형제 사티루스^{Satyrus}의 장례식에서 행한 연설은 뛰어난 재능과 함께 훌륭한 교육을 받은 문장가의 작품이다. 설교는 그리스도인들이 자신의 문학적 재능을 발휘할 수 있는 영역이었다.

암브로시우스가 밀라노에서 갑자기 주교 자리에 올랐을 때, 그 도시는 정통파 그리스도인들과 니케아 공의회의 결정을 거부했던 아리우스파 사이에서 깊이 분열되어 있었다. 젊은 황제 발렌티니아누스의 어머니의 후원을 받으며 아리우스파가 그 도시의 교회 하나를 차지하려 했던 386년 고난주간$^{Holy\ Week}$에, 결국 정통파 신자들이 그 교회를 차지했고 아리우스파가 그곳을 자신들의 것으로 주장하지 못하게 막기 위해서 보초를 세웠다. 당시에 밀라노에서 살고 있던 아우구스티누스의 보고처럼,³ 암브로시우스는 그들을 격려하고 그들이 "낙담하여 기진하지 않도록" 교인들을 위해 찬송을 작곡했다. 그 곡은 한쪽 편에서 한 절을 부르면, 다른 편에서 다음 절을 부르는 식으로 되어 있다. 암브로시우스가 이러한 관행을 도입하기 전에는, 독창자를 훈련해서, 반은 낭송, 반은 노래로 구성된 성가를 예배 때 부르고, 끝 부분에서 회중이 참여하도록 하는 것이 관례였다. 암브로시우스의 작품들은 자신의 목적을 성취했다. 그래서 아리우스파는 그가 "자신의 찬송가"로 신자들을 "기만했다"고 비난했다.[4]

라틴어 시에 대한 훌륭한 교육을 받았기 때문에 암브로시우스는, 라틴어 찬송이 신자들을 염두에 두었다면 그것이 고전적 의미에서 진정으로 시적이어야 하지만, 어휘와 정서면에서는 철저히 성경적이고 기독교적이어야 한다는 사실을 잘 알고 있었다. 산문 찬송이 인기를 얻지 못했던 한 가지 이유는, 그것들이 라틴문학 전통과 분리되었기 때문이다. 암브로시우스의 해법은 운율 찬송을 쓰는 것이었다. 전통적인 라틴 운율시 관행에 의지하면서 악센트를 새롭게 강조했다. 또한 그는 단순함과 간결함을 중시했다. 암브로시우스의 찬송들은 암송을 목적으로 만들어졌다. 고대에는 찬송가집이 없었고, 교인들 중에 글을 읽을 수 있는 사람도 별로 없었다.

암브로시우스의 찬송은 "약강2보격"이라고 불리는 것을 사용한다. 즉, 두 개의 비슷한 부분들로 구성된 문장에서 단음-장음으로 된 약강격 음보다. 각 행에는 8개의 음절이 있고, 각 연에는 4개 행이 있다. 그리고 모든 찬송은 8개의 연이 있다. 그래서 시 전체는 모두 256음절이다. 마지막 연은 삼위일체 송영의 형태를 취한다. 비록 운율은 전통적이지만, 전체의 형태는 암브로시우스가 새로 도입한 것이다. 아래에 암브로시우스의 찬송에 나오는 첫 번째 연이 있다. 처음 것은 암브로시우스의 라틴어 시에 나오는 것이고, 다음 것은 그 운율을 유지하고 있는 19세기의 영어 번역이다.

>Splendor paternae gloriae
>de luce lucem proferens
>lux lucis et fons luminis
>diem dies illuminans.

O Jesu, Lord of heavenly grace,
Thou brightness of thy Father's face,
Thou fountain of eternal light
Whose beams disperse the shades of night.⁵

오 예수, 거룩한 은총의 주님,
당신은 당신 아버지 얼굴의 빛
당신은 영원한 빛의 원천
그의 빛이 밤의 그늘을 흩어지게 하도다.

이 행들을 라틴어로 낭송하든 영어로 낭송하든, 우리는 암브로시우스가 무엇에 대해 쓰려고 했는지, 그리고 그의 목적을 얼마나 탁월하게 성취했는지 쉽게 이해할 수 있다. 각 행은 짧고, 운율은 단순하다. 그래서 그의 찬송은 쉽게 기억할 수 있다. 하지만 언어에는 위엄이 있었다. 또한 그것은 성경적이고 독특한 기독교적 울림이 있었다. 빛의 빛$^{lux\ lucis}$이라는 구절은 시편 36편("주의 빛 안에서 우리가 빛을 보리이다")을 떠올리게 하고, 몇 세대 전에 교회에서 채택했던 "빛에서 나신 빛"$^{lumen\ ex\ lumine}$이라는 니케아 신경의 문구와 비슷하다. 일단 이 찬송을 몇 번 부르면, 유식한 사람뿐 아니라 평범한 사람들도 그것을 외울 수 있었다. 암브로시우스의 찬송가는 지성뿐 아니라 감성도 건드렸다. 그것은 아리우스주의자들을 분노하게 만들었지만, 아우구스티누스도 그 찬송을 들었을 때 큰 감동을 받았다. 암브로시우스의 찬송이 자기 귓속으로 흘러들어올 때, "진리가 내 심장 속에 스며들었다"고 아우구스티누스가 썼다.⁶

시 암송

암브로시우스와 프루덴티우스는 동시대 사람이었고 암브로시우스가 열 살 위였다. 프루덴티우스는 암브로시우스의 찬송을 알고 존경했으며, 암브로시우스의 찬송을 염두에 두고 자기 작품을 썼다. 하지만 프루덴티우스의 작품을 살펴보면, 시인으로서 그는 매우 달랐다는 사실이 분명해진다. 그는 훨씬 더 장엄하고 웅장한 기독교 시를 썼다. 비록 그의 시들 중 일부가 일상의 기도 시간을 위해 만들어졌지만, 그가 예배시인[liturgical poet]이 아니었다는 것이 가장 명백한 차이점이다. 그의 시들은 교회에서 부르기 위해 만든 것이 아니라, 거실이나 살롱에서 큰 소리로 읽히거나 서재에서 조용히 묵상할 목적으로 만들어졌다. 어떤 작품은 1,000행 이상이다. 암브로시우스는 주석서, 도덕적 산문, 교리적 논문, 연설문, 시를 썼다. 즉, 찬송가는 그의 문학적 생산물 중 아주 적은 부분에 불과했다. 반대로 프루덴티우스는 오직 시만 썼고, 그의 시는 내용, 형식, 운율 면에서 훨씬 다양했다.

그의 작품 목록을 보면 훨씬 더 그 특징이 분명하게 드러난다. 그는 하루 중 다양한 시간대를 위한 시들을 썼다. 『일상의 찬가』[Cathemerinon]는 하루의 시작 때, 램프에 불이 켜지는 저녁에, 식사 시간 때, 금식 때 읽혔다. 그리스도의 승리에 관한 '신격화'(1,100행)[Apotheosis]나 악의 기원에 관한 '죄의 기원'(1,000행)[Hamartigenia]처럼, 훨씬 더 긴 몇 편의 시들은 교리적 주제를 다루고 있다. 그는 『심마쿠스를 반대하여』[Against Symmachus]라는 제목의 변증적 시를 두 권의 책으로 썼다. 첫 번째 책은 650행이고 두 번째 책은 1,100행인데, 참고적으로 심마쿠스는 로마원로원 의원이었다. 또한 그는 순교자들에 대한 14편의 시로 구성된 시집, 『순교의 면류관』[Peristephanon]을 썼다. 끝으로, 그는 최초의 기독교 서사시를 썼다. 그것은 *Psychomachia*라고 불리는 길고 은유적인 시였으며, 그 제목을 "영혼의 투쟁"이라고 번역하는 것이 가장 나을 것이다. 그 시집의 도입부분에는 프루덴티우스의 자전적 서문이 있고, 끝 부분에는 에필로그가 나온다. 이 부분에서 그는 자신의 시가 호라티우스의 작품집처럼, 일종의 시적 대전$^{poetic\ oeuvre}$으로 평가되길 바란다는 소망을 피력하고 있다.

『일상의 찬가』 첫 시인 '새벽을 위한 찬미'는 암브로시우스의 아침찬송 '땅과 하늘을 지으신 분'$^{Aeterne\ rerum\ conditor}$을 모델로 쓴 것이다. 프루덴티우스는 암브로시우스가 사용했던 것과 동일한 약강격 운율을 사용하여 암브로시우스의 찬송을 떠올리게 한다. 하지만 차이점도 즉시로 명백하게 드러난다. 먼저, 프루덴티우스의 시는 훨씬 더 길다. 즉, 암브로시우스의 찬송가는 8개의 절로 구성되어 있지만, 프루덴티우스의 것은 25절이다. 만일 오늘날 그 찬송가를 교회에서 부른다면, 성직자는 미리 이렇게 말해야 할 것이다. "우리는 첫 두 절과 마지막 절을 부르겠습니다." 암브로시우스는 훌륭한 성경적 단어인 창조자$^{conditor,\ 히\ 11:10}$를 사용하여 Aeterne conditor, 곧 창조자 하나님에 대한 언급으로 시작한다.

　　땅과 하늘의 창조자
　　낮과 밤의 통치자

프루덴티우스는 수탉의 울음으로 시를 시작한다. 고전적 단어 "새"^{ales}로 시작하는데, 이 단어는 성경에서 그리스도를 상징하기 위해 사용되지는 않는다.

　　날개 달린 낮^{day}의 전령이
　　새벽의 도래를 환영하도다.

몇 절 후에서 노래로 잠자는 자들을 깨우는 새들을 묘사하며, 그는 베르길리우스처럼 말한다. 프루덴티우스는 "처마 밑에서$^{sub\ ipso\ culmine}$ 새들의 시끄러운 지저귐"에 대해 쓰고, 베르길리우스는 "아침 빛이 따듯하게 비칠 때, 처마 밑에서$^{sub\ culmine}$ 새들의 노래"라고 썼다.[7] 그 시에 독특한 특징을 부여하는 것은 그리스도의 상징으로 수탉처럼 훨씬 더 정교한 상징주의, 주제의 전개를 돕고 있는 여유로운 속도, "…때문에", "더욱이", "그때부터", "확실히" 같은 접속사의 사용, 죄를 지칭하기 위한 "망각"^{oblivio} 같은 낯선 어휘들의 사용, 운율의 변화 등이다. 약-강격 중간에 약-약-강, 그리고 마지막 스트로페(한 편의 시 속에서 번갈아 가며 쓰이는 두 가지 운율 체계 중 첫 번째 것)에서 삼위일체 송가의 부재 등이다. 프루덴티우스는 찬송이 아니라 시를 썼다.

모든 시인은 내용뿐 아니라 형식을 음미할 수 있는 독자들에게 의존하고, 프루덴티우스의 독자들은 그의 운율적 기교와 베르길리우스, 오비디우스, 그리고 호라티우스를 떠올리게 하는 표현을 좋아했다. 하지만 프루덴티우스의 시를 오랫동안 기억할 수 있도록 만든 것은 그가 성공적으로 전통적 형식들을 새로운 내용과 결합시켰기 때문이다. '하루의 모든 시간을 위한 시'에서 그는 다음과 같이 쓴다.

> 내게 종이와 펜을 주소서.
> 내가 그리스도의 영광스러운 행위를
> 달콤하고 아름답게 노래하도록 말입니다.
> 오직 그분만이 내 시적 영감이 되리라.
> 오직 그분만을 내 수금이 찬양하리라.

프루덴티우스는 "그리스도의 영광스러운 행위들", 곧 그리스도가 세상에 오셨기 때문에 일어났고 계속 일어날 놀라운 일들에 대해 노래할 것이다. 시에 적합하기 때문에 그 주제는 "행위들", 행해졌고 눈으로 보았던 일들이 될 것이다. 이전의 기독교 사상가들이 논리적으로 설명했고 옹호했던 것, 곧 인간 나사렛의 예수 안에서 사람들이 살아 계신 하나님을 "보았다"는 것을 프루덴티우스는 시로 표현한다.

    일어났고 확증된 경이로운 일들을 우리가 노래하네.
    세상이 증거하고,
    땅은 자신이 **본** 것을 부인하지 못하리.
    사람으로 오신 하나님이 자신의 거룩한 길을 인간에게 보이시네.[8]

기독교 시의 주제는 그리스도, 그의 수난과 죽음, 그리고 부활이다.

    내 영혼아, 너의 아름다운 목소리를 높이라.
    모든 입이여, 속히 찬양하라.
    수난의 승리를 말하라.
    승리의 십자가를 선포하라.[9]

하지만 프루덴티우스는 잘 알고 있었다. 그리스도의 이야기는 복음서에 기록된 것뿐 아니라, 아브라함과 다윗과 요나와 유디트, 그리고 기독교 순교자들의 이야기(그들의 숭고한 죽음은 산문으로 기록되었다)도 포함한다는 사실을 말이다. 기독교 예술가들이 장차 인정하게 되듯이, 교회의 역사와 경험도 그리스도의 이야기였다. 프루덴티우스의 가장 독창적인 작품 중 하나인 『순교의 면류관』은 스페인 순교자들, 로마 출신 순교자들, 베드로와 바울, 여성 순교자 아그네스, 그리고 성 라우렌시오에 대한 14편의 시를 담고 있다. 이 시들 중 하나는 겨우 18행이고, 다른 것은 1,100행 이상이다. 운율은 정교하고 다양하며, 프루덴티우스는 기교와 상상력을 동원해서 새로운 운율을 계속 시도한다. 이 시리즈에서 일곱 번째 시는 오늘날의 세르비아인 시스시아의 순교자 퀴리누스를 기리며 쓴 것으로서, 당시까지 전례가 없었던 글리콘 시체(일종의 4운각 시체)$^{glyconic\ meter}$로 쓰였다.

비록 『순교의 면류관』이 프루덴티우스의 생애에서 각각 다른 시기에 쓰인 개별 시들로 구성되었지만, 프루덴티우스는 그것들을 완성된 하나의 시집으로 이해하도록 초대한다. 이 시집의 서문에서 그는 그것들을 "순교자들의 노래"$^{carmen\ martyribus}$로 명명하고, 그 시에서 순교자는 새로운 종류의 영웅으로 등장한다. 그것은 4세기 후반에 출현하고 있던 새로운 기독교적 로마에 적합한 인물이었다. 고대 로마처럼 새로운 기독교 로마에도 자신의 교회를 세운 영웅들이 있었는데, 그들은 군사적 영웅이 아니라 순교자였다. 그들은 군대의 힘이 아니라 그리스도에 대한 믿음으로 적들을 물리쳤다. 아우구스티누스는 순교자들과 로마 영웅들 사이의 유사점에 주목했다. 하지만 그는 순교자들에게 영웅이란 말을 사용하는 것이 적절치 못하다고 생각했다.[10] 프루덴티우스는 주저 없이 순교자를 영웅으로 만든다.

이 시집에서 핵심적인 한 시는 성 라우렌시오^{Lawrence}에게 헌정된 것으로서, 다음과 같이 시작한다.

고대 성전들의 어머니,
이제는 그리스도에게 바쳐진 로마여,
라우렌시오가 이교적 예전을 짓밟고
너의 승리를 이끌었도다.[11]

3세기 중반에 로마 교회의 집사였던 라우렌시오는 발레리우스 황제 치하의 박해기인 서기 258년에 순교했다. 오늘날 그를 기념하는 교회인 성 라우렌시오 성당은 로마 시의 일곱 개 순례교회 중 하나다. 전승에 따르면, 최고령 집사였던 라우렌시오가 "거룩한 물건들", 곧 성배와 촛대 같은 예배용 물품들뿐 아니라 교회의 보물도 관리하고 있었다. 기독교 사제들이 "금 그릇"과 "은잔"에 제물을 담아 드린다는 소식을 들었던 그 도시의 장관은 라우렌시오에게 교회 재산을 자기 앞에 가져오라고 요구했다. 그 요구에 라우렌시오는 다음과 같이 응답했다.

우리 교회는 부자다.
나는 그것을 부인하지 않는다.
교회는 많은 재산과 금을 가지고 있으며
세상에서 그 누구보다 많이 가지고 있다.

그는 "그리스도의 모든 소중한 소유물"을 가져오겠다고 약속한다. 하지만 장관의 애를 태우면서 교회의 보물목록 작성 시간을 요구한다. 계약이 체결되고, 라우렌시오는 용서를 받는다. 3일 동안 라우렌시오는 병든 자들과 가난한 자들을 모으면서 시 주변을 돌아다닌다. 그가 데리고 온 사람들 중에는 두 눈이 빠진 남자, 무릎을 다친 절름발이, 한쪽 발만 있는 장애인, 한쪽 다리가 다른 쪽보다 짧은 사람, 중증 장애인이 포함되어 있었다. 그는 그들의 이름을 적고, 교회 입구에 그들을 줄 세운다. 그런 후에 그는 장관을 찾아서 교회에 데려온다. 장관이 교회 문을 열고 들어올 때, 라우렌시오는 그 누더기의 사람들을 가리키며 말한다. "여기에 교회의 보물이 있습니다. 가져가십시오." 조롱을 당해 화가 난 장관은 라우렌시오를 처형하라고 명령하면서 이렇게 덧붙인다. "나는 네가 빨리 죽도록 내버려 두지 않겠다."

그 후에, 라우렌시오의 고통을 연장시키기 위해 낮은 온도에서 석쇠에 서서히 구워지는 유명한 장면이 나온다. 놀라운 역설로(당시 상황을 고려할 때), 프루덴티우스는 라우렌시오에게 로마 장관에게 다음과 같이 연설할 기회를 준다.

> 천천히 타오르는 열기가 얼마 동안
> 라우렌시오의 육신을 태웠을 때,
> 그는 석쇠 위에서 조용히
> 심판관에게 이렇게 간략한 제안을 했다.
> "부디 내 몸을 뒤집어 주오.
> 충분히 오랫동안 태웠으니,
> 내 몸을 뒤집어
> 당신의 불의 신이 한 일을 맛보시라."

장관은 그의 몸을 뒤집으라고 명령했다. 그러자 라우렌시오가 말한다. "이제 다 됐으니, 그만 먹으라. 날것이 좋은지, 아니면 구운 것이 더 좋은지 한번 맛보시라."

라우렌시오의 순교는 로마 시에서 일어난다. 프루덴티우스의 시가 끝나갈 무렵, 그는 라우렌시오의 순교가 그 고대 도시에게 새로운 것을 대표했고 말한다. 이 순교자는 새로운 기독교 로마에서 단지 종교적 신앙뿐 아니라 시민적 경건, 심지어 애국의 화신이 된다. 한 놀라운 구절에서 프루덴티우스는 라우렌시오의 죽음으로 "영원한 원로원"이 있는 그 도시에서 "시민의 면류관"을 받았다고 말한다. 로마의 형용사인 "영원한"이라는 단어를 갖고 놀면서, 프루덴티우스는 독자들에게 지상 도시의 운명은 다른 종류의 영원, 곧 하나님의 영원 속에서만 알 수 있다고 세심하게 일깨워 준다. 하지만 그는 라우렌시오가 로마 시민이라는 사실을, 그리고 이 순교자에게 "시민의 면류관"을 수여한 곳이 바로 로마라는 사실을 결코 잊지 않는다. "복 받은 라우렌시오여, 당신에게는 두 개의 집이 있도다. 하나는 이 땅에서 당신의 몸을 위한 집이고, 다른 하나는 천국에서 당신의 영혼을 위한 집이다."[12] 지상의 도시는 여전히 자신의 시민들에게 요구하지만, 이제는 참된 한 분 하나님을 예배하는 도시로서 그렇게 한다.

라우렌시오를 위해 프루덴티우스가 선택한 단어는 "영웅"^{vir}이다. 그 단어는 베르길리우스가 『아이네이스』의 서두에서 사용했던 것이다. "나는 전쟁과 한 영웅에 대해 노래한다"$^{Arma\ virumque\ cano}$. 로마 영웅들과는 반대로, 기독교 영웅들은 칼이 아니라 "죽음으로 적을 이겼다."[13] 하지만 그 순교자들이 용기 같은 군사적 덕을 배우지 않았다면, 결코 죽음을 대면할 수 없었을 것이다. 순교자들을 위한 노래 모음집은 "십자가의 기준을 위해 황제의 깃발을 포기했던" 두 군인 순교자인 에메테리우스와 켈리도니우스에 대한 노래로 시작한다. 그들을 전쟁과 싸움에 적합하도록 만들었던 바로 그 힘 때문에, 그들이 "거룩한 일을 위해" 준비된 것이다.

지배적이고 때로는 적대적인 사회 한복판에서 작은 종교적 분파의 일원으로서 발언했던 2-3세기의 변증가들과는 달리, 프루덴티우스는 로마 제국이 기독교 제국으로 바뀌고 기독교 문화를 위한 토대가 마련되던 때에 살았다. 그의 사명은 다른 사람들의 것과 달랐다. 성장하는 기독교 공동체를 위해 교회를 설계하던 건축가들, 그리고 그리스도와 성모 마리아와 성경 이야기를 그림과 모자이크와 돌로 묘사하기 시작했던 화가들처럼, 프루덴티우스는 진리를 위한 도구로서 자신의 언어를 봉헌하면서 새로운 문명을 위해 언어를 사용했다. 『순교의 면류관』에서 프루덴티우스는 교회가 고대 로마의 신화와 우화만큼 시적 상상력에 적합한 이야기 창고임을 보여준다. 그리고 그는 영혼을 살찌우고 마음을 기쁘게 하며 귀를 즐겁게 하려고, 종교적이고 시민적이며 문학적인 기독교 시집을 최초로 생산한다.

영혼의 투쟁

프루덴티우스의 가장 인기 있고 영향력 있는 작품은 그의 긴 서사체 시, 『영혼의 투쟁』이었다. 다른 어떤 작품보다도 이 시는 프루덴티우스의 독창성을 보여준다. 『영혼의 투쟁』은 성경 이야기를 운문으로 바꾼 것이 아니라, 프루덴티우스 자신이 만든 이야기였다. 그것은 영감 면에서 성경적이고, 그것이 암시하는 면에서는 고전적이다. 그 이전의 기독교 시인들과 달리, 그는 고전적 방식으로 성경 이야기를 개작하지 않았다. 그는 무언가 새로운 일을 하고 싶었고, 그가 한 일은 전례가 없던 것이다. 즉, 그의 시는 알레고리 형식으로 영혼의 생명에 대해 노래한 것이다. 『영혼의 투쟁』의 인기가 너무 대단해서, 그것의 사본들 수가 거의 아우구스티누스의 주요 작품 수에 필적할 정도였다. 이 시는 고대 영어 사본들이 입증하듯이 각 지역의 자국어로도 비슷하게 인기를 누렸다. 또한 덕과 악덕 사이의 전투에 대한 설명이 화가들에게 영감을 불어넣어, 서로 다투는 중심인물들을 실감 나게 그림으로써 그의 시를 조명하도록 했다.

본문을 해석하는 도구로서 알레고리(풍유)는 고대 세계에 널리 퍼져 있었다. 그것은 호메로스의 시들에 오랫동안 적용되었다. 그리고 그리스도인들이 성경, 특히 구약을 해석하기 시작했을 때, 그들은 이런 기술을 활용했다. 하지만 우리가 프루덴티우스의 『영혼의 투쟁』에서 발견하는 것은 구성적compositional 알레고리, 곧 사상이나 태도 혹은 느낌을 표현하려는 새로운 서사의 창조다. 해석적 알레고리는 본문의 구체적 내용(허구인지 아닌지 같은)을 다루면서 어떤 철학적, 신학적 혹은 도덕적 원칙이 그것의 단어와 이미지들 속에서 상징되고 있는지를 발견하려 애쓴다. 구성적 알레고리는 도덕적 원칙이나 영적 진리들로 시작하고, 그것을 서사적 형태로 표현하기 위해서 허구적 이야기를 창작한다. 다른 작가들도 풍유를 사용했었다. 예를 들어 오비디우스는 『변신 이야기』에서, 베르길리우스는 『농경시』^{Georgics}에서, 아풀레이우스는 큐피드와 프시케 이야기에서 각각 그랬다. 하지만 프루덴티우스는 모든 시를 알레고리로 썼던 최초의 작가였다. 장차 많은 사람들이 그를 모방하게 되었다. 가장 탁월했던 예는 에드먼드 스펜서$^{Edmund\ Spencer}$의 『선녀 여왕』$^{The\ Faerie\ Queene}$과 존 버니언$^{John\ Bunyan}$의 『천로역정』$^{The\ Pilgrim's\ Progress}$이다.

프루덴티우스는 자신의 시를 "최초의 신자"인 아브라함으로 시작한다. 물론 성경에서 아브라함은 신앙의 첫 모범이고, 프루덴티우스는 독자들이 이삭을 제물로 바치는 이야기를 떠올리도록 한다. 하나님의 명령에 순종하여 아브라함은 자신의 독자(아이를 낳을 수 있는 나이가 한참 지난 아내 사라에게서 태어났던 아들)를 하나님께 제물로 드리기 위해 길을 떠났다. 하지만 프루덴티우스가 그 이야기에서 강조하려는 것은 믿음이 아니라 사랑과 애정이다. 아브라함은 "자신에게 가장 소중한" 것을 바쳤다. 『영혼의 투쟁』은 우리의 내적 생활, "노예가 된 마음"을 자유롭게 하려는 우리 내부의 투쟁, 곧 누가 혹은 무엇이 우리 삶을 지배해야 하는지를 놓고 벌어지는 전투에 관한 시다. 특별히 아우구스티누스를 떠올리게 하는 구절에서 프루덴티우스는 "인간 본성이 분열되어 있다"고 말한다. 『영혼의 투쟁』은 우리 안에서 이중적 마음을 제거하고 마음의 정화를 성취할 수 있는가에 대한 시다.[14]

자신의 이야기를 위한 무대 마련을 위해 프루덴티우스는 아브라함의 삶에서 별로 중요하지 않은 사건, 곧 창세기 14장에 나오는 전쟁 영웅으로서의 그의 업적을 선택한다. 아브라함이 헤브론에 정착한 직후, 그는 소돔과 고모라를 공격하여 그들이 원했던 것을 빼앗고 고모라에서 살던 조카 롯을 포로로 잡아갔던 네 왕의 동맹군과 싸우려고 전쟁에 참여했다. 아직 아브라함이라는 이름을 얻지 못했던 아브람은 롯이 포로로 잡혔다는 소식을 들었을 때, 318명의 남자들로 구성된 군대를 이끌고 자신의 조카를 구하러 간다. 그는 이스라엘 북부의 단 근처까지 그들을 추적하여, 다메섹 근처에서 그들을 진멸한다. "모든 빼앗겼던 재물과 자기의 조카 롯과 그의 재물과 또 부녀와 친척을 다 찾아왔더라"^{창 14:16}.

프루덴티우스는 롯을 사로잡은 전쟁 이야기가 일종의 알레고리^{ad figuram}로 해석되어야 한다고 말한다. 그 "하나님의 사랑에 영감을 얻은 아브라함이⋯⋯칼을 빼들고 오만한 왕들과 싸운다"는 이야기는 영혼 안에서 선과 악의 싸움에 관한 이야기다. 그것은 우리 앞의 다루기 힘든 욕망으로부터 우리 마음을 지키기 위해 어떻게 싸워야 하는지에 대해 한 가지 모델을 제시한다. 아브라함이 롯을 그 왕들로부터 구할 수 있었듯이, 그리스도의 도움으로 그리스도인은 자신을 지배하고 있는 욕망과 열정에서 자신을 구할 수 있다. 오직 영혼이 "그리스도의 햇불과 함께 타오를 때" 그 적들에게 승리할 것이다.[15]

프루덴티우스는 자신의 주제를 아브라함 이야기를 통해 서술하자마자 바로 시를 시작한다. 이제 독자에게 성경 이야기에 대한 알레고리적 해석을 제공하는 대신, 그는 자신이 직접 만든 이야기를 들려주기 시작한다. 그 주인공은 더 이상 아브라함이 아니라, 프루덴티우스가 덕과 악덕을 표현하기 위해 발명한 일련의 인물들이다. 전장에 나선 첫 번째 사람은 '믿음'이다. "그녀의 거친 옷은 흐트러졌고 어깨는 드러났으며, 머리는 빗지 않았고 팔은 노출되었다." '옛 신들의 예배', 곧 우상숭배가 믿음을 만난다. 즉시 옛 신들의 예배가 자기 칼로 믿음을 찌른다. 믿음은 능숙하게 피해서 적을 찌른다. 옛 신들의 예배가 바닥에 쓰러지자 "그들의 여왕 믿음이 이끌고 온 수천 명의 순교자들로 구성된 군대가 승리로 기뻐하면서, 적에 대항할 용기를 얻는다."[16]

프루덴티우스의 알레고리는 다소 서툴러 보이지만, 그가 글을 쓰던 시대를 떠올려 준다. 그의 독자들은 오랫동안 순교자들의 이야기를 들어 왔다. 그 이야기에서 그러한 분투들은 항상 순교자들의 죽음으로 끝났다. 패하여 쓰러진 '옛 신들의 예배'와 승리한 '믿음'으로 끝나는 시를 듣는 것이 얼마나 만족스러웠을까? 해명^{vindication}은 항상 달콤하고, 의심의 여지없이 프루덴티우스는 오랫동안 가라앉았던 감정을 토로했다. 하지만 여기에는 원한 이상의 것이 존재한다. 프루덴티우스의 알레고리 밑에는 뛰어난 성경적 비유가 흘러간다. 즉, 신자를 "그리스도의 군사"$^{딤후 2:3}$로 묘사하는 사도 바울과 시편 144:1의 군사적 이미지("나의 반석이신 여호와를 찬송하리로다. 그가 내 손을 가르쳐 싸우게 하시며 손가락을 가르쳐 전쟁하게 하시는도다")이다. 그리스도인들은 외부의 적과 싸우지 않고, "현재 어둠의 통치자들"이나 "악의 영적 주인들"과 싸운다. 사도 바울이 말했듯이, 이런 전장에서 승리하기 위해 사람들은 "하나님의 전신 갑주를 입어야" 한다$^{엡 6:12-13}$.

『영혼의 투쟁』에서 프루덴티우스는 영적 전쟁을 기독교 생활의 중심에 놓는다. 가장 강력한 적은 죄다. 그래서 메시지는 분명하다. 죄와의 싸움이 없다면 어떤 덕도 존재할 수 없고, 죄에 대해 승리하지 못하면 어떤 평화도 존재할 수 없다. 바로 이 주제가 수세기 동안 기독교 시에서 공명을 일으킬 것이었다. 스펜서의 『선녀 여왕』에 나오는 적색 십자가 기사는 프루덴티우스의 '믿음'의 후손이며, 그가 제일 먼저 만나는 악인 '실수'^{Error}는 '옛 신들의 예배'를 떠오르게 한다. 실로 존 밀턴$^{\text{John Milton}}$이 『선녀 여왕』에 대해 말했던 것은 프루덴티우스의 영웅들에 대해서도 말할 수 있었다. "나는 일시적이고 수도원에 처박혀 있는 덕, 실천도 없고 숨도 쉬지 않으며, 불멸의 화환을 얻기 위해 원수들에게 반격을 가하며 추적하지도 않고 싸움에서 도망치는 덕을 찬양할 수 없다."^{17}

믿음 바로 뒤에 '겸손'이 따라온다. 겸손은 전장에서 '욕망'을 만난다. 믿음과 달리, 겸손의 어깨는 속살이 드러났지만 무방비 상태는 아니다. 그녀는 빛나는 갑옷을 입고 있다. 욕망은 송진과 유황으로 타오르는 소나무 횃불을 그녀의 얼굴에 들이대지만, 겸손은 돌로 욕망의 손을 치고 자신의 칼을 뽑아 목을 찌른다. 썩은 핏덩이가 욕망의 목에서 흘러나오자, 겸손은 자신이 급소를 찔렀다는 사실을 깨닫고 이렇게 외친다.

> 너의 끝이 도래했으며
> 너는 바닥에 쓰러진다.
> 너는 더 이상 너의 무서운 불꽃을 하나님의 종들에게
> 감히 던지지 못할 것이다.
> 종들의 순결한 심장은
> 그리스도의 횃불만이 타오르게 한다.[18]

그 후에는 다른 덕들과 악덕들 간의 전투가 나온다. 옛 신들의 예배와 욕망 후에, 분노, 오만, 방종, 탐욕, 불화가 차례로 인내, 술 취하지 않음, 고결, 단순성, 소망, 이성, 일치를 만난다. 비록 중세문학의 낯익은 목록과 완전히 일치하지는 않지만, 무엇보다 일곱 가지 악덕이 있다(악덕보다 덕이 더 많다).

프루덴티우스는 각 덕을 군대 인물로 번역하는 방법을 찾으려고 애를 쓴다. 예를 들어, 어떻게 우리는 인내가 원수를 향해 돌진하는 모습을, 겸손이 원수의 몰락을 만족스러운 듯이 바라보는 모습을 묘사할 수 있을까? 프루덴티우스는 자기 계획의 한계를 깨달은 것처럼 보인다. 그리고 방종과 술 취하지 않음 사이에서 경쟁하며 그는 방종을 교활한 적, 적군에게 제비꽃과 장미를 던지면서 웅장한 마차를 타고 가는 교활하고 관능적인 여인으로 만든다. '술 취한 무용수'에 현혹되어, 덕들이 처음에는 그 무용수 앞에 무기를 내려놓았다. 경건한 그리스도인들을 속이기 위해서 검소함으로 위장한 탐욕은 자신의 아둔하고 의심하지 않는 친구들을 교묘히 착취한다. 문학평론가 C. S. 루이스[Lewis]가 관찰했듯이 이것은 "자기기만이라는 엄청난 사실을

인식했던", 고전문학에서 매우 드문 예 중 하나다.

프루덴티우스는 열정이 너무나 격렬하게 타올라서, 그것과 싸우는 것이 전장에서 싸우는 것에 비유될 수 있다는 사실을 알았다. 베르길리우스는 사람들 간의 "잔인한 전쟁들"에 대해 이야기했지만, 프루덴티우스는 인간의 "분열된 본성"이 반항하며 울부짖을 때 "우리의 뼈 안에서 들끓는 잔인한 전쟁들"에 대해 이야기한다.[19] 비록 그가 아우구스티누스의 심리학적 깊이를 가지고 글을 쓰진 않지만, 사도 바울과 자기 자신의 경험으로부터 배웠다. "내가 원하는 것은 행하지 아니하고 도리어 미워하는 것을 행함이라.……내 속에 거하는 죄니라."[롬 7:15-17].

『영혼의 투쟁』은 모든 사람에 관한, 은총을 입은 모든 인간 영혼 안에서 벌어지는 투쟁에 관한 이야기다. 하지만 이 시는 훨씬 더 웅장하며 더 큰 무대에서 공연되는 다른 이야기, 곧 인간들이 추구하는 사랑의 이야기도 들려준다. 프루덴티우스의 시 속에는 인간 영혼이 아니라 하나님이 배우로 참여하는 이야기가 포함된다. 이 이야기는 창조로 시작하고 타락에서 기인한 플롯을 갖고 있다. 아브라함의 부름 속에서 이야기의 방향을 발견하고, 이스라엘 예언자들과 성자들의 약속에서 희망을 제공하며, 그리스도의 삶과 교회를 세우기 위해 성령을 보내신 것에서 완성된다. 이 시는 단지 도덕적 삶에 대한 알레고리일 뿐 아니라, 인간들이 무방비 상태에서 승리했던 그리스도 안에서 하나님을 기념하는 것이다. 겸손이 욕망을 이긴 후, 이렇게 말한다.

> 한 처녀가 아기를 낳았네.
> 이제 당신의 힘은 어디 있을까?
> 동정녀 어머니 안에서
> 인간 본성이 원초적 오점을 잃고,

하늘의 권능이 육체를 새롭게 하네.

결혼하지 않은 처녀가 하나님, 그리스도를 낳았네.

인간은 그의 어머니로부터

하나님은 그의 아버지로부터.

그날부터 모든 육체는 거룩해졌네.

육체가 그를 낳았고, 이러한 연합으로

하나님의 본성을 공유한다네.

육체가 된 말씀은 비록 육체와 결합했지만,

자신의 옛 본성을 멈추지 않았네.

육체와의 교류로 약해지지 않고,

그의 위엄이 불행한 인간들을 높이네.

그는 항상 옛 모습 그대로 남아 있으며, 또한

과거와 다른 모습으로 존재하기 시작한다네.

이제 우리는 옛날의 우리가 아니라,

더 나은 존재로 태어난다네.

그는 내게 주시지만 자신의 모습을 잃지 않는다네.

우리와 같이 됨으로써 하나님이 더 열등한 존재인 것은 아니라네.

우리에게 자신의 것을 줌으로써 그는 우리를 높여 천상의 선물을 얻게 하시네.[20]

두 이야기가 여기서 분명해진다. 하나는 그리스도의 영광스러운 행동이며, 다른 하나는 그리스도인들의 내적인 삶이다. 성육신에 대한 그의 이야기 도중에 프루덴티우스는 다소 예기치 못하게 일인칭 대명사를 도입한다. "그는 내게 주시지만 자신의 모습을 잃지 않는다네." 이 두 이야기를 하나로 엮음으로써, 프루덴티우스는 기독교 시에 독특한 형태를 부여한다. 『영혼의 투쟁』 서두에서 프루덴티우스는 독자들에게 이 이야기의 일부가 되라고 초대한다. 프루덴티우스의 시에서, 독자는 구경꾼이 아니라 참여자다. "하나님을 기쁘게 해드리는 제물"을 드리고 싶은 사람들은 누구나 "가장 소중하고 귀한 것"을 드려야 한다. 자신의 마음이 그리스도의 것이 되고 싶다면, 가슴 속에서 샘솟는 무질서들을 추방하고 그 "반란"을 진압해야 한다. 밀턴의 『실락원』처럼, 『영혼의 투쟁』은 "숭고한 사상"의 이동 수단이 아니다. 그 시는 독자들을 자극하여 자신들에게 주목하고, 그리스도를 품음으로써 자신들의 삶을 바꾸도록 한다. 오직 정결한 마음만이 그리스도를 영접하고 "주인으로서 성삼위일체를 섬길" 특권을 소유할 수 있다.[21]

4세기에 라틴어로 글을 썼던 가장 박식한 그리스도인 히에로니무스는 여가 시간에 쾌락을 위해 작품을 썼던 키케로와 플로티노스에게 심취했었다고 말했다. 성경의 언어는 평범했고 우아하지 않았다. 결국 그런 문제 때문에, 그는 성경보다 고대 로마의 위대한 라틴어 작가들의 작품을 읽을 때 더 큰 만족을 느꼈다. 한번은 몹시 흥분한 상태에서, 자신이 법정에서 판사 앞에 서 있는 꿈을 꾸었다. 자신의 정체를 묻는 질문을 받자 히에로니무스는 이렇게 대답했다. "나는 그리스도인입니다." 하지만 판사는 이렇게 말했다. "당신은 지금 거짓말을 하고 있소. 당신은 그리스도가 아니라 키케로의 제자입니다. 당신의 보물이 있는 곳에, 당신의 마음도 있을 것이기 때문입니다." 판사는 그에게 채찍으로 때리라는 명령을 내렸고, 히에로니무스는 자비를 구했다. 그날부터 히에로니무스는 자신이 한때 문학에 쏟았던 열성과 열정으로 성경을 읽었다고 강조했다.[22]

히에로니무스와 달리, 프루덴티우스는 뮤즈들을 거부하지 않았다. 그는 그리스도인들이 문학을 기피해야 할 이유를 발견하지 못했다. 그의 "민첩한 약강격"과 "빠르게 회전하는 강약격"으로, 그는 그리스도인들이 시에서 교훈뿐 아니라 쾌락도 발견할 수 있도록 만들었다. 그에게 시는 단지 도구, 곧 교육의 적절한 수단이 아니며, 단지 미학적인 것도 아니고, 내용 없는 운문을 노래하는 것도 아니다. 모든 기억할 만한 시에서 형식과 내용이 서로를 보충한다. 프루덴티우스는 어휘와 운율을 다룰 때처럼, 매우 조심스럽게 신학 사상을 제시하고 성경 이야기를 들려주었다. 그는 전체의 형식을 간과하지 않았다. 호라티우스 이후, 어떤 시인도 『일상의 찬가』와 『순교의 면류관』 같은 작품을 쓰지 못했다. 프루덴티우스는 기독교 시가 단지 교회의 예배뿐 아니라, 세상의 문학 속에서도 자신의 자리를 발견하게 되길 원했다. 그는 이전의 기독교 작가들에게는 알려지지 않았던 형식의 풍요로움과 라틴어 시에게는 오랫동안 부재했던 영의 신선함을 성취했다. 그의 작품은 대단히 기독교적이며 동시에 논쟁의 여지없이 문학적이다. 그리고 그것은 기독교의 지적 전통에게 장차 단테 알리기에리, 윌리엄 랭글런드, 에드먼드 스펜서, 존 밀턴, 제라드 맨리 홉킨스, T. S. 엘리엇, 그리고 제프리 힐 같은 시인들이 출현할 수 있는 길을 열어 주었다.

10.

초기 기독교 미술

이것을 다르게 만들다

우리는 이미 발견한다.
그분이 이것을 다르게 만드는 것을.

데이비드 존스

고대 기독교 도시들에서 가장 경멸받던 관행 중 하나는 죽은 자를 예배하는 것, 특히 순교자들과 성인들의 뼈를 숭배하는 것이었다. 교회의 강력한 적이었던 로마 황제 율리아누스재위 361-363는 그리스도인들이 "전 세계를 죽은 자들의 무덤과 비석으로 가득 채웠다"고 불평했다. 비록 성경 어디에도 사람들이 "무덤을 자주 방문하여 경의를 표해야 한다"는 기록은 없지만 말이다.¹ 4세기 말 로마 세계의 도시들에는 유물들, 곧 거룩한 사람들의 뼈를 보관하는 성소들이 흩어져 있었고, 경건한 그리스도인들은 기도하기 위해 이런 거룩한 장소들을 경건하게 방문했다.

    2세기 초에, 그리스도인들은 예배와 중보기도를 위해 무덤에 모임으로써 죽은 자들에게 경의를 표하기 시작했다. 로마에 있는 베드로의 무덤에, "여기에 베드로가 있다"라는 비문이 적힌 장식판을 걸기 위해서 벽에 벽감이 만들어졌다. 사람들은 이런 성소에서 성인들의 고귀한 몸을 담은 석관을 바라보기 위해 신자들이 앉아 있던 의자와 제단을 발견하게 될 것이다. 그 뼈들은 무덤을 방문한 사람들에게 누군가가 거기에 묻혀 있다는 사실을 일깨워 주었을 뿐 아니라, 거룩한 사람의 현존을 분명히 보여주었다. 니사의 그레고리우스는 "신자들이 유물을 바라볼 때, 그것은 마치 눈, 입, 귀, 그리고 정말 모든 감각으로, 그들이 여전히 생명으로 충만한 살아 있는 몸을 끌어안는 것 같았다. 존경과 다정한 감정으로, 그들은 그 순교자에게 중보의 기도를 올린다. 마치 그들이 실제로 자신들 앞에 있는 것처럼 말이다"라고 성 테오도르Saint Theodore의 무덤에 대해 썼다.²

    니사의 그레고리우스는 기독교 역사에서 가장 철학적인 사상가 중 한

명이다. 그는 "정말로 실제적인" 것은 물질적인 것이 아니라 (오직 정신만이 접근할 수 있는) 영적인 영역에서 발견된다고 믿었던 기독교 플라톤주의자였다. 하지만 위 설교에서 그는, 이 거룩한 남자의 뼈를 만지고 입을 맞추는 것은 상상을 초월한 선물이라고 말한다. 심지어 그 뼈에 묻은 흙조차 친근하다. 그가 무덤을 바라볼 때, 자신이 직접 그 성인의 얼굴을 보면서 말할 수 있을 것만 같았다.

그레고리우스의 경험은 결코 낯선 것이 아니었다. 뉴욕 항이 있던 엘리스 아일랜드에는 박물관이 하나 있다. 그곳은 수백만 명의 이민자들이 해외에서 자신들의 새로운 나라로 입국하기 위해 배에서 내려 첫발을 디뎠던 곳이다. 이민자들을 맞이했던 본래 건물에 세워진 그 박물관은 성소 같은 느낌을 준다. 박물관을 방문한 사람들은, 근심 어린 부모와 당황한 아이들이 바다에서 여러 주를 보낸 후 배에서 땅으로 내려올 때 함께 모여 있었던 바로 그 자리에 서 있을 수 있다. 그 장소는 이민자들을 기억하게 해주는 것 이상의 기능을 한다. 장소는 사람들이 자신의 눈으로 직접 보고, 그들의 자취를 담고 있는 실제 물건들(사무원들이 그들의 이름을 기록하던 큰 책상, 그들의 출신 국가를 알려주는 매듭이 달려 있는 여행용 가방과 상자 더미 등)을 자신의 손가락으로 만져볼 수 있게 해준다. 엘리스 아일랜드 이민 박물관에는 이상하고 신비로운 힘이 있다. 기억은 단순한 정신적 행위가 아니라, 장소와 시야와 냄새에 연결되어 있다.

그의 가장 철학적인 저서 가운데 하나에 나오는 자극적인 문장에서 니사의 그레고리우스는 독자들을 놀라게 하면서, 자신의 반대자인 에우노미우스[Eunomius]가 기독교적 실천은 무시하고 오직 신학 사상들만 의존한다고 비판한다. 그레고리우스에 따르면, 기독교 신앙이 오직 가르침에만 존재한다고 생각하는 것은 어리석고 게으른 짓이다. 그것은 또한 "신성한 이름"인 성부·성자·성령을 말할 때 성호를 긋는 것과 관계가 있으며, "중생의 신비"

(세례 시에 물속에 잠기는 것)와 "신비적 봉헌"(성만찬 시에 축성된 빵과 포도주를 드리는 것)과도 관계가 있다. 만일 사람들이 이러한 성례적 징표들을 무시하고 기독교가 오직 "교리적 정확성"에 놓여 있다고 생각한다면, "기독교의 신비"는 경건한 동화가 된다.³

우리는 앞 장에서 초기 기독교의 한 시인이 어떻게 하나님을 찬미하는 노래를 부르고 그리스도의 영화로운 행동을 기념하기에 적합한 언어를 창작했는지를 살펴보았다. 기독교 사상가들은 다른 종류의 사물에도 주목했다. 성인과 순교자들의 뼈, 성지의 흙과 돌, 성유, 물, 빵과 포도주, 그리고 특히 나무에 그린 그림과 벽에 고정된 모자이크, 시 같은 회화가 교회사 초기에 시작되었다. 성육신 때문에 기독교는 물질과 살아 계신 하나님 사이에 친밀한 관계를 설정한다.

그림이 글자를 압도한다

눈이 귀보다 훨씬 더 학문적이다. 그리고 초대교회에서 하나님을 안다고 말할 때, 가장 강력한 비유는 "보는 것"seeing이었다. "본래 하나님을 본 사람이 없으되 아버지 품속에 있는 독생하신 하나님이 나타내셨느니라"요 1:18. 우리는 한 사람의 얼굴, 예수 그리스도의 얼굴을 바라봄으로써 하나님을 알게 된다. 복음서에서 시각장애인으로 태어난 사람에 대해 주석하면서, 알렉산드리아의 키릴로스는 그 시각장애인이 "주여, 그가 누구시오니이까. 내가 믿고자 하나이다"라고 물었을 때, 예수가 "유비적 추론으로 하나님의 본질을 추구하라"고 말하지 않고 "네가 그를 보았거니와 지금 너와 말하는 자가 그이니라"요 9:36-37고 대답했고 강조한다. 그는 눈으로 볼 수 있는 "그의 몸의 실재"를 가리켰다.⁴ 물론, 보는 것은 눈으로 보는 것 그 이상을 의미했다. 하지만 기독교의 독특한 주장은 영적 지식이 눈으로 볼 수 있고 손으로 만질 수 있는 것들로 시작한다는 것이다. "태초부터 있는 생명의 말씀에 관하여는 우리가 들은 바요 눈으로 본 바요 자세히 보고 우리의 손으로 만진 바라. 이 생명이 나타내신 바 된지라. 이 영원한 생명을 우리가 보았고 증언하여 너희에게 전하노니"요일 1:1-2. 아브라함이 이삭을 제물로 바치는 것, 이스라엘 민족을 애굽에서 구출하는 것, 불타는 떨기나무 앞에 서 있는 모세, 법궤 앞에서 춤추는 다윗, 요단 강에서 예수의 세례, 겟세마네 동산에서 예수의 고뇌, 예수의 죽음과 부활처럼 성경에 기록된 사건은 모두 볼 수 있었다. 따라서 그것은 그림으로 묘사될 수 있었다. 카타콤의 벽에 그리스도인들은 성경에 기록된 인물과 사건들의 그림을 그렸다. 예를 들어, 가데스에서 바위를 치는 모세, 사자 굴에 갇힌 다니엘, 오병이어의 기적, 나사로의 부활 등이 있다.

가장 오래된 기독교 미술은 카타콤 같은 매장지, 가정에서 사용된 그릇이나 등잔 같은 물건, 손가락에 끼는 반지에 한정되어 있다. 첫 3세기 동안, 그리스도인들은 몇 곳의 예배처만 세울 수 있었다. 하지만 4세기에는 최초의 그리스도인 황제 콘스탄티누스의 관대한 후원 아래, 로마 제국 전역의 도시들에서 기독교 공동체들이 열정적으로 교회 건물을 건축하기 시작했다. 그들은 이것을 그리스도, 동정녀 마리아, 성인들, 그리고 성경의 이야기들에 대한 그림과 모자이크로 장식했다. 거의 예외 없이, 기독교 지도자들은 교회의 그림들을 환영했고 주교들은 이런 화가들의 작품을 칭찬했다. 4세기 중반에 성 발람(4세기 초 디오클레티아누스 황제 통치기의 순교자)Saint Barlaam에 대한 설교에서, 카이사레아의 바실리우스는 그가 "탁월한 화가들"이라고 부르는 화가들을 추천했다. "이 지도자의 희미한 이미지를 당신의 그림으로 채우라. 내가 불분명하게 묘사했던 그 왕관을 쓴 순교자를 당신의 지혜의 꽃으로 꾸며라. 내 어휘들을 그 순교자의 영웅적 행동에 대한 당신의 그림으로 압도하라.……그러면 내가 당신의 그림에서 훨씬 탁월하게 묘사된 이 믿음

의 선수를 볼 것이다."⁵

이 구절이 설명하듯이, 교회에서 그림의 한 가지 목적은 교훈이었다. 그림은 신자들에게 마음에 담아 둘 이미지를 제공했고, 글을 몰랐던 사람들을 위한 책으로 기능했다. 하지만 시간이 흐르면서 그림을 볼 뿐 아니라 만지고 입을 맞추며, 그 앞에 촛불을 켜고 심지어 그것에게 기도하는 것이 관습이 되었다. 요하네스 크리소스토무스는 사도 바울에 관한 그림을 하나 갖고 있었다. 그가 바울서신을 읽을 때, "그는 마치 살아 있는 사람을 바라보듯이 그 그림을 진지하게 바라보았으며, 그 그림을 통해 바울에게 자신의 생각을 집중하고 그와 이야기했다"고 한다.⁶ 이런 아이콘(성상, 이미지나 초상화)은 사람들이 실제 인물에게 보이는 것과 동일한 존경심으로 다루어졌다. 성인들의 유골처럼, 그것은 단지 기억의 장치가 아니라 성인들의 현존을 가능하게 했다. 그림 자체가 숭배의 대상이 되었다.

성상에 대한 기독교의 신앙이 더욱 뜨거워지면서, 최소한 어떤 이들의 눈에는 성상숭배가 거의 우상숭배에 근접해 보였다. 실제로 신자들은 그림(나무와 물감으로 구성된 사물)과 그 그림에 묘사된 인물(그리스도나 동정녀 마리아)을 구별하는 것이 어려울 수 있었다. 8세기 초반에, 콘스탄티노플의 황제 레오 3세는 교회 안에서 한 그룹의 후원하에 성상숭배를 공격했다. 성상을 파괴했기 때문에 "성상파괴자"iconoclasts라고 불린 그들은, 모세 율법은 새겨진 형상의 제작을 금지했다고 주장했다. "너를 위하여 새긴 우상을 만들지 말고 또 위로 하늘에 있는 것이나 아래로 땅에 있는 것이나 땅 아래 물속에 있는 것의 어떤 형상도 만들지 말며 그것들에게 절하지 말며 그것들을 섬기지 말라."출 20:4-5. 또한 그들은 그리스도에 대한 가장 온전한 표현이 성찬식에서 발견되어야 하며, 성인의 참된 이미지는 성상이 아니라 덕스러운 삶(이야기와 어록에서 묘사된 살아 있는 이미지)이라고 주장했다. 이런 견해에서는 듣기가 보기보다 더 중요하다.

교회사에서 자주 그러했듯이, 상이한 관점의 도전은 믿는 것을 명확히 하는 기회가 되었다. 이 경우 성상숭배에 관한 논쟁은 성지에서 살던 한 수사, 다마스쿠스의 요하네스가 세 편의 사려 깊은 논문 속에서 성상숭배를 방어하도록 부추겼다. 그 논문들은 그리스도인들이 감지할 수 있는 대상과 물체들에게 보여주었던 공경과 성상에 대한 논쟁에서 문제가 된 부분을 서술했다.

이슬람 세계에서 살았던 기독교 수사

다마스쿠스의 요하네스는 638년 예루살렘이 무슬림에게 함락된 이후 세대인 7세기 후반에 태어났다. 그가 태어났을 즈음, 지중해 동부의 기독교 영토인 시리아, 팔레스타인, 이집트는 새로운 종교의 군대에 점령당했고, 다마스쿠스는 무슬림 칼리프의 정치적·행정적 중심지가 되었다. 요하네스의 할아버지와 아버지 모두 다마스쿠스에 위치한 칼리프 궁정에서 고위직에 올랐다. 꼬마 요하네스는 기독교 공동체의 언어인 그리스어뿐 아니라, 정복자들의 언어인 아랍어도 배웠다. 그는 또한 코란을 공부한 것처럼 보인다. 그는 자신의 저작들에서 무함마드를 논했으며, 코란에서 문장을 인용했던 최초의 기독교 사상가였다.

그의 아버지와 할아버지처럼, 요하네스는 칼리프를 섬기는 것으로 자신의 경력을 시작했다. 하지만 그는 일찍부터 종교적 삶에 이끌렸으며, 곧 다마스쿠스를 떠나 유명한 마르사바 수도원에서 수사가 되었다. 그 수도원은 베들레헴 동쪽 10킬로미터 지점에 있는 유다 사막에서 기드론 골짜기가 내려다보이는 절벽에 위치해 있었다. 이슬람의 통치하에서, 그곳은 지적 중심지이자 그리스도인들이 그리스어 책들을 아랍어로 번역하기 시작했던 최초의 장소 중 하나가 되었다. 오늘날에도 이 수도원은 활발하게 운영되고 있다. 그 전과 후에 살았던 다른 사람들처럼, 그곳에서 요하네스는 기도하고 노동하며 성경과 교부들의 저서를 공부했다. 하지만 특별한 재능을 소유했던 그는 신학적·철학적 논문도 쓰기 시작했다.

과거에는 그리스도인들이 통치했던 땅에 이슬람 세력이 형성된 것은 중동 지역에 광범위한 변화를 가져왔다. 열정에 사로잡혀서 새로운 통치자들은 점차적으로 사회, 언어, 정치제도, 법, 달력, 그리고 시간이 흐르면서 거주자들 다수의 종교적 관행을 변화시켰다. 기독교가 물러가던 세상과 마주하면서 요하네스는 스스로 후대에게 기독교의 유산을 전해 주는 야심찬 과업을 시작했다. 그의 가장 유명한 저서인 『지식의 원천』$^{Fount\ of\ Knowledge}$은 초기 사상가들의 저작에서 발췌한 기독교 가르침의 개설서다. 그리고 『성스러운 동반』$^{Sacra\ Parallela}$에서 그는 도덕적·금욕적 삶에 대한 성경과 초기 문헌들을 수집했다.

비록 요하네스가 팔레스타인의 무슬림 사회에서 살았지만, 그는 멀리 떨어진 비잔틴 제국의 수도 콘스탄티노플에서 벌어진 성상숭배에 관한 논쟁에 끌려 들어갔다. 요하네스의 견해에 성상금지는, 시공을 초월한 하나님이 여자의 몸에서 태어나 역사상 특정한 시간과 공간에서 살았던 인간 예수 그리스도를 통해 알려진 성육신에 대한 기독교의 근본 신앙에 도전하는 것이었다. 하나님이 인간의 몸을 취했기 때문에, 하나님의 이미지를 그리는 것이 가능했다. "몸도 없고 형태도 없이 그의 본성은 측량할 수 없이 무한하며, 하나님의 형태로 존재하는 그가 자기를 비우고 본질과 본성에서 종의 모양을 취하시고 육신의 몸으로 발견될 때, 당신은 그의 모습을 그리고 그것을 보고 싶어 하는 사람들에게 보여줄 수 있을 것이다."[7] 그것이 어떻게 가능한가? "그의 놀라운 낮아짐, 그의 동정녀 탄생, 그의 요단 강 세례, 다볼산에서의 변화, 우리를 고난에서 자유롭게 했던 그의 고통, 죽음, 기적을 묘사하라. 그의 구원의 십자가, 무덤, 부활, 승천을 보여주라."[8] 그리스도가 인간으로 묘사될 수 없다면 하나님이 육신을 입었다고 누가 주장할 수 있겠느냐고 요하네스는 주장했다. 그리고 그리스도, 동정녀 마리아, 성인들에 대한 회화적 표현의 합법성보다 성상파괴 논쟁에서 더 중요한 것이 있었다.

고대 이스라엘에서 하나님의 형상을 만드는 것은 금지되어 있었다. 모세의 율법에 따르면, 형상을 만드는 것은 우상숭배였다. 물론 요하네스도 동의한다. 그리고 모세오경에서 다른 식으로 금지를 표현하는 몇 개의 본문에 주목한다. 하나님이 모세에게 말씀하셨다. "네가 내 얼굴을 보지 못하리니"^{출 33:20}. 비슷하게, 모세가 이스라엘 백성에게 호렙 산에서 벌어진 일을 설명할 때 그는 "여호와께서 호렙 산[시내 산] 불길 중에서 너희에게 말씀하시던 날에 너희가 어떤 형상도 보지 못하였은즉 그들에게 조심하라"고 당부했다. 그러므로 "자기를 위해 어떤 형상대로든지 우상을 새겨 만들지 말라. 남자의 형상이든지, 여자의 형상이든지" 만들지 말라고 모세는 계속 말한다. 요하네스는 고대의 금지조항과 신약성경의 언어를 대조시킨다. 고린도후서에서 사도 바울은 말했다. "우리가 다 수건을 벗은 얼굴로 거울을 보는 것 같이 주의 영광을 보매"[고후 3:18]. 그리고 바울은 그리스도를 하나님의 "형상"이라고 부른다. 그 이전에 사람들은 "하나님을 볼" 수 없었다. 그래서 형상은 우상숭배를 초래할 수 있었다. 하지만 이제는 하나님이 사람의 형상으로 나타나셨기 때문에, 형상들은 성숙한 기독교 경건에 핵심적이다.⁹

하나님이 "땅에서 **보였다.**" 반복해서 요하네스는 보인 것에 대해 이야기하며, 한번은 시각을 "가장 고귀한 감각"이라고 부른다. 오직 봄으로써 우리는 하나님과 친밀한 관계로 인도된다. "나는 하나님을 인간의 모습으로 보았고, 내 영혼은 구원을 얻었다. 나는 하나님의 형상을 바라본다. 야곱도 그랬지만, 완전히 다른 식으로 말이다." 야곱은 미래에 벌어질 것을 오직 "영적인 눈"으로 보았다. 그가 하나님을 "물질 없이" 보았기 때문에 그의 비전은 한계가 있었다. 이제 우리는 하나님을 "인간의 육체 속에서 볼 수 있는" 모습으로 볼 수 있다. 그리고 하나님의 형상이 "내 영혼 속으로 타 들어왔다"고 요하네스는 말한다.[10]

성상숭배는 하나님이 예수 그리스도라는 인물 속에서 인간의 육체로 나타났다는 사실을 교회가 가장 명백하게 선포하는 방법이다. 뿐만 아니라, 그리스도가 인간의 육신을 입은 것은 봄에 벗어 두었던 코트를 겨울에 입는 것처럼 일시적인 편리를 위한 것이 아니었다. 그리스도의 육체는 그가 아버지께 돌아간 후에도 본래의 모습으로 남아 있고, 로고스의 정체성은 영원토록 이 인간의 육신, 곧 물질과 연결되어 있다. 궁극적이고 바로 그런 이유로, 그리스도가 땅에 머물다 간 이후 오랫동안 그리스도의 형상을 그림으로써 신적 로고스를 묘사하는 것이 가능했던 것이다. "나는 보이지 않는 하나님의 형상을, 보이지 않는 것이 아니라 육체와 피를 공유함으로써 우리를 위해 볼 수 있게 된 것으로 대담하게 그린다"고 요하네스는 쓰고 있다. 그리스도의 형상 속에 묘사된 것은 단지 인간 예수나 보이지 않는 하나님이 아니라, 육체가 되신 하나님의 형상이다.

어떤 면에서, 그리스도의 성상은 그리스도의 그림이다. 그의 생애 동안 그를 알았던 사람들이 보았던 대로 말이다. 하지만 그리스도는 과거에 있었던 역사적 인물이 아니다. 그는 부활했고 살아 계신 주님으로서, 성령 하나님과의 교제 속에서 아버지의 오른손으로 높여진 분이다. 사람이 그리스도의 그림을 그릴 수 있다고 요하네스가 말할 때, 물론 그가 의미하는 것은 사람이 다른 사람의 모습을 그리듯이 그리스도의 모습을 그릴 수 있다는 것이다. 하지만 또한 그가 의미한 것은 그리스도의 얼굴을 바라볼 때, 사람들이 눈으로 볼 수 없는 어떤 것, 곧 하나님의 형상으로 존재하는 분을 본다는 것이다. 787년에 개최된 제2차 니케아 공의회에서 성상에 대한 교회의 가르침에 대해 교회의 결정적 형태가 주어졌는데, 주교들은 그리스도의 성상이 역사적 예수에 대한 그림 이상이라고 주장했다. 그리스도의 성상을 바라볼

6세기 전반기에 그려진 「만유의 지배자 그리스도」(*Christos Pantokrator*) 성상. 시내 산의 성 카타리나 수도원에 있다.

때, 사람들은 단지 인간 예수가 아니라 "**로고스가 육신이 된**" 것을 보는 것이라고 그들은 말했다. 그리고 사람들이 예수 탄생의 성상을 바라볼 때, 그 성상은 우리에게 "**하나님**이 우리의 구원을 위해 인간이 되신다"는 것을 알려준다. 그러므로 성상은 이런 고백을 이끌어 낸다. "육체 없는 그분이 육체가 되셨도다.……창조되지 않은 분이 지음을 받았도다. 만질 수 없는 분이 만져졌도다." 예수 탄생 성상은 관람자에게 과거에 일어났던 일, 곧 나사렛 예수의 탄생에 대해 알려주는 것 이상의 일을 한다. 그것은 **성육신**, 하나님이 인간의 육신을 취하시는 신비에 대한 성상이다. 알렉산드리아의 키릴로스가 쓴 글에서, 그리스도의 육신은 "볼 수 없는 하나님의 육신"이다.[11]

성상파괴 논쟁이 일반적으로 미술의 합법성에 대한 논쟁이 아니지만 (사실 그것은 교회사에서 종교미술의 본질에 대한 최초의 논쟁이었다), 성상을 옹호하면서 요하네스는 화가들의 작업을 찬양한다. 초기 논문에 나오는 한 서정적인 글에서 그는, 고대 성막을 장식하는 작업을 맡게 된 브살렐에게 하나님이 임무를 맡기시는 장면을 인용한다. "여호와께서 모세에게 말씀하여 이르시되 내가 유다 지파 훌의 손자요 우리의 아들인 브살렐을 지명하여 부르고 하나님의 영을 그에게 충만하게 하여 지혜와 총명과 지식과 여러 가지 재주로 정교한 일을 연구하여 금과 은과 놋으로 만들게 하며 보석을 깎아 물리며 여러 가지 기술로 나무를 새겨 만들게 하리라"[출31:1-5]. 그것에 대해 요하네스는 이렇게 발언한다. "당신들[성상파괴론자들]이 경멸하는 물질이 어떻게 존중되었는지 보라." 그리고 심오한 역설로 이렇게 덧붙인다. "채색한 염소 가죽보다 더 무의미한 것이 무엇인가? 청색, 자주색, 주홍색은 단지 색깔이 아닌가? 인간의 손으로 만든 것이 천사같이 되는 것을 보라."[12]

"물질이 어떻게 존중되는지 보라." 물질, 모든 것을 만드는 이 땅의 물질은 본질적으로 선하다. 창세기의 설명처럼, 하나님은 사물을 창조하셨을 때 자신이 만든 것을 바라보고 "보시기에 좋았다." 마니교도들과 논쟁하면

6세기에 그려진 「예수 승천」(Ascension) 성상. 시내 산의 성 카타리나 수도원에 있다.

서 아우구스티누스는 이 말씀에 근거해 물질의 선함을 변호했다. 하지만 다마스쿠스의 요하네스는 더 많은 말을 하고 싶었다. 그의 요점은 물질이 자체 내에 하나님의 쉼터가 될 수 있는 자신의 본래 모습대로 남아 있으면서 다른 것이 될 수 있는 능력을 지니고 있다는 것이다. 그리스도 안에서, 물질의 창조주께서 "물질을 통해 나의 구원을 이루셨다"고 요하네스는 쓰고 있다. 이러한 이유로 "물질이 거룩한 은총과 권능으로 가득 차 있기 때문에, 나는 모든 물질을 경외감과 존경심을 가지고 다룬다."[13] 눈으로 볼 수 있고, 손가락으로 만질 수 있는 물질은 성상, 곧 하나님의 형상과 하나님의 사물들의 형상이 될 수 있는 잠재력을 지니고 있다. 하나님이 나무로 법궤를 만들고 그 안팎에 금을 입히라고, 그리고 아론의 지팡이와 그 안에 만나를 담을 황금 단지를 만들라고 명령하셨을 때, 물질은 "기억의 전달자"가 되었다. 이스라엘 백성이 그 형상을 바라볼 때, 그들은 과거에 일어났던 일과 미래에 약속된 것을 기억했다. 요하네스는 성경을 숙독하고, 성경적 종교의 독특한 특징을 분별했다. 즉 사물이 우리들 가운데 하나님의 현존에 대한 매개물이 될 수 있다는 것 말이다. 다윗이 아비나답의 집에서 하나님의 법궤를 옮겨 오기로 결정했을 때, 그것은 새로운 수레로 옮겨 왔다. 사무엘하에 따르면, 그 법궤가 도성을 향해 이동하자 "다윗과 이스라엘 온 족속은 잣나무로 만든 여러 가지 악기와 수금과 비파와 소고와 양금과 제금으로 여호와 앞에서 연주하더라"삼하 6:5. 법궤 앞에서 춤을 출 때, 다윗은 하나님 앞에서 춤을 춘 것이다.

 성상을 옹호하는 요하네스의 논문들이 회화뿐 아니라 다른 것들도 다루고 있다는 사실이 제대로 인지되지 못할 때가 있다. 확실히 그리스도, 동정녀 마리아, 그리고 성인들의 성상이 그의 주장의 핵심에 위치해 있지만, 또한 그는 그리스도가 죽으셨던 성 십자가, 골고다의 바위, 그리스도의 무덤 앞에 있던 돌, 심지어 못, 창, 옷에 대해서도 논한다. 그는 위대한 구원 이야기의 일부로서 성경에 나오는 다른 물건들(불타는 떨기나무, 언약궤, 12개의 돌)에 대해서도 언급한다. 요하네스의 견해에는, 이것들도 형상^{image}과 성상^{icon}이다. 하나님은 인간들을 다루실 때 항상 보이는 것들을 사용하셨다. 그리고 성육신을 통해 옛날의 방식이 확증되고 고양되었다. 한 적절한 구절에, 요하네스는 이 모든 물질적인 것들(돌, 덤불, 궤)이 하나님의 사역을 명심하고 "신자들이 옛날의 놀라운 일들을 기억하고 하나님을 경배하도록" 이끌었던 "뛰어난 전령들"이었다고 말한다.[14]

신적 권능의 저장소

윌라 캐더$^{Willa\ Cather}$의 『명랑한 루시』$^{Lucy\ Gayheart}$ 끝 부분에서, 해리 고든은 여러 해 전에 13세의 소녀 루시가 아직 마르지 않은 시멘트를 지나면서 보도에 발자국 세 개를 살짝 남겨 두었던 곳으로 돌아간다. 후에 젊은 여성이 된 그녀는 언 강에서 스케이트를 타다 사고로 죽었다. 하지만 그녀의 발자국은 "회백색 합성물 위에 섬세하고 분명하게 찍힌 채" 남아 있었다. "세월의 여행도 그것을 희미하게 만들지 못했다." 해리는 루시를 사랑했고, 그 마을의 끝자락에 있는 이 보도로 자주 돌아왔다. "그 어떤 것도 잠시나마 그녀를 살아 있는 세계로 그토록 생생하게 데려오지 못하는 것 같았기 때문이다. 이따금 그가 그곳에 잠시 머물렀을 때, 순간적으로 그녀를 느낄 수 있었다. 그의 팔꿈치에 어떤 느낌을, 그의 뺨에 숨결을, 봄날의 소나기처럼 갑작스런 경쾌함과 신선함을 말이다."

다른 것들도 해리에게 루시를 떠올리게 만들었다. 하지만 그녀를 가장 생생하게 돌려주는 것처럼 보인 것은 바로 그 시멘트 위의 발자국이었다. 그 발자국은 정신적 이미지가 아니었다. 그것은 그녀의 젊은 육체의 흔적을 담고 있었다. 그녀의 발이 실제로 그 마르지 않은 시멘트를 건드렸던 것이다. 다음에 무엇이 나올지 알려주고 오직 그것이 의미하는 것에 대해서만 유용한 고속도로 금속 표지판과 달리, 이 발자국은 명백하고 돌이킬 수 없게 루시의 일부였다. 그것 자체가 소중했다.

회화 외에 다른 것들을 논하면서 요하네스는 거룩한 장소들에도 특별히 주목한다. 해리에게 루시를 돌려주었던 시멘트의 발자국처럼, 그런 것들은 성상적 특징을 가지고 있었다. 그것들을 통해 신자들이 믿음의 신비와 직접적인 관계를 갖게 되었다.

그리스도의 무덤, 베들레헴의 동굴, 그리스도가 승천했던 언덕, 그가 달렸던 십자가의 나무. 이 모든 것은 물리적으로 그리스도의 몸을 만졌고, 그의 현존의 징표를 보유한다. 향수를 쏟은 후에도 병 속에 향기가 남듯이, 하나님도 팔레스타인의 특별한 장소에서 그가 잠시 우리 안에 머물렀던 흔적을 남겼다. 심지어 그 병이 비워진 후 지금은 없어진 그 향수의 남아 있는 향기를 사람들이 맡을 수 있듯이, 그리스도가 지상에 남긴 흔적들을 통해 우리는 한때 우리들 안에 머물렀던 생명을 만질 수 있다. 거룩한 장소는 "생명 그 자체의 발자국을 갖게 되었다"고 니사의 그레고리우스가 썼다. 그리고 바로 이런 이유 때문에 그 장소들은 소중하게 생각되고 존경을 받았다. 사건이 시간뿐 아니라 공간에서도 일어나듯이, 기독교 신앙이 기초하고 있는 사건들도 역사에서 특정한 시간뿐 아니라 특정한 공간에서도 일어났다는 사실이 자주 망각된다. 어떤 일이 벌어진 곳은 그것이 일어난 때만큼 중요하다. 사건이 발생했거나 그 사람이 살았던 실제 장소를 방문하는 것보다 사건이나 인물을 기억하게 하는 데 더 좋은 방법은 없다. 신비로운 방법으로, 볼 수 있는 사물들은 내부의 눈을 자극하는 능력을 가지고 있다. 마치 그 영적인 것과 감각의 대상 사이에 일종의 신비적 조화가 존재하는 것처럼 말이다. 성지순례자들이 집으로 돌아올 때, 그들은 축복도 함께 가져왔다. 요단 강의 물, 성스러운 곳에 건축된 교회에서 가져온 기름병, 심지어 작은 상자에 담아온 성지의 흙이 그들의 기억을 계속 살아 있게 하고 그들의 집을 거룩하게 만들기 때문이다.

성지순례자들에게 인상적이었던 많은 것 중에는 구원의 사건들이 벌어졌던 바로 그 자리에서, 그리스도가 매장되었던 곳의 묘비 앞에서, 그가 승천했던 감람산에서 예배를 드릴 수 있었던 것이다. 4세기의 순례자 에게리아는 이렇게 썼다. "내가 가장 존경하고 가치 있게 생각하는 것은 그곳에서 모든 찬송과 교송과 강독, 그리고 주교들이 드리는 모든 기도가 항상 그것이 기념되는 그날과 그것이 사용되는 그 **장소**와 연결되어 있다는 사실이다." 예루살렘의 설교자들은 신자들에게 예배에서 기념되는 사건이 그들이 예배하기 위해 모여 있는 바로 그 장소에서 일어났었다는 사실을 일깨워 주었다. 이곳에서 그리스도가 십자가에 달렸고, 여기에서 성령이 교회에 부어졌다고 그들은 말했다. 베들레헴에 살았던 히에로니무스는 여기서 그리스도가 배내옷에 싸였다고 말했다. 한 아랍 그리스도인 작가는 요하네스보다 몇 세대 후에 이렇게 말했다. "그리스도께서 우리에게 그분 자신에 대한 흔적과 이 세상에서 거룩한 장소들을 천국의 유산과 약속으로 주셨다."[15]

거룩한 역사의 장면들이 신자의 마음에서 특이한 방식으로 작동하고, 순례자를 구원 사건들에 더 깊이 참여하도록 이끈다. 의심의 여지없이, 베들레헴과 예루살렘에서 몇 킬로미터 떨어진 유대 사막에 살면서 성스러운 장소들을 자주 방문했던 것이 공간의 성스러움에 대한 요하네스의 이해를 심화시켰다. 그의 시대의 어떤 작가들보다도 그는 기독교의 역사적 특징이 시간만큼 공간과 연결되어 있다는 사실을 알았다. 그의 말처럼 "하나님이 당신의 구원을 성취하셨던 장소들"은 그림 못지않은 하나님의 형상이었다. 그러한 성상들을 통해 "과거에 일어났던 일들이 기억된다." 그는 특별히 나사렛, 베들레헴의 동굴, 골고다 언덕, 그가 "부활의 원천"이라고 불렀던 그 무덤, 그 무덤을 막았던 돌, 시온산, 감람산, 베데스다 연못, 겟세마네 동산, 그리고 "다른 모든 비슷한 장소들"을 언급한다. 요하네스는 성 십자가 같은 물건뿐 아니라 이런 장소도 "신적 권능의 저장소"라고 부른다. 그것들은 단지 무엇인가 가치 있는 일이 오래 전에 일어났던 장소를 표시하는 역사적 증거일 뿐 아니라, 하나님이 지상에 지속적으로 현존하신다는 명백한 증거다. 동일한 방식으로, 위에서 인용한 아랍의 기독교 작가는 이런 장소들을 통해 그리스도께서 "축복, 성화, 그에게로의 접근, 죄의 용서……영적 기쁨…… 그리고 복음서에 기록된 것을 확증하는 증거들"을 주셨다고 말했다.[16]

보도의 발자국처럼, 옷 조각은 생명 없는 물체에 불과하다. 그것의 재료가 된 물질보다 더 가치 있는 것도 아니다. 하지만 그것이 내가 사랑하는 누군가의 셔츠나 블라우스라면, 그것은 단순한 옷 조각 이상의 것이 된다. "나는 사랑하는 이들이 사랑했던 사람의 옷을 마치 그 옷이 그 사랑했던 사람인 것처럼, 그들의 눈과 입술로 그 옷을 끌어안으면서 쳐다보는 것을 자주 보았다."[17] 똑같은 방식으로, 신자들은 그리스도의 고귀한 몸을 달았던 십자가의 나무에 입을 맞추었고, 그가 십자가에 달렸던 바위 앞에서 경배하며 무릎을 꿇었고, 그의 몸이 놓였던 돌에 입을 맞추기 위해 허리를 숙였다. 하나님을 향한 길은 보고 만질 수 있는 사물들을 통과한다.

3세기의 오리게네스는 사람들이 한 분 하나님을 섬기고 우상숭배에서 돌이키는 법을 배울 수 있는 길은 오직 인간의 몸으로 오신 하나님을 알게 될 때뿐이라고 주장했다. 그리고 8세기에 요하네스는 "육체적인 것을 무시하기로 결심한 정신은 자신이 약화되고 좌절하는 모습을 발견할 것이다"라고 말했다. 볼 수 있는 것으로 방향을 전환함으로써, 우리는 볼 수 없는 하나님을 알게 된다.[18]

형상이 없다면 성육신도 없다

성스러운 장소와 물건이 성상승배에 대한 요하네스의 방어에서 중요한 역할을 담당했지만, 회화는 논쟁의 중심에 남아 있었다. 하지만 회화는 종류가 다양했다. 예를 들어 사람들이 그리스도의 세례나 십자가 처형을 그릴 수 있지만, 그리스도를 어린 양의 모습으로도 묘사할 수 있다. 둘 다 그림이다. 하지만 이것들과 그려진 것 사이의 관계는 다르다. 전자가 그리스도나 그리스도의 삶에서 일어난 한 사건을 그린다면, 후자는 그리스도의 인격이나 사역의 한 측면을 표현하기 위해 성경적 상징을 사용한다. 즉, 어린 양처럼 그리스도는 세상의 죄를 위해 희생된 것이다. 어린 양의 상징이 교회에서 발견될 수 있었지만, 성상에 대한 논쟁이 벌어지기 한 세대 전, 교회는 그리스도를 어린 양으로 묘사하는 것을 법으로 금지했다.

692년에 콘스탄티노플에서 열린 한 공의회 법령에서 공식적인 입장이 결정되었다. 그리고 성상파괴 논쟁이 진행되면서, 성상옹호론자들iconodules은 성상승배를 지지하기 위해 자신들의 장을 전개했다. 그 공의회는 다음과 같이 선언했다.

> 거룩한 성상 중 일부는 한 어린 양을 묘사한다. 세례 요한이 그것을 가리키고 있다.……비록 우리가 진리에 대한 진정한 상징과 기대를 예시하는 것으로 고대의 예표들types을 존중하지만……그럼에도 우리는 은총 자체와 진리 자체를 더 좋아한다.……이 실재를 하나의 형상으로 모든 사람의 눈앞에 가져오기 위해서, 우리는 지금부터 계속해서 세상의 죄를 제거하는 어린 양이신 **그리스도 우리 하나님의 인간적 모양**이 고대의 어린 양을 대신해서 성상에 그려져야 한다고 선언한다. 이런 식으로 우리는 하나님 말씀의 겸손의 깊이를 파악할 것이며, 육체 속에 있는 그의 삶, 고통, 구속적 죽음, 그리고 세상에 도래한 구원을

기억할 것이다.[19]

그 법령은 성육신의 실재, 곧 고대의 상징들은 예수 그리스도의 인격 속에서 역사적 형태를 취했다는 사실을 강조하는 데 목적을 두고 있었다. 핵심 구절은 "그리스도 우리 하나님의 인간적 모양"이다. 그리스도의 실제적 인격이나 그리스도의 삶 속에서 벌어진 사건을 묘사함으로써, 787년의 니케아 공의회 법령 속에 기록된 것처럼, 성상은 "복음서의 서사"[20]와 일치하도록 바라보는 자 앞에 그분을 직접 모셔 온다. 오직 성상만이 사건들을 묘사할 수 있다. 우리가 그리스도의 성상을 바라볼 때 우리는 살아 계신 그분을 직접 마주하게 되며, 그 성상에 존경을 보임으로써 그리스도 그분을 숭배하게 된다.

성상과 인격을 이토록 밀접하게 동일시하는 것이 다마스쿠스의 요하네스의 저작들 안에 내재해 있다. 하지만 그것을 보다 신학적으로 충분하고 대단히 정교하게 설명하는 것은 다음 세대 기독교 사상가들의 몫이었다. 대표적인 인물은 스투디움의 테오도르 Theodore of Studium였다. 그는 9세기 초에 콘스탄티노플 근처의 한 수도원 원장이었다. 테오도르는 유능한 행정가요 법률가였을 뿐 아니라, 영적 안내자요 교사였다. 또한 그는 뛰어난 사상가였고, 성상숭배를 옹호하는 그의 글들은 요하네스 논문의 훌륭한 동지였다.

진정한 형상은 마치 그리스도가 성부와 동일본질인 것처럼, 그것의 원형과 본질이 같아야 한다고 성상파괴론자들이 주장했었다.[21] 하지만 성상은 나무와 물감으로 만들어지기 때문에, 그것이 묘사하는 그리스도와 본질적인 관계를 갖지 못한다. 그래서 성상파괴론자들은 그리스도의 유일하게 참된 이미지는 성찬식이라고 주장했다. 성찬식에서 축성된 빵과 포도주는 그리스도의 몸과 피가 되기 때문이다. 그리스도께서 "나를 기억하며 이 일을 행하라"고 말씀하셨기 때문에, "우리는 그리스도께서 오직 우리가 하나님께 직접 받은 거룩한 말씀에 따라서만 표현될 수 있다고 믿는다. 그것은 기억되는 것 외에 다른 방식으로는 자신이 표현될 수 없다는 뜻이었다. 오직 이런 형상만이 참되고, 이런 식의 묘사 행위만이 거룩하다"라고 그들이 말했다.[22] 축성된 빵과 포도주와 달리, 그림은 그리스도와 동일본질이 아니다. 따라서 그것은 그리스도의 참된 이미지가 아니다.

테오도르는 그리스도의 성상이 본질적으로는 그 성상에 묘사된 그리스도와는 다른 것이라는 사실을 인정한다. 오히려 그는 그 차이를 강조하고, 그것을 자신이 성상파괴론자들의 견해를 반박하는 근거로 삼는다. "그 누구도 그림자와 진실, 자연과 미술, 원본과 사본, 원인과 결과가 본질적으로 동일하다고 생각할 만큼 어리석지 않다. 따라서 어떤 사람이 그리스도와 그의 형상이 본질적으로 동일하다고 생각한다면, 바로 그렇게 말하는 것이 된다."[23] 그리스도와 그의 형상은 다른 것이다. 다른 말로 하면, 성상은 하나의 독특한 특징을 지닌다. 그리고 어떤 사람이 성찬식의 경우처럼 성상이 묘사하는 그리스도와 그 성상이 전적으로 일치한다고 주장한다면, 그것은 더 이상 하나의 형상이 아니라 그 사물 자체가 되는 것이다.

하지만 성상은 그리스도라고 불리고, 그러한 정체성은 그것이 그리스도와 맺고 있는 관계에서 기원한다. 테오도르는 자신의 견해를 지지하기 위해서 두 개의 흥미로운 성경적 예를 제시한다. 열왕기하 23장에서 요시아 왕은 "하나님의 사람의 무덤"을 가리키며 "내게 보이는 저것은 무슨 비석이냐?"고 물었다. 그리고 그 성읍의 사람들이 "유다에서 왔던 하나님의 사람입니다"라고 대답한다. 테오도르는 그들이 "그것은 하나님의 사람의 무덤입니다"라고 말하지 않고 "그것은 하나님의 사람입니다"라고 말했던 것에 주목했다.[24] 다른 말로 하면, 그들은 무덤의 돌과 그 무덤에 누워 있는 사람을 동일시했던 것이다. 또 다른 흥미로운 예는 출애굽기 25:18에서 인용한다. 하나님이 모세에게 "나를 위해 그룹의 형상 두 개를 만들라"는 것이 아니라, "나를 위해 금으로 그룹 둘을 만들라"고 말씀하셨다. 테오도르는 비록 형상이 나무나 돌이나 금으로 만들어지지만, 형상과 그 형상에 새겨진 인물을 동일시하는 것이 불합리한 것은 아니라고 결론을 내린다. 형상은 그 자신이 아니라 원본, 원형에 주목하게 하며, 신자 앞에 그리스도의 인격을 제시할 수 있다.

하지만 어떻게 성상이 이런 일을 하는가? 테오도르는 451년의 칼케돈 공의회 이후 그리스도의 인격에 대한 논쟁에서 발전한 사상들을 이용한다. 칼케돈에서 교회는 그리스도가 "혼란, 변화, 분열, 분리 없이 두 본성 안에서 알려졌다"고 주장했다. 그 법령은 그리스도가 신이자 인간이고, 두 본성이 친밀하고 분리할 수 없는 연합 속에 묶여 있다고 가르쳤다. 이러한 이유로, 그리스도의 인간적 본성을 언급하지 않은 채 그리스도의 신적 본성에 대해 이야기하거나, 그리스도를 성육하신 하나님으로 간주하지 않으면서 인간 그리스도를 언급하는 것도 가능하지 않다. 만일 두 본성이 분리될 수 없다면, 그리스도의 초상화는 단지 그의 인성을 묘사하는 것이 아니라 인간이 되신 하나님을 묘사하는 것이다. 하나님의 아들이 인간의 육신을 취했기 때문에 "그리스도의 인성은 단지 로고스의 인격과 연결된 것이 아니다.……그리스도의 인성은 로고스의 인격 속에서 존재한다."[25] 성육하신 하나님과 다른 인간 예수는 없다.

테오도르는 성상파괴론자들이 그리스도에 대해 지나치게 추상적으로 생각했다고 확신했다. 그들의 언어는 신적 로고스가 "특별한 특징이 없는 육체", 곧 일반적인 인성을 취했다고 생각했다. 하지만 일반적인 것은 감각이 아니라 오직 지성으로만 파악될 수 있다. "그리스도가 일반적인 우리의 본성을 취했다면……오직 그를 정신으로 관조하고 생각으로 만질 수 있다." 상징은 사상이나 개념, 혹은 추상적인 것을 묘사할 수 있다. 하지만 성상은 실재 그 자체, 이 경우에는 그리스도의 인격을 보여준다. 원본이 성상 속에

현존한다. 그 성상이 그 인격과 유사하기 때문에 말이다.²⁶

형상과 그것이 묘사하는 것 사이의 그토록 긴밀한 동일시 때문에, 테오도르는 그리스도의 형상이 없다면 그리스도도 없다는 명백히 역설적인 결론에 도달한다. 이것은 요하네스의 주장을 심화시킨 것이다. 요하네스가 주장했듯이, 사람들은 성육신이 없었다면 그리스도의 형상도 존재할 수 없을 것이라고 테오도르가 말하리라는 것을 충분히 예측했을 것이다. 하지만 그는 그 문제를 돌려서 이렇게 말했다. "형상이 없다면, 원형[그리스도]도 없을 것이다." 원형은 형상과 필연적 관계를 맺고 있다. 왜냐하면 각각은 상대방 속에 존재하기 때문이다. "만일 그리스도의 형상이 잠재적으로 존재하지 않을 경우에 그리스도가 존재할 수 없다면, 그리고 형상이 인공적으로 생산되기 전에 원형 속에 존재하고 있다면, 그분의 형상이 그분 안에서 경배된다는 사실을 인정하지 않는 사람은 그리스도에 대한 경배를 파괴하는 것이다."²⁷

그림자가 그것을 발생시키는 몸과 분리할 수 없게 연결되어 있듯이, 형상은 원본과 분리될 수 없다. 심지어 그림자를 만드는 형상^{form}이 보이지 않을 때에도, 그 원본은 잠재적 가능성의 상태 속에 존재한다. 봉인 도장이 밀랍에 자국을 남길 때, 밀랍은 그 도장을 정확하게 복사해서 다른 종류의 물질 속에 지닌다. 복사본은 금속이나 상아, 혹은 다른 밀랍일 수 있지만, 원본은 찍힌 자국을 통해 알 수 있다. 그리스도가 하나님의 자국을 지니고 있고 "그 본체의 형상"$^{히 1:3}$이었듯이, 성상의 나무와 물감도 그리스도의 자국을 지닌다.

이 논쟁에서 가장 심오하고 강력한 요점은 성상을 공격하는 사람들에 대한 반격으로 작성한 그의 두 번째 논문 서두에 나온다. 그의 반대자는 "너는 주 너의 하나님을 경배하고, 오직 그분만을 예배해야 한다"는 계명을 인용한다. 우리는 하나님의 형상이 아니라 주님을 경배하라는 명령을 받았다고 그는 말했다. 나의 훌륭한 동료 테오도르는 이렇게 대답한다. 이 논쟁은 신학에 관한 것이 아니다. 테오도르가 여기서 사용하는 용어인 신학^{theologia}은 theo-logos를 가리킨다. 즉, 말로 표현할 수 없는 하나님의 본성을 표현하기 위해 사용된 단어와 사상을 말한다. 그 모든 것은 사변적이라고 테오도르는 주장한다. 우리는 하나님의 본성을 그것이 존재하는 그대로 알 수 없다. 사람이 하나님의 본성 자체에 대해 말하려고 한다면, 형상이나 모양에 대한 담론은 존재할 수 없다. 그림이 표현할 수 없는 것을 표현할 수 있다거나, 공간에 묶을 수 없는 것을 담아낼 수 있다고 생각하는 것은 신성모독이다. 아니다. 우리는 "신적 경륜"에 대해, 하나님이 육체가 되었다는 것에 대해 이야기하는 중이라고 내 친구 테오도르가 말한다. 하나님이 우리 본성을 취하고 우리 가운데서 사셨기 때문에, 성육하신 하나님, 곧 그려진 형상의 원본인 그리스도를 묘사하는 그림을 그리는 것이 가능하다. 만물을 창조하신 하나님이 "물질, 곧 육체가 되셨다." 그러므로 그의 형상을 볼 수 있고, 만질 수 있고, 느낄 수 있다. 성상파괴론자들은 그리스도가 성령을 통한 "정신적 관상"에 의해서만 충분히 인지될 수 있다고 말한다. 하지만 테오도르는 주장한다. "단지 정신적 관상만으로도 충분했다면, 그분이 단지 정신적인 방법으로 우리에게 오는 것만으로도 충분했을 것이다." 그분이 몸을 지닌 인간으로 오셨기 때문에, 성상은 "하나님의 구원 계획에 대한 가장 가시적인 증언"이다.[28]

이것을 다르게 만들다

웨일스의 시인 데이비드 존스$^{David\ Jones}$는 자신의 시 '저주'^{Anathemata}를 이렇게 시작한다. "우리는 이미, 그리고 무엇보다 그분이 이것을 다르게 만든다는 것을 인식합니다."[29] 이 말은 미사에서 빵과 포도주가 그리스도의 몸과 피가 되도록 하는 축성기도의 일부다. 하지만 그 문장은 이중적 의미를 지닌다. "이것을 다르게 만든다"는 말이 일상적인 것들, 곧 돌, 나무, 금속을 미술 작품으로 변형시키는 것도 의미하기 때문이다. "무엇보다"first of all라는 말은 사물을 다른 것, 곧 미의 대상으로 만드는 것은 인류만큼 오래되고 독특하게 인간적인 작업이라는 사실을 알려준다.

성상파괴론자와 성상옹호론자 모두 물질이 다른 것이 될 수 있다고 생각했다. 하지만 그 방식에 대해서는 생각이 달랐다. 성상파괴론자들의 경우, 물질이 거룩하게 되는 최고의 예는 성찬식의 빵과 포도주다. 성찬식에 사용되는 그 물질들을 사제가 축복함으로써 "사람의 손으로 만든 것이 사람의 손으로 만들지 않은 것이 된다."³⁰ 하지만 성상은 보다 흔하고, 축성기도를 통해 축성되거나 성화되지 않았다.

성상옹호론자들은 성상이 다른 무언가가 되기 위해 축성기도가 필요한 것은 아니라고 주장했다. 테오도르는 말한다. "그것의 모양만으로도 성화sanctification되기에 충분하다." 나무와 물감은 나무와 물감으로 남아 있으면서도 다른 어떤 것이 된다. 그것은 나무 위에 그려진 형상이며, 성상에 의해 묘사된 인격이다. 그것이 그 성상을 귀하게 만든다. 그 형상이 닳거나 지워지면, 그것은 더 이상 성상이 아니고 더 이상 거룩한 물건도 아니며, 불 속에 던져 넣을 수도 있다. 하지만 그것이 그 인격의 형상을 담고 있는 한, 그 성상은 거룩하다. 비록 성상의 물질적 요소들은 나무와 물감이지만 "묘사되는 그 인격의 형상 때문에 성상은 그리스도, 혹은 그리스도의 형상이라고 불린다. 이름이 같기 때문에 그리스도이고, 그 형상과 그리스도의 관계 때문에 그리스도의 형상이다."³¹ 그래서 그것에 입을 맞추고 그 앞에 무릎을 꿇는 것은 적절하다. 사람들이 그리스도 자신에게 입 맞추고 경배하듯이 말이다.

어떤 이들은 성상의 물질성 때문에, 그것이 하나님과의 영적 관계를 발전시키는 도구로서 부적절하다고 생각한다. 성경의 하나님은 공간에 구속되지 않고 동시에 모든 곳에 계시는 영적 존재였다. 기독교가 사람들을 사물에 대한 숭배에서 돌이켜 신령과 진정으로 하나님을 예배하도록 만든다고 약속했다면, 왜 교회가 나무와 물감과 금으로 만든 사물을 경배하도록 부추겼는가? 성상의 방어자들은 우리가 형상 속에 묘사된 그리스도를 경배하지 않는다면 "그리스도에 대한 영적 경배도 포기한다"고 대답했다. 사람들이 맨눈으로 태양을 쳐다볼 수 없듯이, 오직 정신만으로는 살아 계신 하나님을 볼 수 없다. 이것이 바로 오리게네스가 켈수스에 대항해서 쓴 자신의 책 서두에서 언급한 내용이며, 초기 기독교 사상가들이 끊임없이 반복한 것이다. 사람들은 땅에서 반사되는 빛을 보기 위해, 먼저 무릎을 꿇고 땅을 쳐다봐야 한다. 그래서 테오도르는 형상만큼 영적인 것을 향해 정신을 끌어올리는 것도 없다고 결론을 내렸다.[32]

테오도르가 정신을 고양시키기 위해 사용했던 단어는 아나고게$^{오르기, 상승}$ anagoge다. 이 단어는 흔히 성경의 영적 의미를 지칭하기 위해 사용되었다. 세월이 흐르면서 이 단어는 미래의 희망을 지칭하기 위해, 그리고 종말론적 함의를 전달하기 위해 사용되었다. 테오도르는 이러한 의미로 성상을 이해한 것처럼 보인다. 왜냐하면 사람이 형상을 바라볼 때, 하나님을 "자신의 눈으로" 직접 보길 기대할 수 있다고 그가 말하기 때문이다.[33] 성상이 살아 계신 그리스도의 형상이기 때문에, 그것은 하나님의 모습을 회상할 뿐 아니라 장래에 볼 수 있기를 고대한다. 성상 위에 묘사된 그리스도는 살아 있고, 언젠가 영광과 심판 속에 다시 오실 것이다. 나무와 물감으로 구성된 사물인 성상은 숭배의 한 대상 속에 현존하는 기억과 소망을 연합시킨다. 복음서의 역사적 사건들, 말세의 영광 속에 다시 오실 그리스도, 그리고 살아 계셔서 현존하시는 그리스도를 하나로 묶으면서 말이다.

기독교는 사물과 관계가 깊다. 기독교 예배의 중심에 하나의 물질, 만질 수 있는 물건, 축성된 빵과 포도주가 있다. 물을 통해 사람들이 교회에 합류하고, 성 십자가, 갈보리의 바위, 성스런 무덤 같은 사물을 통해 하나님은 세상의 구원을 완수하셨다. 787년에 열린 니케아 공의회에서 한 주교가 성상은 복음서와 성 십자가와 동일한 권능을 지닌다고 말했을 때, 그는 복음의 메시지나 십자가의 사상을 가리킨 것이 아니라 복음서라는 책과 십자가의 나무를 가리킨 것이다. 축성된 떡과 포도주, 십자가 나무, 복음서 책처럼, 성상은 하나님이 인간으로서 우리 가운데 머무셨던 사실을 증언한다. 성상이 없다면, 그리스도에 대한 형상이 없다면, 성육신은 하나의 "환상"에 불과할 것이다.[34]

우리는 추상적인 것에 쉽게 질리고 가시적인 징표들을 원한다. 성상은 사물이 현재의 모습과 다른 것이 될 수 있다는 명백한 서약이었다. 이것은 인간에 대해서도 마찬가지였다. 만일 나무와 물감이 살아 계신 하나님을 묘사할 수 있다면, 육신과 피를 지닌 피조물도 하나님과 비슷해지기를 열망할 수 있었다. "자신의 신성을 우리 육체에 굴복시킴으로써, 하나님은 우리 육체를 신성하게 만드셨다"라고 다마스쿠스의 요하네스는 쓰고 있다. 성인들의 삶만큼 인간 육체의 변형에 대한 위대한 증거도 없다. 그리스도의 성상이 물질을 창조하신 분을 경배하도록 우리의 무릎을 꿇게 하듯이, 성인들의 성상도 우리를 자극하여 "그들의 모범을 따르고, 그들의 덕을 본받아서 하나님께 영광을 돌리게 한다."[35]

II.

윤리의 삶

하나님 닮기

사랑하는 자들아, 우리가 지금은 하나님의 자녀라.
장래에 어떻게 될지는 아직 나타나지 아니하였으나
그가 나타나시면 우리가 그와 같을 줄을 아는 것은 그의 참모습 그대로 볼 것이기 때문이니
주를 향하여 이 소망을 가진 자마다 그의 깨끗하심과 같이 자기를 깨끗하게 하느니라.

요한1서 3:2-3

『카라마조프가의 형제들』의 한 장면에서, 조시마 신부가 죽기 직전 마지막 대화를 위해 동료 수사들과 자신과 친한 사람들을 방으로 모은다. 그는 자신이 아이였을 때 『성경의 104개 이야기』라는 제목의, 아름다운 그림들이 들어 있던 책을 한 권 소유했었다고 회상한다. 그는 이 책으로 읽는 법을 배웠고, 이제 늙어서도 자신의 침대 가까운 책장에 그것을 보관하고 있었다. 조시마 신부는 선하고 거룩한 사람들, 욥과 에스더와 요나, 예수의 비유들, 사울의 회심, 그리고 성 알렉세이와 이집트의 성 마리아 등에 관한 많은 이야기들을 기억하고 있었다. 그 이야기들은 그의 가슴에 신비로운 씨앗을 심어 주었다. 이 성스러운 이야기들 중 어떤 것, 곧 욥의 이야기 같은 것은 그가 "눈물 없이" 읽을 수 없었다. 어둠 속의 밝은 불꽃처럼, 이렇게 하나님의 거룩한 사람들에 관한 이야기는 그의 기억 속에서 밝게 빛났다. 그것들 속에서 "하나님의 영광을 보았다"고 조시마 신부가 말한다. "예^{example}가 없다면, 그리스도의 말씀은 무엇인가"라고 그는 묻는다.

예들이 없다면, 모방이 없다면, 인간의 삶과 문명, 예술이나 문화, 덕이나 성결도 있을 수 없다. 질그릇을 빚거나 옷장을 제작하거나 말하는 법을 배우거나 조각을 만드는 것 같은 기본적인 활동은 모방에서 시작한다. 이런 진실은 인간의 역사만큼 오래되었다. 하지만 서양의 도덕적 삶에서 그것의 위치를 이해하도록 도와준 것은 바로 그리스인들이었다. 그리고 로마 시대에는 플루타르코스의 『영웅전』에서 가장 위대하게 드러났다. "덕스러운 행동은 그것을 추구하는 사람 안에 모방으로 이끄는 열정과 갈망을 심어 준다.……선은 그것 자체를 향한 행동을 자극하고, 즉시 구경꾼 안에 행동을

향한 충동을 심어 준다."¹

기독교가 로마 제국에 모습을 드러냈을 무렵, 로마에는 덕스러운 사람들의 생애를 기록하는 관행이 잘 확립되어 있었다. 하지만 3세기부터 그리스도인들이 교회의 거룩한 사람들의 삶을 기록하기 시작했다. 물론 성경에도 영웅적인 이야기들이 있다. 외경의 행전은 사도들의 경이로운 행동들을 설명하고, 순교자들의 행전은 그들의 최후 순간에 그리스도를 증거했던 용기를 찬양했다. 하지만 교훈적인 삶에 대한 기록은 후에야 비로소 시작되었다. 최고의 모델은 그의 삶이 복음서에 기록되었던 예수였다. "내가 너희에게 행한 것 같이 너희도 행하게 하려 하여 본을 보였노라"요13:15. 심지어 사도 바울은 예수의 모범을 따랐기 때문에, 그도 따를 만한 모범이 되었다. 그의 모험이 교훈적 삶의 주제가 될 수 있었다. 그는 채찍에 맞았고, 매를 세 번이나 맞았으며, 한 번 돌에 맞고, 세 번이나 난파를 경험했던 것이다. "내가 그리스도를 본받는 자가 된 것 같이 너희는 나를 본받는 자가 되라"고전11:1. 다른 사람들이 줄을 이어 그의 뒤를 따랐다. 2세기에 안디옥의 이그나티우스는 빌라델비아 교인들에게 "예수 그리스도께서 아버지를 본받았듯이 예수 그리스도를 본받으라"고 권면했다.²

3세기 중반, 아우구스티누스가 출현하기 전에 아프리카에서 가장 뛰어났던 주교인 카르타고의 키프리아누스Cyprianus of Carthage의 제자 폰투스Pontus가 최초의 성인전으로 간주될 수 있는 것을 썼다. 그의 『키프리아누스의 고난과 생애』는 키프리아누스가 순교한 서기 259년 직후에 쓰인 것으로, 키프리아누스 밑에서 집사로 섬기면서 그를 잘 알았던 사람의 작품이었다. 보다 전통적인 제자라면 키프리아누스의 승리를 다른 순교자들의 행동을 기록했던 방식으로 말했겠지만, 폰투스는 그런 관습을 의도적으로 깨뜨렸다. 키프리아누스는 "자신의 순교와 별도로 가르칠 것을 많이 가지고 있었다. 즉, 그가 살아 있을 때 했던 일도 세상에서 숨겨선 안 된다"고 말한다. 『키프리아누스의 고난과 생애』를 쓰면서 폰투스는 마지막 순간의 그의 용기뿐 아니라, 키프리아누스가 살아 있는 동안 행했고 성취했던 것에 드러난 "고귀한 모범"도 보여주고 싶었다. 그의 삶 전체는 "영원한 기억" 속에 보존될 가치가 있었다.³

폰투스는 교회사에서 획기적인 발전을 예견했다. 즉, 덕을 가르치는 방법으로서 생애를 기록하는 것 말이다. 다음 세기에 알렉산드리아의 아타나시우스가 최초의 기독교 수사에 대한 책인『안토니우스의 생애』를 쓰게 된다. 그 책은 후대의 삶에 하나의 틀이 된다. 물론 그리스도인들은 "너희는 우리가 주 예수를 통해 너희에게 준 교훈을 알고 있다"고 바울이 말했듯이 교훈으로 가르쳤다. 하지만 플루타르코스처럼, 그들도 영혼이 행동하도록 자극할 수 있는 것은 오직 행동뿐임을 알았다.⁴ 다음 300년 동안 나타났던 사람들의 생애를 기록한 책들의 일부 목록만 살펴보아도, 이 새로운 장르의 기독교 문학의 활기와 범위를 가늠할 수 있다.『파코미우스의 생애』, 팔라디우스^Palladius 의『라우시아 역사』에 수록된 수많은 인생 이야기들,『요한네스 크리소스토무스의 생애』, 게론티우스^Gerontius 의『멜라니아의 생애』(여성 고행자의 일생에 대한 최초의 기록), 키루스의 테오도레투스^Theodoretus of Cyrus 가 쓴『종교사』(시리아 수사들의 삶), 그레고리우스 1세의『베네딕트의 생애』, 스키도폴리스의 키릴루스^Cyrilus of Scythopolis 가 쓴『팔레스타인 수사들의 생애』, 술피키우스 세베루스^Sulpicius Severus 의『투르의 마르티누스의 생애』, 주상고행자 다니엘과 자선가 요한의 생애 등 그러한 책들은 많고 다양했다. 일부는 수년 동안 기둥 위에 앉아 있거나, 너무 좁아서 다리 뻗고 누울 수도 없는 오두막에서 살았던 사람들에 대한 기이하고 기괴한 이야기를 들려준다. 다른 책은 사랑과 모험에 관한 이야기들이다. 또 다른 것들은 내적 갈등을 묘사하고, 자비와 기부와 사랑의 예외적이고 뜻밖의 행동들을 기술한다.

거의 예외 없이, 이런 삶들은 덕에 이르는 길로서 훌륭한 모범이 되었다. 『안토니우스의 생애』에서 아타나시우스는 사람들이 안토니우스의 행동에 대해 들을 때, 그들도 "그를 본받고" 싶을 것이라고 썼다. 하지만 모방은 단지 다른 사람의 덕행을 흉내 내는 문제가 아니다. 행위는 한 개인과 분리된 자비나 정의의 고립된 행동이 아니라, 성품의 표시다. 그리고 도덕적 교훈은 성품의 형성과 관계가 있었다. 『라우시아 역사』 서두에 나오는 한 편지에서 팔라디우스는 이렇게 말했다. "말과 음절은 가르침을 구성하지 않는다.……가르침은 덕스러운 행동들로 구성된다.……이것이 예수가 가르쳤던 방법이다.……그의 목적은 성품의 형성이었다." 플루타르코스가 이전에 인식했듯이, 행위가 반드시 용기에 대한 위대하고 숭고한 표현을 의미할 필요는 없다. "말이나 농담처럼 사소한 것이 더 자주, 수천 명의 목숨을 앗아 가는 전투보다 한 개인의 성품에 대해 더 많은 것을 보여준다."[5]

    그들의 소박한 영웅들과 촌스러운 언어를 고려할 때, 고대의 삶은 언뜻 보기에 단순하다. 시리아의 거룩한 남녀들의 삶을 기록하면서, 키루스의 테오도레투스는 아비토스라는 한 수사가 사막의 또 다른 수사인 마르키아노스를 방문했던 이야기를 들려준다. 아비토스가 도착했을 때, 마르키아노스는 자신과 함께 식사하도록 그를 초대했다. "내 친구여, 어서 오시오. 우리 함께 식탁에서 교제를 나눕시다." 하지만 아비토스는 이렇게 말하며 거절한다. "내 기억에, 저는 저녁 전에 음식을 먹은 적이 없습니다. 저는 자주 아무것도 먹지 않은 채 2-3일을 지냈습니다." 나이가 더 어렸던 마르키아노스가 대답했다. "제 몸이 너무 약해 저녁까지 기다릴 수 없으니, 저를 위해 당신의 습관을 바꿔주시지요." 하지만 아비토스는 계속 거절했다. 마르키아노스는 자신의 손님을 실망시켰기 때문에 우울해졌다. "당신이 한 고행자를 보러 오기 위해 그 많은 수고를 하셨기 때문에, 제 속이 상하고 마음이 아픕니다." 마침내 아비토스의 태도가 누그러졌고, 마르키아노스가 말했다. "내 벗이여, 우리 모두 같은 존재를 공유하고, 동일한 삶의 방식을 수용합니다.

우리는 쉼보다 일을, 영양공급보다 금식을 더 좋아합니다. 그리고 우리는 오직 저녁에만 식사를 하지요. 그러나 우리는 사랑이 금식보다 훨씬 더 소중한 재산임을 잘 압니다. 사랑은 하나님의 법과 관련된 일이지만, 금식은 우리 자신의 능력에 관한 것이지요. 그래서 하나님의 법을 우리 자신의 법보다 더 소중하게 생각하는 것이 옳습니다."[6]

이 이야기는 복잡하지 않고 서술도 훌륭하다. 하지만 그 메시지는 미묘하다. 마르키아노스는 "덕의 상이한 부분들"을 구별할 수 있었다고 테오도레투스가 말한다. 매력적이고 심오한 이야기보다 삶에 더 중요한 것이 있다. 모든 뛰어난 이야기꾼들처럼, 고대 성인전 작가들도 자신들이 교훈을 줄 뿐 아니라 재미도 안겨 주어야 한다는 것을 알고 있었다. 하지만 그들은 인간 본성에 대한 통찰력 있는 이해를 보여준다.

영혼을 위한 의술

로마 세계에서, 도덕철학자에 대한 가장 밀접한 비유는 의사였다. 키케로의 말로 하자면 "영혼을 위한 의술"을 행하는 사람 말이다. 윤리학은 도덕 행위자에 집중되었고, 덕스러운 삶은 교사와의 일대일 관계 속에서 습득되었다. 세네카는 루킬리우스에게 편지를 써서 그의 덕성 함양을 지도했다. 그리고 재산에 대한 한 설교(혹은 도덕강의)에서 알렉산드리아의 클레멘스는 청중들에게 자신을 지도해 줄 하나님의 사람을 찾아서, "당신들을 치료해 줄" 그 사람에게 헌신하라고 권면했다. 확실히 초기 기독교 문헌에는 거짓말, 성욕, 결혼, 공공오락 같은 도덕적 쟁점을 다룬 논문들(혹은 논문 분야)이 있었다. 그리고 여기저기에서 사람들은 자살, 전쟁, 낙태, 동성애 같은 주제들에 대한 토론도 발견할 수 있다. 하지만 윤리학에 관한 엄청난 분량의 저서들(그것이 기독교의 것이든 이교도의 것이든)이 자신들의 주제로서 개인적 삶의 형

성을 다루었다.⁷

오리게네스에 대한 감사의 마음을 담아 쓴 한 작은 서적에서, 그의 제자인 기적의 사람 그레고리우스는 오리게네스를 스승으로 모셨던 것의 의미에 대해 흥미로운 설명을 남겼다. 그레고리우스는 자신이 오리게네스가 살고 있던 팔레스타인에 와서 "이 사람과 교제를 갖게 되었다"고 말한다. 그는 오리게네스의 엄청난 학식과 성경해석자로서의 명성에 매료되었다. 하지만 그의 글은 오리게네스의 영적·도덕적 특징을 강조한다. 그레고리우스가 그와 공부하러 온 때부터 오리게네스는 그에게 "철학적 삶을 살라"고 요구했다. 그는 "오직 합리적 피조물에게 적합한 삶을 실천하고 덕스러운 삶을 추구하는 사람만이, 무엇보다 자기 자신이 누구인지를 알고 싶어 하고 진실로 참된 것을 탐구하며 진실로 악한 것을 피하려고 애쓰는 사람만이 철학을 사랑하는 자다"라고 말했다.⁸

로마 제국의 초창기에 철학에 해당하는 단어는 삶^{life}, 그리스어로 비오스^{bios}였다. 이 단어를 가장 잘 번역한 것은 "삶의 방식"이다. 철학은 단지 삶에 대해 생각하는 방식이 아니라, 사람들이 특정한 방식으로 살도록 훈련하고 태도를 주입하는 방식이다. 2세기의 철학자 무소니우스 루푸스$^{Musonius\ Rufus}$는 철학의 과제가 "토론을 통해서 적절하고 적합한 것을 찾고, 그것을 행동으로 옮기는 것"이라고 말했다. 순교자 유스티누스가 플라톤과 피타고라스의 철학 대신 기독교 철학을 수용했을 때, 그는 자신이 "확실하고 만족스러운" 삶을 발견했다고 말했다. 『교사』$^{The\ Tutor}$라는 제목의 기독교 윤리학에 대한 최초의 논문을 집필했던 알렉산드리아의 클레멘스는 그 글의 목적이 "열정을 치료하는 것"이라고 말했다. "교사의 역할은 영혼을 향상시키는 것이다. 단지 교육하거나 정보를 제공하는 것이 아니라, 사람이 덕스러운 삶을 살도록 훈련하는 것이다."⁹ 다른 논문에서 클레멘스는 기독교적 삶을 위한 신학적·철학적 토대를 진술한다. 하지만 그의 목적은 항상 동일했다. 덕으로 영혼을 구성하는 것 말이다.

『영성 훈련』^{Seelenführung}이라는 제목의 독창적이고 통찰이 넘치는 한 책에서, 독일의 학자 파울 랍보브$^{Paul\ Rabbow}$는 로마의 도덕철학자들이 제자들에게 덕을 가르치기 위해 사용했던 방법들을 배울 수 있는 최고의 자리는 16세기 예수회 창설자 이그나티우스 로욜라$^{Ignatius\ Loyola}$의 훈련 속에서 발견되었다고 매우 상상력이 풍부한 제안을 했다. 랍보브는 고대 문헌들이 "영적 지도" 체계를 스승의 면밀한 감독하에 도덕적 훈련, 좋은 습관의 양성, 고귀한 모범에 대한 관상의 형태로 구체화했다는 사실을 관찰했다. 철학자 갈레노스는 하루에 두 차례씩 피타고라스의 글을 큰 소리로 낭독하면서, 그것에 대해 묵상한다고 말했다. 그의 목적은 특정한 형이상학적 혹은 도덕적 진리들을 이해하는 것이 아니라, 극기, 예를 들어 음식, 욕망, 술, 감정의 문제에서 극기를 실천하는 것이었다. 철학은 그 지지자들이 "옛 생활과 새 생활 사이의 내적 전투"에 참여하도록 요구했다.[10] 간단히 말해서, 도덕 생활은 개인의 행동뿐 아니라 감정의 변화도 요구했던 것이다.

처음에 그레고리우스는 자신을 바꾸려는 오리게네스의 노력에 저항했다. 비록 오리게네스의 말들이 "화살처럼 그를 찔렀지만" 그레고리우스는 철학의 실천을 주저했다. 그는 오리게네스가 부여한 훈련을 받아들일 준비가 되어 있지 않았다. 대신 "논쟁과 지적 토론 속에서" 시간을 보내고 싶어 했다. 하지만 오리게네스는 그에게 "똑똑함과 말재주" 이상의 것을 기대했다. 오리게네스의 목적은 "그의 영혼을 감동시키는 것"이었다. 그는 제자들에게 마음을 열고 선으로 의지가 형성되게 하라며 도전했다. 만일 어떤 사람이 윤리학을 공부했다고 주장하면서 변하지 않았다면, 그는 윤리학을 제대로 공부한 것이 아니다. 그레고리우스의 글에 따르면, 오리게네스는 "우리에게 정의와 신중함을 **실천하도록** 가르쳤다."

교훈을 배우는 것이 교육의 일부였지만(이 시기부터 한 기독교 철학자가 수

집한 일군의 교훈집이 남아 있다),[11] 더 중요한 것은 스승의 모범이었고 제자와 맺은 우정의 끈이었다. 하지만 이런 종류의 관계가 보다 일상적인 인간관계에서는 훨씬 드물게 형성되었다. 우정은 "교사의 말과 우리가 맺은 관계 속에서 드러난 날카롭고 꿰뚫는, 그러면서도 상냥하고 다정한 기질이다." 오리게네스와의 친교를 통해 그레고리우스는 말씀이신 그리스도를 사랑하는 법을 배웠고, "말씀의 친구요 해석자"인 오리게네스도 사랑하기 시작했다. "이 사랑에 매료되었을 때" 그는 "그 길에 서 있던 장애물"을 포기하고 "철학적 삶을 실천하게" 되었다.

그레고리우스는 자신과 오리게네스 간의 새로운 관계를 성경에서 가장 감동적인 사랑 이야기 중 하나인 다윗과 요나단의 우정과 비교했다. 요나단의 영혼이 다윗에게 끌렸듯이, 그레고리우스도 오리게네스와 하나가 되었다. 그레고리우스는 제자로서 자신이 스승을 존경하고 소중하게 생각했다고 명확히 말하지 않는다. 대신, 그 관계를 가능하게 했던 것이 바로 자신에 대한 오리게네스의 사랑, 학생을 향한 스승의 사랑이었다고 말한다. "우리의 이 다윗이 우리를 붙잡는다. 이제 우리를 자신에게 묶으면서 말이다. 우리가 그를 만났던 때부터, (비록 우리가 바랄지라도) 그의 사랑으로부터 우리를 떼어 놓을 수 없다." 스승은 자신이 제자들의 영혼을 교화할 수 있기 전에, 먼저 그들을 알고 사랑해야 했다. "노련한 농부"가 "개간되지 않은 밭"에서 열매를 맺게 하듯이 말이다. 자신의 학생들을 교정하고 꾸짖고 권면하고 용기를 북돋기 위해서, 스승은 그들의 습관, 태도, 욕망을 알아야 했다. 제자들에 대한 오리게네스의 사랑은 교육 과정의 일부였다.

"모든 것 중에서 가장 중요한 것"은, 성품을 형성하고 통제되지 않는 영혼의 열정을 진정시키는 "거룩한 덕"이다. 그레고리우스는 특별히 네 가지 특별한 덕성, 곧 신중, 정의, 용기, 절제를 언급한다. 그리고 거기에 "모든 덕의 어머니"인 종교적 경건을 덧붙인다. 목적은 "하나님처럼 되는 것과 그분 안에 머무는 것"이다. 덕성에 관한 부분이 그 저서에서 가장 길다. 그리고 그곳에서, 이 책의 어떤 부분보다, 그레고리우스는 일반적 언급에 만족하지 못한다. 그는 덕을 상세하게 논하고, 끝 부분에서 오리게네스의 가르침을 요약한다. "친구이자 덕의 전령인 이 주목할 만한 사람이 자신의 본성에 의해 우리가 정의의 아름다움을 사랑하도록 만들었다. 그는 진실로 정의의 황금빛 얼굴을 우리에게 보여주었다." 그 자신이 "현자의 모범"이었던 오리게네스는 "자신의 행동으로" 그들을 가르쳤다. 제자들이 "우리의 성품을 통제할 수 있도록" 도우면서, 그는 그들에게 "자신의 말보다 행동으로 더 많은 것을" 가르쳤다.[12]

덕행은 도덕 생활의 형식이다. 하지만 행위 자체만으로는 충분하지 않았다. 도덕적이 되기 위해서는 올바른 이유를 위해 행동이 뒤따라야 했다. 그래서 교훈은 또한 내적 삶에 주목했다. 오리게네스는 "가장 내적인 것을 깊이 파고 검토함으로써, 질문하고 생각을 서술하고 학생들의 반응에 주목함으로써" 이 과제를 수행했다. "우리 안에서 열매도 없고 이익도 없는" 것을 발견했을 때, 우리가 멋진 열매를 맺을 수 있도록 영혼을 청결하게 하고 그것을 뒤집고 물을 주면, 자신의 모든 "기술과 관심"을 사용하기 시작했다고 그레고리우스가 썼다. 그레고리우스의 글에 의하면, 자기를 모르고 "자신의 영혼에 주목하지 않는다면" 덕은 시들어 버릴 것이다. 자신의 한 글에서 오리게네스는 한 행위자의 기질이 덕스러운 삶에 핵심적인 이유를 설명했다. "어떤 사람이 정의롭다면, 그가 정의를 추구한다는 것은 사실이다." 하지만 "어떤 사람이 정의를 추구한다고 해서 그가 반드시 정의로운 것은 아니다." 왜냐하면 사람은 "정의를 정당하게 추구해야 하기" 때문이다. 오리게네스는 이 부사("정당하게")가 핵심이라고 설명한다. 정의를 부정하게 추구하는 것도 가능하기 때문이다. 예를 들면, 어떤 이들은 사람들에게 칭찬을 받기 위해서 가난한 자들에게 자선을 베푸는 선행을 실천한다. 그들은

"정의의 기질"을 갖고 있기 때문이 아니라, 허영에 의해 행동하는 것이다.[13] 덕은 감성의 변화를 요구했다.

하지만 결국에는 그레고리우스도, 위대한 오리게네스마저 자신의 재주로 제자들 안에 덕을 만들어 낼 수는 없었다고 인정했다. 비록 그가 대단히 열심히 노력했지만, 그는 제자들의 두껍고 게으른 본성 때문에 방해를 받았다. 덕은 하나님의 일이다. "덕은 매우 위대하고 고귀하다. 그리고 오직 하나님이 자신의 권능을 불어넣는 사람 안에서만 성취될 수 있다."[14]

모방, 덕, 내적 기질, 성품, 하나님 닮기……여기에 초기 기독교 윤리가 뿌리를 내린 토양이 있다. 기독교 사상가들은 고전적인 도덕 전통이 마음에 들었다. 그리고 그레고리우스의 글에서 예시된 철학적 틀이 최소한 일반적인 개요 면에서 기독교 저자들 안에 그대로 남아 있었다. 하지만 변화도 있었다. 그리스도인들이 고전적 도덕 전통에서 물려받은 것을 어떻게 채용하고 변경시켰는지를 산상수훈에 대한 해석 안에서 살펴볼 수 있다.

팔복

예수는 말했다. "그러므로 하늘에 계신 너희 아버지의 온전하심과 같이 너희도 온전하라."^{마 5:48}. 이 훈계는 다른 형태로 신약성경 도처에서 나타난다. 사도 바울의 편지인 고린도후서 7:1과 히브리서 12:14, 그리고 베드로전서 1:15-16("오직 너희를 부르신 거룩한 이처럼 너희도 모든 행실에 거룩한 자가 되라. 기록되었으되 내가 거룩하니 너희도 거룩할지어다 하셨느니라") 등이다. 용어가 **완전**이든 **성결**이든, 신약성경은 기독교 신앙을 "목적 지향적 삶"으로 소개한다. 그 목적은 고대 도덕철학의 언어로 "지고의 선"^{summum bonum}이라고 불렸다.

"온전하라"는 구절에서 "온전하다"라는 단어는 그리스어 "목적"^{telos}에서 기원한 것이다. 여기에서 목적론^{teleology}이란 말이 나왔다. 인간 행동이 목적과의 관계 속에서 이해되어야 한다는 것은 그리스인들의 유산이다. 아리스토텔레스는 『니코마코스 윤리학』에서, 모든 행동이나 활동이 어떤 선을 지향하며 우리가 그것 자체를 위해 갈망하고, 그것을 위해 다른 모든 일이 행해지는 것이 "지고의 선"$^{\text{supreme good}}$이라는 사실을 관찰했다. 아리스토텔레스의 입장을 반복하면서, 로마 정치가 키케로는 『최선과 최악에 관하여』$^{De\ finibus\ bonorum\ et\ malorum}$라는 제목으로 윤리학에 대한 논문을 한 편 썼다. 그 논문에서 그는 인간 행동이 가치 있는 목적을 지향할 때만 칭찬받을 가치가 있다고 주장했다. 그 목적 중에서 가장 고귀한 것이 지고의 선이며, 그 목적은 결코 다른 것의 수단이 아니다.[15]

기독교가 등장했을 때, 그리스-로마 세계에는 잘 발달된 도덕 형성체계가 확립되어 있었다. 그것의 목적은 사람들을 행복한 삶으로 인도하는 것이었다. 고대인들이 의미했던 행복은 오늘날 우리가 이해하는 것과 많이 달랐다. 우리에게 행복이란 말은 "좋은 느낌"이나 특정한 즐거움을 누리는 것, 환경이 변하거나 행운이 개입하면 왔다가 떠나는 일시적인 상태다. 고대인들에게 행복은 영혼의 소유물이었다. 즉, 사람이 획득한 어떤 것, 한번 획득하면 쉽게 빼앗길 수 없는 어떤 것이었다. 행복은 인간 삶의 최고 목적, 고대 철학의 언어로 말하면 자연과의 일치 속에서, 인간으로서 우리의 가장 깊은 열망과 조화를 이루며 사는 것을 가리켰다. 도덕철학은 약속을 포함하고 있었다. 즉, 가능한 것을 다루었다. 이런 이유로 고대 윤리학은 옳고 그름에 대한 보편적 개념에 따라 사람이 무슨 일을 해야 하는가 보다는, 특정한 방식의 삶을 통해 사람이 어떤 종류의 인간이 될 수 있는가에 대한 것이었다. 따라서 그것은 일생 동안 실천되어야 할 행동 및 영혼의 기질과 관계가 있었다. "아무튼 친절하게 행동하라"는 자동차 범퍼 스티커는 고대인들에게 웃기는 소리로 들렸을 것이다.

교부들은 팔복이 "행복하다"^{happy}라는 단어로 시작한다는 사실에 주목했다. 이것은 고대 철학에서 핵심 단어였다. 팔복에 대한 근대의 영어 번역은 "마음이 청결한 자는 복이 있나니 그들이 하나님을 볼 것임이요."처럼, 보통 그 단어를 "복이 있다"^{blessed}로 번역한다. 하지만 팔복은 "마음이 청결한 자는 **행복하나니** 그들이 하나님을 볼 것임이요"라고 번역하는 것이 더 낫다. 고대 도덕철학을 공부했던 기독교 사상가들에게, 예수에 의하면 행복이 인간 삶의 목적이었던 것처럼 보였다. 그것은 성경과 그리스인과 로마인의 지혜가 우연히 일치한 것이다. 이런 해석에 대해 어떤 작가들의 경우에는, 팔복은 행복한 사람의 성품을 묘사했고 팔복의 순서가 그런 목적을 향해 올라가는 계단으로 보였다. 니사의 그레고리우스는 『팔복에 대한 설교』$^{Homilies\ on\ the\ Beatitudes}$ 서두에서, 그의 첫 번째 과제가 "행복하다"라는 단어의 의미를 설명하는 것이라고 말했다. 그는 아리스토텔레스를 떠올리면서 "내 생각에, 행복은 선으로 간주되는 모든 것을 소유하는 것"이라고 쓴다. 그는 첫 번째 시편의 첫 단어가 "행복하다"라는 사실에도 주목했다. "행복한[복 있는] 사람은 악인들의 꾀를 따르지 아니하며." 그레고리우스는 이렇게 쓴다. "의술이 건강에 주목하고 농사의 목적이 생명을 위해 필요한 것을 제공하듯이, 덕행은 덕스럽게 사는 사람의 행복을 자신의 목적으로 삼는다."[16]

목적이라는 측면에서, 곧 목적론적으로 도덕 생활을 서술할 때, 그레고리우스는 자신을 그리스 철학자로 간주한다. 하지만 기독교 윤리학은 성경에서 가져온 독특하게 신학적인 이해로 구성된다. "그러므로 하늘에 계신 너희 아버지의 온전하심과 같이 너희도 온전하라"$^{마\ 5:48}$는 산상수훈의 말씀은 "지고의 선"이 아니라 하나님을 지향하는 도덕 생활을 소개한다. 하나님은 지고의 선이다. 아우구스티누스의 말처럼 "우리 복의 원천이고……우리가 갈망하는 목적"이다. 그리고 인간의 삶이 완성되는 것은 오직 하나님과의 교제 속이다.[17] 예수의 말씀이 레위기에서 가져온 것임을 기억하자. 여기서 언어는 분명히 종교적, 심지어 예전적(禮典的)이다. "너희는 거룩하라. 이는 나 여호와 너희 하나님이 거룩함이니라"레19:2.

초기 기독교 사상가들이 이해했듯이, 성경은 도덕 생활의 목적에 대해 이야기할 뿐 아니라 하나님의 형상으로 인간을 창조했다는 사실도 설명하면서, 우리가 보았듯이 그 목적이 시작 속에 예견되었다는 사실을 보여주었다. 참된 행복을 가져다줄 수 있는 유일한 목적^{telos}은 하나님과 함께하는 삶, 혹은 보다 정확하게 표현한다면 "하나님과의 교제로 **돌아가는 것**"이다. 『하나님의 도성』의 한 흥미로운 구절에서 아우구스티누스는 "우리가 그분을 우리의 목적으로 선택함으로써, 혹은 우리의 재선택(再選擇)으로(우리의 나태함으로 그분을 잃었기 때문에), 우리는 사랑으로 그분을 향해 우리의 방향을 조정한다"고 말한다. 우리는 우리를 지으신 하나님께 등을 돌리고 우리 자신의 길을 따라갔다. 그 결과 악이 "우리 본성 속에 섞이고", 우리는 "죄를 짓는 경향을 갖게 되었다"고 그레고리우스는 말한다. 비록 인간이 하나님의 형상으로 만들어졌지만 죄가 그 형상을 훼손했고, 인간 본성은 "변형되고 뒤틀렸으며 죄의 아비의 사악한 가족에 합류하고 말았다." 죄라는 불가피한 사실, 그것이 인간 삶에 뿌리내렸다는 사실 때문에, 윤리학은 결코 우리 안의 선을 완벽하게 하는 문제가 될 수 없었다. "하나님께 돌아가기"는 "회개", 곧 죄에서 돌이키는 것에서 시작해야 한다.[18]

그리스도인들에게 도덕 생활과 종교 생활은 상호보완적이었다. 비록 도덕 생활에 대한 사상이 그리스와 라틴 도덕론자들에게서 유래한 하나의 개념 틀 속에서 작동했지만, 기독교 사상가들은 목적인 살아 계신 하나님과 관계를 맺음으로써 목적을 재정의했고, 우리가 하나님의 형상으로 지음 받았다는 성경적 가르침을 도입함으로써 시작을 교정했으며, 죄의 고집스러움과 불가피성에 대한 담론으로 중간 과정$^{the\ middle}$을 복잡하게 만들었다. 아리스토텔레스, 세네카, 키케로, 에픽테토스 같은 고대 도덕론자들에 대한 이해 없이, 우리는 초기 기독교 윤리학의 세계에 들어갈 수 없다. 하지만 사람들이 클레멘스나 테르툴리아누스나 암브로시우스의 글을 손에 넣자마자, 혹은 니사의 그레고리우스나 아우구스티누스의 설교를 읽자마자, 무언가 새로운 것이 진행 중이라는 사실이 분명해진다.

거룩한 시

그리스인들에게 도덕 생활의 목적은 "신 닮기"이고, 기독교 사상가들은 "하나님을 닮기"likeness to God나 "신화"(神化)라는 언어를 환영했다. 『교사』의 첫 문단에서 클레멘스는 선생이신 그리스도께서 자신의 학생들을 이끌었던 목적이 "하나님 닮기"였다고 말한다. 하나님 닮기라는 개념은 그리스인들의 유산이었다. 하지만 그것은 성경에서도 발견되었다. 가장 주목할 만한 것은 요한1서에서 자주 인용되는 본문이다. "그가 나타나시면 우리가 그와 같을 줄을 아는 것은 그의 참모습 그대로 볼 것이기 때문이니"요일 3:2. 우리가 3장에서 보았듯이 하나님 닮기라는 플라톤적 개념이 성경의 언어를 통과했을 때, 그것은 그리스적 개념과는 이질적인 느낌을 갖게 되었다. 그리고 시간이 지나면서 그 구절의 내용이 변했다. 예수가 "하늘에 계신 너희 아버지의 온전하심과 같이 너희도 온전하라"고 말했던 성경의 하나님이 그리스도 안에서 계시되었기 때문이다. 그래서 클레멘스가 "하나님 닮기"를 설명했을 때, 자신이 "그리스도 본받기"에 대해 말하는 모습을 발견했던 것이다.[19]

클레멘스의 동시대인들에게 "하나님 닮기"는 덕의 실천을 의미했다. 기독교 작가들도 동의했다. 하지만 그들은 완전을 향한 안내자로서 그리스도와 성령을 언급하지 않고는 덕에 대해 이야기하는 것이 불편했다.[20] 닮기 위해 주어진 모델은 하나님의 완전이라는 개념이 아니라, 한 인간이자 인간의 육신을 입은 하나님인 예수의 완전한 삶에서 가져온 것이다. 니사의 그레고리우스는 인간이 하나님같이 되어야 한다고 요구하는 것이 말이 되는 것인지를 큰 소리로 물었다. 그는 "덕스러운 삶의 목적이 하나님처럼 되는 것이라고 믿었지만, 그럼에도 인간이 홀로 불멸성을 지니며 접근할 수 없는 빛 속에 거하는 하나님처럼 될 수 있는가?"라고 묻는다.딤전6:16. 만일 하나님의 완전이 우리의 것이 될 수 없다면, 하나님 닮기는 우리의 범위를 넘어서는 것이다.

하지만 하나님에 대한 어떤 것은 모방될 수 있다. 그레고리우스가 선택한 하나의 신적 속성은 팔복 중에서 예수가 언급한 가난이다. "심령이 가난한 자는 복이 있나니 천국이 저희의 것이요." 이 가난은 "자발적 겸손"에서 발견된다고 그는 말한다. 사도 바울은 우리의 시선을 하나님께로 이끈다. "부요하신 이로서 너희를 위하여 가난하게 되심은 그의 가난함으로 말미암아 너희를 부요하게 하려 하심이라"고후8:9. 신적 본성과 연관된 다른 모든 것이 우리의 능력을 넘어서지만, 겸손은 우리가 도달할 수 있는 범위 내에 있다고 그레고리우가 말한다. 정말로 그것은 참된 덕의 징표다. 오직 겸손을 통해, 우리는 오만과 자만이라는 독특하게 인간적인 죄로부터 자유롭게 될 수 있다. 그러므로 우리는 겸손해짐으로써 "하나님을 닮는다"라고 그레고리우스는 말한다.[21]

그레고리우스는 자신의 청중들에게 빌립보서 2장의 그리스도의 낮아지심에 대한 유명한 구절을 상기시켜 준다. "너희 안에 이 마음을 품으라. 곧 그리스도 예수의 마음이니 그는 근본 하나님의 본체시나 하나님과 동등됨을 취할 것으로 여기지 아니하시고." 하나님의 아들이 인간의 몸을 입고 우리의 본성을 공유하며 종이 된 것보다 더 큰 가난이 무엇이냐고 그레고리우스가 묻는다. 선은 공간과 시간을 통해 우리에게 온다. 그 목적은 "하나님 닮기"이지만, 하나님은 예수 그리스도라는 인물 안에서 볼 수 있게 되었다. 그는 회중에게 초대한다. "그의 모범을 우리 겸손의 척도로 삼자."[22]

하지만 그레고리우스는 한발 더 나간다. 그리스도는 모델일 뿐 아니라, 목적이기도 했다. 그는 팔복에서 네 번째("의에 주리고 목마른 자는 복이 있나니")와 여덟 번째("의를 위하여 박해를 받은 자는 복이 있나니")에서 사용되었던 단어인 정의^{justice}나 의^{righteousness}가 성경의 다른 곳에서는 그리스도에 대해 사용되었다는 사실에 주목했다. 고린도전서에서 바울은 예수 그리스도가 "우리에게 지혜와 의로움과 거룩함과 구원함이 되셨으니"$^{고전 1:30}$라고 말한다. 그렇다면 팔복에서 정의는 단지 "각자의 가치에 따라 각자에게 주는 것", 곧 분배의 정의라고 불리는 것이 아니라 더 높은 수준의 정의, 곧 "진실로 갈망하는 하나님의 정의", "정의 그 자체"인 그리스도를 의미한다.²³

그레고리우스는 여덟 번째 복의 단어 배열에 당혹스러워했다. "의를 위하여 박해를 받은 자는 복이 있나니 천국이 그들의 것임이라"$^{마 5:10}$. 어떻게 박해가 선이 될 수 있었을까? 아리스토텔레스에 따르면 행복은 "행운의 선물"을 요구한다. 그레고리우스는 이것이 바로 팔복이 단지 "의를 위하여 박해를 받은 자는 복이 있나니"라고 끝나는 것이 아니라 "천국이 그들의 것임이라"고 덧붙인 이유라고 대답한다. 사람이 행복하고 싶으면 선을 소유해야 한다. 박해받는 것 너머의 목적이 있음에 틀림없다(박해받는 것 자체가 목적이 아니다). 그래서 그레고리우스가 묻는다. "우리는 무엇을 얻게 될 것인가? 어떤 상을 받게 될까? 어떤 왕관을 쓰게 될까? 내가 볼 때, 우리가 소망하는 것은 바로 주님 자신이다. 그분 자신이 다투는 자들의 심판자이며, 승리하는 자들의 왕관이기 때문이다. 그분이 바로 유산을 나누어 주시는 분이며, 그분 자신이 선한 유산이다. 그분이 훌륭한 몫이며, 몫을 주시는 분이다. 그분은 부요케 하시는 분이며, 또한 그분 자신이 부요함이다. 그분이 당신에게 보물을 보여주시며, 그분 자신이 당신의 보물이다.……그분의 약속에 따르면, 그를 위해 박해를 받은 사람들은 **복이 있나니** 천국이 그들의 것임이라." 행복은 그리스도를 소유하는 것이다. 팔복은 단지 도덕적 경구가 아니라, 그리스도 자신의 제자로 초대되는 것이다. 그들이 "그분과 함께 높아져서", "만유

의 하나님과 교제"를 누리도록 말이다.²⁴

덕은 단지 영적 경쟁의 문제가 아니다. 그것은 그리스도 안에 소유되고, 성령으로 인침을 받았다. 기독교적 삶은 삼위일체적이다. 지고의 선이신 하나님을 지향하고, 그리스도의 삶으로 형성되며, 성령의 내주하심에 의해 선을 향해 움직인다. 그레고리우스는 이 문제의 핵심을 향해 똑바로 걸어간다. 성령에 대한 그의 짧은 글에서 그는 오직 성령이 선을 부여하는 권능을 갖고 계시다고 말한다. 여기서 그가 의미하는 선은 도덕적 선이다. 선한 것은 무엇이든지 아들을 통해 하나님으로부터 나오며, 성령에 의해 완벽해지기 때문이다. 성령이 우리 안에서 역사하지 않으시면, 어떻게 사람이 하나님을 꼭 붙잡을 수 있느냐고 그가 묻는다. 덕은 성례전에 의해 양분을 공급받는 공동체 내에서 실천된다는 사실을 잊지 말자. 세례식에서 성령, "여호와의 영 곧 지혜와 총명의 영이요 모략과 재능의 영이요 지식과 여호와를 경외하는 영"사11:2-3이 부어진다. 이러한 덕들은 네 가지 기본 덕목(절제, 용기, 신중, 정의) 못지않게 중요하다. 하나님에 대한 헌신, 하나님에 대한 지식, 그리고 하나님에 대한 경외감보다 거룩한 삶에 더 기여하는 것은 없기 때문이다.²⁵

기본 덕목과 다른 덕목

고대 세계에서 기복 덕목cardinal virtues이라고 불리게 된 핵심 덕목은 신중, 정의, 절제, 용기 네 가지다. 기독교의 출현 훨씬 이전부터 이 덕들이 도덕적 담화에서 지배적인 위치를 차지하고 있었다. 알렉산드리아의 클레멘스 시대에, 기독교 작가들은 기본 덕목을 도덕 생활의 독특한 징표를 제시하는 도구로 인식하기 시작했다. 하지만 우리가 이미 살펴본 것처럼, 기독교 작가들은 기본 덕목이 성경에서 발견되기 때문에 그리스인이나 로마인들의 배타적 소유물이 아니었다고 주장했다. 외경 솔로몬의 지혜서는 그것을 분명하게 언급한다. "만일 사람이 덕을 사랑한다면 온갖 덕은 곧 지혜의 노고의 산물이다. 지혜는 사람에게 절제와 현명과 정의와 용기를 가르쳐 준다. 현세에서 사람에게 이러한 덕보다 더 유익한 것이 있겠느냐"[8:7]. 클레멘스는 이 본문을 인용해서 기본 덕목의 우선성을 강조한다. 그리고 약간은 농담조로, 그리스인들이 히브리인들에게 그것을 배웠다고 주장한다.[26]

기본 덕목은 빠르게 기독교 전통 안에서 특권적 지위를 획득했다. 4세기에 밀라노의 주교 암브로시우스가 윤리학에 대한 논문을 한 편 썼을 때, 그는 키케로의 논문 『의무론』$^{De\ Officiis}$에서 제목을 따왔을 뿐 아니라, 자신의 책을 키케로가 했던 것처럼 기본 덕목을 중심으로 구성했다. 하지만 우리가 도입 부분을 지나서 암브로시우스가 특별한 덕목에 대해 논하고 그것을 설명하기 위해 사용하는 예들을 읽어 보면, 키케로가 성경으로 대치되고 있음을 발견하게 된다.

키케로는 신중(혹은 지혜)이 "진리에 대한 지식" 속에 놓여 있다고 썼다. 그는 사람에게 진리를 알려는 열망이 부족하다면 그는 덕스러울 수 없다고 말했다. 암브로시우스도 동의했다. 그리고 그가 신중에 대해 논할 때, 그는 키케로를 밀접하게 따라간다. 심지어 그의 정의(定義)도 인용한다. 하지만 암브로시우스는 신중의 최고의 예는 아브라함이라고 말한다. 그가 "하나님을 믿었기" 때문이다. 신중이나 지혜는 하나님을 아는 것, 그래서 신앙과 동일시된다. 사람이 하나님을 모르고 하나님을 신뢰하지 않으면 지혜로울 수 없다. 즉, 신중의 덕을 소유할 수 없는 것이다. "하나님이 없다"고 말하는 자는 바보다. "하나님을 경외하는 것이 지혜의 시작"이기 때문에, 지혜로운 사람은 결코 그런 말을 하지 않을 것이다.

비록 암브로시우스가 신중^{prudentia}이라는 철학 용어를 사용하지만, 그는 성경에 더 자주 나오는 단어인 지혜^{sapientia}를 선호한다. 성경에서 지혜는 인간적 업적이 아니라 하나님의 선물이며, 하나님을 알고 예배하는 사람들에게만 허락된다. "하나님을 경외하는 것"보다 인간에게 더 중요한 것은 없다고 암브로시우스가 말한다. 솔로몬의 지혜서에 따르면, 지혜로운 사람들은 "하나님과의 우정을 획득한다." 지혜로운 남녀들은 하나님과의 친밀한 관계 속에서 산다. 그렇다면 그 누구도 하나님과 씨름했던 야곱보다 위대한 지혜를 소유하지 못했다. 그가 "하나님과 대면하여 보았기" 때문이다.[창 32:30][27]

정의를 다룰 때도 암브로시우스는 그 덕에 독특하게 신학적인 옷을 입힌다. 신중처럼, 정의는 경외와 헌신 속에서 시작한다. 정의는 "먼저 하나님을 지향한다." 오직 하나님에게 드릴 것을 정당하게 드렸을 때, 다른 사람들을 정당하게 대할 수 있다. 즉, 그들을 사랑할 수 있다. 암브로시우스는 신중하게 강조점을 이웃 사랑에 대한 성경적 가르침으로 이동시킨다. 반면 키케로의 경우, 정의는 보복적 측면을 지니며, 사람이 대접받는 방식에 의해 측정된다. 그래서 "사람이 잘못에 의해 자극받지 않는다면", 다른 사람에게 해를 끼치는 것은 잘못이다. 암브로시우스는 이런 견해와 논쟁을 벌이면서, 복음서의 한 구절에 대한 특이한 해석으로 자신의 주장을 지지한다. 누가복음 9장에 따르면, 예수께서 자기보다 먼저 전령들을 사마리아 마을로 보냈을 때 "사람들이 그를 영접하려 하지 않았다." 이에 대해 제자들인 야고보와 요한이 예수께 말했다. "주여, 우리가 불을 명하여 하늘로부터 내려 저들을 멸하라 하기를 원하시나이까?" 하지만 예수는 그들을 꾸짖으셨고, 다른 말씀을 더 하지 않은 채 그들을 데리고 다른 마을로 가셨다. 암브로시우스는 예수의 행동을 들어서, 그리스도께서 해가 아니라 은혜를 주러 오셨다고 주장했다.[28]

이러한 예들이 지적하듯이, 암브로시우스는 그리스도인들이 중요한 수정 없이 고전 전통을 그대로 사용할 수 없다는 사실을 깨달았다. 하지만 그는 로마 도덕론자들의 글에서 지혜를 보았고, 그들의 사상을 기독교적 목적을 위해 채용하려고 노력했다. 고전 전통과 기독교를 화해시키려고 노력할 때, 암브로시우스가 항상 성공했던 것은 아니다. 예를 들어, 성경의 언어 믿음과 사랑은 때때로 그를 다른 방향으로 이끌었으며, 성경의 성인들은 고전적 범주와 잘 맞지 않을 때가 있었다. 암브로시우스는 비평적 분석에 관심을 가졌던 철학자라기보다 어떤 일이 벌어지고 있는지를 살폈던 교사였다. 아마도 이런 이유 때문에, 그의 논문은 후대의 기독교 전통에 막대한 영향을 끼쳤던 것 같다. 기독교가 시작된 후 300년 이상이 흐른 뒤에 글을 썼던 한 뛰어난 주교가 윤리학에 대한 포괄적 접근을 제시하기 위해서 위대한 로마 정치가의 작품을 이용했다는 것은 대단히 주목할 만하다. 기본 덕목의 틀을 사용함으로써, 암브로시우스는 성경적 언어와 성경적 주제를 훌륭하게 검증된 도덕교육 체계 속으로 쏟아 넣을 수 있었다. 그의 업적 가운데 특별한 것은 기독교 전통 내에서 윤리학을 가르치기 위한 틀로서 덕의 자리를 확보한 것이다.

도덕 생활을 제시하기 위해서는 기본 덕목이 꼭 필요했지만, 성경으로 검토해 볼 때 네 가지 덕목은 부분적이고 불완전해 보였다. 사람이 성경에서 성령의 은사 목록을 검토해 보면, 성경이 덕에 대해 이야기하는 방법과 성경이 제시하는 목록은 고전적 목록과 많이 다르다. 갈라디아서에서 바울은 이렇게 쓰고 있다. "성령의 열매는 사랑과 희락과 화평과 오래 참음과 자비와 양선과 충성과 온유와 절제니"갈 5:22-23. 절제$^{self-control}$는 절제^{temperance}로 읽힐 수 있었고, 충성^{faithfulness}은 용기로 번역되며, 자비^{kindness}는 정의로 이해될 수 있었다. 하지만 성경에 있는 다른 목록사 11:2 등뿐 아니라, 갈라디아서의 바울의 목록은 쉽게 네 가지 기본 덕목으로 축소될 수 없다. 따라서 덕의 목록은 확장되었으며, "신학적 덕"인 믿음, 소망, 사랑도 추가되었다.

몇 년 전 어느 날 아침에 영국 옥스퍼드에 있는 크라이스트처치 성당에서 기도하던 중, 나는 이런 확장을 떠올리게 되었다. 아침 성무일과를 노래하던 중, 나는 애프스(교회 제단 뒤쪽의 둥근 지붕이 있는 반원형으로 된 부분)^{apse} 앞의 석조 바닥에 있는 몇 개의 커다란 원형 돋을새김을 주목해 보았다. 내가 앉아 있던 곳에서, 나는 그 하나가 신중^{prudentia}이란 것을 볼 수 있었고, 이어서 절제^{temperantia}와 용기^{fortitudo}도 보았다. 나는 그곳에 정의^{justitia}도 있어야 한다는 것을 알았다. 그래서 예배가 끝난 후, 교회 앞으로 걸어갔다. 놀랍게도, 거기에는 네 개가 아니라 다섯 개의 돋을새김이 있었다. 네 번째는 정말 정의였지만, 다섯 번째는 자비^{misericordia}였다. 이 성당을 설계한 사람은 그 네 가지 기본 덕목이 기독교 신자들이 도덕 생활에 대해 믿었던 모든 것을 말해주지 못한다는 사실을 이해했던 것이다.

카르타고의 테르툴리아누스는 인내에 대한 글을 썼다. 도덕 생활 전반을 다루었던 클레멘스와 달리, 테르툴리아누스의 접근은 단편적이다. 그는 우상숭배에 대해, 로마인들의 사랑을 받았던 고대 원형경기장의 구경거리들에 대해, 겸손과 결혼에 대해서도 논문을 썼다. 하지만 매력과 교훈의 목적을 모두 달성했던 책은 『인내에 관하여』$^{On\ Patience}$라는 그의 작은 묵상집이다. 그것은 교회사에서 특정한 덕에 대한 최초의 논문이며, 특히 인내라는 그 선택은 중요하다. 인내는 명백하게 성경에서, 예를 들어 위에서 언급된 갈라디아서 본문에서 언급될 뿐 아니라, 고대인들에 의해서는 덕으로 간주되지 않았던 것이다. 키케로와 세네카는 인내의 덕에 대해 감탄하며 글을 썼다. 그들이 의미했던 인내는 곤경 속에서 참는 것이었다. 하지만 그들은 테르툴리아누스가 이해했던 식으로 인내에 대해 말하지 않았다.

테르툴리아누스가 염두에 두었던 것은 흠정역 성경이 "오래 참음"이라고 불렀던 것이다. 그것은 "화내기를 더디하시다"라는 구절처럼, 하나님의 속성 가운데 하나다. "여호와는 노하기를 더디하시고 인자가 많아 죄악과 허물을 사하시나"$^{민\ 14:18}$. 베드로의 첫 번째 서신은 "노아의 날 방주를 준비할 동안 하나님이 오래 참고 기다리셨고"$^{벧전\ 3:20}$, 자비로운 하나님께서 잘못을

범한 자들을 처벌하지 않으셨다고 말한다. 테르툴리아누스의 주장은 인내가 하나님께만 한정된 것이 아니라는 것이다. 예를 들어 지혜문학에서는, 이런 신적 특성이 인간의 덕이 된다. "노하기를 더디하는 자는 크게 명철하여도"잠14:29.

하지만 인내의 최고 모범은 "하나님 자신"이며, 테르툴리아누스는 자신의 논문을 신적 인내에 대한 토론으로 시작한다. 하나님은 세상에서 의인과 죄인 모두에게 빛을 비추신다. 하나님은 땅이 가치 있는 자와 무가치한 자 모두에게 열매를 맺도록 허락하신다. 그는 인간의 죄와 잘못을 참으시고, 죄인들이 하나님을 잊고 살 때도 자신의 진노를 참으신다. 하지만 하나님의 인내의 가장 가시적인 징표는 성육신이다. 하나님께서 자신이 한 여인의 자궁 속에 잉태되도록 허락하셨고, 그리스도의 탄생 전까지 인내 속에 여러 달을 기다리셨기 때문이다. 하나님이 인간으로 태어나셨을 때, 그는 인내하며 어린 시절을 보냈고, 사춘기를 거쳐 성인이 될 때까지 여러 단계를 거치셨다. 그리고 그리스도께서 성인이 되셨을 때, 그는 사람들의 인정을 받지 못했으며, 심지어 자신의 종이 자신에게 세례를 주도록 허락하셨다. 인내의 최고 예는 그리스도의 수난이라고 테르툴리아누스는 말했다. 이러한 관찰은 수세기 후에 주님의 수난에 대한 아우구스티누스의 한 설교에서 다시 메아리쳤다. "우리 주님의 수난은 인내의 한 교훈이다." 테르툴리아누스도 말한다. "이 모든 것은 하나님의 본성이 인내라는 사실을 보여준다." 역으로, 참지 못하는 것은 최고의 죄다. 그리고 참지 못하는 것의 최고의 예는 마귀다. "욕망을 참았더라면, 누가 간음을 범했겠는가?"29

테르툴리아누스에게, 인내의 특이한 징표는 참을성이나 용기가 아니라 희망이다. 테르툴리아누스에 따르면 인내심이 없는 것은 희망 없이 사는 것이다. 인내는 부활에 근거하고 있다. 그것은 하나님이 일하시는 미래를 지향하는 삶이다. 그리고 그것의 징표는 현재의 질병에서 해방되는 것이 아니라,

도래할 선을 기대하는 열망이다. 따라서 인내는 사랑을 포함한 다른 덕들의 열쇠가 된다. 그것들은 "인내를 발동하지 않고는" 결코 배울 수 없다. 그의 논문 끝 부분에 나오는 아름다운 구절에서, 테르툴리아누스는 탁월한 경구적 산문으로 인내의 기능을 요약한다.

> 인내는 믿음을 준비하고, 평화를 인도하고, 사랑을 돕고, 겸손을 마련하고, 참회를 기다리고, 고백을 결정하고, 육체를 점검하고, 영을 보존하고, 혀를 억제하고, 손을 제어하고, 유혹을 짓밟고, 우리를 넘어지게 만드는 것을 제거하며, 순교를 완성시킨다. 그래서 그것은 가난한 자들의 걱정을 덜어 주고, 부자들에게 중용을 가르치고, 병자들의 짐을 들어 주고, 신자를 기쁘게 하고, 불신자를 환영하고, 종을 주인에게 주인을 하나님에게 추천하고, 여성을 꾸미고, 남성을 품위 있게 한다. 그래서 인내는 어린이들 안에서 사랑을 받고, 청년들 안에서 찬양을 받으며, 노인들 안에서 존경을 받는다. 그것은 남녀 모두와 모든 연령대의 사람들 안에서 아름답다.······인내의 얼굴은 고요하고 평화로우며, 인내의 눈썹은 고요하다.······인내는 가장 친절하고 평화로운 성령의 보좌 위에 앉는다.······하나님이 계시는 곳에, 그의 후계자 인내가 있기 때문이다. 하나님의 성령이 강림할 때, 인내는 항상 그의 곁에 있다.[30]

『인내에 관하여』는 전적으로 저자의 개성에서 근거한 영적 분별에 관한 책이다. 테르툴리아누스 자신은 인내의 사람이 아니었다. 하지만 그는 쉽게 주변으로 밀려날 수 있는 도덕 생활의 한 차원을 소개했다. 그의 통찰은 이후의 세대에서 분명해졌다. 북아프리카의 두 명의 다른 주요 기독교 작가들, 곧 3세기의 키프리아누스와 5세기의 아우구스티누스도 인내의 덕에 관한 책을 썼다. 하나님과 세상, 그리고 하나님과 인간의 관계에 대한 성경적 덕을 독자들에게 소개함으로써, 테르툴리아누스는 "하나님 같이" 된다는 것의 의미를 재정의했다.

사랑의 형식으로서 기본 덕목

덕에 대한 가장 철저한 재해석은 아우구스티누스 안에서 발생했다. 암브로시우스처럼 아우구스티누스에게도 기본 덕목(그는 그것을 "삶에 유용한 네 가지 덕"이라고 불렀다)은 도덕 생활의 형식을 제시하는 틀이었다. 하지만 그가 그것에 교회의 믿음의 틀을 부여하면서, 그것은 변화를 경험했다. 아우구스티누스에게 기독교적 삶의 출발점(뿐만 아니라 종점)은 하나님의 사랑이었다. 그는 예수의 말씀인 "너는 주 너의 하나님을 사랑해야 한다"를 하나의 명령("주 너의 하나님을 사랑하라")과 하나의 목적("오직 하나님을 사랑할 때, 너희는 행복을 발견할 것이다")으로 이해했다. 이것이 바로 사도 바울이 "하나님을 사랑하는 자는……모든 것이 합력하여 선을 이루느니라"롬 8:28고 말한 이유다.[31]

다른 기독교 사상가들처럼 아우구스티누스도 행복이 "하나님 닮기" 안에서 발견된다고 믿었다. 그리고 니사의 그레고리우스처럼 그도 하나님 닮기가 신이 된다는 뜻이 아니라, 하나님을 붙잡고 하나님과의 교제 속에서 산다는 뜻임을 잘 알았다. 우리가 하나님께 더 가까이 갈수록, 우리는 그의 생명과 빛과 성결로 충만해진다. 하지만 펠라기우스^{Pelagius}의 도전 때문에, 아우구스티누스는 기독교적 삶의 원천에 대해 보다 체계적으로 생각해야만 했다. 그의 저작들은 어떻게 인간이 하나님에게로 돌이켜서 선을 꼭 붙들 수 있는지에 대해 깊이 주목한다. 또한 그는 다른 이들보다 더 그리스도인 삶의 끈질긴 내적 갈등에 대해 인식하고 있다. "이 도덕 생활에서 개인이 육체적·성적 상상력의 안개를 걷어치우고, 변함없는 진리의 밝은 빛을 소유할 수 있으며, 일반적인 삶의 방식에서 완전히 벗어나서 흔들림 없는 일관된 정신으로 그것을 붙들 수 있다고 생각하는 사람, 그런 사람은 자신이 추구하는 것이 무엇인지, 그리고 그것을 추구하는 그 자신이 누구인지도 이해하지 못하는 것이다."[32] 이런 이유로 십계명, 산상수훈, 자유의지는 한 사람을 덕스럽게 만드는 데 충분하지 못하다. 사람은 선을 사랑하고 그 안에서 기뻐하며, 사랑의 밧줄로 하나님께 묶여 있어야 한다.

아우구스티누스는 도덕적 주제들에 대해 여러 편의 글을 썼다. 하지만 기독교적 삶에 대한 그의 생각이 형태를 갖춘 것은 펠라기우스, 그리고 그것보다 좀 더 적게는 마니교도들과의 논쟁을 통해서다. 펠라기우스에게 덕의 실천은 자유로운 선택, 곧 옳고 그름을 선택할 수 있는 인간의 능력에 달려 있다. 그 의지가 십계명과 예수의 가르침을 받을 때(자유의지와 십계명은 하나님의 선물이며, 그래서 은총의 역사다), 인간은 덕스럽게 살 수 있다. 그의 주장에 따르면, 만일 예수께서 인간이 완전해야 한다고 가르쳤다면 그 완전은 우리 손안에 있어야 한다. 사실, 구약의 어떤 성인들은 완전한 삶을 살았다. 예를 들어 욥의 경우, 성경이 그를 "온전하고 정직한 사람"이라고 불렀다[욥 1:8].

물론, 아우구스티누스는 펠라기우스와 그의 추종자들에 대항하여 여러 권의 책을 저술했다. 하지만 그의 중심 논지는 『영과 문자에 관하여』라는 논문의 한 날카로운 문단에서 포착된다. 펠라기우스에 반대하여 그는 자유의지와 십계명 이상의 어떤 것이 필요하다고 주장했다. 우리는 안에서부터 변해야 한다. 그리고 그런 일은 오직 우리가 성령을 받을 때에만 일어난다. 성령의 독특한 사역은 하나님에 대한 사랑을 가능하게 하는 것이기 때문이다. 마음이 "창조주를 붙잡겠다는 열망으로 불타오를 때", 사람은 선을 행하고 그것을 고수할 수 있다. "마음이 기쁨과 사랑으로 충만하지 않다면, 헌신과 선은 존재하지 못한다." 아우구스티누스의 논의를 형성했던 두 개의 성경 본문은 시편 73:28 "하나님께 가까이 함이 내게 복이라"와 로마서의 한 구절, "우리에게 주신 성령으로 말미암아 하나님의 사랑이 우리 마음에 부은 바 됨이니"⁵:⁵이다. 근대뿐 아니라 고대의 다른 주석들과도 달리, 아우구스티누스는 우리를 향한 하나님의 사랑이 아니라 하나님을 향한 우리의 사랑을 언급하기 위해 고집스럽게 로마서 5장을 선택한다. 특이하지만, 그의 해석은 그럴듯하다. 5:3-4에서 바울은 믿음의 결과를 설명하기 위해 도덕적 용어들을 사용한다. "환난은 인내를, 인내는 연단을, 연단은 소망을 이룬다." 사도 바울의 문장 "하나님의 사랑이 우리 마음에 부은 바 됨이니"는 사랑이 우리가 받아서 우리의 것이 되는 어떤 것이라고 알려준다. 반복해서 아우구스티누스는 이 로마서의 본문으로 돌아가며, 그의 요점은 항상 동일하다. 즉, 우리를 하나님께 향하게 하고, 우리를 하나님께 가까이 이끄는 사랑은 성령의 은사다. "사랑을 통해서 우리는 하나님과 일치되고, 이 일치, 이러한 변화는······성령의 역사다."³³

아우구스티누스에게, 성령에 의해 우리 가슴에 부어진 사랑은 영혼의 운동, 의지의 에너지, 우리가 덕의 항해를 떠나 선을 붙잡도록 이끄는 바람이다. 그의 글에 의하면, 덕은 "다른 것이 아니라 하나님에 대한 완전한 사랑"이며, 오직 사랑 안에서 완전해질 수 있다. 그렇다면 덕은 사랑의 형식으로 이해될 수 있다. 절제는 "사랑의 대상에게 자신을 온전히 줄 수 있는 사랑"으로 이해될 수 있고, 용기는 "사람이 사랑하는 것을 위해 모든 것을 참을 수 있는 사랑"이며, 정의는 "사랑의 대상만을 섬기고", 신중은 "사랑을 방해하는 것과 돕는 것을 지혜롭게 구별하는 사랑"이다. 틀림없이, 그런 정의는 다소 인위적이다. 그리고 아우구스티누스가 덕을 사랑의 형식으로 만들기 때문에, 사람들은 그가 덕의 고유한 특징들을 없애 버렸고, 결과적으로 그것을 단 하나의 덕인 사랑으로 대체해 버린 것은 아닌지 의아해 했다.³⁴

토마스 아퀴나스는 아우구스티누스가 기본 덕목을 사랑의 형식으로 붕괴시킨 것에 대해 점잖게 꾸짖었고, 자신의 언어로 재구성하려고 노력했다. 아퀴나스에 따르면, 아우구스티누스가 의미했던 것은 각각의 덕이 "단지 사랑"이라는 뜻이 아니라, 그것들이 어떤 방식으로 사랑에 의존한다는 것이었다.[35] 아퀴나스의 유보 조항들은 근거가 훌륭하며, 각 덕의 독특한 특징을 상세히 제시함으로써 아우구스티누스에게 부족했던 부분을 보충한다. 도덕 신학자로서 아퀴나스는 고전 전통의 망각된 측면들을 복원하고 싶어 했다. 하지만 아우구스티누스는 이런 전통이 그대로 남아 있던 시대에 살았으며, 그것을 성경의 언어와 성경의 하나님께로 방향을 돌리려고 노력했다. 고전 전통은 목적 지향적이었다. 특히 행복이라는 목적을 추구했고, 덕은 도덕 생활의 형식에 대해 구체적으로 말할 수 있는 길을 제공했다. 하지만 삼위의 하나님은 전통적인 의미에서 단지 하나의 목적이 아니었다. 하나님 닮기는 이생에서 성취될 수 있는 하나의 목적이 아니다. 또한 우리가 마지막 장에서 보게 되겠지만, 우리가 추구하는 하나님은 심지어 그분이 발견된 때에도 계속해서 추구되어야 한다. 하나님은 활발하지 않고 소극적인 목적지가 아니다. 그리스도를 보내심으로써, 하나님은 가까이 오시고 새로운 방식으로 인간적 삶을 보여주셨다. 그리고 성령을 보내심으로써, 인간을 자신에게 가까이 끌어오셨다. 하나님은 목적이지만, 동시에 길이다. 옛 부대(아우구스티누스의 용어로)가 유용했지만, 그것은 복음이라는 풍부하고 향기로운 포도주를 담을 수 없었다.

예수는 말씀하셨다. "네 마음을 다하고 목숨을 다하고 뜻을 다하여 주 너의 하나님을 사랑하라"[마 22:37]. 초기 그리스도인들에게 도덕 생활은 종교 생활, 곧 사랑 속에서 하나님을 향한 삶이었다. 덕은 사람의 사랑에 순서를 정하는 것과 관련이 있었다. 그리고 최초이자 가장 위대한 사랑, 다른 모든 사랑에 생명을 불어넣는 사랑은 하나님의 사랑이다. 오직 하나님을 추구할 때, 하나님을 따를 때, 하나님을 붙잡을 때, 덕은 가능하다. 클레르보의 베르나르두스[Bernardus of Clairvaux]가 썼다. "덕이란, 사람이 지속적이고 열정적으로 자신의 창조자를 추구하고, 그분을 발견했을 때 자신의 모든 힘을 기울여 붙잡는 것이다." 덕은 사랑을 위해 작동하며, 사랑을 통해 자신의 위엄과 힘을 얻는다. 이 선이나 저 선을 추구하지 말고 "모든 선의 선"을 추구하고, 사랑 안에서 그것을 붙잡으라고 아우구스티누스가 말한다.[36] 사랑이 하나님께 고정될 때, 덕은 빛이 된다.

12.

영의 삶

감각적 지성의 지식

불변의 출처를 나는 말했어야 했네.
질문은
심지어 동경 속에 남아 있도다.
구절 위에 또 다른 구절이
동의하든 그렇지 않든
한 쌍의 이성과 욕망이
나는 노래하는 상상을 한다네.
나는 제대로 이해하길 상상한다네.
감각적 지성의 지식이
작동하는 것을.
자연스러운 행복을
한때 그것이 잠든 본성을 깨우고
첫 비문의 순수를 알게 했듯이.

제프리 힐

초대교회에서 읽었던 그리스어 역본 아가서에서, 신부가 자신의 연인에게 말한다. "나는 당신의 사랑에 상처 받는다"[아 2:5]. 니사의 그레고리우스는 이것을 신랑의 "화살"이 그녀의 가슴 깊은 곳을 관통했다는 뜻으로 이해했다. 우리의 "내적 존재" 안에 박힌 멋진 화살은 바로 그리스도, 예언자 이사야의 "갈고 닦은 화살"(선택된 화살)[사 49:2]이라고 그가 썼다. 영혼이 그리스도의 사랑이라는 날카로운 화살로 상처 입을 때 그것은 불타오르고, 그 행복한 구절에서 "보답하는 사랑"을 제공한다. 스페인의 위대한 신비가 아빌라의 테레사[Theresa of Avila]는 이런 정서를 수세기 후에 다시 울리게 했다. "사랑은 보답으로 사랑을 요구한다."[1]

마음의 언어를 좋아하는 것보다 기독교 지적 전통의 더 큰 특징은 없다. 아우구스티누스의 『고백록』 서두에 나오는 유명한 구절에서, 하나님 안에서 안식하기까지 안식하지 못하는 것이 인간의 마음이다. 그리고 같은 책의 뒷부분에서, 그는 자신을 하나님께 데려간 것이 바로 사랑이라고 말한다. "하나님의 선물로, 우리는 불이 붙었고, 위로 상승했다. 우리는 더욱 붉게 타오르며 위로 상승했다. 우리의 마음이 상승한다." 『하나님의 도성』의 기억할 만한 구절에서 아우구스티누스는, "마음의 제단에서 타오르는 불꽃"이 "사랑의 타오르는 불"이라고 말한다. 우리는 "사랑으로 우리 진로를 [하나님께] 향하도록 조절한다."[2]

이 책의 첫 장에서 나는 켈수스의 조롱에 대한 오리게네스의 반응을 인용했다. "하나님이 인간에게 내려오신 이유는 무엇이었나?" 오리게네스는 하나님이 "그리스도를 앎으로 도래하는 행복을 우리 안에 심어 주기 위해"

그리스도의 인격 속에서 우리 세계 안으로 들어오셨다고 했다. 오리게네스의 두 단어, "행복"과 "하나님 알기"는 이 책에서 다루어 온 많은 주제들을 함께 모으는 데 도움을 줄 수 있다. 행복을 가져오는 지식은 오직 사랑 안에서만 우리의 것이기 때문이다. 일정한 거리를 통해 얻는 지식, 예를 들어 세상에서 한 대상을 관찰하는 것과 달리, 하나님에 대한 지식은 "그리스도를 통한 하나님과의 친교"다.³ 니사의 그레고리우스가 팔복 중 "마음이 청결한 자는 복이 있나니 그들이 하나님을 볼 것임이요"에서 **보다**라는 단어를 설명하며 보여주었듯이, 교부들은 이 점에서 자신들의 기반을 매우 확신했다. 그레고리우스가 말하듯이, 성경의 용례에서 보다는 **갖다**와 같은 것을 의미한다. 시편 기자가 "너희는 예루살렘의 번영을 볼 것이다"라고 말할 때, 그것은 사람이 예루살렘의 번영을 눈으로 바라볼 것이라는 의미가 아니라 그 사람이 번영을 소유할 것이라는 의미다. 그러므로 "하나님을 보는 자는 존재하는 모든 선한 것을 소유한다." 예수는 "하나님에 대해 무언가를 아는 사람은 복 되도다"라고 가르치지 않았다. 그는 복 받는 것이 "자신 안에 하나님을 소유하는 것", 곧 단지 하나님을 아는 것이 아니라 하나님이 자기를 아는 것이라고 말했다.⁴ 행복은 하나님으로부터 무엇인가를 받는 것이 아니라, 하나님의 현존을 즐거워하는 것, 곧 시편 기자가 "하나님의 얼굴"이라고 부르는 것 안에서 발견된다. 사랑은 우리가 하나님의 얼굴을 구하도록 감동시키는 하나의 인간적 재능이다.

『신곡』'천국편'*Paradiso*에서 단테가 베아트리체에게 왜 하나님은 "우리의 구원을 위해 정확히 이런 길", 곧 성육신을 의도하셨느냐고 묻는다. 베아트리체는 단테에게 "자신이 지금 그에게 설명하려는 것이 사랑의 불꽃 속에서 지성이 성숙하지 못한 사람에게는 가려져 있다"고 상기시켜 주면서 자신의 답변을 시작한다.⁵ 만일 우리가 사랑의 대상에게 자신을 투신하지 않으면, 우리는 결코 주고 싶어 하지 않기 때문에 받지도 못하고, 관음증 환자나 구경꾼, 호기심 추구자로 남는다. 하나님에게 모순은 신성모독이다. 오직 우리가 자신의 가장 깊은 자아를 하나님께로 향할 때, 우리는 하나님의 생명의 신비 속으로 들어갈 수 있으며 사물의 진리를 관통할 수 있다. 사랑이 부재하면 우리 마음은 진리를 단단히 붙잡지 못하고, 오직 한 가지씩만 시도하면서 유치하고 미성숙한 채로 남는다. 단테가 말했다. 인간은 "지성과 사랑을 가진" 피조물이라고.[6] 이 마지막 장의 주제는 사랑임에 틀림없다.

아가페와 에로스

비록 사랑의 언어가 성경에 스며들어 있지만, 교회사 초창기에는 그것이 어떻게 이용되고 이해되어야 하는지가 명확하지 않았다. 그리스어(그리고 라틴어)에는 사랑에 해당하는 여러 단어들이 있다. 흔히 아가페^{agape}라고 음역되는 단어는 자선, 타자에 대한 돌봄을 의미하며, 반면 에로스^{eros}는 성적 사랑을 의미한다. 그리고 제3의 단어, 필리아^{philia}는 우정을 뜻했다. 하지만 이 몇 가지 단어 사이의 경계선은 유동적이며, 그 의미도 단어 자체보다 문맥에 의해 결정된다. 『아가서 주석』에서 오리게네스는 성경이 "자신의 독자들 안에서 도덕적 실패가 발생하지 않도록" 사랑에 대해 이야기할 때, 에로스보다 아가페를 선호한다는 사실에 주목했다. 하지만 에로스 대신 아가페란 단어의 출현은 이따금 시대착오적이다. 창세기에서 이삭은 "리브가를 택했고, 그녀가 그의 아내가 되었으며, 그는 그녀에게 관대했다"(그녀를 아가페로 사랑했다). 물론 여기에서 의미한 것은 자선이 아니라 성적 사랑이다. 비슷하게, 성경이 라헬에 대해 "하지만 라헬은 용모가 곱고 아리따웠다. 그래서 야곱은 그녀에게 관대했다"$^{창 29:17}$라고 말할 때, 작가는 성적 사랑(에로스)에 대해 이야기하는 것이다. 오리게네스에 따르면, 성경은 예민한 독자들을 불쾌하게 만들지 않으려고 에로스라는 단어를 꺼린다.

하지만 성욕이나 성적 사랑이라는 단어가 영적 문제에 관해 사용된 예들이 몇 가지 있다. 잠언에서 지혜에 대해 이런 구절이 있다. "그를 열정적으로 사랑하라[즉, 그를 에로스로 사랑하라]. 그가 너를 지키리라. 그를 품으면, 그가 너를 영화롭게 하리라."잠4:6-8. 그리고 솔로몬의 지혜서에 이런 구절이 나온다. "나는 그의[지혜의] 아름다움의 열정적 연인이 되었다"8:2. 오리게네스는, 비록 아가페가 성경에 훨씬 자주 나오지만 성경은 두 단어를 모두 용납한다고 말한다. 그리고 아가페가 사용된 몇 가지 경우, 그것은 에로스를 의미한다고 주장한다.[7] 그는 에로스란 단어를 기독교에서 사용할 수 있도록 길들이는 방법을 찾기 위해 노력한다. 심지어 기독교 역사에서 이처럼 이른 단계에, 가장 영민한 사상가 중 한 사람이 하나님과의 관계에서 아가페보다 더한 무엇인가가 요청된다는 사실을 감지했다.

우리가 이 책 여러 곳에서 살펴보았듯이, 초기 기독교 사상은 로마 사회에서 유행했던 철학 사상들과 직접 대화를 시도했다. 어떤 경우에는, 어떻게 하나님이 알려졌는가에 대해서처럼, 그리스도인들이 전통적인 견해들을 날카롭게 비판했다. 기본 덕목처럼 과거의 지혜를 환영하기도 했다. 그들이 적절하다고 생각했던 방식으로 그것을 채용하고 교정하면서 말이다. 사랑이라는 단어에 대해 토론할 때, 오리게네스는 성경사전학을 연습하는 것 같은 인상을 준다. 하지만 논점은 문헌학적인 것이 아니라 철학적이고 신학적이었다. 성경 언어에 대한 그의 해석은 사실 도덕 생활에서 열정의 역할에 대한 철학적 토론을 다루었다.

스토아학파에 따르면 덕의 삶은 열정들, 곧 두려움, 분노, 시기, 그리고 인간이 원치 않는 목적을 향해 이성과 반대로 행동하도록 부추기는 열정적 사랑처럼 통제되지 않는 내적 충동으로부터의 분리를 요구했다. 현인들은 전적으로 자기 충족적이 되려고, 그리고 사람이 선하고 고귀한 것을 추구하지 못하도록 방해하는 무질서한 충동으로부터 자유롭게 되려고 노력한다.

영혼의 평온은 지혜의 징표다. 결과적으로, 사람이 덕스럽게 살고 싶다면, 열정은 조절되거나 통제되는 것이 아니라 뿌리 뽑거나 (스토아학파의 언어로 말하면) 박멸되어야 한다. 근대 학문은 열정에 대한 스토아학파의 설명이 흔히 그들의 것으로 간주되는 견해보다 훨씬 더 섬세하다는 것을 보여주었다. 하지만 고대에는 그어진 선이 분명했고, 그리스도인들은 자신들이 스토아학파의 편을 들 것인지, 아니면 그들에 대항해서 지적 무기를 들 것인지를 선택해야 했다.[8]

일부 기독교 사상가들은 스토아학파의 견해에 매료되었고, 예수가 열정에서 자유롭게 된 삶, 곧 고대인들이 아파테이아(열정에 대한 무관심)*apatheia* 라고 불렀던 것의 모범이었다고 생각했다. 알렉산드리아의 클레멘스는 예수께서 고통과 고난을 지배하심으로써 자신이 열정을 초월했다는 사실을 보여주었고, 그의 제자들은 주님의 가르침과 모범을 따름으로써 "강력한 극기" 속에 사는 법을 배웠다고 말했다. 그리스도처럼 그들도 분노, 공포, 성욕을 극복할 수 있었을 뿐 아니라, 열의와 희열 같은 감정에 무관심해지는 법을 배웠다. "아파테이아는 욕망을 완벽하게 제거한 것의 열매다." 다른 작가들은 클레멘스와 비슷한 입장을 채택했다. 가장 영향력 있는 인물 가운데 한 명은 수도원의 작가, 에바그리우스 폰티쿠스*Evagrius Ponticus*였다. 그의 견해에 따르면, 영적 성장의 주된 방해물은 "사상들"이었다. 정신을 혼란스럽게 하고 정신이 하나님을 묵상하지 못하도록 유혹하는 혼란스러운 이미지들 말이다. 에바그리우스에게 그런 사상들은 열정, 주로는 욕망과 분노와 연관이 있었다. 이렇게 다루기 어려운 충동들이 길들여질 때에만, 우리는 아파테이아의 목적을 성취할 수 있다. 아파테이아는 "건강한 영혼", 곧 혼란스런 감정에서 벗어난 영혼의 징표다.[9]

하지만 기독교 사상가들이 아파테이아를 삶의 목적으로 변호할 때도, 그들은 사랑의 언어를 피할 수 없었다. 위에서 인용한 클레멘스의 글에서 그는 사도들을 스토아학파 현자의 모습으로 가장하여 제시한 후, 거의 여담처럼, 그 어떤 것도 성숙한 그리스도인을 "하나님을 향한 사랑"에서 떼어 놓을 수 없다고 덧붙인다. 참된 그리스도인은 "항상 하나님을 사랑하고, 그분을 향해 있기 때문이다." 아마도 사람들은 어떻게 사랑이 무관심의 문제가 될 수 있느냐고 물을지도 모른다. 그의 다른 저서들에서처럼, 여기서도 클레멘스의 철학적 본능이 그를 한쪽 방향으로 이끌어 간다. 반면 성경의 언어와 논리는 그에게 다른 곳을 가리킨다. 심지어 에바그리우스에게도, 사랑은 "아파테이아의 자손"이다. 아파테이아라는 스토아적 개념은 온 마음을 다해 하나님을 사랑하라는 성경적 명령과 쉽게 공존하지 못하며, 신자에게 지혜를 열망하거나 하나님을 갈망하라고 요구하는 성경의 구절들과 쉽게 화해하기 어렵다. 희락, 감사, 슬픔, 애정, 열망, 공포, 심지어 분노 같은 감정에 대한 빈번한 언급은 말할 것도 없이 말이다. 18세기 미국의 신학자 조나단 에드워즈[Jonathan Edwards]가 종교적 감정에 대한 그의 책에서 썼듯이, "성경은 모든 곳에서 종교를 공포, 희망, 사랑, 증오, 욕망, 환희, 슬픔, 감사, 동정, 그리고 열의 같은 감정에 둔다."[10]

분노 없이 덕도 없다

3세기 무렵, 몇몇 기독교 사상가들은 이미 성경에 기초하여 도덕 생활에 대한 전통적인 스토아적 표현에 의문을 던지기 시작했다. 첫 번째 사람은 비교적 덜 알려진 락탄티우스[Lactantius]라는 이름의 라틴 작가였다. 그는 우아한 라틴어 산문을 썼기 때문에, 때때로 기독교의 키케로라고 불렸다. 락탄티우스는 3세기 말에 살면서 몇 편의 책을 썼는데, 그중 하나는 로마 세계의 교양 있는 엘리트들에게 기독교를 광범위하게 변호했다. 그는 오리게네스나 아우구스티누스의 깊이를 갖추지 못했다. 하지만 어떤 문제들에 대해서는,

그의 통찰력이 대단히 탁월했다. 그는 다른 사람들이 놓쳤던 것을 날카롭게 포착했다. 그는 서양 문화에서 종교에 근거하여 종교의 자유를 옹호했던 최초의 사상가였다. "어떤 것도 종교만큼 의지의 자유를 요구하지 않기 때문에" 종교는 자발적이어야 한다.[11] 또한 그는 『하나님의 진노에 관하여』On the Wrath of God라는 제목의 훌륭한 책을 저술했다. 이 책은 하나님의 무감각에 대한 철학적 전제에 반대했다. 성경에 따르면 하나님은 사랑과 분노로 움직인다고 그가 말했다.

락탄티우스는 스토아학파가 열정을 거부함으로써 도덕 생활을 쓸모없게 만들었다고 생각했다. 스토아학파는 "자비, 욕망, 공포를 영혼의 질병"이라고 부른다.[12] 하지만 팔복을 보면 예수는 자신의 추종자들에게 자비로우라고 촉구한다. "긍휼히 여기는 자는 복이 있나니 그들이 긍휼히 여김을 받을 것임이요."마5:7 비록 락탄티우스가 성경을 인용하면서 자신의 논의를 시작하지만, 주장이 전개되면서 그가 인간 행위에 대해 철학적 비판을 사용한다는 사실이 분명해진다. 스토아 교리의 주된 실패는 영혼을 움직여서 행동하게 하는 것이 무엇인지 제대로 설명하지 못한다는 것이었다.

락탄티우스가 잘 알고 있었듯이 "움직인다"라는 단어는 아리스토텔레스에게서 유래했고, 고대 도덕철학에서 존경할 만한 족보를 갖고 있었다. 자신의 논문 『동물의 운동』The Movement of Animal Beings에서 영혼의 운동을 논의하면서, 아리스토텔레스는 모든 운동이 생각과 욕망으로 환원될 수 있다고 주장했다. 행동에 대한 개념이 없다면, 우리는 우리가 무엇을 해야 하는지를 모른다. 하지만 욕망이 없다면, 우리가 생각하는 것으로 우리를 끌고 가는 내적 운동이 없다면, 행동은 없을 것이다. "운동의 가장 가까운 이유는 욕망이다"라고 아리스토텔레스가 썼다. 인간 행동에 대한 이런 설명에 의지하여 락탄티우스는 스토아학파가 "모든 감정(이것의 충동으로 영혼이 움직인다), 곧 욕망, 기쁨, 공포, 슬픔을 인간에게서 빼앗았다"고 주장했다. 한 가지 이유 때문에,

이 감정들이 하나님에 의해 우리 안에 심어졌다. 그리고 이 감정들이 없다면, 덕스럽게 사는 것이 불가능하다. 분노조차 적절하게 사용된다면 덕에 기여할 수 있다. 놀라운 한 구절에서 락탄티우스는 다음과 같이 주장한다. "분노가 없다면, 덕도 있을 수 없다."[13]

비록 성경의 영감을 받았지만, 스토아학파에 대한 락탄티우스의 비판은 그리스와 로마 철학자들이 닦아 놓은 길을 따라 움직인다. 하지만 4세기에 니사의 그레고리우스는 이 주제를 다시 선택하여, 더 심오한 이슈, 곧 "어떻게 인간이 하나님을 알고 하나님과 가까이 지낼 수 있는가?" 하는 문제와 연결시켰다. 열정에 대한 그의 논의는 도덕 심리학에서 다루어지지만, 신학적 의제로 취급된다. 그레고리우스의 견해에서, 열정은 하나님의 사랑을 위해 길을 예비한다.

사랑은 결코 끝나지 않는다

고대에 열정은 인간의 근본적인 두 가지 충동, 곧 욕망과 공포에서 기원하는 것으로 이해되었다. 욕망은 우리가 갖지 못한 무언가를 소유하고 싶은 열망이며, 공포는 우리가 원하지 않는 것에 대한 반감이다. 이 두 가지 열정에 우리가 원하는 것의 소유인 기쁨, 그리고 우리가 두려워하는 것을 경험해야 하는 슬픔이 추가되었다. 네 개의 기본 덕목(신중, 정의, 용기, 절제)이 있었던 것처럼, 네 개의 기본 열정(욕망, 공포, 기쁨, 슬픔)이 있다. 열정은 일차적으로 육체의 욕망(예를 들어, 허기나 갈증이나 정욕)을 가리키는 것이 아니라 영혼과 관계가 있으며, 그런 의미에서 지적이다. 시기와 질투 같은 감정이 육체적 충동이 아니라 태도인 것처럼 말이다.

그레고리우스는 그 두 가지 근본적 열정(욕망과 공포)이 영혼에 고유한 것인지 묻는다. 그것들이 인간 본성의 일부, 곧 창조 때에 주어진 것인가?

아니면 죄 때문에 생긴 것인가? 그레고리우스는 인간이 열정으로 창조된 것이 아니라고 믿지만(그의 글에서 그것들은 "인간 본성과 동일한" 것이 아니다), 분명히 그런 답이 불편했다. 다소 믿을 수 없지만, 그는 모세를 열정을 극복했던 하나님의 거룩한 사람의 한 예로 제시한다. 이것은 출애굽기 32:19을 무시한 것으로, 여기서 모세는 황금송아지 숭배에 크게 노했다. 하지만 그의 더욱 놀라운 예는 하나님을 기쁘게 하는 방식으로 열정을 사용했던 성경의 인물들이다. 먼저는 비느하스다. 그는 미디안 여인들과 결혼했던 이스라엘 백성에게 분노가 타올랐을 때, 하나님을 기쁘게 했다고 전해진다[민 25:11]. 그리고 다니엘은 그리스어 성경에서 "욕망의 사람"으로 불린다[단 9:23, 10:11, 19]. 더욱이 성경은 경외가 지혜의 시작이며[잠 9:10], 근심이 구원으로 이끈다고 말한다[고후 7:10]. 따라서 감정은 그 자체로 선하거나 악한 것이 아니라, 선하거나 악한 목적을 위해 기여할 수 있는 "영혼의 충동"이다. 그것이 성도들을 움직여 "선을 선택"하게 한다면 칭찬받아야 한다. 반면 그것이 사람을 악으로 이끌 때는 열정이라고 불린다. 모든 것은 그것이 지향하는 목적에 달려 있다.[14]

그레고리우스는 욕망·정욕(desire)이라는 단어가 흔히 성경에서 부정적인 느낌을 전달했다는 사실을 알았다. 예를 들어, 사도 바울은 "그리스도 예수의 사람들은 육체와 함께 그 정욕과 탐심을 십자가에 못 박았느니라"[갈 5:24]고 기록한다. 하지만 그레고리우스는 그것이 사랑과 유사하기 때문에, 그 단어를 버릴 수 없었다. 그는 단호하게 말한다. "우리는 마치 밧줄에 끌리듯이, 욕망(정욕)에 의해 하나님께 인도된다." 영혼이 하나님의 아름다움을 슬쩍 볼 때, 그것은 더 많은 것을 보고 싶어 한다. 그레고리우스의 저서들은 하나님에 대한 열망을 묘사하는 수많은 이미지로 가득하다. 또 다른 입맞춤을 요구하는 연인, 달콤함을 맛볼 때만 만족할 수 있는 사람, 벼랑 끝에 서서 광대한 공간을 바라볼 때 느끼는 현기증 등이다. 심지어 하나님과 얼굴을 마주보고 이야기를 나누었던 모세[신 34:10]도 만족하지 못했다. "그는 마치 한 번도 하나님을 본 적이 없는 것처럼 하나님을 찾았다. 동일한 방식으로, 마음속에 하나님에 대한 열망이 깊이 박힌 모든 사람은 계속 더 많은 것을 열망하게 된다. 하나님 안에서 경험하는 모든 기쁨은 훨씬 더 강력한 욕망의 촉매가 된다."[15]

그레고리우스의 경우, 이 끊임없는 열망은 하나님의 무한한 아름다움과 영광 속에 자신의 원천을 가지고 있으며, 그것이 현존하는 곳에서 사람은 결코 약해지지 않는다. "이런 상승 과정에서 우리를 이끄는 아름다움에 대한 모든 욕망은 영혼이 그것을 향해 전진할 때 강화된다. 이것이 바로 하나님을 본다는 것의 의미다. 결코 이 욕망을 만족시킬 수 없다.······하나님을 향한 우리의 전진에는 어떤 한계도 설정될 수 없다. 첫째, 아름다움에는 어떤 한계도 설정될 수 없기 때문이며, 둘째는 우리의 욕망이 증가할수록 결코 만족을 찾을 수 없기 때문이다."[16] 하나님은 공간이나 시간에 매이지 않으므로, 하나님에 대한 욕망은 이 세상의 사물들에 대한 욕망과 같지 않다. 예를 들어 우리가 음식이나 음료를 원하고, 원하던 그것을 얻으면, 우리의 욕망은 멈춘다. 흔히 우리의 즐거움은 기대에 미치지 못한다. 그래서 만족의 순간에 우리는 다른 것을 욕망하기 시작한다. 하지만 하나님을 보고 싶어 하는 우리의 열망은 오직 하나님을 더 많이, 더 친밀히 알 때만 만족될 것이다. 더 많이 알수록, 우리는 더 많이 알고 싶어 한다.

그래서 열망이나 에로스는 우리를 하나님께 가까이 데려간다. 하지만 그레고리우스는 자신의 논문 『영혼과 부활에 관하여』에서 인정하듯이, 욕망만이 우리를 움직인다면 자신의 주장이 내적으로 충돌할 수밖에 없다는 사실을 깨달았다. 그는 열정이 타락의 결과로 생겨났다고 주장했다. 욕망은 탐욕스럽고 자기중심적이며, 우리가 추구하는 목적보다 우리의 필요와 쾌락에 더 많은 영향을 받는다. 그래서 그레고리우스는 우리가 하나님의 현존을 경험할 때 욕망이 사랑에게 양보하고, 이전에 욕망에 의해 추구되던 것이 이제는 사랑에 의해 소유된다고 말한다. 영혼이 더욱 밀접하게 하나님과 일치할수록 그 영혼의 모든 옛 습관도 "사랑의 내적 기질"과 일치하게 되며, 그 사랑에 의해 영혼은 아름다움에 애착을 갖게 된다. 바로 이것이 사도 바울이 "사랑은 결코 멈추지 않는다"고 말했던 이유라고 그레고리우스는 말한다. 사람은 존재하지 않는 것을 소망하고, 믿음은 "소망하는 것들에 대한 확신"과 관계가 있다. 하지만 약속이 성취될 때에도 "사랑은 계속 작동한다." 사랑은 덕 중에서 우위를 차지하며, 모든 계명 중에서 첫째다.[17]

사랑은 오직 사랑의 대상에 맞추어 자신을 지속적으로 형성한다. 그는 묻는다. "만일 우리가 사랑을 빼앗긴다면, 어떻게 우리가 하나님과 연합할 것인가?" 욕망은 쉼 없는 활동이며, 사람이 갈망하지만 소유하지 못하는 무언가에 대한 열망이다. 사랑은 비록 열정적이지만, 자신 안에 사랑의 대상이 현존할 때 경험하는 기쁨 때문에 휴식과 만족의 순간도 지닌다. 욕망은 부재를 먹고 살며, 사랑은 현존에 기대어 산다. 사랑과 함께 기쁨, 평화, 행복, 경이로움이 도래한다. 그레고리우스는 하나님에 대한 관상을 땅에서 솟아나는 우물을 바라보는 한 남자에 비유하면서 보다 생생한 이미지로 묘사한다.

> 당신은 그 우물에 가까이 가면서, 끝없이 물이 솟아나는 것을 보고 깜짝 놀랐을 것이다. 하지만 당신은 자신이 모든 물을 봤다고 말할 수는 없었다. 땅속에 무엇이 숨겨져 있는지를 당신이 어떻게 알 수 있었겠는가? 그래서 당신이 아무리 오랫동안 우물가에 앉아 있어도, 당신은 물이 솟아나는 것을 보기 시작할 뿐이다.……하나님의 무한한 아름다움에 시선을 고정시킨 사람도 이와 같다. 그것은 계속해서 새로 발견되고 있으며, 그것은 항상 그 마음이 이미 이해했던 것과 비교할 때 새롭고 낯선 어떤 것으로 보인다. 그리고 하나님이 계속 자신을 보여주시기 때문에, 그 사람은 계속 놀란다. 그리고 그는 더 많이 보고 싶다

는 자신의 욕망을 결코 멈추지 못한다. 그가 기다리고 있는 것이 항상 자신이 이미 본 어떤 것보다 더 위대하며 더 거룩하기 때문이다.[18]

하나님은 항상 새롭다. 그리고 우리가 하나님 집의 풍성한 삶에 거하도록 허락하는 것은 오직 사랑뿐이다. 하나님에 대한 지식은 어떤 이상하고 낯선 실재를 잠시 슬쩍 쳐다보는 것이 아니라, 끊임없이 연인을 변화시키는 깊고 불변하는 기쁨이다. 그레고리우스는 이렇게 썼다. "사랑의 운동과 활동을 통해 영혼은 [선에] 집중하고 그것과 뒤섞이며, 지속적으로 포착되고 새롭게 발견되는 것에 자신을 맞춘다." 사랑에 의해 우리는 하나님 안에 거하고, 하나님은 우리 안에 거하신다. 그리고 우리가 그분을 사랑하면서 알게 되고, 우리는 우리가 안다고 생각했던 것이 실제로는 아는 것이 아니며, 우리가 몰랐던 것을 이제는 안다는 사실을 깨닫는다. 그레고리우스는 사도 바울의 말에서 이 구절을 즐겨 인용한다. "만일 누구든지 무엇을 아는 줄로 생각하면 아직도 마땅히 알 것을 알지 못하는 것이요 또 누구든지 하나님을 사랑하면 그 사람은 하나님도 알아주시느니라."고전 8:2-3.[19]

내세에서의 사랑과 기쁨

초대교회에서 논쟁을 촉발했던 거의 모든 주제들이(그러지 않았던 많은 주제들도) 아우구스티누스의 『하나님의 도성』 어딘가에 나타난다. 거기에서 아우구스티누스는 기독교적 삶에서 감정의 주제도 다루는데, 그의 논리는 한 세기 전의 락탄티우스와 한 세대 먼저 살았던 그레고리우스가 밑그림을 그렸던 길을 따라 이동했다. 사실, 그 주제는 락탄티우스의 경우와 동일한 용어들로 그에게 다가왔다. 성경의 관점에서 기독교 사상가는 스토아학파가 열정을 거부했던 것으로부터 무엇을 만들어 낼 수 있을까? 락탄티우스처럼 아우구스티누스도 철학자들이 그 주제에 대해 입장이 나뉘어졌음을 알았다. 그래서 그는 먼저 감정이 이성에 의해 규제될 수 있다는 플라톤주의자들과 아리스토텔레스주의자들의 견해를, 그 다음에는 감정이 현인의 삶에서는 거할 자리가 없다는 스토아학파의 견해를 각각 서술한다. 하지만 아우구스티누스는 각 학파들 사이의 차이점이 주제 자체보다 정의(定義)와 더 관계가 깊다고 생각한다. 왜냐하면 모두 "감정의 독재에 대항하여 정신과 이성을 지지하기" 때문이다. 그는 자신의 주장을 충분히 납득시키기 위해 베르길리우스의 글에서 한 구절을 인용한다. "그의 정신은 감동을 받지 않고, 눈물은 헛되이 흐르도다."[20]

하지만 아우구스티누스의 비판의 주된 대상은 스토아 철학자들이며, 비판의 출발점은 성경의 언어다. 락탄티우스처럼 그도 동정[compassion]이라는 단어를 택해서, 스토아학파가 이 감정을 약한 자들의 정서로 정죄했다며 꾸짖는다. 아우구스티누스는 감정이 선한 목적을 지향한다면 정말로 타당한 것이라고 응수한다. 어떤 사람이 위험에 처해 있어서 재빨리 도와줄 때, 왜 우리는 방해를 받지 말아야 하는가? 이 질문은 사람이 화가 나거나 슬프거나 두려운가에 관한 것이 아니라, 그 이유에 관한 것이다. 모든 것은 대상에 따라 달라진다. 이러한 이유로, "하나님의 거룩한 도성의 시민들"인 그리스도인은 "두려움과 욕망, 고통과 기쁨" 같은 감정이 그들의 삶에서 영예로운 지위를 차지한다고 믿는다. 만일 "그들의 사랑이 옳다면, 그들 안에서 감정도 옳다."[21]

아우구스티누스는 성경에서 적절한 예를 발견한다. 영벌을 두려워하고 영생을 열망하는 것, 죄를 두려워하고 믿음 안에서 인내하기를 원하는 것은 옳다. 예수께서 말씀하셨다. "불법이 성하므로 많은 사람의 사랑이 식어지리라"[마 24:12]. 그리고 성경은 사람이 선한 일을 행할 때 "기쁨을 느낀다"는 점을 분명히 한다. "하나님은 즐겨 내는 자를 사랑하시느니라"[고후 9:7]고 성경에 기록되었기 때문이다. 그는 바울을 기뻐하는 자와 더불어 기뻐하고, 내부의 두려움으로 고통을 당했으며, 세상을 떠나서 그리스도와 함께 있기를 열망했던 사람으로 언급한다. 바울은 로마에 있는 그리스도인들을 보고 싶어했으며, 고린도에 있는 신자들에게 질투를 느꼈고, "마음속의 고통"과 슬픔을 경험했다. 아우구스티누스의 논지는 분명하다. 감정 없이 성숙한 그리스도인의 삶을 사는 것은 불가능하다. 심지어 성자들도 감정과 태도와 느낌에 감동을 받아 행동한다. 그래서 그는 "선에 대한 사랑과 거룩한 자선에서 기원하는 감정과 느낌"은 스토아학파가 주장하는 것처럼 "병들거나 무질서한 감정"이 아니라 덕이라고 결론을 내린다. 심지어 주님도 그렇게 해야만 했을 때에는 인간적 감정을 노출하셨다.[22] 영혼의 변화는 의지가 선을 향해 움직이게 하는 행동의 원천이다.

특정한 감정들, 예를 들어 두려움과 슬픔은 이 땅의 삶에서 꼭 필요하다. 어린 망아지처럼 그것들이 이성에 의해 규제되지 않는다면, 통제를 벗어나 난리를 칠 것이다. 이런 감정들에 대해, 감정으로부터의 분리를 뜻하는 아파테이아는 내세에서 중요한 위치를 차지한다. 하지만 그 누구도 일체의 감정으로부터 자유롭게 되는 것이 목적이라고 주장할 수 없다. 오직 진리와 완전히 단절된 사람만이 사랑과 기쁨은 내세에서 아무런 자리도 얻지 못할 것이라고 말할 것이다. 왜냐하면 오직 사랑 안에서만 우리가 하나님의 현존을 누릴 수 있기 때문이다. 아우구스티누스는 그레고리우스가 끝냈던 바로 그 자리에서 끝낸다. "우리 발이 아니라 감정으로 나아오자. 한곳에서 다른 곳으로 이동하는 것이 아니라, 오직 사랑으로 나아오자.······누군가가 마음으로 움직일 때, 그는 마음의 움직임을 통해 자신의 감정을 바꾼다."[23]

사랑이라는 복된 감정

영의 문제에 대해, 고백자 막시무스는 오직 경험만이 줄 수 있는 확신으로 글을 쓴다. 그의 언어는 아우구스티누스보다 더 학자적이지만, 아우구스티누스처럼 자신이 알고 있는 것에 대해 이야기한다. 그리고 그가 알고 있던 것은 하나님이 오직 사랑 속에서만 알려질 수 있다는 것이다. 여기서 막시무스의 생각은 더욱 깊게 흐르고, 그는 영적 대가의 권위로 감정에 대해 이야기한다. 기독교 사상에서, 감정은 가장 먼저 다루어야 할 문제다. 그의 가장 중요한 책 중 하나인 『탈라시우스에 대한 질문』^{Quaestiones ad Thalassium}은 성경의 난해한 본문들에 대한 통찰력 있고 독창적인 해석이다. 이 책 서두에서 막시무스가 설정했던 첫 번째 질문은 그 이전의 작가들을 괴롭혔던 것으로서 다음과 같다. "감정은 악한가? 아니면 사용함으로써 악하게 되는 것인가?"

그레고리우스처럼, 막시무스도 감정이 본래 인간 창조의 일부가 아니었다고 믿었다. 하지만 그런 대답은 너무나 불완전해서 사람들에게 오해를 초래할 수 있다. 감정의 움직임 없이 덕스러운 삶 자체가 존재할 수 없으며, 우리를 하나님께 엮어 주는 사랑 없이 우리는 결코 하나님과 지속적인 관계를 유지할 수 없기 때문이다. 그래서 그는 다음과 같이 그 질문에 대답한다. "감정이 세상의 것으로부터 신중하게 등을 돌리고 하늘의 것을 소유하는 일에 헌신할 때, 경건한 사람 속에서 감정은 선해진다." 막시무스는 말한다. "욕망은 우리를 거룩한 것들, 곧 하나님께로 이끄는 만족할 줄 모르는 영적 운동을 가능하게 하며, 기쁨은 거룩한 은사에 단단히 붙어 있는 정신의 활동에서 기원하는 고요한 환희가 된다." 막시무스의 언어는 비전통적이다. 하지만 그의 요점은 독창적이다. "열정 없는" 지식은 정신을 하나님께 묶지 못한다. 사랑은 "믿음에 실재"를 부여하며 "소망을 현존하게 만든다."[24]

막시무스는 두 가지 부정적인 감정, 곧 두려움과 슬픔도 언급한다. 하지만 그의 논의를 관통하는 묵직한 공기는 긍정적 감정, 곧 우리를 하나님께 인도하는 욕망과 하나님 안에서 경험하는 기쁨이다. 악에서 벗어나는 움직임은 항상 하나님을 향한 움직임이기 때문이며, 인간 생활의 목적은 하나님의 현존을 누리는 것이기 때문이다. 감정이 없다면 인간은 "덕과 지식을 강하게 붙잡지 못할" 것이며, 오직 홀로 즐거움의 대상이 되시는 분과의 관계가 늘 불안하고 불규칙할 것이기 때문이다. 이러한 견해에 대한 성경적 근거로서, 그는 고린도후서 10:5을 인용한다. "하나님 아는 것을 대적하여 높아진 것을 다 무너뜨리고 모든 생각을 사로잡아 그리스도에게 복종하게 하니." 막시무스는 바울의 "생각"을 통제되지 않는 감정으로 이해한다. 그래서 바울이 말하는 것은 감정이 적절하게 사용될 때, 곧 그것이 하나님께 복종할 때, "선하게 된다"는 것이다. "우리 안에 심겨진 감정을 통하지 않고는 다른 어떤 방법으로도 우리는 하나님과 영적 관계를 가질 수 없다."[25]

비록 막시무스가 감정의 올바른 사용을 옹호하지만, 그는 또한 무감각이라는 뜻의 아파테이아에도 주목한다. 그에게 아파테이아는 스토아학파의 초연(무관심)이라는 뜻이 아니다. 오직 그것에 의해서만 우리가 하나님께 전적으로 헌신할 수 있는 사랑의 선물, 곧 영적 자유를 뜻한다. 아파테이아는 "궁극적으로 바람직한" 것 안에서 "안식하도록" 만드는 "확고하고 한결같은 기질"이다. 아파테이아의 대척점은 냉정한 것이 아니라, "감정의 어머니"인 자기애 self-love의 영향을 받는 것이다. 이것은 우리의 욕망을 왜곡하여 악을 행하게 만든다. 고행처럼 아파테이아는 무언가를 포기하는 부정적 목적이 아니라, 무언가를 향해 방향을 전환하는 것, 우리를 무질서한 사랑의 노예로 만드는 속박에서 벗어나게 하는 것, 사랑 속에서 우리 자신을 하나님께 밀착시키는 자유다. 사랑 속에서 정신은 "자신의 전적인 열망을 하나님께로 옮긴다." 막시무스는 아파테이아와 사랑을 동일시한다. 기도 속에서 사람은 "아파테이아와 사랑에 온전히" 도달한다.[26]

오리게네스와 그레고리우스와 아우구스티누스처럼, 실로 이 책에서 살펴본 모든 사상가들처럼, 막시무스는 하나님에 대한 지식이 참여적이라는 사실을 잘 알았다. 그 지식은 이해하는 사람을 변화시킨다. "마음이 정결한 자는 복이 있나니 저희가 천국을 볼 것임이요." 오직 깨끗하게 되고, 정결해지고, 변화된 사람만이 하나님을 알 수 있다. 막시무스는 그것을 이런 식으로 표현한다. "거룩한 것에 대한 **열정 없는** 지식은 정신이 물질적인 것을 완전히 경멸하도록 설득하지 못하며, 감각들로 알 수 있는 것에 대한 단순한 생각에 불과하다.……이런 이유로, **거룩한 사랑**이라는 **복된 열정**이 필요하다. 그것은 정신과 영적 실재[하나님]를 엮어 주며, 그것을 설득하여 물질적인 것보다 비물질적인 것을, 감각적인 것보다 지적이고 신적인 것을 선호하도록 설득한다."[27]

3세기에 오리게네스는 성경에서 **지식**이라는 단어가 매우 특별한 방식으로 사용되었다고 설명했다. 요한복음 8:19("너희는 나를 알지 못하고 내 아버지도 알지 못하는도다. 나를 알았더라면 내 아버지도 알았으리라")에 대해 주석하면서 말한다. "성경은 어떤 것과 연합하거나 어떤 것에 참여하는 사람들이 자신이 연합하거나 참여하는 것을 안다고 말한다는 사실을 우리는 주목해야 한다. 그러한 연합과 친교 전에는, 비록 그들이 어떤 것의 이유를 이해할지라도, 그것을 알지 못한다." 그는 성경이 "아담이 그의 아내 하와를 알았다"고 묘사했던 아담과 하와의 연합, 그리고 창녀와의 연합[고전 6:16-17]을 예화로 언급한다. 이 구절들은 아는 것이 "연합되거나 결합되는 것"을 의미한다는 사실을 보여준다.[28] 그런 후에 오레게네스는 만일 우리가 "아는 것"을 "연합하는 것"으로 이해하지 않는다면, 어떻게 "이제는 너희가 하나님을 알 뿐 아니라 더욱이 하나님이 아신 바 되었거늘"[갈 4:9]이란 바울의 말을 설명하겠는가라고 덧붙인다.

지식이 참여와 친교로 이해될 때, 사랑은 그것의 자연스럽고도 정말로 필요한 동반자다. 사랑은 자기를 주는 것이며, 열정적이고 연합하고 관능적이다. 그리고 막시무스는 성경의 아가페를 에로스로 해석한다. "하나님과 지속적으로 대화를 나누는 사람의 마음에서 욕망은 측량할 수 없이 증가하여 거룩한 에로스에 도달하고, 심지어 개인의 가장 성급한 요소[분노]가 거룩한 아가페로 변하기 때문이다. 신적 조명에 지속적으로 참여함으로써, 정신은 빛으로 충만해진다. 그것은 감수성 있는 요소를 자신과 하나로 만들고, 그것을······끝없이 불타는 사랑[에로스]과 영원한 아가페로 변화시킨다. 지상적인 것에서 천상적인 것으로 완벽하게 넘어간다."[29]

늘 그러하듯이, 여기서도 막시무스는 매우 신중하게 단어를 선택한다. 그는 의식적이고 신중하게 성경적 단어 아가페에 꾸준히 주목하면서 에로스의 울림으로 가득 채운다. 그것은 한 세기 전에 살았던 신비의 사상가 아레오파기타의 위(僞)디오니시우스에게서 배울 수 있을 만한 매우 현명한 조치였다. 세심하게 작성한 한 문장에서, 디오니시우스는 어떻게 사랑의 언어가 성경에서 작동하는지를 설명한다. "에로스라는 단어에 지위를 부여할 때, 내가 성경의 반대 방향으로 달려간다고 생각하지 말라." 예를 들어, 사람은 지혜(디오니시우스에게 그것은 그리스도였다)에 대한 잠언의 한 구절("그를 높이라. 그리하면 그가 너를 높이 들리라. 만일 그를 품으면 그가 너를 영화롭게 하리라")로 무엇을 할 수 있을까? 성경의 세심한 독자는 여러 곳에서 성경의 저자들이 아가페란 단어를 다른 구절에서 그랬듯이, 욕망이나 관능적 사랑을 의미할 때도 사용했다는 사실을 발견할 것이다. 디오니시우스의 예는 『70인역』 사무엘하 1:26에서, 다윗이 친구 요나단의 죽음을 슬퍼하는 장면에서 나온다. 다윗이 울부짖는다. "나에 대한 너의 사랑이 여성들에 대한 사랑보다 더 위대했다." 사람이 에로스나 우정이란 단어를 발견할 것으로 기대하는 곳에서, 성경은 아가페를 사용한다. 결국 디오니시우스는 이렇게 말한다. "신적인 것을 경청하는 사람들의 관점에서, 아가페라는 단어가 거룩한 저자들에 의해 에로스라는 단어와 동일한 의미를 지닌 신적 계시 속에서 사용된다."[30]

막시무스는 "끝없이 움직이는 정적", "머물러 있는 움직임", "절제된 분노", "멀쩡한 만취 상태", "움직이는 안식" 그리고 "사랑이라는 복된 열정"처럼 역설적인 문구나 모순어법을 사랑했다. 그는 시편 기자가 "항상 주의 얼굴을 구하라"는 문장에서 의미했던 바를 말할 수 있는 단어를 찾고 있었다. 즉, 하나님을 사랑하는 영혼은 하나님 안에서 안식하며, 동시에 쉼 없이 하나님을 향해 움직인다. "시간에 따라 창조된 만물은 자신들의 자연적 성장을 멈출 때 완전해진다. 하지만 하나님에 대한 지식이 영향을 끼치는 모든 것은……그것이 완전해질 때 더 큰 성장을 향해 움직인다." 하나님은 쉬지 않고 선을 행하시기 때문에, 끝이 시작이 된다. "비록 그가 그것을 시작하지 않았지만 말이다."[31]

낡은 부대는 새 포도주를 담을 수 없다는 의미에서, 사람들이 아우구스티누스를 읽지 않듯이 막시무스도 읽지 않는다. 그는 아우구스티누스가 인식했을 만한 세계에서 살았다. 『요한1서에 관한 설교집』*Homilies on First John*에서 아우구스티누스는 기독교적 삶을 "거룩한 욕망"으로 묘사했다. "당신이 욕망하는 것을 아직은 당신이 보지 못한다. 욕망함으로써, 당신은 장차 바라던 일이 벌어질 때 보게 될 것으로 충만해질 수 있다. 왜냐하면 가죽 부대를 채우면 그것이 팽창하고, 그것을 팽창시킴으로써 더 많이 담을 수 있게 되듯이……하나님은 우리가 원하는 것에 대한 응답을 연기함으로써 우리 욕망을 팽창시킨다. 욕망이 증가할수록 그것은 정신을 팽창시키고, 팽창을 통해 그것이 더 많이 채워질 수 있도록 만든다." 막시무스는 카르타고에 살 때 아우구스티누스의 저작들을 접했을 것이다. 막시무스의 사상에 대한 가장 심오한 현대 해석자 한스 우르스 폰 발타자르는 막시무스가 너무 독창적이어서 아우구스티누스에게 의존할 수 없었다고 믿는다. "막시무스는 다른 사람에게 무언가를 배운 사람으로서가 아니라, 자신만의 고유한 것을 완벽하게 통제할 수 있는 사람으로서 말한다."³² 폰 발타자르의 평가는 정확하다. 하지만 막시무스와 아우구스티누스 모두 "네 마음을 다하고 목숨을 다하고 뜻을 다하여 주 너의 하나님을 사랑하라. 그리고 네 이웃을 네 자신 같이 사랑하라"^마22:37-39는 예수의 말씀을 가슴에 깊이 새겼다는 사실에 주목하는 것이 중요하다.

『고백록』의 한 유명한 구절에서, 아우구스티누스는 키케로의 『호르텐시우스』^Hortensius가 "자신의 감정을 변화시켰다"고 회상했다. 그 책은 그에게 지혜에 대한 새로운 관점을 제공해 주거나 그의 견해를 바꾼 것이 아니라 그를 감동시켜서 지혜 자체를 사랑하도록, "그것을 굳세게 붙잡도록", "그것을 끌어안도록" 그리고 "그것을 자신이 취하도록" 했다. 지혜가 그 안에 불을 지폈기 때문에, 갑자기 다른 모든 것이 헛되고 공허해 보였다. 『고백록』의 다른 부분에서 아우구스티누스는 하나님에 대해 다루면서, 자신의 욕망이 "당신에 대해 더 많이 확신하는 것이 아니라, 당신 안에서 더 많이 안정을 누리는 것"이었다고 말했다. 인간 생활의 목적은 하나님에 대해 무엇인가를 아는 것이 아니라, 하나님을 알고 하나님에 의해 알려지는 것이며 그분 앞에서 기뻐하는 것이다. 시편 기자는 이렇게 썼다. "내 마음이 당신께 말씀을 드렸고, 내가 당신의 얼굴을 구했나이다. 오 주님, 저는 계속 구할 것입니다." 아우구스티누스는 이 구절에 대해 이런 주석을 달았다. "이것은 숭고하다. 어떤 것도 이렇게 장엄하게 말할 수 없다. 왜냐하면 진실로 사랑하는 사람들만 이해할 수 있기 때문이다. 이 시편 기자가 구한 것은 무엇인가? '주님의 사랑스러움을 자신의 일생 동안 매일같이 응시하는 것'이었다. 그는 자신이 사랑하는 것을 빼앗길까 봐 두려웠다. 그렇다면 그것은 무엇인가? 그는 무엇을 사랑하는가? 바로 그분의 얼굴이다."³³

기독교의 지적 전통은 알려진 하나님에 대해 생각하고, 사랑받는 그분을 구하는 일의 연습이다. 정신 속에 개념이, 입술에 단어가 부족하기 때문에, 우리는 우리가 아는 것에 대해 말할 수 없다. 하지만 그 단어가 가리키는 하나님을 우리가 사랑하지 않으면, 우리는 이해할 수 없다. "인지된 것이 본질적으로 아름답기 때문에, 지식은 사랑이 된다"고 그레고리우스가 말한다. 다른 모든 사상처럼 기독교 사상도 질문, 반성, 해석, 주장을 요구한다. 하지만 이성의 날개는 완전하지 않다. 사랑이 없으면, 이성은 땅에 묶여 있다. 시인 제프리 힐$^{\text{Geoffrey Hill}}$이 썼다. "한 쌍의 이성과 욕망이, 나는 노래하는 상상을 한다네. 나는 제대로 이해하길 상상한다네. 감각적 지성의 지식이 작동하는 것을."[34]

에필로그

"사랑은 그 자체로 지식의 한 형식이다."*AMOR IPSE NOTITIA EST* 라고 그레고리우스 1세가 6세기 말에 썼다.[1] 암브로시우스, 히에로니무스, 아우구스티누스와 더불어 그레고리우스도 네 명의 라틴 박사들, 곧 초대교회의 교사 중 한 명이다. 다른 평가에 의하면, 그는 최초의 중세 기독교 교사다. 두 세계에 걸쳐 앉아서 그는 그리스와 라틴 고대 세계를 회상하고, 로마 제국의 교회를 바라보며, 중세 전성기에 기독교 문명의 위대한 번영을 고대한다. 사상가보다는 행동가로서 더 존경을 받았기 때문에, 초기 기독교 사상에 대한 전통적 설명에서 그의 역할은 그렇게 큰 것이 아니다. 그는 사회제도들이 붕괴되던 때에 살았고, 로마 주교로서 새로운 과제가 그에게 주어졌다. 남부 이탈리아와 시칠리아의 광대한 영토가 교황의 통제 아래 들어왔고, 그의 편지 중 일부는 시칠리아에서 밀의 가격과 가축이나 농기구 매매 같은 뜻밖의 문제들도 다룬다. 초대교회의 엄청난 신학적 싸움은 과거의 일이 되었다. 그래서 그레고리우스의 저서들은 목회, 행정, 설교, 경건에 관한 것이 대부분이다. 하지만 그는 삶과 사상, 관상과 행동의 일치를 추구했기 때문에 교부의 반열에 오르는 영예를 얻었다. 이 책에 등장했던 다른 사람들처럼, 그레고리우스의 경우에도 하나님에 대해 생각하는 것은 문법처럼 그 자체가 목적은 아니었다. 그것의 목적은 하나님에 대한 사랑과 삶의 성결이었다. 그는 타인의 존경을 위해서가 아니라, 그 안에서 살기 위해 사상계를 건설했다.

그레고리우스의 책들 중 가장 많이 사랑받고 오랫동안 명성을 얻은 『욥기에 나타난 윤리』*Moralia in Job*는 35권으로 구성된 대작으로서, 욥기의 모든 구절을 한가롭게 산책하듯이 다루고 있다. 욥과 그의 시끄러운 친구들의 신비로운 어휘들을 놀랍고 신비롭게(최소한 현대 독자들의 눈에는) 인용하면서, 초기 기독교 사상의 많은 주제들이 이 책에도 등장한다. 그것은 뛰어난 작업이며, 지혜롭고 인간적인 책이다. 하나님, 그리스도, 인간, 은총에 대한 교회 가르침의 집대성이자, 영적 생활에 대한 비할 데 없는 안내서다. 그레고리우스의 『욥기에 나타난 윤리』는 성경이 없었다면 상상할 수 없었을 것이다. 그의 언어는 성경의 단어들로 가득하고, 그것의 비유와 이야기, 영웅들은 그의 상상력을 보여주며, 그의 사상에 구조와 구체성을 부여했다. 그의 가장 원숙한 책인 『욥기에 나타난 윤리』는 성경에 대한 대담하지만 절제된 묵상이다. 서기 600년에 그레고리우스는 "하나님 보기"$^{seeing\ God}$에 대한 성경 구절들을 가려내어, 어떻게 사도 바울이 하나님을 "어떤 사람도 보지 못하였고 또 볼 수 없는 이시니"$^{딤전 6:16}$라고 말했고, 어떻게 창세기가 야곱은 하나님을 "대면하여 보았다"$^{창 32:30}$고 보고할 수 있는지에 대해 설명하려고 애쓰는 중이었다.[2]

    이러한 성경 본문들과 다른 것들이 기독교 사상가들에게 강력한 도전이 되었다. 동시대의 성서학 흐름에서, 성경 저자들의 역사적 상황이나 대립하는 영적 세계에 호소함으로써 그 차이를 설명하는 것이 불가능했다. 논점은 사상들을 역사적 잣대로 평가하거나 종교적 신앙을 일목요연하게 분석하는 것이 아니라, "하나님을 본다"라는 말의 의미를 분별하여 그분을 더욱 열정적으로 구하는 법을 배우는 것이다. 해석의 대상은 본문 자체가 아니라

물자체$^{the\ res}$, 곧 그 본문에 의해 전달되는 실재다. 그 작업은 신학적이고 영적이며, 참된 종교적 체험에 근거한 지적 설명을 요구했다. 기독교 주교들과 신학자들이 성경을 해석하면서, 하나님을 보는 것이 기독교 사상의 위대한 주제 가운데 하나가 되었고, 신자들의 마음은 항상 하나님의 얼굴을 구하도록 교육받았다. "하나님을 보는 것은 우리 마음의 참된 휴식이다."[3]

초기 기독교 사상의 독특한 사명은 성경에 대한 일치된 해석을 제공하는 것이었다. 즉, 포괄적이고, 삼위일체 하나님께 집중하며, 결정적인 해석 말이다. 이 작업은 오늘날 해석이라고 간주되는 것 이상을 요구했다. 왜냐하면 초대교회의 성경은 단지 고대 역사에서 유래한 자료가 아니라, 살아 있는 음성이었기 때문이다. 교부들은 성경의 각 책이 다른 저자들에 의해, 각기 다른 시기에 기록되었다는 사실을 충분히 인지하고 있었다. 하지만 그들이 이해하고 싶었던 성경은 하나의 단일한 책이었으며, 모든 지류와 하천들이 하나님의 계시, 세계 창조, 이스라엘의 역사, 그리스도의 생애, 교회의 시작, 하늘의 도성에 대한 최종적 환상이라는 위대한 강으로 흘러들어 갔다. 이미 2세기 말에 있었던 영지주의 논쟁에서 이레나이우스는 구약성경과 바울서신, 그리고 복음서의 특정한 구절들을 주석하면서, 성경이 율법과 선지자들에 의해 증거되었고 그리스도 안에서 알려졌으며 세례 때에 신앙규칙에 의해 선포된 한 분 하나님, 천지의 창조주에 대한 책이라는 사실을 보여주었다. 주석은 신학적이었고, 신학은 주석적이었다.

하지만 성경해석은 일차적으로 방어적 작업이 아니었다. 그것은 성경을, 신경the creed 속에서 고백된 것처럼, 교회의 신앙과 일치된 교회의 책으로 이해하려는 노력이었다. 방법이 아니라 내용이 해석을 이끌었다. 신약성경에서, 시편과 선지서를 인용한 구절들은 그리스도라는 새로운 실재로 가득 찼다. 히브리서 1장에서, 시편 2편의 "너는 내 아들이라. 오늘 내가 너를 낳았도다"는 하나님의 아들 그리스도에 대한 시편이 되었다. 2세기 말엽에 테르툴리아누스는 시편 45:1("내 마음이 좋은 말로 왕을 위하여 지은 것을 말하리니")과 요한복음 1장에서 "말씀"이라는 단어의 함의들을 찾아내어, 하나님에 대해 엄격한 군주론적인 견해들을 거부하고 성자와 성부의 관계의 본질을 설명한다. 카이사레아의 바실리우스는 창세기 1장의 "태초에"라는 구절에 근거해서 창조신학의 개요를 제시한다. 이런 종류의 주석은 단어와 제목을 설명하는 것 이상의 일, 곧 일종의 사고방식을 제시했다. 사람들은 그것을 심지어 "기독교적 방식의 추론"이라고 부를 수도 있을 것이다. 교회의 최초 사상가들이 그들 앞에 놓인 성경 구절들로 가장 심오한 신학적, 철학적, 도덕적 주제를 해결해 갔듯이 말이다. 주제가 하나님의 본질, 그리스도의 인격, 세계의 시작, 혹은 기독교적 삶에 관한 것이든 아니든, 그 주제에 접근하고 그 주제를 구성하며 토론하는 방법은 대개의 경우 성경의 특정한 단어와 본문들을 중심으로 진행되었다.

심지어 교부들이 고전철학의 문제를 하나 선택했을 때, 그것은 성경해석의 문제로 다루어졌다. 자신의 책 『원리론』의 자유의지에 대한 글에서, 오리게네스는 먼저 그 이슈를 철학 전통에서 가져온 언어로, 곧 도덕행위가 우리의 힘 안에 존재하는지의 여부를 진술한다. 이어서 그는 은혜로우신 하나님을 토론 속으로 초대하는 일련의 성경 본문들을 인용함으로써 그 질문을 재구성한다. 그는 신명기 30:15-16에서 모세의 말("보라, 내가 오늘 생명과 복과 사망과 화를 네 앞에 두었나니 선을 선택하고 그 안에서 걸으라")과 우리가 자유롭게 옳고 그름을 선택할 수 있다는 의미를 담고 있는 다른 구절들을 인용한다. 그런 후에, 구약과 신약의 특정한 구절이 정반대의 결론을 내린다는 사실에 주목한다. 그는 출애굽기에 기록된 바로의 이야기와 하나님의 말씀("내가 그의 마음을 완악하게 한즉"), 그리고 바울의 로마서 9:16의 말("원하는 자로 말미암음도 아니요 달음박질하는 자로 말미암음도 아니요 오직 긍휼히 여기시는 하나님으로 말미암음이니라")을 언급한다. 이런저런 성경 본문들을 체계적으로 살펴본 후, 오리게네스는 그 모든 것을 다 모아서 인간 행동이 하나님 은총의 영향력 아래 있다는 자신의 이해를 제시한다. 철학자들에게 선택의 자유는 도덕적 문제였던 반면, 성경의 영향 아래서 그것은 도덕적 이슈일 뿐 아니라 신학적 이슈가 되었다.

아리스토텔레스의 논리학과 윤리학 논문들, 인식론과 국가에 대한 플라톤의 대화록, 그리고 키케로의 세련된 정치학 저서 같은 고전 사상의 광대한 지평과 비교해 볼 때, 초기 기독교 사상의 성서주의는 대단히 지엽적이고 시야가 협소한 것처럼 보였다. 논의는 항상 성경으로, 그래서 매우 특이한 용어, 인물, 사건으로 시작한다. 신학적이고 철학적인 문제들이 성경에 근거해서 판결 받아야 하는 것처럼 보였다. 성경이 다른 모든 책을 대체

하고, 그것의 언어, 사람, 역사가 다른 모든 것을 이긴다. 오리게네스는 그리스 철학자 켈수스에게, 복음이 그 자체에 적합한 증거를 지닌다고 주장했다. 즉, "변증법적 주장에 기초한 그리스의 증명보다 훨씬 더 신적이다"라고 말이다. 세상의 한쪽 구석에서 살았던 인간 그리스도가 진리다.

기독교 사상의 특이성과 명백한 편협성은 그리스와 로마의 비평가들을 피할 수 없었다. 4세기의 로마 황제이자 기독교의 날카로운 반대자였던 배교자 율리아누스는 그리스도인들에 대한 자신의 책에 『갈릴리인들에 반대하여』*Against the Galilaeans*라는 경멸적 제목을 붙였다. 율리아누스는 그리스도인으로 자랐지만, 그 제목이 예수를 우주의 창조주 하나님의 성육신한 아들이라고 주장했던 그리스도인들에게 모욕이 될 것임을 알았다. "갈릴리인들"이라는 용어는 기독교의 야만적 기원을 폭로할 뿐 아니라, 하나님이 오직 유대와 유대인 사이에서만 계시되었다는 주장을 비웃었다. 유대인들과 그리스도인들이 예배하는 하나님은 만유의 신이 아니라 한 부족의 신이며, 세상의 한 작은 부분을 관장하는 지역적 신에 불과하다고 날카롭게 지적했다. 왜 이 신이 그리스 신들보다 선호되어야 하는가? 미술, 철학, 과학 속에 나타난 그리스의 지혜를 배경으로 살펴볼 때, 그리스도인들의 가르침은 명백하게 열등하다.

비록 율리아누스가(그 이후 많은 사람들이 그랬듯이) 그리스의 지혜를 찬양하고 기독교를 폄하할 목적으로 아테네와 예루살렘을 비교하지만, 그가 말하는 것에도 진리가 담겨 있다. 그리스도인들은 만유의 하나님이 특정한 장소와 특정한 개인 속에 계시되었다고 주장했다. 하지만 바로 이 특이성이 기독교 사상에 용기와 확신을 부여했다. 진리에 이르는 길은 구체적이고 인격적인 것을 통과한다. 교부들은 자신들이 성경과 그리스도 안에서 알게 된 것의 함의를 단호하게 추구했다. 그들이 그렇게 한 것은 감각의 상실이나 지평의 부족 때문이 아니라, 유대에서 알려진 살아 계신 하나님과의 대화를 통해 그들이 세계와 인간을 새롭게 바라볼 수 있게 되었기 때문이다. 확고한 성경적 계시 덕택에, 기독교 사상가들은 사물의 진리를 더욱 깊이 숙고할 수 있었다. 하나님(그분 안에서 우리가 살고 움직이며 우리의 존재를 갖는다)이 인간의 육체 속에서 알려진다면, 하나님의 얼굴은 이 세상의 사물 속에서 분명해진다. 중심을 향해 방향을 돌리는 것은 이성으로부터 물러나는 것이 아니라, 오히려 그들의 생각을 더 용감하고 담대하게 만들었다. 그러므로 첫 번째 과제는 그들이 받은 소중한 선물에 주목하는 것이었다.

하지만 그리스도로부터 나오는 빛의 강도는 아테네에서 비췬 지혜에 그리스도인들의 눈이 멀도록 하지 않았다. 그리스도인들은 무슬림들이 이슬람 이전의 시기를 "무지의 시대"*al-Jahiliyyaha*라고 불렀던 것처럼 기독교 이전의 시기를 그렇게 부르지 않았다. 어둠이 존재했지만, 깊은 어둠은 아니었다. 기독교의 출현 이전에 도덕철학의 잘 구성된 전통이 자리를 잡고 있었으며, 기독교 교사들은 기본 덕목이 신자들에게 기독교적 삶을 가르치기에 적절한 틀임을 발견했다. 그들은 행복이라는 고대 철학의 목적과 팔복에서 예수의 말씀("온유한 자는 복이 있나니 땅을 유업으로 받을 것임이요")과 시편 1편

("복 있는 사람은 악인들의 꾀를 따르지 아니하며")이 서로 수렴된다는 것을 알았다. 확실히, 그들은 서서히 기본 덕목을 보다 성경적인 내용으로 채웠으며 덕의 목록을 확대했다. 하지만 고전윤리학의 목적론적 구조는 그대로 있었고, 기독교의 옷을 입고 중세 세계로 전해졌다.

비슷한 방식으로 초기 변증가들은 하나님에 대한 그리스 사상을 이용하여, 하나님의 타자성과 위대함을 설명하고 해석했다. 그들은 하나님에게는 시작이 없고 영원하다는 성경적 견해를 표현하기 위해 비성경적 용어들, 예를 들어 불변성^{immutability}이나 기원이 없는^{unoriginate} 같은 단어를 도입했다. 아우구스티누스가 신플라톤주의자들의 책을 읽을 때, 그들은 그가 하나님에 대한 영적 이해에 이르는 자신만의 길을 고안해 낼 수 있도록 도왔다. 현실적 범주 외에는, 곧 눈으로 감지할 수 있는 어떤 것으로 하나님을 생각할 수밖에 없기에, 그는 세상 전체에 흩어져 있는 공기처럼 얇고 가벼운 실체를 상상했다. 어떤 것이 공간을 차지하지 않으면, 그것이 존재하지 않는다는 것은 자명한 것으로 간주되었다. 신플라톤주의자들의 저서들을 연구하면서 그는 하나님을 영적이고 "항상 모든 곳에 동시에 존재하는 것"$^{Deus\ totus\ ubique\ simul}$으로 생각할 수 있는 개념적 도구들을 발견했다.

초대교회에서 대부분의 주요 저자들은 후기 로마 제국의 수사학 학교에서 훈련받았다. 그들은 풍요로운 문학 전통을 활용할 수 있는 대중 연설자와 문장가로 훈련받았다. 카이사레아의 바실리우스의 가까운 벗인 나지안주스의 그레고리우스는 당대의 수사학 전통과 너무 긴밀히 연결되어 있어서, 당시에 오직 문학적으로 인정된 장르들, 곧 서신, 연설문, 시로만 글을 썼다. 황제 율리아누스가 그리스도인들이 학교에서 가르치지 못하도록 금지함으로써 그들을 박해했을 때(율리아누스는 "그들이 교회에 가서 마태복음과 누가복음을 가르치도록 하라"고 말했다), 그레고리우스는 그에게 그리스어가 이교도들의 소유물이 아니란 점을 일깨워 주었다. 기독교 주교들이 고전수사학을 공부해서 독자들을 설득하고 영감을 주며 즐거움을 주도록 단어들을 효과적으로 사용하는 법을 몰랐다면, 초대교회의 지적 성취는 훨씬 더 미약했을 것이다.

    초기 기독교 전통이 형성될 때, 많은 요인들이 작용했다. 교부들은 크고 작은 방식으로 고대 세계의 철학적, 도덕적, 문학적 전통을 이용했지만, 성경이 새로운 환경을 조성했다. 뿐만 아니라, 자신들이 믿는 것을 표현하기 위해 신선하고 활기 있는 어휘들을 제공함으로써 훨씬 더 용이하게 말할 수 있게 되었다. 확실히, 성경 본문과 대상(논의 중인 문제) 사이의 관계는 항상 복잡했고, 핵심적 성경 본문들의 의미에 대한 토론들이 분명하게 보여주듯이 자주 민감했다. 그리고 몇 가지 수준에서 해석은 **지혜**와 **말씀** 같은 성경 단어들 및 "우리의 모양과 형상대로 만들다" 같은 구절들에 대해 생각하도록 요구했다. 하나님에게 적용될 때 **아버지**나, 그리스도에게 적용될 때 **아들** 같은 용어들이 그것의 물질적·육체적 함의를 배제한 채, 대단히 추상적인 의미로 이해되어야 했다. 어떤 저작들에서는, 예를 들어 니사의 그레고리우스의 『에우노미우스에 반대하여』*Against Eunomius*에서, 매우 복잡한 신학적·철학적 평면 위에서 논의가 전개된다. 하지만 초기 기독교 사상의 독특한 특징은 성경 본문, 그 본문에서 분별되는 영적 실재, 그리고 신학적 추론 사이의 상호작용이었다. 대상은 본문에 의해 이해되었고, 그 대상은 역으로 본문을 해석했다.

물론, 교회 생활에서 중요한 모든 것이 초대교회에 모습을 드러낸 것은 아니다. 오늘날 많은 기독교 사상가들에게 자연법, 특히 토마스 아퀴나스에 의해 발전된 자연법은 현대 기독교적 지적 생활을 위한 핵심 도구다. 하지만 그것은 교부들 안에서 극히 작은 역할만 했을 뿐이다. 성경에는 예를 들어 로마서 2장처럼, 자연법에 대해 생각해 볼 수 있는 구절들이 있다. 그리고 아퀴나스는 아우구스티누스가 사용했던 "영원한 법"$^{eternal\ law}$이라는 구절을 사용해서 자연법에 대한 자신의 논의를 시작했다. 교부들이 자연법을 사용했던 경우들도 있다. 가장 유명한 것은 『결혼의 선함에 관하여』$^{On\ the\ Good\ of\ Marriage}$라는 아우구스티누스의 논문 속에서 발견된다. 결혼의 첫 번째 선, 곧 결혼의 목적은 출산이다. 이것은 자연법에 근거한 주장으로서, 그리스와 로마 철학자들의 저서에서도 발견된다. 하지만 아우구스티누스는 결혼을 그런 식으로 표현하지 않는다. 대신, 그는 창세기 1:28을 인용한다. "생육하고 번성하여 땅에 충만하라." 자연법은 고대 기독교에서 작은 지류에 불과했다.

초대교회에서 시작된 지적 전통은 중세 사상의 철학적 폭과 엄밀성으로 더욱 풍성해졌다. 기독교 역사의 각 시대마다 기독교적 삶에 독특한 공헌을 했다. 하지만 교부들은 그 어떤 것으로도 대체할 수 없다고 판명된 토대를 놓았다. 그들의 저서는 기독교 사상의 발전 과정에서 하나의 무대나, 성경해석의 역사에서 흥미로운 한 장면 정도가 아니다. 마르지 않는 샘처럼, 신실하고 참된 그 작품들은 신앙의 성경적·영적 원천에서 솟아나는 생수를 기독교의 상상력에 공급한다. 그리고 그것은 오늘에도 여전히 우리의 스승이다.

감사의 글

나는 스탠리 하우어워스, 리처드 존 뉴하우스, 로빈 달링 영, 루이스 에이리스, 로완 그리어에게 감사한다. 그들은 원고를 읽고 도움이 되는 제안을 해 주었다. 이 책의 집필에는 여러 해가 걸렸고 많은 사람들이 그 과정에서 중요한 때에 큰 도움을 주었다. 그들 중에는 게리 앤더슨, 데이비드 버렐, 로버트 도다로, 제레미 드리스콜, 앨런 피츠제럴드, 해리 갬블, 데이비드 하트, 데이비드 헌터, 로버트 젠슨, 데이비드 코바치, 주디스 코바치, 조지 로우레스, 브루스 마샬, 버나드 맥긴, 토머스 노블, 어브램 링, 네이슨 스코트, 바질 스튜더, 데니얼 웨스트버그, 데이비드 이고, 존 이아니아스 등이 있다. 또한 나는 내 작업을 도와준 예일 대학교 출판부의 전 편집자 찰스 그랜치에게, 내 원고를 세심하게 편집해 준 현 편집자 라리사 하이머트와 로렌스 케네디에게, 그리고 삽화와 책 표지 작업을 도와준 케이스 콘돈에게 깊이 감사드린다.

※ 약어 풀이

ACW Ancient Christian Writers
ANF Ante-Nicene Fathers
CC Corpus Christianorum
CSCO Corpus Scriptorum Christianorum Orientalium
ECF Early Church Fathers
FOC Fathers of the Church
GNO Gregorii Nysseni Opera
LCC Library of Christian Classics
NPNF The Nicene and Post-Nicene Fathers
PG Patrologia Graeca
PL Patrologia Latina
PO Patrologia Orientalis
SC Sources Chretiennes
WSA Works of Saint Augustine for the 21st Century

추천도서

초기 기독교 역사와 사상에 대한 개론서

- Adolf Harnack, *History of Dogma*. 3 vols. Translated by Neil Buchanan. New York, 1961.
- Angelo di Berardino and Basil Studer, ed. *History of Theology*. Volume 1: *The Patristic Period*. Collegeville, 1996.
- Averil Cameron, *Christianity and the Rhetoric of Empire*. Berkeley, 1991.
- Boniface Ramsey, *Beginning to Read the Fathers*. New York, 1985. (『초대 교부들의 세계』 대한기독교서회)
- Frances Young, *From Nicaea to Chalcedon: A Guide to the Literature and Its Background*. London, 1983.
- Hans Urs von Balthasar, *The Glory of the Lord: A Theological Aesthetics*. Volume 1: *Seeing the Form*. San Francisco, 1982.
- Hans von Campenhausen, *The Fathers of the Greek Church*. New York, 1959. (『희랍 교부 연구』 대한기독교서회)
- Hans von Campenhausen, *The Fathers of the Western Church*. New York, 1964. (『라틴 교부 연구』 대한기독교서회)
- J. N. D. Kelly, *Early Christian Doctrines*. New York, 1958. (『고대 기독교 교리사』 크리스챤다이제스트사)
- J. N. D. Kelly, *Early Christian Creeds*. New York, 1960.
- Jaroslav Pelikan, *The Christian Tradition: A History of the Development of Doctrine*. Volume 1: *The Emergence of the Catholic Tradition(100-600)*. Chicago, 1971. Volume 2: *The Spirit of Eastern Christendom(600-1700)*. Chicago, 1974. (『고대교회 교리사』 크리스챤다이제스트사)
- Jean Meyendorff, *Byzantine Theology: Historical Trends and Doctrinal Themes*. New York, 1974. (『비잔틴 신학』 한국정교회출판부)
- Johannes Quasten, *Patrology*. 4 volumes. Utrecht,. n.d. Volume 4 edited by Angelo di Berardino with an introduction by Johannes Quasten. Westminster, Md., 1986.
- Peter Brown, *The World of Late Antiquity*. London, 1971.
- Philip Rousseau, *The Early Christian Centuries*. London, 2002.
- Richard Fletcher, *The Barbarian Conversion: From Paganism to Christianity*. New York, 1997
- Robert L. Wilken, *Remembering the Christian Past*. Grand Rapids, 1996.
- Robert Payne, *The Holy Fire: The Story of the Fathers of the Eastern Church*. Crestwood, N.Y., 1980.
- Stuart G. Hall, *Doctrine and Practice in the Early Church*. London, 1991.

I. 그리스도의 십자가 위에 세워진

- Christopher Stead, *Philosophy in Christian Antiquity*. Cambridge, U.K., 1994.
- G. W. Butterworth, trans. *Clement of Alexandria*. Cambridge, 1982.
- Henry Chadwick, *Early Christian Thought and the Classical Tradition*. Oxford, 1966.
- John Rist, *Plotinus: The Road to Reality*. Cambridge, 1967.
- Joseph Trigg, *Origen*. ECF.
- Justin Martyr, *Dialogue with Trypho*. ANF
- Leslie William Barnard, Translated with Introduction and Notes. *St. Justin Martyr. The First and Second Apologies*. ACW
- Origen, *Contra Celsum*(ed. Henry Chadwick). Cambridge, U.K., 1965. (『켈수스를 논박함』 새물결)
- Pierre Hadot, *Plotinus, or the Simplicity of Vision*. Chicago, 1993. (『플로티누스, 또는 시선의 단순성』 탐구사)
- Richard A. Norris, *God and World in Early Christian Theology*. New York, 1965.
- Robert L. Wilken, *The Christians as the Romans Saw Them*. New Haven, 1984.
- Robert M. Grant, *The Early Christian Doctrine of God*. Charlottesville, 1966.
- Robert M. Grant, *Greek Apologists of the Second Century*. Philadelphia, 1988.
- Robin Lane Fox, *Pagans and Christians*. Harmondsworth, 1986.
- Wolfhart Pannenberg, "The Appropriation of the Philosophical Concept of God as a Dogmatic Problem of Early Christian Theology." *Basic Questions in Theology* 2:119-183.

2. 놀랍고 피 없는 희생제물

- Agnes Cunningham, *Prayer: Personal and Liturgical*. Wilmington, 1985.
- Angelo Di Berardino and Basil Studer, ed. *History of Theology*. Volume 1: *The Patristic Period*. Collegeville, Minn., 1996.
- Dom Gregory Dix, *The Shape of the Liturgy*. Glasgow, 1954.
- Edward Yarnold, ed. *Cyril of Jerusalem*. S.J. ECF.
- Eric Peterson, *The Angels and the Liturgy*. New York, 1964.
- F. E. Brightman, *Liturgies Eastern and Western*. Oxford, 1985.
- Hippolytys, *On the Apostolic Tradition*. Introduction and Commentary by Alistair Stewart-Sykes. Crestwood, N.Y., 2001.
- Josef Jungmann, *The Early Liturgy to the Tome of Gregory the Great*. South Bend, 1959.
- Kilian McDonnell, *The Baptism of Jesus in the Jordan*. Collegeville, Minn., 1996.
- Lucien Deiss, ed. *Early Sources of the Liturgy*. New York, 1967.
- Robert Taft, *The Liturgy of the Hours in East and West*. Collegeville, Minn., 1986.
- Thomas Finn, *From Death to Rebirth: Ritual and Conversion in Antiquity*. New York, 1997.

- William Harmless, *Augustine and the Catechumenate*. Collegeville, Minn., 1995.

3. 현재를 위한 하나님의 얼굴

- Augustine, *Exposition of the Psalms*. Translated by Maria Boulding, OSB. *WSA*.
- Augustine, *On Christian Doctrine*. Translated by D. W. Robertson. New York, 1989.
- Douglas Burton-Christie, *The Word in the Desert: Scripture and the Quest for Holiness in Early Christian Monasticism*. Oxford, 1993.
- Frances Young, *Biblical Exegesis and the Formation of Christian Culture*. Cambridge, 1997.
- Hans Freiherr von Campenhausen, *The Formation of the Christian Bible*. Philadelphia, 1972.
- Harry Y. Gamble, *Books and Readers in the Early Church*. New Haven, 1995.
- Henri de Lubac, *Medieval Exegesis*. Volumes 1 and 2. Grand Rapids, 1998-2000.
- Henri de Lubac, *The Sources of Revelation*. New York, 1968.
- James Kugel and Rowan A. Greer, *Early Biblical Interpretation*. Philadelphia, 1986.
- Manlio Simonetti, *Biblical Interpretation in the Early Church: An Historical Introduction to Patristic Exegesis*. Edinburgh, 1994.
- Origen, *Commentary on the Gospel according to John*. Translated by Ronald E. Heine. 2 vols. *FOC*.
- P. R. Ackroyd and C. F. Evans, ed. *Cambridge History of the Bible*. Volume 1: *From the Beginnings to Jerome*. Cambridge, 1970.
- Pamela Bright, ed. and trans. *Augustine and the Bible*. South Bend, 1999.
- Paul M. Blowers, ed. and trans. *The Bible in Greek Christian Antiquity*. South Bend, 1997.
- Robert Louis Wilken, "Interpreting Job Allegorically: *The Moralia* of Gregory the Great." *Pro Ecclesia* 10(2001): 213-230.
- Robert Louis Wilken, "In Defense of Allegory." *Modern Theology* 14(1998): 197-212.
- Robert Louis Wilken, "St. Cyril of Alexandria: The Mystery of Christ in the Bible." *Pro Ecclesia* 4(1995): 454-478.
- Robert M. Grant, *The Letter and the Spirit*. London, 1957.
- Robert M. Grant, trans. *Irenaeus of Lyons*. ECF.

4. 항상 그의 얼굴을 구하라

- Athanasius, *Orations against the Arian*. NPNF.
- Augustine, *The Trinity*. Translated by Edmund Hill. *WSA*. (『삼위일체론』, 크리스챤다이제스트사)
- Augustine, *Sermon 52*.
- Basil Studer, *Trinity and Incarnation: The Faith of the Early Church*. Clooegeville, Minn., 1993.

- C. R. B. Shapland, trans. *The Letters of St. Athanasius concerning the Holy Spirit*. New York, 1951.
- Christopher Stead, *Divine Substance*. Oxford, 1977.
- E. R. Hardy and Cyril C. Richardson, trans. *Christology of the Later Fathers*. Philadelphia, 1954.
- Gregory Nazianzus, *The Theological Orations*. LCC.
- Gregory Nazianzus, *Faith Gives Fullness to Reasoning*. Translated by Lionel Wickham and Frederic Williams in Frederick W. Norris. Leiden, 1991.
- Hilary, *The Trinity*. FOC.
- John Cavadini, "The Structure and Intention of Augustine's *De Trinitate*." *Augustinian Studies* 23(1992): 103-123.
- Lewis Ayres, "Remember that you are Catholic"(Serm. 52.2): "Augustine on the Unity of the Triune God." *Journal of Early Christian Studies* 8(2000): 39-82.
- Michel Rene Barnes, "Rereading Augustine's Theology of the Trinity." In *The Trinity: An Interdisciplinary Symposium on the Trinity*, edited by S. T. Davis, D. Kendall, S.J., and Gerald O'Collins, S.J., 145-176. Oxford, 1999.
- Origen, *Treatise on the Passover and Dialogue of Origen with Heraclides and His Fellow Bishops on the Father, the Son and the Soul*. Translated by Robert J. Daly, S.J. ACW.
- Origen, *On First Principles*. Translated by G. W. Butterworth. New York, 1966. (『원리론』 아카넷)
- Peter Widdicombe, *The Fatherhood of God from Origen to Athanasius*. Oxford, 1994.
- R. P. C. Hanson, *The Search for the Christian Doctrine of God*. Edinburgh, 1988.
- Richard Paul Vaggione, *Eunomius of Cyzicus and the Nicene Revolution*. Oxford, 2000.
- Robert Jenson, *The Triune Identity*. Philadelphia, 1982.
- Rowan Williams, *Arius: Heresy and Tradition*. London, 1987.
- Rowan Williams, "Sapientia and the Trinity: Reflections on *De Trinitate*." *Augustiniana*(1990): 317-332.

5. 내 원대로 마시옵고 아버지의 원대로

- Alois Grillmeier, *Christ in Christian Tradition*. Volume 1. Atlanta, 1975. Volume 2, with Theresia Hainthaler. London, 1995.
- Andrew Louth, trans. *Maximus the Confessor*. ECF.
- Augustine, Letter 137.
- Cyril of Alexandria, *Select letters*. Edited and Translated by Lionel R. Wickham. Oxford, 1983.
- David Yeago, "Jesus of Nazareth and Cosmic Redemption: The Relevance of St. Maximus the Confessor." *Modern Theology* 12(1996): 163-193.
- Gregory Nazianzus, "Letters on the Apollinarian Controversy" and conciliar documents in *Christology of the Later Fathers*.

- Jean Meyendorff, *Christ in Eastern Christian Thought*. Crestwood, N.Y., 1975.
- Norman Russell, trans. *Cyril of Alexandria*. ECF.
- St. Cyril of Alexandria, *On the Unity of Christ*. Translated and with an Introduction by John Anthony McGuckin. Crestwood, N.Y., 1995.

6. 처음에 주어진 끝

- Augustine, *The Care to be Taken for the Dead*. In *Saint Augustine: Treatises on Marriage and Other Subjects*, translated by Roy J. Deferrari. FOC. (『아우구스티누스의 결혼론』 야웨의말씀)
- Augustine, *The Literal Meaning of Genesis*. ACW.
- Basil of Caesarea. *Hamilies on the Hexaemeron*. FOC.
- Caroline Walker Bynum, *The Resurrection of the Body in Western Christianity 200-1336*. New York, 1995.
- David Balas, *Metousia Theou: Man's Participation in God's Perfection*. Rome, 1966.
- G. May, *Creatio ex nihilo*. Edinburgh, 1994.
- Gerhard Ladner, "The Philosophical Anthropology of Saint Gregory of Nyssa." *Dumbarton Oaks Papers* 12(1958): 61-94.
- Gregory of Nyssa, *On the Making of Man*. NPNF.
- Hans Urs von Balthasar, *Presence and Thought: An Essay on the Religious Philosophy of Gregory of Nyssa*. San Francisco, 1995.
- J. F. Callahan, "Greek Philosophy and the Cappadocian Cosmology." *Dumbarton Oaks Papers* 12(1958): 29-57.
- Jaroslav Pelikan, *What Has Athens to do with Jerusalem? Timaeus and Genesis in Counterpoint*. Ann Arbor, 1997.
- Jules Gross, *The Divinisation of the Christian according to the Greek Fathers*. Translated by Paul A. Onica. Anaheim, 2002.
- Panayiotis Nellas, *Deification in Christ*. Translated by Norman Russell. Crestwood, N.Y., 1987.
- R. Leys, *L'image de Diey chez saint Gregoire de Nysse*. Brussels, 1951.
- Robin Darling Young, "On Gregory of Nyssa's Use of Theology and Science in Constructing Theological Anthropology." *Pro Ecclesia* 2(1993): 345-363.

7. 믿음의 합리성

- Augustine, *On the Usefulness of Belief and On True Religion*. Translated by John S. Burleigh, in *Augustine: Earlier Writings*. LCC. (『참된 종교』 분도출판사)

- Avery Dulles, *The Assurance of Things Hoped For*. New York, 1994.
- Eugene Teselle, "Faith." In *Augustine Through the Ages: An Encyclopedia*, 347-350. Grand Rapids, 1999.
- Roger Aubert, *Le Probleme de l'Acte de Foi*. Louvain, 1958.

8. 하나님이 주님인 백성은 복이 있도다

- Augustine, *Concerning the City of God against the Pagans*. Translated by Henry Bettenson with Introduction by John O'Meara. New York, 1972.
- Augustine, *Political Writings*. Edited by E. M. Atkins and R. J. Dodaro. Cambridge, 2001.
- Charles Norris Cochrane, *Christianity and Classical Culture*. New York, 1957. (『기독교와 고전문화』 한국장로교출판사)
- Erik Peterson, *Monotheismus als politisches Problem. Ein Beitrag zur Geschichte der politischen Theologie im Imperium Romanum*. Munich, 1951.
- Ernest L. Fortin, *Political Idealism and Christianity in the Thought of St. Augustine*. Villanova, 1972.
- Eusebius of Caesarea, *The History of the Church from Christ to Constantine*. Translated by G. A. Williamson. Revised and edited by Andrew Louth. London, 1989. (『유세비우스의 교회사』 은성)
- F. E. Cranz, "The Development of Augustine's Ideas on Society Before the Donatist Controversy." *HTR* 46(1954): 255-315.
- Johannes Van Oort, *Jerusalem and Babylon: A Study into Augustine's City of God and the Sources of His Doctrine of the Two Cities*. Leiden, 1991.
- Oliver O'Donovan, "Augustine's City of God XIX and Western Political Thought." *Dionysius* 11(1987): 89-110.
- Peter Brown, *Augustine of Hippo*. Berkeley, 2000. (『아우구스티누스』 새물결)
- R. A. Markus, *Saeculum: History and Society in the Theology of St. Augustine*. Cambridge, 1970.
- Rowan Williams, "Politics and the Soul: A Reading of the *City of God*." *Milltown Studies* 19/20(1987): 55-72.

9. 그리스도의 영광스러운 행동

- Carolinne White, ed. and trans. *Early Christian Latin Poets*. ECF, 2000.
- Christine Mohrmann, "La langue et le style de la poesie latine chretienne." In *Etudes sur le Latin des Chretiens* 1(1961): 179-195.
- David R. Slavitt, trans. *Hymns of Prudentius. The Cathemerinon; or, The Daily Round*. Baltimore, 1996.
- Ernest Robert Curtius, *European Literature and the Latin Middle Ages*. Princeton, 1990.
- F. J. E. Raby, *A History of Christian Latin Poetry*. Oxford, 1953.

- H. J. Thompson, trans. *Prudentius*. 2 volumes. Loeb Classical Library. Cambridge, 1969, 1979.
- J. den Boeft and A. Hilhorst, *Early Christian Poetry: A Collection of Essays*. Leiden, 1993.
- Jacques Fontaine, *Naissance de la Poeisie dans l'Occident Chretien*. Etudes Augustiniennes. Paris, 1981.
- St. Gregory of Nazianzus. *Poemata Arcana*. Edited by C. Moreschini. Translated by D. A. Sykes. Oxford, 1997.

10. 이것을 다르게 만들다

- Alice-Mary Talbot, ed. *Byzantine Defenders of Images: Eight Saints' Lives in English Translation*. Washington D.C., 1998.
- Christoph Schoenborn, O.P. *God's Human Face: The Christ-Icon*. San Francisco, 1994.
- Daniel Sahas, *Icon and Logos: Sources in Eighth-Century Iconoclasm*. Toronto, 1986.
- E. Kitzinger, "The Cult of Images in the Age before Iconoclasm." *Dumbarton Oaks Papers* 8(1954): 83-150.
- Jaroslav Pelikan, *Imago Dei: The Byzantine Apologia for Icons*. Princeton, 1990.
- John Baggley, *Doors of Perception: Icons and Their Spiritual Significance*. Crestwood, N.Y., 1988.
- John of Damascus, *On the Divine Images*. Translated by David Anderson. Crestwood, N.Y., 1980.
- John Wilkinson, trans. *Egeria's Travels*. London, 1971.
- Leonid Ouspensky, *Theology of the Icon*. 2 vols. Crestwood, N.Y., 1992.
- Michel Quenot, *The Icon: Window on the Kingdom*. Crestwood, N.Y., 1996.
- Theodore the Studite, *On the Holy Icons*. Crestwood, N.Y., 1981.

11. 하나님 닮기

- Ambrose, *On Duties*. *NPNF*.
- Augustine, *On the Morals of the Catholic Church*. *NPNF* and *FOC*.
- Clement of Alexandria, *The Instructor*. *ANF*; also as *Christ the Educator*, translated by Simon Wood. *FOC*.
- Gregory of Nyssa. *Homilies on the Beatitudes*. In *Gregory of Nyssa on the Beatitudes*. Edited by Hubertus R. Drobner and Albert Viciano. Translated by Stuart George Hall. Leyden, 2000. Also translated in *ACW*.
- Gregory Thaumaturgus, *Address of Thanksgiving to Origen*. In *St. Gregory Thaumaturgus: Life and Works*. Translated by Michael Slusser. *FOC*.
- James Wetzel, *Augustine and the Limits of Virtue*. Cambridge, 1992.
- John Cassian, *The Conferences*. Translated and annotated by Boniface Ramsey, O.P. *ACW*.
- John Rist, *Augustine: Ancient Thought Baptized*. Cambridge, 1994.

- Kenneth E. Kirk, *The Vision of God: The Christian Doctrine of the Summum Bonum*. London, 1932.
- Norman Russell, trans. *The Lives of the Desert Fathers: The Historia Monachorum in Aegypto*. Introduction by Benedicta Ward, S.L.G. London, 1980. (『사막교부들의 삶』 은성)
- Oliver O'Donovan, *The Problem of Self-Love in St. Augustine*. New Haven, 1980.
- Paul Rabbow, *Seelenfuehrung: Methodik der Exerzitien in der Antike*. Munich, 1954.
- Pierre Hadot, *Philosophy as a Way of Life*. Oxford, 1995.
- Robert L. Wilken, "Alexandria: A School for Training in Virtue." In *Schools of Thought in the Christian Tradition*, edited by Patrick Henry. Philadelphia, 1984.
- Servais Pinckaers, O.P. *The Sources of Christian Ethics*. Washington, D.C., 1995.
- Tertullian, *On Patience*. ANF.

12. 감각적 지성의 지식

- Andrew Louth, trans. *Maximus the Confessor*. ECF.
- Bernard McGinn, *The Presence of God*. Volume 1: *The Foundations of Mysticism*. New York, 1991. Volume 2: *The Growth of Mysticism*. New York, 1994.
- Gregory of Nyssa, *On the Soul and the Resurrection*. Translated by Catherine P. Roth. Crestwood, N.Y., 1993.
- Jean Danielou and Herbert Musurilli, ed. and trans. *From Glory to Glory: Texts from Gregory of Nyssa's Mystical Writings*. New York, 1961.
- Lactantius, *Divine Institutes*. ANF.
- Lars Thunberg, *Man and Cosmos: The Vision of St. Maximus the Confessor*. Crestwood, N.Y., 1985.
- Lars Thunberg, *Microcosm and Mediator: The Theological Anthropology of Maximus the Confessor*. 2nd ed. Chicago, 1995.
- Martha Nussbaum, *The Therapy of Desire*. Princeton, 1994.
- Maximus the Confessor, *Selected Writings*. Translated by George Berthold. *Classics of Western Spirituality*. Mahwah, N.J., 1985.
- Origen of Alexandria, *The Song of Songs: Commentary and Homilies*. Translated by R. P. Lawson. ACW.
- Paul M. Blowers, *Exegesis and Spiritual Pedagogy in Maximus the Confessor: An Investigation of the "Quaestiones ad Thalassium."* Volume 7 of *Christianity and Judaism in Antiquity*. South Bend, 1991.
- Paul M. Blowers, "Gentile of the Soul: Maximus the Confessor on the Substructure and Transformation of the Human Passions." *Journal of Early Christian Studies* 4(1996): 57-85.
- Polycarp Sherwood, trans. *St. Maximus the Confessor: The Ascetic Life and Four Centuries on Charity*. ACW.
- Richard Sorabji, *Emotions and Peace of Mind: From Stoic Agitation to Christian Temptation*. New York, 2000.

- Sebastian Brock, *The Luminous Eye: The Spiritual World Vision of Saint Ephrem the Syrian*. 2nd ed. Kalamazoo, 1992.

주

0. 서문

1. Augustine, *Predestination of the Saints* 5(*PL* 44:962-63). (『아우구스티누스의 예정론』 야웨의말씀)
2. Hans Urs von Balthasar, "The Fathers, the Scholastics, and Ourselves," *Communio* 24(1997): 371.
3. *City of God* 19.1. (『하나님의 도성』 크리스챤다이제스트사)
4. *Paradiso* 7.59-60. (『신곡 천국편』 민음사)

I. 그리스도의 십자가 위에 세워진

1. *Against Celsus* 1.14. (『켈수스를 논박함』 새물결)
2. *Epistle* 10.96.
3. Eusebius, *Ecclesiastical History* 4.11.8.
4. *Dialogue with Trypho* 2.
5. *Dialogue with Trypho* 7.
6. *Dialogue with Trypho* 8.
7. *Dialogue with Trypho* 8; Augustine, *Confessions* 13.9.10.
8. Plato, *Timaeus* 28c; *Against Celsus* 7.42; 7.36. (『티마이오스』 서광사)
9. Alcinous(Albinus), *Didaskalikos* 10(ed. John Whittaker, *Alcinoos. Enseignement des doctrines de Platon*[Paris, 1990], p. 23, ln. 31-33; p. 24, ln. 27-p. 26, ln. 2).
10. *Against Celsus* 4.2; "For the Time Being," in W. H. Auden, *Collected Poems*(New York, 1969), 138; *Against Celsus* 4.5.
11. M. J. Routh, *Reliquiae Sacrae*(Oxford, 1846), 1:379; *Against Celsus* 7.42.
12. *Against Celsus* 7.42.
13. *Apology* 13-16; Athenagoras of Athens, *Embassy* 10; *Against Celsus* 3.40.
14. *Against Celsus* 1.2.
15. *Against Celsus* 3.4; 1.13; Clement, *Stromateis* 1.2.19-20.
16. Ignatius, *Epistle to the Philadelphians* 9.2; Maximus, *Ambigua*(*PG* 91,1057d); Justin *1 Apology* 5.
17. *Homily on Jeremiah* 9.1; *Commentary on John* 1.27.

18. *Embassy* 5.3; 또한 Augustine, *The Trinity* 2.1 참조.
19. *Against Celsus* 3.14.
20. *Against Celsus* 5.43; 5.42; 4.31.
21. *Against Celsus* 4.32.
22. *Against Celsus* 7.42; 3.47; Irenaeus, *Against Heresies* 4.6.4.
23. *Homily on Luke* 3.1; 또한 Irenaeus: "인간은 자신의 힘으로 하나님을 볼 수 없다. 하나님께서 보이길 원하시면 그가 원하는 때에, 그가 원하는 방식으로, 그가 보이길 원하는 사람들에게 보일 것이다"(*Against Heresies* 4.20.5).
24. *Against Celsus* 7.43.
25. Athenagoras, *Embassy* 10.3; Origen, *Commentary on the Song of Songs*, Prologue 2.17(*SC* 375:102).
26. *Homily on Luke* 3.4.
27. *Homily on Ezechiel* 1.2.20; *Against Heresies* 4.20.5; *Commentary on John* 19.24-25; *Against Celsus* 4.6.
28. *Against Celsus* 6.57; *Against Celsus* 7.33.
29. Etienne Gilson, *The Spirit of Mediaeval Philosophy*(New York, 1940), 5; *Against Celsus* 8.75. "이 땅에 그리스도께서 오신 것은……우주의 중심적 사건이었다"(John Lukacs, *At the End of an Age*[New Haven, 2002], p. 223). (『중세 철학사』 현대지성사)
30. Augustine, *City of God* 19.18; John of Damascus, *On the Divine Images* 1.11.
31. *Sermon* 82.6(*PL* 54:426).

2. 놀랍고 피 없는 희생제물

1. 아타나시우스 신경으로 알려지기도 한 *The Quicunque vult*. J. N. D. Kelley, *The Athanasian Creed*(New York, 1964), 17; Augustine, *On the Spirit and the Letter*, 36.66. (『성령과 문자』 한들출판사)
2. *Against Heresies* 4.18.4-5.
3. *Embassy* 11.2.
4. *1 Apology* 61, 65-67.
5. *1 Apology* 65.
6. 그리스어로, "성찬식을 행하다."
7. Ignatius, *Smyrnaeans* 7.1; *La Liturgie de Saint Jacques*, ed. Dom B.-Ch. Mercier(*PO* 26.2; no. 126; Turnhout: 1074), 206.
8. *Exposition of Psalm 21* 2.1; Bernard Botte, *Hippolyte de Rome: La Tradition apostolique*(*SC* 11:48-52).
9. *La Liturgie de Saint Jacques*, 200-02.
10. *Mishnah Pesachim* 10:5; 라틴어는 *repraesento*이며, "드러내다"나 "갱신하다"란 뜻이다. Tertullian, *Adversus Marcionem* 1.14; *Treatise on the Passover* 3; *La Litugie de Saint Jacques*, 204 참조.
11. John Chrysostom, Hom. in Heb. 17.3 on Heb. 9:24-26.
12. *Sermon* 63 (*PL* 54:356).

13. *Apology* 1.61.
14. *Baptism* 4; Cyril of Jerusalem, *Catechetical Lectures* 13.9.
15. *Journey of Egeria* 45.1-4.
16. Augustine, *Confessions* 8.2.5. (『고백록』 포이에마)
17. *Baptism* 3.4; *Baptism* 4.1.
18. *Baptism* 4.4; *Baptism* 9.4.
19. *Ephesians* 18.2; *On the Baptism of Christ*(*PG* 46:592d-593a); *Homily on Epiphany* 33(*PO* 43:565).
20. *Sermon* 339.4.
21. *Life of Augustine* 31.4.
22. *Sermon* 26.2.
23. *GNO* 9:277-80.
24. *Expositions of Psalm* 36, *Sermon* 3.4; *Exposition of Psalm* 90, *Sermon* 2.1; *Apostolic Constitutions* 8.12.43-44.
25. *Homily* 41.4 on 1 Cor. 15:35(*PG* 61, 361a-b).
26. *Mystagogical Catecheses* 5.6; Georg Wobbermin, *Altchristliche liturgische Stüecke aus der Kirche Äegyptens*(Texte und Untersuchungen 17[Leipzig, 1899]), p. 5, trans. in Deiss, 114-15.
27. *Dialogue* 4.60; *Homily on Luke* 23:8.

3. 현재를 위한 하나님의 얼굴

1. *Hymns on Paradise* 5.3(*CSCO* 174:16); translation by Sebastian Brock, *St. Ephrem the Syrian: Hymns on Paradise*(New York, 1990), 103.
2. *Stromateis* 1.1.11.
3. *Exhortation* 1.1-2.
4. *Exhortation* 1.2.2-3.
5. *Exhortation* 1.4.4; 1.6.1; 1.10.3; 8.77.1.
6. *Stromateis* 1.4.4; *Stromateis* 6.11.96, 4. 클레멘스는 지혜서 8:7을 인용한다.
7. 이 구절은 *Stromateis* 2.22.131-36에 있다. Plato, *Laws* V, 715e-716a; Alcinous, *Didaskalikos* 28(ed. John Whittaker, *Alcinoos: Enseignement des doctrines de Platon*[Paris, 1990], 57). "하나님과 유사함"이라는 구절은 플라톤의 『테아에테투스』(*Theaetetus*) 176a에서 기원한다.
8. Clement of Alexandria, *Exhortation* 9.87.1-3; 1.10.2; Cassidorus, *Exposition of the Psalms*, preface 3(*CC* 97:11).
9. *Commentary on Isaiah* 29:11-12(*PG* 70, 655a); 아우구스티누스는 성경에서 말한 모든 것 속에는 "한 담론"(*uno sermo*)이 있고, 많은 입에서 "한 말씀"(*unum verbum*)이 나온다고 말했다(*Exposition of Psalm* 103.4.1).
10. *Against Heresies* 3.3.3.

11. *Against Heresies* 5.36.1.
12. *Against Heresies* 15.875-78.
13. *Against Heresies* 3.18.7; 롬 5:12-18; *Against Heresies* 4.34.1.
14. Augustine, *On True Religion* 6.13; Hilary, *Treatise on the Mysteries*(SC 19:122); Irenaeus, *Proof of the Apostolic Preaching* 6(*PO* 12, 5, no. 61:664); 또한 Joseph P. Smith, S.J., *St. Irenaeus: Proof of the Apostolic Preaching*(New York, 1952), 51. (『참된 종교』 분도출판사)
15. *Against Heresies* 3.18.1; 3.18.7; 4.38.1-2; Irenaeus, *Proof of the Apostolic Preaching* 12.
16. Irenaeus, *Against Heresies* 5.36.1-3.
17. Irenaeus, *Against Heresies* 3.1.1; 3.2.1; 3.9.3; 아타나시우스는 전체를 통괄하는 해석을 "교회적 의미"라고 부른다(*Orations against the Arians* 1.44); 아우구스티누스는 이레니우스처럼 "신앙규칙"을 사용한다(*Christian Doctrine* 3.2.2).
18. *On the Sacraments*, prologue 2(*PL* 176, 183).
19. *Confessions* 12.1.1.
20. Augustine, *Literal Commentary on Genesis* 1.1; Chrysostom, *Homily on Genesis* 31.8.
21. *Confessions* 9.5.13.
22. Origen, *Homily on Exodus* 5.1; Augustine, *Against Faustus the Manichee* 12.29.
23. Henri de Lubac, *Medieval Exegesis*(Grand Rapids, 1998), 1:237; Augustine, *The Teacher* 10.33과 *The Trinity* 10.1.2.
24. *Morals of the Catholic Church* 1.26; *The Spirit and the Letter* 22.37.
25. *The Spirit and the Letter* 3.5.
26. Paul Ricoeur, *Thinking Biblically*(Chicago, 1998), 289; 예를 들어 Augustine, *Exposition* 2.2 of Psalm 18; *Exposition* 2.1 of Psalm 21. (『성서의 새로운 이해』 살림)
27. Gregory of Nyssa, *Homily of the Song of Songs* 9(*GNO* 6:292,7-294,2).
28. 보나벤투라는 그리스도의 옆구리에서 흘러나오는 물과 피를 "생수"라고 부르며, 그것을 성찬식과 연결한다. "그리스도가 창에 찔렸을 때 쏟아져 나온 물과 피는 우리 구원의 대가였다. 마치 샘에서 솟아나듯이 우리 주님의 심장의 숨겨진 심연으로부터 흘러나오면서, 이 흐름은 교회의 성례전에 은총이라는 생명을 부여하는 권능을 주었다. 반면, 이미 그리스도 안에서 살고 있는 사람들에게, 그것은 영생을 향해 솟아나는 생수의 샘이 되었다." Opusculum 3. *Lignum Vitae. De Mysterio passionis* 8.30(*Doctoris Seraphici S. Bonaventurae···Opera Omnia* 8:79); Augustine, *Sermon* 22.7.
29. *Enneads* 6.5.12.
30. *Epistle* 63.78.
31. *Dialogues* 2.3.5-6, ed. Vogue(*SC* 260:142-44).
32. *Moralia in Job* 28.19-20.
33. *Homily* 1.7.8 on Ezekiel.

4. 항상 그의 얼굴을 구하라

1. *Dialogue with Heraclides* 1(J. Scherer, ed., *Entretien d'Origéne avec Héraclide et les évêques ses colléques sur le Pére, le Fils et l'âme*[Publication de la Société Fouad I de Papyrologie; Textes et Documents 9; Cairo: Institut Français d'Archéologie orientale, 1949], p. 120).
2. *Dialogue with Heraclides* 1-2(Scherer, pp. 120-24).
3. *Dialogue with Heraclides* 2(Scherer, p. 124).
4. Shepherd of Hermas, *Commands* 1.1; Pliny, *Epistle* 10.96; 마태복음 28:19의 세례식 문구 외에, 고린도후서 13:14과 베드로전서 1:2 참조. Leonard Hodgson, *The Doctrine of the Trinity*(New York, 1944) 103.
5. *Incomprehensibility of God* 1.7(SC 28:132)
6. *The Trinity* 1.5.
7. *Sermon* 355.2.
8. *The Trinity* 12.24; 1.18.
9. *The Trinity* 1.18; 11.44.
10. *The Trinity* 4.14.
11. *The Trinity* 2.35.
12. *The Trinity* 2.25; 2.1; 8.14; 2.1; 8.14-17; *The Trinity* 2.1; 1.17.
13. *The Trinity* 1.12.
14. 같은 책.
15. *The Trinity* 7.12.
16. *The Trinity* 7.12; 6.19; 7.8.
17. *The Trinity* 7.12.
18. *Commentary on John* 20:1; Wolfhart Pannenberg, *Systematic Theology*(Grand Rapids, Mich., 1988), 1:300. (『판넨베르크의 조직신학』 은성)
19. *First Principles* 1.2.1. (『원리론』 아카넷)
20. *First Principles* 1.2.2.
21. Origen in *Against Celsus* 8.2.
22. *Against Praxeas* 3; *Against Celsus* 4.14.
23. *Commentary on John* 1.151; *Commentary on John* 1.292; *Commentary on John* 10.246과 1.291.
24. *Against Praxeas* 7과 11.
25. 테르툴리아누스의 라틴어판은 요한복음의 서두에서 *verbum*이 아니라 *sermo*를 사용했다. *sermo*는 시편 45:1에서도 사용된다.
26. *Against Praxeas* 5.
27. 같은 책.
28. *Baptism* 19.2.
29. *Oration* 31.26.
30. Hippolytus, *Apostolic Tradition* 4 & 9; Gregory Nazianzus, *Oration* 31.26.

31. Gregory Nazianzus, *Oration* 31.1,5-6; 31.29; Gregory of Nyssa, *Three Gods*(*GNO* 3:1, 47,21-48,2).
32. *Epistles to Serapion* 19-20; 또한 고린도후서 1:21-22: "우리에게 자신의 인을 치고 우리 마음에 그의 영을 주심으로써, 당신과 함께 우리를 그리스도 안에 두고 우리에게 기름을 붓은 것은 바로 하나님이시다"(Basil, *On the Holy Spirit* 10.24).
33. *The Trinity* 2.5.10; *Sermon* 270. 1.
34. Basil, *The Holy Spirit* 40. 다마스쿠스의 요하네스는 그의 책 *Orthodox Faith* 서두에서 고린도전서 2:11을 인용한다. "사람의 영이 그 사람 안에 있는 것들을 알듯이, 하나님의 것을 아는" 성령(*Orthodox Faith*)과 성자(마 11:27)를 제외하고는 아버지를 아는 자가 없다고 그는 주장한다.
35. *Against Eunomius* 1.159(*GNO* 1:75).
36. *The Trinity* 1.3.5; *The Trinity* 9.1.1; *The Trinity* 15.28.51.
37. *The Trinity* 1.3.5
38. *The Trinity* 9.1.
39. *The Trinity* 9.1; *The Trinity* 1.1.3; *The Trinity* 8.4.6.
40. *The Trinity* 9.1.1.
41. *The Trinity* 15.28.51.

5. 내 원대로 마시옵고 아버지의 원대로

1. *Against Celsus* 5.61.
2. 일부 고대 사본들은 누가복음 22:42 뒤에 다음과 같은 말씀을 첨가한다. "그리고 하늘에서 천사가 나타나서 그를 강하게 했다. 그는 깊은 고뇌 속에서 더욱 간절히 기도했다. 그리고 핏방울 같은 그의 땀이 땅바닥에 떨어졌다."
3. Cyril of Alexandria, *Epistle* 17.11.
4. T. Herbert Bindley, *The Oecumenical Documents of the Faith*(London, 1925), 229-34, 292-98에 있는 칼케돈 법령의 본문과 번역이다.
5. Athanasius, *On the Incarnation* 54.
6. *Lehrbuch der Dogmengeschichte*(Tuebingen, 1931), 2:349-50.
7. *Commentary on John* 13:31-32(ed. Pusey 2:376-79).
8. *Commentary on John* 12:23(ed. Pusey 2:311).
9. *Commentary on John* 13:31-32(ed. Pusey 2:52); 16:33(ed. Pusey 2:656-57).
10. *Oration* 30.12.
11. J. D. Mansi, *Sacrorum Conciliorum Nova et Amplissima Collectio* 11:533d-e.
12. *Opusculum* 4(*PG* 91:60b).
13. *Opusculum* 6(*PG* 91:65b-68a).
14. *Opusculum* 7(*PG* 91:77a).
15. *Opusculum* 7(*PG* 91:80c-d).

16. 막시무스는 "격언적" 의지와 자연적 의지를 구분한다. 인간은 타락한 피조물이기 때문에 항상 선을 인식하는 것은 아니며, 다음의 행위가 어떻게 진행될지에 대해 생각해야 한다. 막시무스는 이런 종류의 의지를 격언적이라고 부른다. 즉, 사려 깊은 의지라는 뜻이다. 하지만 그리스도에게는 격언적 의지가 없고, 단지 자연적 의지만 존재한다. 그는 전적으로 선을 지향하기 때문에, 무엇을 해야 할지에 대해 고민할 필요가 없다. 막시무스에 따르면, 우리의 격언적 의지가 이 세상에 죄를 가져왔고 우리를 하나님과 분리시켰다. *Opusculum* 3(*PG* 91:56b); *Opusculum* 7(*PG* 91:80d).
17. *Opusculum* 6(*PG* 91:68b-d).
18. *PG* 91:1097c; *PG* 91:1057d.
19. *Epistle* 14(*PG* 91:540b).
20. H. Denzinger, *Enchiridion Symbolorum. Definitionum et Declarationum de Rebus Fidei et Morum*(Rome, 1963), # 500.
21. *PG* 90:120c.

6. 처음에 주어진 끝

1. Augustine, *Confessions* 7.12.18; Augustine, *Nature of the Good*, 1-2에서 인용.
2. Philip Rousseau, *Basil of Caesarea*(Berkeley, 1994), 3.
3. Gregory of Nyssa, *Apologetic Explanation of the Hexaemeron*(*PG* 44:66a); Gregory Nazianzus, *Oration* 43.67.
4. *Hexaemeron* 1.1; *Homily on Psalm* 45.7(*PG* 29:428a); *Hexaemeron* 1.1. 바실리우스는 출애굽기의 "미디안 사람"을 에티오피아인으로 간주한다.
5. *Hexaemeron* 1.4.
6. *Hexaemeron* 1.2.
7. Plato, *Timaeus* 30a; Basil, *Hexaemeron* 2.2; 1.7; 1.2.
8. *Hexaemeron* 5.1; Augustine, *Literal Commentary on Genesis* 6.14.25와 6.15.26; Basil, *Homily on Psalm* 114(*PG* 29:489c).
9. *Hexaemeron* 3.2; 2.6; 창조에서 성부의 역할에 대해서는 또한 Basil, *On the Holy Spirit* 16.38과 epistle 8.11을 참조하라.
10. Philo, *Making of the World* 3.13; Gregory, *Apologetic Exposition of the Hexaemeron*(*PG* 44:72b; 69a). 이 구절은 공동번역 다니엘(외경) 13:42에서 발견할 수 있다.
11. *PG* 44:69c; *Greater Catechism* 5(*GNO* 3,4:18,9-10).
12. 그의 형제 페테르에게 보낸 편지(*PG* 44:128b).
13. *Making of Man* 8(145c). Aristotle, *De Anima* 2.3; 414a 참조.
14. 그의 형제 페테르에게 보낸 편지(*PG* 44:128a-b).
15. *Making of Man* 2(*PG* 44:132d-133a).
16. *Making of Man* 2 & 1(*PG* 44:133b; 132c).

17. 또한 "존재하는 선한 것들을 누리기"(지혜서 2:6); Gregory, *Making of Man* 3(*PG* 44:133b); *Homily 8 on Ecclesiastes*(*GNO* 5:441,12-15); Augustine, *Confessions* 1.1. 그레고리우스는 말한다. "하나님을 보는 것은 영혼에게 생명이다"(*On the Early Death of Infants*[*PG* 46:173c]); 우리는 "우리 자신의 적절한 시작을 열망한다"고 막시무스는 말한다.
18. *Making of Man* 3(*PG* 44:133d-136a).
19. *Against Celsus* 6.63; Gregory, *Making of Man* 16(*PG* 44:180a). 소우주라는 표현은 소크라테스 이전의 철학자인 데모크리토스(Democritos)에서 최초로 나타난다(Fragment 34 in H. Diels, *Die Fragmente der Vorsokratiker*[Berlin, 1922], 2:72). *Homilies on the Song of Songs* 2(*GNO* 6:68).
20. *Psalm Inscriptions* 1.3(*GNO* 5:32, 18-19); *The Beatitudes* 6(*GNO* 7.2:143).
21. *Making of Man* 9(149b-152a); *Making of Man* 10(152b-153c).
22. *Making of Man* 11(*PG* 44:153d-156b); 또한 바실리우스의 말, "우리는 우리 자신보다는 천국을 더 잘 이해하는 경향이 있다"(*Hexaemeron* 10.2); 참조. Augustine, *Confessions* 10.5.7.
23. *Greater Catechism* 5(*GNO* 3.4:19,20; 20,4); *Homilies on Ecclesiastes* 4(*GNO* 5:335,5-8; 336,4-5).
24. *Making of Man* 4(*PG* 44:136b-c); 16(*PG* 44:184b); *On Infants' Early Deaths*(*PG* 46:173c).
25. *Making of Man* 16(*PG* 44:183c-d); *The Triduum*(*GNO* 9:280,1-2).
26. *Making of Man* 5(*PG* 44:137).
27. *Homily on the Song of Songs* 15(*GNO* 6:458).
28. *Making of Man* 16(*PG* 44:181a-b); *Homily 1 on Ecclesiastes*(*GNO* 5:283, 18).
29. *Against Eunomius* 2.10(*GNO* 2:293); *Lord's Prayer* 4(*GNO* 7,2:47,17-18); *Life of Moses*(*GNO* 7,2:42, 20); *On the Sixth Psalm*(*PG* 44:609d). (『모세의 생애』 은성).
30. *Greater Catechism* 8(*GNO* 3,4:30,9-11); *Soul and Resurrection*(*PG* 46:148c); *Lord's Prayer* 5(*GNO* 7,2:64, 18-19; 65, 2-4; 66,10-15); *Beatitudes* 6(*GNO* 7,2:145,10-13).
31. *Lord's Prayer* 5(*GNO* 7,2:63); *Beatitudes* 1(*GNO* 7,2:81,3-4); Basil, *Ascetic Discourse* 1.1(*PG* 31:869d); *Lord's Prayer* 4(*GNO* 7,2; 45,23); Augustine, *The Trinity* 14.4.6. (『삼위일체론』 크리스챤다이제스트사).
32. Didymus the Blind, *On Genesis*(*SC* 233:146-50).
33. *Making of Man* 29(*PG* 44:233d); *Ambiguum* 7(*PG* 91:1101b).
34. *Homily on the Forty Martyrs*(*GNO* 10,11:116,10-12); *Homily on St. Theodore*(*GNO* 10,1:63,25-26); *Care to be Taken for the Dead* 3.5.
35. *Literal Commentary on Genesis* 12.35.68; *Sermon on the Assumption of the Blessed Virgin Mary* 1,2(Bonaventurae Opera Omnia, vol. 9[Quarrachi, 1901]), 690.

7. 믿음의 합리성

1. *Against Celsus* 1.9.
2. *Predestination of the Saints* 5(*PL* 44:962-963); 니사의 그레고리우스는 어떤 사람이 "이성을 존중하지 않으면" 그리스도인이라고 정당하게 불릴 수 없다고 말했다(*Perfection*[*GNO* 8,1:179, 10]).

3. *First Principles* 2.11.4.
4. *Usefulness of Believing* 1.2.
5. *Confessions* 5.6.
6. *Usefulness of Believing* 1.2.
7. *Usefulness of Believing* 7.13; *Exposition of Psalm* 18.6; 또한 62.2; Letter of Newman to Henry Wilberforce, August 8, 1868(*The Letters and Diaries of John Henry Newman*[Oxford, 1973] 24:119) 참조.
8. *Usefulness of Believing* 11.25.
9. *Usefulness of Believing* 11.25; *Reconsiderations* 1.14.3(*PL* 32:607).
10. *Usefulness of Believing* 11.25.
11. *Usefulness of Believing* 11.26.
12. Cleo McNelly Kearns, *T. S. Eliot and Indic Traditions*(Cambridge, 1987), 3; *Usefulness* 6.13에서 인용.
13. *True Religion* 24.45.
14. Prologue to *Sic et Non*.
15. *Quaestiones quodlibetales* 4, art. 18(ed. P. Mandonnet, p. 155).
16. *On True Religion* 25.46.
17. *Tractates on 1 John* 1.1.
18. *Commentary on John* 10.298-306.
19. *Commentary on John* 10.298.
20. *Parochial and Plain Sermons*(San Francisco, 1997), 123. 그 설교의 제목은 "Religious Faith Rational"이다.
21. *Against Celsus* 2.63.
22. *Against Celsus* 2.67; 2.69; 또한 *Commentary on Romans* 5.8(ed. T. Heither, 3:144-46).
23. *Martyrdom of Polycarp* 9.
24. *Tractates on the Gospel of John* 29.6; *Morals of the Catholic Church* 1.17.31.
25. *Tractates on the Gospel of John* 29.6.
26. *Sermon* 144.2.
27. *Benjamin Minor* 13.

8. 하나님이 주님인 백성은 복이 있도다

1. Peter Brown, *Augustine of Hippo*(Berkeley, 2000), 427-28. (『아우구스티누스』 새물결)
2. *Aeneid* 1.278-79. 아우구스티누스는 베르길리우스의 이 구절을 *Sermon* 105.10에서 인용한다.
3. *Sermon* 105.9.
4. Melito of Sardis, *Fragment* 1(ed. Stuart George Hall, *Melito of Sardis: On Pascha and Fragments*[Oxford, 1979], 62); 특히 Eusebius의 *Ecclesiastical History* 제10권을 참조하라.

5. *City of God* 2.14.1; Augustine, Letter 2.
6. *City of God* 13.16; 20.11.
7. Sheldon Wolin, *Politics and Vision: Continuity and Innovation in Western Political Thought*(Boston, 1960), p. 97.
8. *City of God* 11.1; book 1 preface.
9. *City of God* 2.21.2; 19.12; 19.14.
10. *City of God* 19.2. 이 유명한 구절에서 아우구스티누스는 "질서의 조용한 평온"(*tranquillitas ordinis*)에 대해 이야기한다(19.13).
11. *City of God* 19.16.
12. *City of God* 19.11.
13. *City of God* 19.11; 22.30; 19.1.
14. *On the Morals of the Catholic Church* 1.30.63.
15. *City of God* 19.5; 19.26; 22.29.
16. *City of God* 19.4; 19.18.
17. *City of God* 19.4.
18. *City of God* 19.4에서 롬 8:24; *Expositions of Psalm* 62.6.
19. *City of God* 19.6.
20. Rodney Stark, *The Rise of Christianity*(Princeton, 1996), pp. 3-13.
21. *Against Celsus* 8,73.
22. *Letter* 220; 10.
23. *Letter* 153.6.16
24. *City of God* 19.16.
25. *City of God* 19.17.
26. 같은 책.
27. *City of God* 19.22.
28. *City of God* 19.24.
29. *City of God* 19.17; 19.25.
30. *Confessions* 3.9.17.
31. Rowan Williams, "Politics and the Soul: A Reading of the City of God," *Milltown Studies* 19/20(1987): 58.
32. 이 구절은 Richard John Neuhaus, *The Naked Public Square*(Grand Rapids, 1984)의 책 제목에서 인용한 것이다; *City of God* 22.30.
33. *The Idea of the University*, ed. Ian T. Ker(Oxford, 1976), 428-29.
34. *City of God* 10.7; *Exposition of Psalm* 41.9; *City of God* 19.23.

9. 그리스도의 영광스러운 행동

1. Sidonius, *Epistle* 1.9.4.
2. *Crown of Martyrdom* 2.574.
3. *Confessions* 9.7.15.
4. *Sermon against Auxentius* 34.
5. *Ambrogio Inni*, ed. Manlio Simonetti(Biblioteca Patristica; Firenze: Nardini Ditore, 1988), p. 26; translated by John Chandler(1806-76) in *Twenty-Four Hymns of the Western Church*, ed. Howard Henry Blakeney(London, 1930), 7.
6. *Confessions* 9.6.14.
7. *Aeneid* 8.456.
8. *Hymn for Every Hour* 7-8.
9. *Hymn for Every Hour* 82-83.
10. *City of God* 10.21.
11. *Prudentius*, ed. H. J. Thompson(Loeb Classical Library; Cambridge, 1979), 2:109-43.
12. *Crown of Martyrdom* 2.155.
13. *Crown of Martyrdom* 1.27.
14. *Psychomachia* 14, 904.
15. *Psychomachia* 57.
16. *Psychomachia* 36-37.
17. John Milton, *Areopagitica*(John Milton, *English Minor Poems. Paradise Lost. Samson Agonistes. Areopagitica*[Great Books of the Western World, ed. Robert Maynard Hutchins; Encyclopedia Britannica, 1952]), pp. 390-91. (『아레오파지티카』 나남)
18. *Psychomachia* 54-57.
19. *Aeneid* 6.86; *Psychomachia* 902-04.
20. *Psychomachia* 71-86.
21. *Psychomachia*, preface, 6-8; 908-04; 이 구절은 스탠리 피시(Stanley Fish)가 밀턴에 대해 쓴 책 *Surprised by Sin*(New York, 1971)에서 가져온 것이다.
22. *Epistle* 22.30.

10. 이것을 다르게 만들다

1. *Against the Galilaeans* 355c.
2. *Holy Theodore*(*GNO* 10.2:63).
3. Gregory of Nyssa, *Against Eunomius* 3.11.58-60(*GNO* 2:285,17-286, 25).
4. *On the Incarnation* 703e(*SC* 97:268).

5. *Homily* 17 on the Martyr Barlaam(*PG* 31:489a); 또한 그레고리우스 1세: "작가가 독자에게 제공하는 것을 그림이 교육받지 못한 관객들에게 제공한다. 그림 속에서, 심지어 무식한 사람들도 그들이 따라야 할 과정을 알 수 있고, 글을 읽을 수 없는 사람들도 읽을 수 있기 때문이다"(Letters, book 11, ep. 13 to Serenus; *PL* 77:1228).
6. *Life of John Chrysostom* by George of Alexandria 192,4(*Doctrine Patrum de Incarnatione Verbi*, ed. F. Diekamp[Munich, 1907], 330). 이 문장들을 다마스쿠스의 요하네스가 그의 책 *Apologies Against Those who Attack the Divine Images* 1.61(ed. P. Bonifatius Kotter, OSB, *Die Schriften des Johannes von Damaskos*[Berlin, 1975], 3:161)에서 인용한다. 또한 니사의 그레고리우스가 이삭의 희생에 대한 성상을 바라볼 때 느꼈던 감정의 묘사도 참고하라(*On the Divinity of the Son and Holy Spirit*[*PG* 46:572C]).
7. *Divine Images* 1.8.
8. 같은 책.
9. *Divine Images* 1.8; 1.5; 1.16.
10. *Divine Images* 2.5; *Divine Images* 1.17; *Divine Images* 1.22.
11. G. D. Mansi, *Sacrorum Conciliorum Nova et Amplissima Collectio* 13:256cd; *That Christ Is One* 720c(*SC* 97:322).
12. *Divine Images* 1.16.
13. 같은 책.
14. *Divine Images* 2.20; 1.17; 1.18; *Divine Images* 1.18.
15. Egeria, *Itinerarium* 47.5; *Book of Demonstration*, par. 310(*CSCO* 192,209:193,210).
16. 1.13; 3.33-34; *Divine Images* 3.34; *Book of Demonstration*, par. 310.
17. *Divine Images* 3.10.
18. *Against Celsus* 7.42; *Divine Images* 1.11; 22; 마태복음 11:27(나를 본 자는 아버지를 보았다)에 대해 주석을 달면서 키릴로스는 "우리가 마음의 눈과 육체의 눈으로 성자를 바라본다"고 말한다(*Glaphyra in Exodus* 2; *PG* 69:465d).
19. Mansi 13:40e-41a.
20. Mansi 13:377c.
21. Nicephorus, *Antirrheticus* 1.15(*PG* 100:225).
22. Theodore, *Treatises Against those who oppose Icons* 1.10(*PG* 99:340). Text of treatise in *PG* 99:327-436; translation by C. P. Roth.
23. *Icons* 1.11(*PG* 99:341).
24. *Icons* 1.11. 테오도르의 주장은 오직 그가 읽었던 열왕기하 23:7의 헬라어 사본에 근거해서 작동한다. 히브리어(그리고 한글 번역) 성경에서는 무덤(묘실)이라는 단어가 나온다.
25. *Icons* 3.22(*PG* 99:400c-d).
26. *Icons* 3.15(*PG* 99:396); 3.16 (*PG* 99:397).
27. *Icons* 3.4.5(*PG* 99:429c-d).
28. *Icons* 1.17(*PG* 99:335d-337a).
29. David Johnes, *The Anathemata*(London, 1952), 49.

30. Nicephorus, *Antirrheticus* 2(*PG* 100:337c).
31. *Icons* 1.11(*PG* 99:341b-c). 테오도르는 디오니시우스 아레오파기타를 인용하고 있다.
32. Ep. 36(*PG* 99:122a-b)
33. Ep. 36(*PG* 99:122a)
34. *Icons* 3.1.15(*PG* 99:396d-397a).
35. *Orthodox Faith* 4.16.

II. 하나님 닮기

1. Plutarch, *Life of Pericles* 1-4.
2. 고린도후서 11:24-27; Ignatius, *Philadelphians* 7.2.
3. Pontus, *Vita et Passio Cypriani*, ed. A. von Harnark, *Texte und Untersuchungen* 39.3(Leipzig, 1913).
4. 데살로니가전서 4:2.
5. Athanasius, *Life of Antony*, preface 2-3; Palladius, *Letter to Lausus* 2; Plutarch, *Life of Alexander*, 1.1-2. (『성 안토니의 생애』은성)
6. Theodoret of Cyrus, *Religious History*(History of the Monks of Syria) 3.12.
7. Cicero, *Tusculan Disputations* 3.6; Clement of Alexandria, *Who Is the Rich Man Being Saved?* 41.
8. *Panegyric* 6.75, 78.
9. *Instructor* 1.1.4-1.2.1; 1.6.1.
10. Paul Rabbow, *Seelenführung: Methodik der Exerzitien in der Antike*(Munich, 1954). 비록 이 책은 아직까지 영어로 번역되지 않았지만, 그의 통찰은 최근에 Pierre Hadot, *Philosophy as a Way of Life*(Blackwell, 1995)에서 발전되었다. Rabbow, *Seelenführung*, 261.
11. *The Sentences of Sextus*, ed. Henry Chadwick, Texts and Studies, no. 5(Cambridge, 1959).
12. *Panegyric* 9.115; 11.149; 147-49; 11.133, 35; 9.123, 126.
13. *Panegyric* 7.93-98; 11.141. Origen, *Commentary on John* 18.102-03. "정당하게 정의를 추구하라"는 신명기 16:20의 『70인역』 번역이다.
14. *Panegyric* 12.145-46.
15. *Nicomachean Ethics* 1.1; Cicero, *On Ends* 1.42.
16. *The Sermon on the Mount* 1.3.10에서 아우구스티누스는, 팔복은 그가 이사야 11:1에서 성령의 일곱 가지 은사와 동일시하는 일곱 단계를 표상한다. 여덟 번째 복은 "천국"을 언급하면서 첫 번째 복을 반복한다. 누가복음의 팔복에 대해 주석을 달면서, 암브로시우스는 네 개의 복을 네 개의 기본 덕목과 동일시한다. "그것을 통해 우리가 낮은 것에서 높은 것으로 올라갈 수 있는 계단이다"(*Exposition of the Gospel of Luke* 5.60.62); 다마스쿠스의 요하네스, "행복은 덕을 실천함으로 획득된다"(*Barlaam and Joseph*, preface).
17. *City of God* 10.3.2; "Fellowship in the Enjoyment of God"(*City of God* 19.17).
18. Augustine, *City of God* 10.3.2; Basil of Caesarea, *On the Holy Spirit* 15.35; Augustine, *City of God* 10.3.2; *Life of Moses* 2.32(*GNO* 7,1:42, ln. 20); Gregory of Nyssa, *The Beatitudes*, Homily 6(*GNO*

7,2:144-5); Gregory of Nyssa, *Against Eunomius* 3.10(*GNO* 1:293); Maximus, ep. 11(*PG* 91:453b).

19. Clement, *The Tutor* 1.1.4; 1.2.1; 그 고전의 본문은 Plato, *Theaetetus* 176b; "신성한 성품에 참여하는 자"(벧후 1:4); 클레멘스에 대해서는 3장을 참조.
20. Origen, *On First Principles* 1.3.8.
21. *The Beatitudes* Homily 1(*GNO* 7,2:82-83).
22. *The Beatitudes* Homily 1(*GNO* 7,2:84, In. 28).
23. *The Beatitudes* Homily 4(*GNO* 7,2:117, In. 9; 122).
24. *The Beatitudes* Homily 8(*GNO* 7,2:170; 78, Ins 3-9).
25. Gregory of Nyssa, *On the Holy Spirit against the Macedonians* 23(*PG* 45:132c); 또한 Origen, *First Principles* 1.3.8; Ambrose, *On the Sacraments* 3.2.8-10.
26. Plato, *Republic* 427e; *Stromateis* 6.11.95. (『국가』 숲)
27. *On Duties* 1.120.
28. *On Duties* 1.127; 1.131.
29. Augustine, *Sermon* 218c; Tertullian, *On Patience* 3.
30. *On Patience* 15.
31. *Expositions of Psalm* 83.11(*PL* 37:1065); *Morals of the Catholic Church* 8.13.
32. *Morals of the Catholic Church* 12.20; *On the Harmony of the Gospels* 4.10.20.
33. *Morals of the Catholic Church* 13.22.
34. *Morals of the Catholic Church* 1.15.25; *City of God* 10.32; 고백자 막시무스는 사랑이 다른 모든 덕을 함께 모으기 때문에 "덕 중에서 가장 보편적인 것"이라고 말한다(*PG* 91:1249b).
35. *Summa Theologiae* 1a 2ae, q. 62, art. 3, obj. 3. (『신학대전』 바오로딸)
36. Augustine, *City of God* 10.5; 15.22; Bernard of Clairvaux, *On Loving God* 2.2; Augustine, *The Trinity* 8.3.4-5.

12. 감각적 지성의 지식

1. Gregory of Nyssa, *Homilies on Song of Songs* 4(*GNO* 6:127-28); Homily 13(*GNO* 6:378, In. 14); Theresa of Avila, *Opusculum de libro vitae* 22,6-7,14. 클레르보의 베르나르두스는 "사랑의 보답"(*redamare*)이란 단어를 사용한다. "사랑이신 신랑의 사랑은 오직 사랑과 믿음의 보답을 요구한다. 사랑 받는 사람은 사랑의 보답을 하게 하라"(*Sermo* 83.5 on the Song of Songs).
2. *Confessions* 13.9.10.
3. *Against Celsus* 4.6. 아가서 첫 절("내게 입맞추기를 원하니") 주석에서 오리게네스는, 영혼의 욕망은 "하나님의 말씀과의 연합 및 친교이며, 그의 지혜와 지식의 신비 속으로 들어가는 것이다"라고 쓴다(*Commentary on the Song of Songs* 1).
4. *The Beatitudes* 6(*GNO* 7,2:138, 142).

5. *Paradiso* 7.59-60.
6. *Paradiso* 1.120.
7. Origen, *Commentary on the Song of Songs*(GCS 33:68-70).
8. Seneca, *Epistle* 59.16; 116.1; Cicero, *Tusculan Disputations* 3.13; Martha Nussbaum, *The Therapy of Desire: Theory and Practice in Hellenistic Ethics*(Princeton, 1994), esp. chap. 10.
9. *Stromateis* 6.9.74; *Evil Thoughts*(*De Diversis malignis cogitationibus*) 2(*PG* 79:1201c); *Praktikos* 56; *Praktikos* 36; *Praktikos* 56과 78.
10. *Stromateis* 6.9.71; *Praktikos* 81; *The Religious Affections*(Carlisle, Pa., 1984), 31. (『신앙감정론』 부흥과개혁사)
11. *Divine Institutes* 5.19.23.
12. *Divine Institutes* 6.14-17. *misericordia*에 대한 스토아학파의 견해에 대해서는 Seneca, *De Clementia* 2.5 참조.
13. Aristotle, *De motu animalium*, ed. Martha Nussbaum(Princeton, 1978); *mot. anim.* 700b18-19, pp. 38-39; *Motu animalium* 701a35; *Divine Institutes* 6.14; *Divine Institutes* 6.15.
14. *PG* 48:57a; *PG* 48:65c.
15. *PG* 46:89a; *Homily on the Song of Songs* 1(*GNO* 6:32).
16. *Life of Moses*(*GNO* 7,1:116).
17. *PG* 46:93b-97a.
18. *PG* 46:65a; *Homily on the Song of Songs* 9(*GNO* 6:321).
19. *PG* 46:89a; *Homily* 11(*GNO* 6:320, 326); *Homily* 12(*GNO* 6:352).
20. *City of God* 9.4. *Aeneid* 4.449. "눈물"은 아이네이아스가 아니라 디도의 것이었다.
21. Seneca, *De Clementia* 2:5: "동정은 약한 마음의 악이다."; *City of God* 14.9.1.
22. *City of God* 14.9.3.
23. *City of God* 14.9.4; *Tractate on the Gospel of John* 32.1.
24. Gregory, *Virginity* 12.2.4-11; *Soul and Resurrection*(*PG* 46:49b); *Chapters on Love* 3.66-67; *Epistle* 2(*PG* 91:396).
25. *Questions to Thalassius* 1(*CC* 7:48, 38-40).
26. *Ambiguum* 7(*PG* 91:1069b); *Ambiguum* 7(*PG* 91:1076b, 1073b); *Chapters on Love* 3.72; *Questions to Thalassius* 1(*CC* 7:355, 75-81); *Chapters on Love* 4.42; 2.30.
27. *Chapter on Love* 3.66-67.
28. *Commentary on John* 8:19; 19.4.21-25.
29. *Chapter on Love* 2.48.
30. *Divine Names* 4.11-12.
31. *Chapters on Theology* 1.35(*PG* 90:1096c); trans. G. Berthold, *Maximus Confessor*(New York, 1985), 134-35.
32. *Tractate on the Gospel of John* 4.6(*PL* 35:2008-09); *Kosmische Liturgie*(Einsiedeln, 1988), 408-09.
33. *Psalm* 26, exposition 2.16.

34. *Soul and Resurrection*(*PG* 46:96c); Geoffrey Hill, "That Man as Rational Animal Desires the Knowledge which is his perfection," *Canaan*(New York, 1997).

에필로그

1. 요한복음 15:12-16에 대한 *Homily* 27.4.
2. *Moralia* 18.88-92.
3. *Moralia* 31.99.

찾아보기

ㄱ

가말리엘(Gamaliel)
　유월절 63
가죽옷(garments of skin) 181-183
가현설주의자(Docetists) 140
갈레노스(Galenos) 35, 42, 189, 299
감독(주교·bishop)
　교사로서의 감독 70, 108
　세례 예식 56, 70
감정(affections)
　도덕 생활 299, 327-331, 335
강제(coercion)
　사회에서 필요한 강제 225, 228
경륜(economy) 116, 119, 123, 126, 130, 287
계시의 은총(grace of revelation) 46-52
고백자 막시무스(Maximus the Confessor)
　감정 337-342
　그리스도의 고뇌 25, 147, 152-157
　그리스도의 삶 42
　그리스도의 의지 154-157
　영혼과 몸 184
교황 마르티누스 1세(Pope Martinus I) 140, 158-160
교황 테오도루스 1세(Pope Theodorus I)
　두 의지 158
교회(church)
　교회의 성장 226, 254
　기독교 사상 19, 23, 51, 75, 110
　사회적 사실 235
　정치사상 218, 220

군주론자(monarchians) 123, 347
권위(authority)
　권위는 강제하지 않는다 196-201
그레고리우스 1세(Gregorius I the Great)
　성경 104-105
　하나님을 보는 것 344-346
그리스도(Christ)
　고통 속의 영광 144-147
　그리스도의 고뇌 25, 139, 147-149, 152-157
　그리스도의 보냄 129
　그리스도의 에너지 150, 154, 157
　그리스도의 역사 23, 44, 63
　그리스도의 영혼 143
　그리스도의 의지 139, 140, 149, 153-157, 158
　명칭들 118, 120-121, 123
　모범으로서의 그리스도 294, 307, 314
　본성 46, 128, 142-143, 150, 154, 158, 285
　부활 20, 42, 51, 61, 64, 73, 111-119, 122, 140, 146, 196, 207, 273, 314
　사랑의 대상 20
　성경의 통일성 92-94, 99
　성찬 속의 현존 60, 63
　아담 92, 146
　정의인 그리스도 308
　지혜인 그리스도 122-123
그림(pictures)
　그림이 글자를 압도한다 267-270
기도(prayer)
　기독교 사상가들 25
기독교 시(Christian poetry)

기독교 시 속의 그리스도 260-261
서사 248-250
순교자들에 대한 시 250-254
알레고리 255-257
암브로시우스 244-246
최초의 시 241-243
프루덴티우스 238-251
기독교 윤리(Christian ethics) 293-320
기독교 정치사상(Christian political thought) 218, 220
기독교(Christianity)
기독교는 사회적이다 221
기독교에 대한 비판 29-31, 189-190
기독교와 사회 226-230
삶의 방식으로서의 기독교 30, 33
기본 덕목(cardinal virtues)
사랑의 형식 318
기본 열정(cardinal passions) 330
기억(Anamnesis) 63
기적의 사람 그레고리우스(Gregory the Wonderworker) 165, 298

순교자들의 유물 185
알레고리 102-103
은혜 72
창조 162, 170-183
하나님 324, 330-334
하나님 닮기 307-309, 316
행복 304

ㄷ

다마스쿠스의 요하네스(Johannes of Damascus)
성상숭배 51, 270-278, 282, 290
다윗(David)
다윗과 요나단 300, 340
단테 알리기에리(Dante Alighieri)
사랑 27
지성과 사랑 325
대 레오(Leo the Great)
그리스도의 탄생 72
십자가 28, 52
예전 65
대상과 표지(Res and sign) 99
덕(virtues) 298, 300-302, 319
➤ 기본 덕목
데이비드 존스(David Jones) 264, 287
도덕 생활(moral life)
감정과 299-301
모방 293
모범 294-296
실천하는 사람 298
팔복 302-309
W. H. 오든(Auden) 37

ㄴ

나지안주스의 그레고리우스(Gregorius of Nazianzus)
그리스도의 의지 148, 239
성령 127
네스토리우스(Nestorius) 95, 144, 152
노예제도(slavery) 179, 228
놀라의 파울리누스(Paulinus of Nola) 185
니사의 그레고리우스(Gregorius of Nyssa)
그리스도의 사랑 323
그리스도의 세례 69
사랑 343
삼위일체 127-128
성령 309

ㄹ

라테란 공의회(Lateran Council) 158
락탄티우스(Lactantius)
  열정에 대하여 328, 335
레너드 호지슨(Leonard Hodgson)
  기독교에 대하여 109
레위기(Book of Leviticus) 98, 100, 304
로드니 스탁(Rodney Stark) 225
로마(Roma)
  로마의 약탈 214-216
  영원한 도시 213
로마의 클레멘스(Clemens of Rome) 31
로완 윌리엄스(Rowan Williams) 234
리샤르 드 생 빅토르(Richard de Saint Victor) 211
리옹의 이레나이우스(Irenaeus of Lyons)
  성경해석 90-93, 94-95, 346
  성찬 56, 60
  하나님을 아는 것 47, 49
리처드 존 뉴하우스(Richard John Neuhaus) 355

ㅁ

마니교도(Manichees) 163, 193, 199, 209, 275, 317
마르키온(Marcion) 90
마리아(Maria)
  테오토코스 141
  하나님의 어머니 140-144
마음(heart)
  마음의 언어 323
맹인 디디무스(Didymus the Blind)
  하나님 닮기 183
모범(examples)
  모범과 기독교적 삶 293-295
모세(Moses) 32, 45, 80, 84, 90, 98, 167-168, 172, 182, 186, 202, 268, 272, 331, 348
몸(body)
  몸과 영혼 185
  몸과 자아 184, 186
  몸은 장식품이 아니다 184
물질(matter)
  존중되는 물질 275
  하나님의 쉼터 277
미술(art)
  초기 기독교 미술 267-269
믿음(faith)
  믿음과 감정 209
  믿음과 권위 196-199
  믿음과 보는 것 207, 210
  믿음과 복종 209
  믿음과 사랑 210-211
  믿음과 생각 19, 191
  믿음과 이성 42, 194-196, 200, 211
  하나님에 대한 지식 192, 204-206

ㅂ

베르길리우스(Virgilius) 79, 81, 199, 214, 244, 249, 254, 260, 335
변증가(apologists) 31-32, 40-43, 47, 122, 215, 351
보나벤투라(Bonaventura)
  영혼에 대하여 186
보냄(sending)
  아들과 성령의 보냄 129
복음(gospel)
  사상이 아닌 43
  증거 40-42
복음의 서사(evangelical narrative) 43, 118, 283
복종과 믿음(obedience and faith) 211
볼프하르트 판넨베르크(Wolfhart Pannenberg) 119

부활(resurrection)
  그리스도의 부활 73, 111-119, 146, 184-187, 196, 206
부활절(Easter)
  부활절 기념 67-68, 72-73, 126
브살렐(Bezalel) 275

ㅅ

사도 도마(Thomas the Apostle) 73, 116-118, 205-207
사도 바울(Paul the Apostle)
  부활의 증인들 74, 207
  성경 해석 96-99
사도신경(Apostles' Creed) 93, 110, 202
『사도헌장』(Apostolic Constitutions) 74
사랑(love)
  내세에서의 사랑 336
  사랑과 욕망 332-334
  사랑의 단어들 323-325
  하나님에 대한 지식 50, 326-327, 340-341, 342
사룩의 야곱(Jacob of Sarug) 70
사르디스의 멜리토(Melito of Sardis) 82, 215
사회(society)
  사회와 그리스도인 227-230
삼위일체(Trinity)
  경건과 삼위일체 113
  그리스도의 부활과 삼위일체 111-119
  복음주의적 서사 118
  삼위일체에 대한 논쟁 108-111
  아우구스티누스 132-135
  테르툴리아누스 123, 124-126
  힐라리우스 112-119
상징(symbols)
  성상과 다른 282, 286
생 빅토르의 위그(Hugh of Saint Victor) 95
서사(narrative)
  그림 속에 묘사된 서사 283
  복음주의적 서사 118
  서사로서의 복음 43, 283
설교(preaching)
  단지 말이 아닌 71-73
성 라우렌시오(Saint Lawrence) 251-254
성 베르나르두스(Saint Bernardus) 104
성경(Bible · Holy scriptures)
  그리스도에 대한 책 85, 89
  기독교 사상과 성경 56, 71
  삼위일체적 성경 100
  성경 속의 기본 덕목 85
  성경과 거룩한 삶 84
  성경과 기독교의 언어 103
  성경과 삶 104-105
  성경은 독자와 함께 자란다 105
  성경의 단어들 96
  성경의 통일성 22, 90, 99
  성경해석 95, 98-99
  신앙의 토대이자 기둥 95
  예배와 성경 읽기 71
  예전과 성경 101-102
  "우리 지혜" 85
  이레나이우스 90-95
  클레멘스 82-89
성도들의 교제(communion of saints)
  교제와 기독교 사상 74-76
성령(Holy Spirit)
  나지안주스의 그레고리우스 127
  사랑으로서의 성령 130
  성령과 그리스도 128
  성령과 도덕 생활 309
  성령과 사랑 317-318
  성령의 보냄 129
  성만찬 기도와 성령 127
  성찬식과 성령 59-60
  아우구스티누스 129-131

예배와 성령 61, 68, 127
은사로서의 성령 130
성례전(sacraments)
   성례전과 도덕 생활 57-71, 309
성만찬 기도(anaphora of liturgy)
   성경적 서사 61-62
성물(holy things) 75, 272-277
성상(icons)
   그리스도론 284-285
   성상과 원형 283-284
   성상의 물질성 288
   성육신 275
   성찬식 288
   존경 269
성상옹호론자(iconodules) 282, 288
성스러운 장소들(holy places) 278-281
성육신(incarnation)
   성상 143, 273-275, 289-290
   하나님에 대한 지식 40
성인들의 생애(lives of saints) 239, 294-295
성찬(eucharist)
   기념 식사가 아니다 60
   성찬 속의 서사 61-62
   성찬과 기독교 사상 56
   성찬에 현존하는 그리스도 59-61
   성찬에서의 기억 62-63
   제물로서의 성찬 64, 236
   초기 기독교 성찬 58-65
세네카(Seneca) 79, 297, 305, 313
세례(baptism)
   감독의 역할 56, 70
   성인 세례 66
   세례 준비 66-67
   세례에서의 물 65-70
   세례와 삼위일체 68, 109, 115, 127-128
   예수의 세례 70, 120, 268
   초기 기독교 세례 66

테르툴리아누스 66, 69
세르기우스(Sergius) 150-151, 153
셸던 월린(Sheldon Wolin) 218
소프로니우스(Sophronius) 151
쇠렌 키르케고르(Soren Kierkeggard) 23
『순교의 면류관』(Peristephanon) 247-254, 263
순교자 유스티누스(Justinus Martyr)
   기독교에 대한 방어 32-35, 40, 298
   성찬에 대하여 58-60
   세례에 대하여 65
스승과 제자(master and disciple) 202, 299-300
스토아주의(Stoicism)
   스토아주의에 대한 비판 327-330, 334-336
스투디움의 테오도르(Theodore of Studium)
   성상숭배에 대하여 283
시체(dead)
   돌보기 185
시편(Psalms)
   시편 해석 60, 97
신앙규칙(rule of faith) 93, 109, 346
신앙주의자(fideist) 42
신플라톤주의자(neoplatonists) 56, 216, 351
신학자 그레고리우스(Gregorius the Theologian)
   ► 나지안주스의 그레고리우스
신화(deification) 306
   ► 하나님 닮기
실제로 발생했던 일들(Res gestae) 43, 72
심령이 가난한 자(poor in spirit) 307
C. S. 루이스(Lewis) 259

ㅇ

아가서(Song of Songs) 48, 80, 102, 323
아가페(agape)
   에로스로서의 아가페 325, 340

아나고게(anagoge) 289
아담(Adam)
　아담과 그리스도 80, 92-94
아돌프 폰 하르낙(Adolf von Harnack) 13, 22, 144
아레오파기타의 위디오니시우스(Pseudo Dionysius the Areopagite)
　사랑에 대하여 340
아리스토텔레스(Aristoteles)
　『니코마코스 윤리학』 79, 303, 347
아리우스(Arius) 110, 149, 244
아빌라의 테레사(Theresa of Avila) 323
아우구스티누스(Augustinus)
　감각을 신뢰하는 것에 대하여 51
　결혼 353
　교회와 사회 217, 218-222
　노예 상인 227
　몸에 대하여 184-186
　믿음과 이성 19, 191, 193, 195, 204, 209
　사랑 209, 318, 320, 342
　삼위일체 110, 132-133
　설교 60, 71, 314
　성경 92, 96, 97, 99-100
　성령 129, 130
　예전 60
　정의로운 사회와 하나님 230-234
　『죽은 자들을 돌보는 일에 관하여』 185
　창조 163-164, 169, 183
　키케로의 『호르텐시우스』에 대하여 342
　하나님을 구하는 것 27, 114, 134
　『하나님의 도성』 38, 215-236
　행복 27
아테네의 아테나고라스(Athenagoras of Athens) 43, 48, 57
아파테이아(apatheia) 327-328, 336, 338
안디옥의 이그나티우스(Ignatius of Antioch)
　그리스도를 본받음 294
　그리스도의 세례 70

복음 31, 42
성찬식 60
알레고리(allegory)
　바울의 알레고리 98
　알레고리의 불가피성 96
　알레고리의 예 97, 255-257
알렉산드리아의 아타나시우스(Athanasius of Alexandria)
　그리스도의 신성 143, 149
　니케아 옹호 110
　성령 128
　아리우스에 반대하여 95
　『안토니우스의 생애』 295
알렉산드리아의 오리게네스(Origenes of Alexandria)
　구약성경 해석 98-99
　그리스도와 성부 44, 46, 49, 107
　그리스도의 명칭들 121, 123
　그리스도인과 공직 225
　믿음 205-207
　복음 41, 43
　사랑 325
　이성 124, 190
　천사 76
　켈수스 38, 41, 45, 323, 349
　하나님 알기 39, 40, 47, 50
알렉산드리아의 클레멘스(Clemens of Alexandria)
　덕 309
　성경 82-89
　아파테이아 327
　이성 42
　하나님 닮기 86-88, 306
알렉산드리아의 키릴로스(Kyrillos of Alexandria)
　고통 중에 있는 그리스도의 영광 144-147
　그리스도의 몸 267, 275
　네스토리우스에 반대하여 145
　성경 90
　성경해석자 144

키릴로스와 막시무스 156
테오토코스 141
알키누스(Alcinous)
  하나님 닮기 86
  하나님에 대한 지식 36
암브로시우스(Ambrosius)
  성경 98, 104, 164
  시인 244-248
  윤리학 306, 310-312
앙리 드 뤼박(Henri de Lubac) 99
야고보 예전(liturgy of James) 54
에게리아(Egeria) 66
에드먼드 스펜서(Edmund Spencer) 256, 258, 263
에드워드 기번(Edward Gibbon) 137, 189
에바그리우스 폰티쿠스(Evagrius Ponticus) 327
에베소 공의회(Council of Ephesus) 138, 141, 152
에비온파(Ebionites) 140
에우노미우스(Eunomius) 266, 352
『에크테시스』(Ekthesis) 157
에티엔 질송(Etienne Gilson) 50
여호수아서(Book of Joshua) 98
열정(passions)
  기본 열정 330
  ➤ 아파테이아
영적 생활(spiritual life) 323-343
영지주의자(gnostics) 56, 90, 94, 107, 137, 186, 346
예루살렘(Jerusalem)
  예루살렘과 세례 66
예루살렘의 키릴루스(Cyrilus of Jerusalem)
  세라핌의 찬송 75
예배(worship)
  삼위일체적 예배 61
  성경적 서사 61-62
  세상을 떠난 신자들 74-75
  천사들 73-76
예배에서 실행되는 행위들(Res liturgicae) 72
예전(liturgy)

삼위일체적 예전 61
예전과 서사 61-62
예전에서의 성령 60-61
오비디우스(Ovidius) 79, 91, 163, 249
오순절(Feast of Pentecost) 71, 72, 126, 129
요하네스 크리소스토모스(Johannes Chrysostomus)
  그리스도의 신성 109
  비유적 발언 97
  성상 269
  세상을 떠난 신자들에 대하여 75
욕망(정욕 · desire)
  거룩한 욕망 341
  알고 싶은 욕망 191
  욕망과 사랑 333
  욕망과 선 330
  욕망과 하나님 331-332, 337-340
『욥기에 나타난 윤리』(Moralia in Job) 344
우주론(cosmology) 36, 166-167, 170
윌라 캐더(Willa Cather) 278
윌리엄 랭글런드(William Langland) 263
유대인(Jews)
  쉐마 116-118
  하나님의 선택된 백성 44-46
  한 분 하나님을 섬긴다 45
유물(relics) 185, 265
의심의 해석학(Hermeneutics of suspicion) 199
의지(will)
  그리스도의 의지 154-160, 169
  의지와 자유 179, 348
  하나님의 의지 171
이그나티우스 로욜라(Ignatius Loyola) 299
이사야(Isaiah) 80, 192, 208, 210, 323
이삭(Isaac) 44, 80, 231, 256, 268, 325
이성(reason)
  권위와 이성 200
  변증가들의 입장 41-42
  이성과 그리스도 43

이성과 믿음 41-42, 174
이성은 그리스도와 함께 시작한다 42, 51-52
이슬람(Islam) 157, 270-271
인간(man)
　니사의 그레고리우스 173-180
　몸 184-187
　인간의 마음 178
　인간의 자유 179
　인간의 창조 173-180
　하나님의 형상 173-177
인간론(anthropology) 180, 184
인내(patience)
　덕으로서의 인내 313-315

ㅈ

자연법(natural law) 35, 353
자유(freedom)
　의지의 자유 179-180, 347
　인간의 자유 179
전통(tradition) 74, 111
정의(justice)
　사회의 정의 224
　정의로서의 그리스도 308
　하나님을 향한 정의 230-234, 236
제1차 니케아 공의회(Council of Nicaea I) 110, 112, 113, 138, 143, 148, 244
제2차 니케아 공의회(Council of Nicaea II) 138, 273, 283, 290
제1차 콘스탄티노플 공의회(Council of Constantinople I) 110, 126, 138
제2차 콘스탄티노플 공의회(Council of Constantinople II) 138
제3차 콘스탄티노플 공의회(Council of Constantinople III) 138

제라드 맨리 홉킨스(Gerald Manley Hopkins) 263
제물(sacrifice)
　제물로서의 성찬 64
제프리 힐(Geoffrey Hill) 263, 322, 343
조나단 에드워즈(Jonathan Edwards)
　성경에서 감정에 대하여 328
존 던(John Donne) 211
존 밀턴(John Milton) 258, 263
존 버니언(John Bunyan) 256
존 헨리 뉴먼(John Henry Newman) 195, 206, 209, 235
종교(religion)
　일반적이지 않은 종교 235
죄(sin) 182-183, 305
지고의 선(Summum bonum) 302-303, 304, 309
지식(knowledge)
　내적인 앎 207
　역사적 지식 195, 202
　하나님에 대한 지식 208-210, 324, 339

ㅊ

창세기(Genesis)
　문자적 해석 171
　창세기 해석 163-187
창조(creation)
　니사의 그레고리우스 170-172
　목적이 있는 창조 168
　바실리우스 168-169
　삼위일체의 사역 169
　창조 안에 있는 이성 172
천사(angels)
　예배와 천사 73-76
철학(philosophy)
　삶의 방식으로서의 철학 33, 298
『70인역』(Septuagint) 32, 89, 98, 120, 171, 340

ㅋ

카르타고의 키프리아누스(Cyprianus of Carthage) 201,
294, 315
카시오도루스(Cassiodorus) 89
카이사레아의 바실리우스(Basilius of Caesarea)
　성령 127, 128, 131
　창조 26, 164, 166, 168-171, 186, 347
　화가들에 대하여 268
카이사레아의 에우세비오스(Eusebios of Caesarea) 215
칼케돈 공의회(Council of Chalcedon) 137, 142, 150,
155, 158, 285
켈수스(Celsus)
　그리스도인들의 분열에 대하여 137
　그리스도인들의 비합리성에 대하여 38, 41, 176
　부활에 반대하여 207
　성육신 37, 50
　▶ 오리게네스
키케로(Cicero)
　도덕 생활 297, 303, 310
　정치 공동체 219

ㅌ

테데움(Te Deum)
　초기 기독교 시 75, 242
테르툴리아누스(Tertullianus)
　군주론자들에 반대하여 123, 347
　말씀 124, 346
　세례 66, 69, 126
　오순절 126
　인내 313-315
테오토코스(Theotokos) 141
토마스 아퀴나스(Thomas Aquinas)
　교사에 대하여 202
　덕과 사랑 318-319
토머스 제퍼슨(Thomas Jefferson) 38, 179, 189
T. S. 엘리엇(Eliot) 199, 263

ㅍ

파울 랍보브(Paul Rabbow) 299
팔복(Beatitudes)
　팔복과 도덕 생활 302-309
페트루스 아벨라르두스(Petrus Abaelardus) 201
펠라기우스(Pelagius) 23, 95, 316-317
평화(peace)
　사회와 평화 219-220
　『하나님의 도성』에서의 평화 219-222
포르피리오스(Porphyrios) 21, 39, 190, 231
폴 리쾨르(Paul Ricoeur) 101
표지와 대상(sign and res) 99
푸아티에의 힐라리우스(Hilarius of Poitiers)
　부활과 삼위일체 112-115, 118-119
　성경 92
　쉐마 117
프루덴티우스(Prudentius)
　그리스도에 대하여 26, 250
　기독교 시 247-263
　순교자들 250-254
　『영혼의 투쟁』의 알레고리 238-241, 255-262
플라톤(Platon)
　『국가』 79, 216
　『법률』 85, 87, 88
　『티마이오스』 36, 79, 163, 168
　하나님 닮기 86, 88
　하나님을 아는 것 36, 40
플라톤주의자(Platonists) 33, 216, 266, 335
플로티노스(Plotinos) 56, 103, 262
플루타르코스(Ploutarchos) 81, 85, 293, 295

390

플리니우스(Plinius)
  그리스도인들에 대하여 32, 109
피터 브라운(Peter Brown) 213
필론(Philon)
  창조에 대하여 171

ㅎ

하나님 닮기(likeness to God) 183, 292-320
하나님(God)
  고독하지 않은 존재 119, 123, 126, 131
  그리스인 41
  무한함 333
  사랑 134
  생수 102-103
  성육신 70
  참여적 지식 26, 339
  창조 43, 171
  하나님 구하기 27, 132-135, 305
  하나님 보기 47-50, 324, 345-346
  하나님과 욕망 331-332
  하나님을 아는 지식 35-38
  하나님의 아름다움 43, 48
  하나님의 형상 86-88, 94-95, 307
  한 분 하나님 108-109
하나님을 보는 것(Vision of God) 345-346
『하나님의 도성』(De Civitate Dei)
  교회에 대한 책 217, 234
  목적 219
  평화 219-222
  플라톤의『국가』216
  ▶ 아우구스티누스
하나님의 아름다움(beauty of God) 43, 48, 177, 331, 332
하나님의 형상(image of God) 48, 80, 87, 125, 176, 181, 273, 277, 280, 305

한스 우르스 폰 발타자르(Hans Urs von Balthasar) 23, 341
해석(interpretation)
  신학적 해석 346
  초대교회와 해석 13, 23, 32, 97, 101, 129, 345-347
행복(happiness)
  그리스도를 소유하는 것 303-304, 308
헨리 채드윅(Henry Chadwick) 190
호라티우스(Horatius) 239, 248, 263
호메로스(Homeros) 79, 84, 95, 255
황제 레오 3세(Leo III) 269
황제 유스티니아누스(Justinianus) 150
황제 율리아누스(Julianus) 21, 265, 349, 352
황제 제논(Emperor Zenon) 150
황제 콘스탄티누스(Constantinus) 110, 113, 215, 226, 270
황제 헤라클리우스(Heraclius) 150, 152, 158
히에로니무스(Hieronymus)
  로마의 약탈에 대하여 215
  키케로와 플로티노스 262
히폴리투스(Hippolytus)
  『사도적 전승』61